Geschichte und Kultur zu unseren Füssen

Dass unser Land zu den besonders reizvollen der Welt gehört, ist kein Geheimnis. Und deshalb kommen auch so viele Gäste aus anderen Ländern zu Besuch. Aber wie steht es eigentlich mit uns? Kennen wir denn all die Schönheiten, die zum Teil versteckten? Geniessen wir dieses Einzigartige, welches bei uns in reichem Masse vorhanden ist?

Dank den technischen Errungenschaften reisen wir mit Leichtigkeit von einem Ort im Land zum anderen. Der Weg an sich ist selten mehr das Ziel. Und dabei liegt doch gerade am Wegesrand so manches, welches es zu sehen, zu entdecken gäbe. Erlebnisse und Erfahrungen warten. Nur braucht es eben zuvor noch etwas anderes: die Wiederentdeckung der Langsamkeit des Reisens früherer Zeiten nämlich. Oder konkreter: das Sich-Fortbewegen auf Schusters Rappen. Der vorliegende Wanderführer – entstanden in direktem Bezug zum Tourismusprogramm «Kulturwege Schweiz» von ViaStoria – bricht eine Lanze dafür.

Wanderwege und Wanderpfade der Vergangenheit, zum Teil sichtbar gezeichnet von den Spuren der Geschichte: Die Aktualisierung historischer Routen durch die Schweiz, mit teilweiser Neubeschilderung, unter der Koordination von ViaStoria, macht solche Zeitreisen jetzt möglich. Wir danken dem Zentrum für Verkehrsgeschichte der Universität Bern für diesen Einsatz zur Erforschung, Sanierung und sachgerechten Nutzung historischer Verkehrswege. Und wir werden es mit Sicherheit geniessen, eine, zwei oder noch mehr Tagesetappen weit uns wie anno dazumal zu fühlen – ob als Säumer, Pilger oder Reisende.

Vier der zwölf historischen Weitwanderrouten finden sich in diesem ersten Band. Zwei weitere Bände gesellen sich 2008 dazu. Sämtliche Via-Routen sind in vernünftige Tagesetappen aufgeteilt, bebildert, beschrieben sowie mit Höhenprofilen dokumentiert. Dazu am Schluss die allerneueste Schweizer Karte mit den markierten Strecken, ergänzt mit dem Ortsindex der Schweiz. So lassen sich die Orte sowohl auf der Karte wie auch in den Routenbeschreibungen leicht auffinden. Das Abenteuer kann also gleich beginnen ...

Wir wünschen Ihnen viel Spass bei der Wiederentdeckung der Langsamkeit.

coop zeitung

Übersicht Kulturwege Schweiz

- A ViaCook
- 70 ViaFrancigena
- B ViaGottardo
- 4 ViaJacobi
- 80 ViaJura
- 60 ViaRhenana
- C ViaRomana
- D ViaSalina
- 40 ViaSbrinz
- 50 ViaSpluga
- 90 ViaStockalper
- 30 ViaValtellina

Auf historischen Spuren

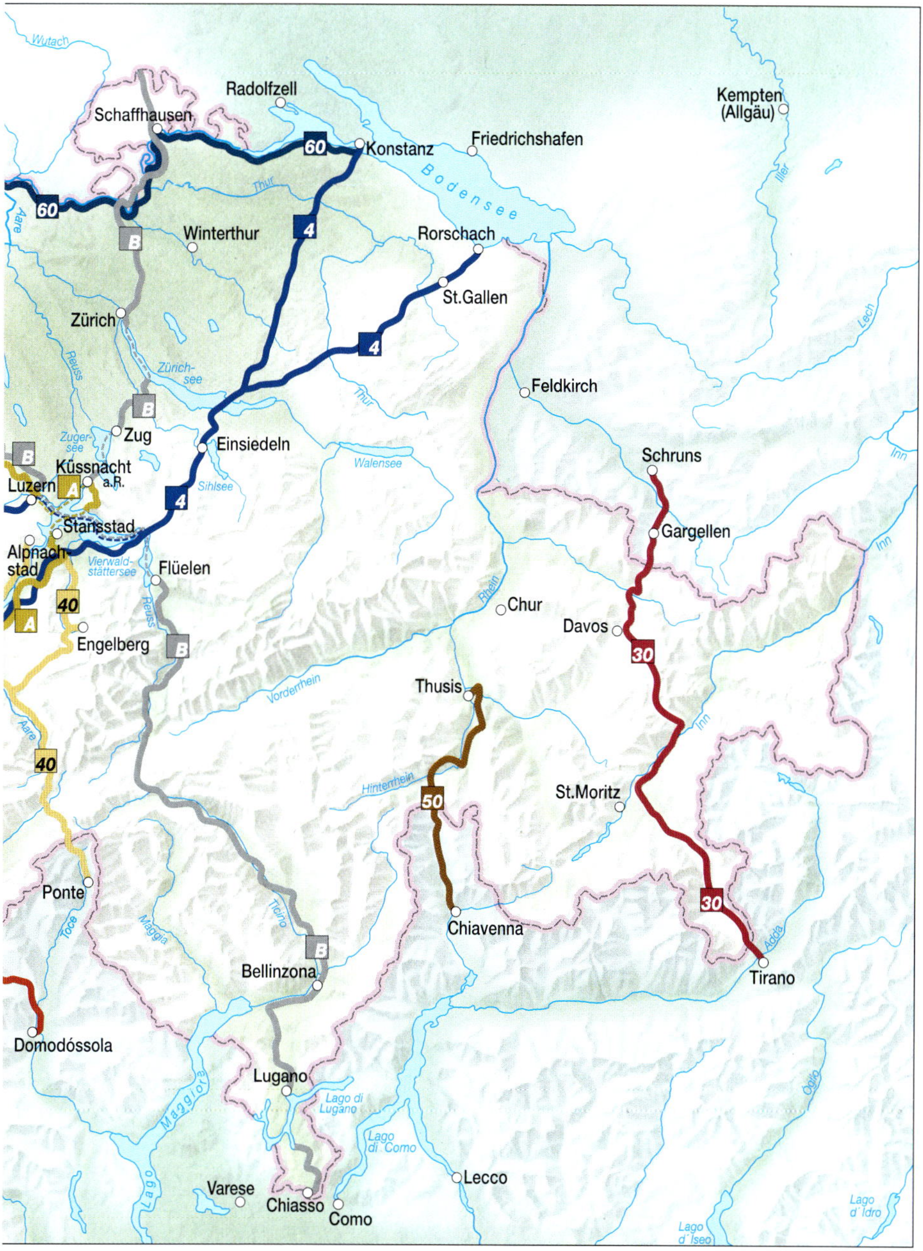

Inhaltsverzeichnis

Kulturwege Schweiz:
Neue Erlebnisse auf historischen Wegen Seite 6

ViaJacobi:
31 Etappen auf der Route zu sich selbst Seite 8

Schwabenweg:
Konstanz–Ellighausen–Amlikon Seite 10
Amlikon–Münchwilen–Fischingen Seite 12
Fischingen–Steg–Wald Seite 14
Wald–Rapperswil-Jona–Einsiedeln Seite 16

St.-Galler-Weg:
Rorschach–St. Gallen–Herisau Seite 18
Herisau–St. Peterzell–Wattwil Seite 20
Wattwil–St. Gallenkappel–Tuggen Seite 22
Tuggen–Lachen–Einsiedeln Seite 24

Innerschweizer Route:
Einsiedeln–Alpthal–Schwyz Seite 26
Schwyz–Emmetten–Stans Seite 28
Stans–Flüeli–Giswil Seite 30
Giswil–Lungern-Obsee–Brienzwiler Seite 32

Oberländerweg:
Brienzwiler–Oberried a. B.–Interlaken Seite 34
Interlaken–Merligen–Thun Seite 36

Schwarzenburgerweg:
Thun–Amsoldingen–Blumenstein Seite 38
Blumenstein–Rüeggisberg–Schwarzenburg Seite 40
Schwarzenburg–Tafers–Fribourg Seite 42

Luzernerweg:
Kriens–Werthenstein–Geiss Seite 44
Geiss–Willisau–Huttwil Seite 46
Huttwil–Lueg–Burgdorf Seite 48
Burgdorf–Krauchthal–Boll Seite 50
Boll–Kehrsatz–Niedermuhlern Seite 52
Niedermuhlern–Rüeggisberg–Schwarzenburg Seite 54

Westschweizerweg:
Fribourg–Autigny–Romont Seite 56
Romont–Moudon–Montpreveyres Seite 58

Broyeweg:
Fribourg–Noréaz–Payerne Seite 60
Payerne–Granges-près-Marnand–Moudon Seite 62

Westschweizerweg, Fortsetzung:
Montpreveyres–Les Croisettes–Lausanne Centre Seite 64
Lausanne–Morges–St-Prex Seite 66
St-Prex–Rolle–Nyon Seite 68
Nyon–Versoix–Genève Centre Seite 70

45 Strecken, 90 Etappen – 1001 unvergessliche Eindrücke

ViaSbrinz:

Die Route der Saumseligkeit Seite 72

Jochpass-Route:

Stansstad–Wolfenschiessen–Grafenort Seite 74
Grafenort–Engelberg–Trübsee Seite 76
Trübsee–Engstlenalp–Innertkirchen Seite 78

Brünig-Route:

Alpnachstadt–Sarnen–Giswil Seite 80
Giswil–Brünigpass–Meiringen Seite 82

Grimsel-Route:

Meiringen–Guttannen–Handegg Seite 84
Handegg–Grimselpass–Obergesteln Seite 86

Griespass-Route:

Obergesteln–Ladstafel–Ponte Seite 88

ViaSpluga:

Route der Säumer und der Literaten Seite 90

Thusis–Zillis–Andeer Seite 92
Andeer–Hinterrhein–Splügen (Dorf) Seite 94
Splügen–Monte Spluga–Isola Seite 96
Isola–Vho–Chiavenna Seite 98

ViaStockalper:

Der Weg des «Simplon-Königs» Seite 100

Brig–Gantergrund–Simplon-Hospiz Seite 102
Simplon-Hospiz–Simplon-Dorf–Gondo Seite 104

Apropos Wandern:

Wandern bedeutet Freiheit Seite 106
Mit Offenheit unterwegs Seite 108
Einfühlsamkeit im Gepäck Seite 110

ViaStoria:

Erlebnispakete von «Kulturwege Schweiz» Seite 112
Publikationen, Förderung, Literaturhinweise Seite 114

Kartenteil:

Legenden und Kartenübersicht Seite 115
Schweizer Karte 1:303 000 Seite 116

Verzeichnis:

Die Schweiz nach Orten Seite 146

Vergangenheit lebt wieder auf

«Kulturwege Schweiz» – dieser Name steht für eine ganz neue Sicht auf die Schweizer Kulturlandschaft: unbeschwert wandern, gut essen und trinken, stilvoll übernachten und dabei die Schönheiten der Schweiz mit allen Sinnen erleben.

ViaJacobi

Strandferien? Städtereisen? Endlose Autofahrten im stockenden Ferienverkehr? «Kulturwege Schweiz» bietet da eine verlockende Alternative: Kultur, Genuss und Bewegung – und jede Menge Entdeckungen, fast vor der Haustüre! Historische Strassen und Wege bilden ein Netz von zwölf Via-Routen und zahlreichen ViaRegio-Routen. Sie verbinden die Highlights unserer Kultur- und Naturlandschaft sowie Angebote regionaler Spezialitäten im ganzen Land auf mehrtägigen Wanderungen; Hotels und Restaurants mit besonderer Atmosphäre und einem typischen Angebot runden das Programm ab. Alle Routen lassen sich individuell erkunden. Doch wer die Wanderung wirklich unbeschwert geniessen will, bucht eines der Pakete, die «Kulturwege Schweiz» zusammen mit regionalen Tourismusorganisationen in verschiedenen Preislagen anbietet: Übernachtungen, Routeninformation, Gepäcktransport, Museumseintritte – für alles ist gesorgt!

Genuss und vielfältiger Nutzen

«Kulturwege Schweiz» verspricht naturnahe, genussvolle Ferienerlebnisse. Und gleichzeitig bringt das Tourismusprogramm auch auf anderen Ebenen grossen Nutzen: Es vernetzt regionale und lokale Tourismusinitiativen mit Angeboten von regionalen Produkten der Landwirtschaft und sorgt für eine höhere Wertschöpfung in den Regionen, zudem sichert es den angemessenen Unterhalt der historischen Verkehrswege als bedeutenden Kulturguts. «Kulturwege Schweiz» ist ein Projekt der Fachorganisation ViaStoria – Zentrum für Verkehrsgeschichte an der Universität Bern. Mehr als zwei Jahrzehnte Engagement für die Erforschung und die Erhaltung historischer Verkehrswege bilden das fachliche Fundament des Tourismusprogramms, und der aktive Austausch mit der verkehrsgeschichtlichen Forschung gibt ihm laufend neue Impulse.

ViaSbrinz

Starke Partnerschaften auf allen Ebenen

Partnerschaften sind das Fundament von «Kulturwege Schweiz». Pro Patria, der Schweizer Heimatschutz, Pro Natura, der Fonds Landschaft

ViaSpluga

ViaStockalper

Schweiz sowie Bund und Kantone unterstützen den Aufbau des Programms. Zudem arbeitet das Tourismusprogramm eng mit SchweizMobil zusammen, dem nationalen Netzwerk für nachhaltige Mobilität in Freizeit, Tourismus und Alltag. Acht der zwölf Via-Routen von «Kulturwege Schweiz» sind Teil des im Mai 2008 lancierten «Wanderlands» von SchweizMobil und haben entsprechend eine einheitliche Signalisierung erhalten – darunter sind alle vier in diesem Band vorgestellten Routen.

Der Anfang ist gemacht
Die Eröffnung der Via-Routen und die Einführung der ersten Erlebnispakete sind erst der Anfang: «Kulturwege Schweiz» wird in den kommenden Jahren weitere Pakete entwickeln und das Netz der Via-Regio-Routen stark erweitern. Auch das Informationsangebot zu den Routen und den regionalen Produkten wird laufend ausgebaut. Bleiben Sie dran, es lohnt sich!

ViaStoria
KULTURWEGE SCHWEIZ

«Kulturwege Schweiz» im Verkehrshaus
Die Routen von «Kulturwege Schweiz» kann man auch im Verkehrshaus der Schweiz in Luzern kennen lernen. In der Swissarena, auf dem begehbaren Luftbild der Schweiz im Massstab 1:20 000, lassen sich drei Via-Routen im Kleinen erkunden – mit dabei ist auch die ViaJacobi. Mit dem «Rover», einem fahrbaren Tablet-PC, schreiten Sie die Routen ab und erfahren dabei viel über Landschaft, Kultur und Geschichte. Ein spannendes Vergnügen für Jung und Alt!

Die zwölf Via-Routen von «Kulturwege Schweiz»

ViaCook	*Genf–Luzern–Pontarlier (F)*
ViaFrancigena	*Pontarlier (F)–Grosser St. Bernhard–Aosta (I), Wanderland Route **70***
ViaGottardo	*Basel/Schaffhausen–Chiasso*
ViaJacobi	*Rorschach/Konstanz (D)–Genf, Wanderland Route **4***
ViaJura	*Basel–Biel, Wanderland Route **80***
ViaRhenana	*Konstanz (D)–Basel, Wanderland Route **60***
ViaRomana	*Genf–Augst*
ViaSalina	*Arc-et-Senans (F)–Bern*
ViaSbrinz	*Stansstad/Alpnachstad–Ponte (I), Wanderland Route **40***
ViaSpluga	*Thusis–Chiavenna (I), Wanderland Route **50***
ViaStockalper	*Leuk–Domodossola (I), Wanderland Route **90***
ViaValtellina	*Schruns (A)–Tirano (I), Wanderland Route **30***

Kartenübersicht auf der Doppelseite 2 und 3

Wandern unter guten Sternen

Die langen Wege, die in zahlreichen Verästelungen aus ganz Europa nach Galicien führen, sind im Grunde genommen eine Metapher, ein Symbol des menschlichen Lebensweges nämlich. Dass die Routen ganz am Ende nach Santiago de Compostela führen, wo die Gebeine des heiligen Jakobus liegen und alle Sünden verziehen werden sollen, ist damit nur eine der Motivationen, diese Wege zu gehen. Rund 400 Kilometer davon führen durch die Schweiz. Ob man dieses Wegstück ganz oder nur ausgewählte Etappen davon bewältigen will, bleibt jedem selbst überlassen. Aber ein tief gehendes Erlebnis wird es in jedem Fall sein.

Wie Jerusalem das Kreuz und Rom die gekreuzten Pilgerstäbe, hat auch Santiago de Compostela sein Zeichen, das den Weg dorthin markiert. Es ist die Jakobsmuschel, die uns auf dieser Route immer wieder begegnet, auf vielfältigste Art und Weise.

Wegzeichen der Verbundenheit

Die Jakobsmuschel findet sich vor allem im Atlantik, also an der Küste Galiciens zum Beispiel. So wurde es denn ab dem 12. Jahrhundert üblich, von der Pilgerreise nach Santiago die Schale einer solchen Muschel als Beweisstück nach Hause zu bringen. In der Folge wurde die Muschelschale dann, getragen am Hut, am Mantel oder am Rosenkranz, zum «Ausweis» des Pilgers auf dem Jakobsweg. Und noch heute öffnet dieses Kennzeichen manche Türe und auch manches Herz entlang der Route.

Reiches Innenleben zwischen Muschelschalen

Ob auf Wegmarkierungen, ob an Häusern oder Türen, ob in Kirchen und Kapellen oder auf Ortschaftswappen: Die Jakobsmuschel bestätigt immer wieder, dass man sich auf dem richtigen Weg befindet. Geöffnet symbolisiert sie die Preisgebung des Ichs, zwischen den Schalen des Erdgebundenen, zwischen Vergänglichem und dem Unendlichen.
Übrigens hat auch Paps Benedikt XVI. für sein päpstliches Wappen unter anderem die Jakobsmuschel als Bildsymbol gewählt, das zum Ausdruck bringen soll, dass das menschliche Leben ein Pilgerweg unterwegs zu Gott sei.

In Konstanz (oder Rorschach) öffnet sich…

der Weg zu sich und nach Genève

Nach der Legende soll der heilige Jakobus auch Karl dem Grossen im Traum erschienen sein. Beeindruckt brach Karl der Grosse nach Galicien auf. Die Route, die er wählte, nannte er den «Sternenweg». Und diese Bezeichnung drückt wohl das beeindruckende Erlebnis am treffendsten aus…

Der Weg hat ein Ziel, doch das Ziel ist der Weg

Die Geschichte Jakobs des Älteren ist bekannt. Nicht genau bekannt ist dagegen, wie der Leichnam des im Jahr 44 durch Herodes hingerichteten Apostels ins nordwestliche Spanien gelangte und dort beerdigt wurde. Hierzu existieren nur Legenden, zum Teil sehr schöne, zugegeben. Aber das Wesentliche daran ist, dass unser Weg damit ein Ziel bekommen hat. Und das ist gut so. Hinterlässt doch die Unrast unserer Zeit ihre Spuren. Zunehmend stärker leiden wir unter fremden Zeitdiktaten und eigenen Zeitzwängen, lassen uns dadurch in die Enge treiben. Unbehagen macht sich breit, und ein Gefühl der Überforderung ist die Folge. Um uns nicht selbst zu verlieren, brauchen wir einen Weg – einen Weg zur Selbstbesinnung.

Kloster Fischingen – Rast in Ruhe

Alte Route – je länger, je zeitgemässer

Das Unterwegssein lässt uns finden, wonach wir suchen – nämlich innere Ruhe und inneren Frieden. Abstand gewinnen, sich wieder Zeit gönnen: Damit wird die alte Route der Jakobspilger zum Erholungsweg der Neuzeit. Kein Wunder, dass ihn Jahr für Jahr immer mehr Menschen unter die Füsse nehmen. Viele poetische Worte sind denn auch diesem Weg der Selbstfindung gewidmet worden. Zitieren wir hier abschliessend – oder eben beginnend – jene Peter Rebers: «Ig wünsche dir Schue, wo nid drücke / uf däm Wäg, wo du geisch / u dass dr Rucksack am Rügge / nid z' schwär isch, wo du treisch / u wes dunkel sött wärde / en offeni Tür / dr Himmel uf Ärde / ja, das wünsch i dir…»

PS: Der Einstieg in den zwischenzeitlichen «Ausstieg» ist an jedem Punkt auf der ViaJacobi durch die Schweiz möglich.

ViaJacobi
KULTURWEGE SCHWEIZ

Jakobsweg, Schweizer Art

Anders als in Südfrankreich und Spanien gab es im Gebiet der heutigen Schweiz nie einen eigentlichen Jakobsweg. Die Pilger nutzten auf ihrer Reise durchs Land das Wegnetz, das auch dem Handel, der Landwirtschaft und den sonstigen Verkehrsbewegungen diente. Pilgerherbergen, Kapellen und weitere Zeugnisse weisen aber doch auf eine bevorzugte Route der Jakobspilger zwischen dem Bodensee und dem Genfersee hin. Diese Route ist die heutige ViaJacobi. Das Nebeneinander von Zeugnissen des sakralen und des weltlichen Lebens vergangener Zeiten ist einer ihrer Reize – verbunden mit grossartigen, immer wieder neuen Landschaftseindrücken.

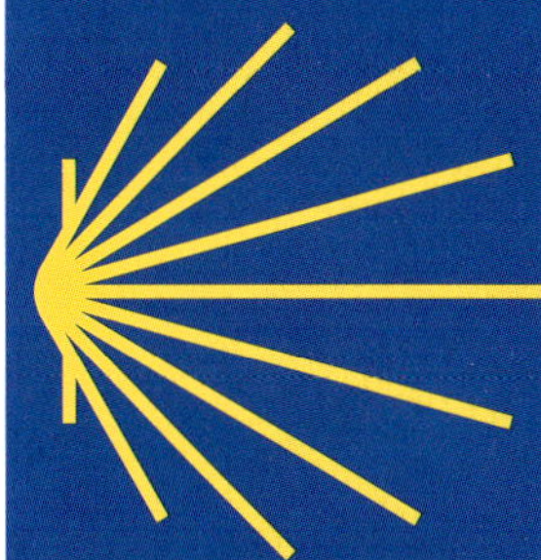

Die neue Euromuschel

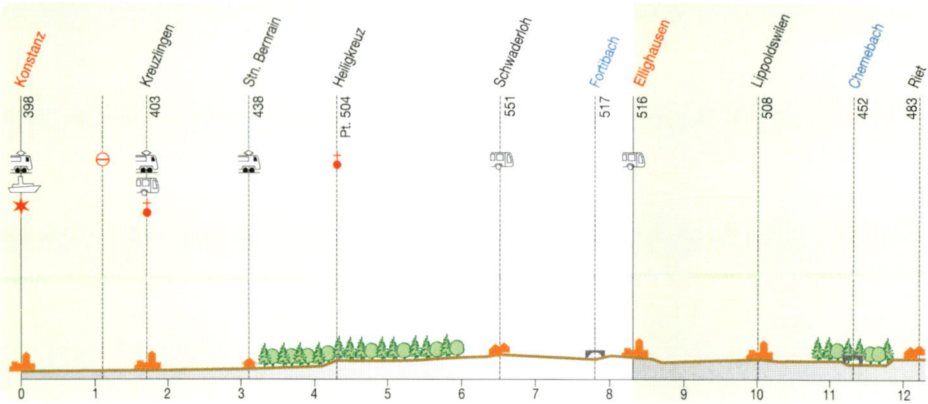

Konstanz–Ellighausen 8½ km

Am Münster von **Konstanz** steht auf einem Wegweiser, was auf die Wanderer zukommt: 100 Kilometer sind es nach Einsiedeln (was sich dann doch als ein bisschen weniger erweist), 1950 bis Santiago de Compostela. Aber schauen wir uns doch vorerst die historische Altstadt an.

Konstanz – Häuser mit Vergangenheit

Auch das Innere des **Münsters Unserer Lieben Frau** ist äusserst sehenswert. Neben der **Silvesterkapelle** steht die 940 erbaute **Mauritiusrotunde** mit einer Nachbildung des Grabes des heiligen Jakobus. Die **Stephanskirche,** erstmals 613 erwähnt, ist die älteste Kirche von Konstanz, das seit 590 Bischofssitz ist.

Durchs **Schnetztor,** Teil der Stadtbefestigung aus dem 14. Jahrhundert, begeben wir uns auf den Schwabenweg, so genannt, weil sich hier in Konstanz die Pilger aus dem Schwabenland sammelten, um in Gruppen den Weg durch die Schweiz unter die Füsse zu nehmen. Die Schweiz erreichen wir denn auch sogleich...

Im östlichen Stadtteil von **Kreuzlingen** steht das anno 1650 erbaute **Augustiner-Chorherrenstift,** das höchst sehenswerte Deckengemälde, ein Gnadenkreuz sowie alte, aus Holz geschnitzte Krippenfiguren beherbergt. Südwestlich des Bahnhofs, im Stadtteil **Emmishofen,** finden wir in einem historischen Riegelbau aus dem Jahr 1610 das **Gasthaus Grödelin,** in dem jeweils die Pilger bewirtet wurden. Pech für uns – es öffnet heutzutage erst um 17 Uhr.

In südlicher Richtung ansteigend, führt uns die Route über eine lange Treppe zur **Heiligkreuzkapelle Bernrain,** die 1388 am Jakobsweg erbaut und ein knappes Jahrhundert später zu einem Wallfahrtsort wurde. Auslöser war die Sage, dass ein Knabe, der unter dem Kreuz lästerte und die Nase des Gekreuzigten an-

Durch die Kirche führt der Weg

Wasser für durstige Wanderer

fasste, daran hängen geblieben und erst wieder freigekommen sei, nachdem er seiner Mutter versprochen hatte, siebenmal nach Einsiedeln zu pilgern. Wem übrigens beim Namen Bernrain Süsses schwant, kann die in der Nähe liegende Fabrik **Chocolat Bernrain** besuchen.

Mit dem Weiler **Schwaderloh,** bekannt wegen der im Jahr 1499 hier während des Schwabenkrieges ausgetragenen Schlacht, in der die Eidgenossen einen bedeutenden Sieg errangen, sind wir schon fast am Ziel der Halbetappe, nämlich in **Ellighausen** angelangt, das wie Schwaderloh zur Gemeinde **Kemmental** gehört. Geschichtlich kann Ellighausen bis ins Jahr 1331 zurückverfolgt werden. Heute sind es jedoch vor allem die grossen Obstplantagen, die das Dorfbild und die Umgebung prägen.

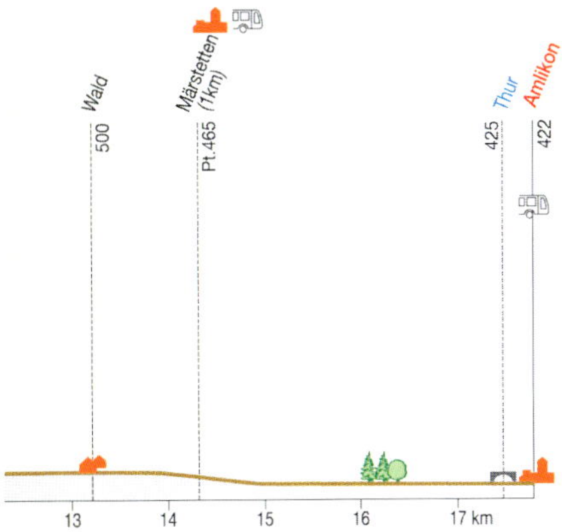

Ellighausen–Amlikon 9½ km

Ellighausen verlassend, wandern wir zwischen sattgrünen Thurgauer Wiesen in Richtung **Lippoldswilen,** das ebenfalls der politischen Gemeinde Kemmental angehört, und erreichen anschliessend auf zum Teil historischen Saumwegen das wehrhafte **Schloss Altenklingen,** wo einst adlige Pilger empfangen und bewirtet wurden.

Das schon von weitem sichtbare Schloss besteht aus zwei Giebelhäusern, die 1586 an Stelle einer mittelaterlichen Burg der Herrschaften von Klingen errichtet wurden. Bauherr war der vom erfolgreichen Geschäftsmann zum Edelmann avancierte Léonard Zollikofer aus St. Gallen, Architekt Mathäus Höbel aus Kempten (Allgäu). Das zu Beginn des 19. Jahrhunderts eingehend restaurierte Schloss ist noch immer im Privatbesitz der Nachfahren Léonard Zollikofers und kann deshalb innen nicht besichtigt werden.

Leicht abwärts führt die Route anschliessend nach **Märstetten,** wo uns der wuchtige Turm der **St-Jakob-Kirche** schon von weitem begrüsst. Mit seiner Sonnenuhr, den Fresken und dem **Taufstein** von 1590 ist das Gotteshaus ein wahres Schmuckstück, das auf den Grundmauern einer um ungefähr 900 entstandenen Burg der Freiherren von Märstetten errichtet wurde. Hier kreuzte der Pilgerweg eine alte Römerstrasse.

Amlikon – prächtige Riegelbauten

Pilgertradition wurde und wird noch immer in Märstetten sehr hochgehalten. So zum Beispiel mit der **Pilgerherberge,** die gegen geringes Entgelt ein einfaches Lager und Kochgelegenheit bietet. Eine alte Pilgerherberge ist auch das Gasthaus Kreuzstrasse am Ortsausgang. In südlicher Richtung verlassen wir Märstetten. Bevor wir das Etappenziel erreichen, gilt es jedoch, die **Thur** zu überqueren. Bis zum Bau der ersten Holzbrücke (1727) war dies nur per Fähre möglich. Von der alten Brücke, die 1910 einem Hochwasser zum Opfer fiel, sind heute noch Widerlager und Pfostenstümpfe zu sehen. Bis 1995 versah dann eine Eisenkonstruktion den Dienst, die einer modernen Betonbrücke weichen musste.

In **Amlikon**(-Bissegg) mit seinen schönen Fachwerkhäusergruppen geht der erste Teil unserer Wanderung auf der ViaJacobi (Schwabenweg) zu Ende.

i

Streckencharakteristik:
Sehr schöne, angenehme Wanderung, auf zum Teil historischen Wegen und Pfaden, sanft ansteigend, leicht zu bewältigen.

Richtzeit:
4½ bis 5½ Stunden, inkl. Besichtigungen und Pausen.

Erreichbarkeit:
Konstanz ist per Bahn und Schiff erreichbar, Ellighausen und Amlikon(-Bissegg) per Bus.

Weitere Informationen:
www.konstanz.de
www.kemmental.ch
www.amlikon-bissegg.ch

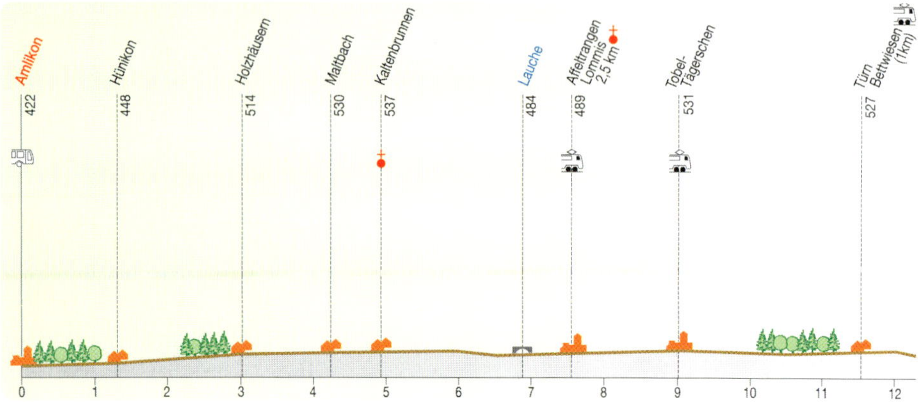

Amlikon–Münchwilen 16 km

Das malerische Riegelhäuserdorf **Amlikon** ist Startort der Etappe Nummer zwei auf dem Schwabenweg. Sie führt erst durch den Wald nach Hünikon, darauf zwischen Wiesen und Feldern nach **Holzhäusern** und weiter bis **Maltbach,** wo wir mit dem Restaurant Zur Biene wiederum auf einen wunderschönen Riegelbau aus dem 18. Jahrhundert treffen.
Durch einen Hohlweg – zuletzt längs der Strasse – geht es leicht bergauf zum Weiler **Kaltenbrunnen** mit seiner hübschen **Jakobuskapelle,** die 1780 an Stelle eines alten Kirchleins neu errichtet wurde. Doch nicht allein zahlreiche Gotteshäuser, auch fast so viele alte Pilgerherbergen und Pilgertavernen säumen die Jakobsroute. Und gerade längs des nun folgenden Wegstückes treffen wir auf ein paar ganz besonders charakteristische wie zum Beispiel das **Haus zum Bollsteg** eingangs der Ortschaft **Affeltrangen,** wiederum ein markanter Riegelbau aus dem 18. Jahrhundert.

Malerisches Amlikon

Sirnach – ehemalige Pilgerherberge

Kurz vor Affeltrangen, nach der Überquerung der Lauche, bietet sich eine günstige Gelegenheit zu einem kleinen Abstecher nach **Lommis** mit der fast 1000-jährigen **Pfarrkirche St. Jakob.** Man findet sie erstmals um 1214 schriftlich erwähnt. Der Turm aus Bruchstein wurde 1498 erbaut. Reiche Malereien schmücken das Innere der Kirche.
Doch zurück auf die ursprüngliche Route und zurück zu den Häusern fürs leibliche Wohl der Wallfahrer. Das Gehöft **Kreuzegg** war von 1728 bis 1953 eine Taverne für Pilger. Ebenfalls im Riegelbau **Fliegenegg,** aus dem 17. Jahrhundert stammend, beherbergte und bewirtete man die Wallfahrer.
Nächster Halt ist **Tobel.** Die anno 1226 gegründete **Johanniterkomturei** war eine Schenkung der Grafen von Toggenburg. Die Aufgabe des Ritterordens bestand in der Betreuung und der Krankenpflege der Pilgernden auf dem Weg nach Einsiedeln. Der Neubau des Hauptgebäudes erfolgte 1706. Heute wird es nicht mehr genutzt.
Ein Stück südlich von Tobel erreichen wir den Weiler **St. Margarethen** mit seiner der **heiligen Margaretha** geweihten **Kapelle,** erbaut 1641. Eine hölzerne Treppe führt zu einer Empore in der Kirche. Hier konnten die Pilger seinerzeit übernachten. Doch damit ergab sich bald ein Problem: Schon damals verewigten sich Reisende mit Rötelstiftkritzeleien an den Wänden. Dies ärgerte Ortsansässige so sehr, dass sie eine hölzerne Pilgerschranke bauten, die nur Zutritt in einen Kirchenvorraum gestattete.

Willkommen in Fischingen

Schauen wir uns also um. Vielleicht entdecken wir noch ein paar Kritzeleien, bevor wir, die Murg entlang, nach **Münchwilen** gelangen. Natürlich gibt es auch in dieser Ortschaft eine historische Pilgertaverne namens **«Zum Engel».**

Auf grünen Wegen von der Thur an die Murg

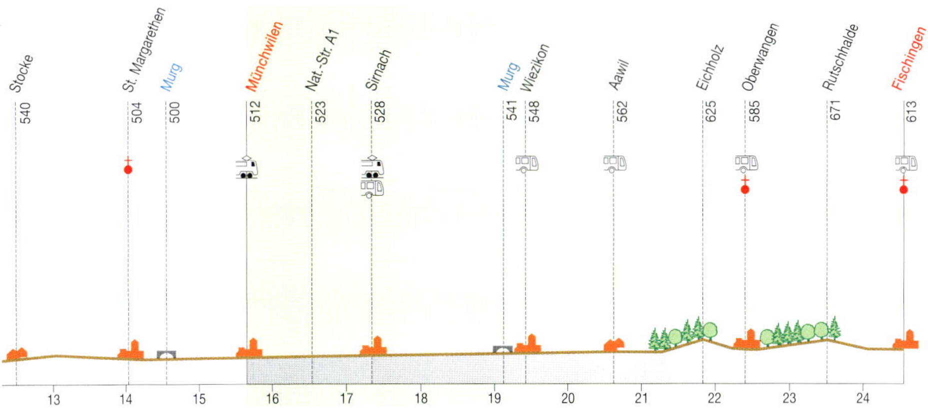

Ein erhabener Moment – Klosterkirche Fischingen

Münchwilen–Fischingen 8½ km

Vom Pilgergasthof Zum Engel in **Münchwilen** führt die zweite Hälfte dieser Etappe zum Auftakt zur gleichnamigen Pilgertaverne in **Sirnach.** Wie sehr die Gemeinde mit dem Weg nach Santiago de Compostela verbunden ist, zeigt das Ortswappen, das auf einem diagonalen roten Streifen drei **Jakobsmuscheln** enthält.

Weiterhin südwärts folgen wir dem Schwabenweg nach **Oberwangen,** wo auf einer markanten Moränenkuppe die kleine, aber schmucke **Kapelle St. Martin** thront. Sie wurde anno 1693 an Stelle eines Kirchleins aus dem 11./12. Jahrhundert erbaut. Da der zweite Teil der Etappe relativ kurz ist, gelangen wir auch schon bald nach **Fischingen,** dem Tagesziel. Ebenfalls hier ist das Gasthaus in der Dorfmitte, der **«Sternen»,** eine ehemalige Pilgerherberge.

Am südlichen Ende des Dorfes erhebt sich das imposante **Benediktinerkloster St. Johann.** Es wurde anno 1138 von Ulrich II., Bischof von Konstanz, gegründet, der damals die Oberherrschaft über das Gebiet an der Murg innehatte. Gedacht war es ursprünglich als Doppelkloster – für Nonnen und Mönche. Nach seiner Zerstörung durch Zürcher Truppen musste es geschlossen werden. Zwar begann man 1410 mit einem Wiederaufbau. Doch dem Kloster gelang es bis Mitte des 16. Jahrhunderts nicht, eine bedeutungsvolle Stellung einzunehmen. Erst danach schwang sich das Kloster zu neuer Blüte auf, verlor aber während der Französischen Revolution seine weltliche Herrschaft, wurde 1836 unter staatliche Verwaltung gestellt und schliesslich ganz geschlossen. 1977 erfolgte die Wiedereinrichtung des Klosters Fischingen als selbstständige Benediktinerabtei. Zurzeit zählt es sieben Insassen.

In der **Iddakapelle** befindet sich das Grab der heiligen Idda, die von ihrem Gatten, dem Grafen von Toggenburg, im Zorn in ein Tobel gestürzt wurde und auf wundersame Weise überlebte. Das Sandsteingrabmal der schlafenden Heiligen stammt von 1496. Es besitzt ein Fussloch, in das die Pilger ihre schmerzenden Füsse stecken können...

i

Streckencharakteristik:
Eine eher längere Etappe, dafür aber meist auf ebenen, zum Teil historischen Wegen und Strässchen.

Richtzeit:
6½ bis 7½ Stunden, inkl. Besichtigungen und Pausen.

Erreichbarkeit:
Amlikon(-Bissegg) ist per Bus erreichbar, Münchwilen per Bahn und Fischingen per Bus.

Weitere Informationen:
www.amlikon-bissegg.ch
www.muenchwilen.ch
www.fischingen.ch
www.klosterfischingen.ch

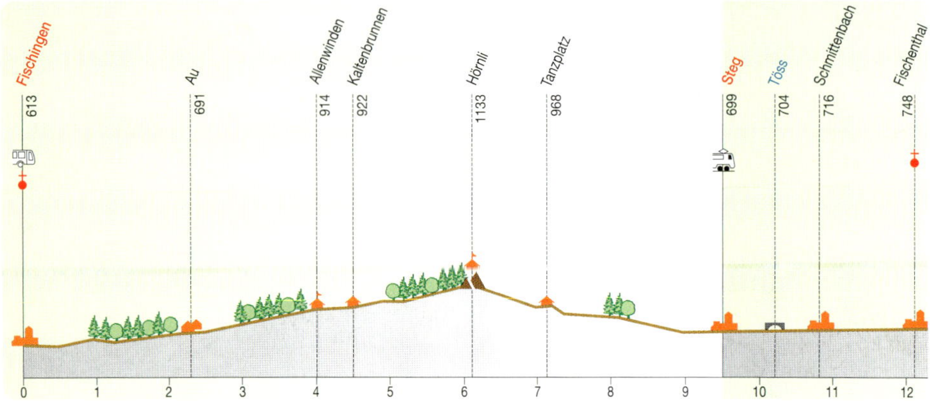

Fischingen – auf Wiedersehen

Fischingen–Steg 9½ km

Das Klosterdorf **Fischingen** ist unser Ausgangspunkt und der Weg unser Ziel. Also brechen wir auf zur Wanderung durchs **Tannzapfenland,** wie der südlichste Zipfel des Thurgaus oft genannt wird. Die Route führt in südlicher Richtung zum **Weiler Au,** der zur politischen Gemeinde Fischingen gehört. Der Flecken ist eine typische Streusiedlung mit einem kleinen Ortskern im Tal und verstreuten Einzelhöfen auf den Hängen, die wir zu überqueren gedenken. Die Siedlung ist schon recht alt, denn bereits um die Wende vom 11. zum 12. Jahrhundert soll es hier eine Marienkapelle gegeben haben, da, wo sich heute die **Pfarrkirche St. Anna** erhebt. Sie wurde oft wegen der **heiligen Idda** besucht, von der es im Seitenaltear ein Bildnis zu sehen gibt.
Aufwärts steigend, begegnen uns immer wieder vereinzelte, mit Blumen geschmückte Bauernhäuser, und wir gelangen nach Allenwinden, wo uns die Pilgerherberge **Zum Kreuz** Gelegenheit zu einer kurzen Rast bietet, bevor wir über sanfte Hügel weiter zur Bergkuppe aufsteigen.
Bei 992 Metern ist der höchste Punkt des Kantons Thurgau erreicht. Wir passieren kurz vor dem Gipfel die Kantonsgrenze und stehen bald darauf auf dem **Hörnli,** einem der beliebtesten Aussichtspunkte des **Zürcher Oberlandes.** Der Gipfel ist nur zu Fuss erreichbar. Fantastisch ist denn auch das **360-Grad-Panorama** mit schönster Fernsicht auf den Säntis, die beiden Mythen, die Rigi, den Pilatus sowie das Zürcher Unterland. Auf dem relativ flachen Hörnli-Gipfel findet sich auch ein Berggasthaus.

Au – Zwiebelzeit

Dahinter erwartet uns das Tösstal

Der Abstieg vom Hörnli führt uns nach **Steg** im Tösstal, wo uns ein Gebäude ganz besonders auffällt. Es ist die historische **Pilgerherberge Zum Steg.** Das erste schriftliche Dokument über dieses gastliche Haus stammt von 1599 aus der Feder des Chronisten Johannes Stumpf:
«Under dem hürnly, als die strass hinübergat us dem Turgow in das Vischenthal und Zürichgow, ist ein herberg und niederlag genannt am Stag...»
Diese «Herberg und Niederlag», das sogenannte Gasthaus Zum Steg, kann seit dem Hochmittelalter bezeugt werden. Seit 1599 wird ihm das Tavernenrecht eingeräumt. Gleich hinter dem Gasthaus erwartet uns mit dem alten Doktorhaus Steg eine weitere Attraktion. Erbaut anno 1690, diente es 200 Jahre lang als Apotheke und Arztpraxis der Region.

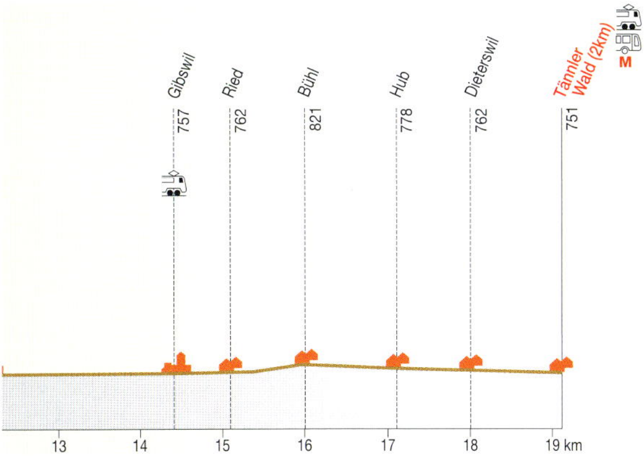

Zuschauerkulisse am Weg zum Hörnli

Steg–Wald 9½ km

Bestens erholt? Sehr gut, dann nehmen wir den zweiten Etappenteil in Angriff. Von **Steg** aus führt ein erstes Wegstück auf einer relativ wenig befahrenen Strasse das **Tösstal** aufwärts nach **Fischenthal.** Neben der namengebenden Ortschaft umfasst die politische Gemeinde Fischenthal auch die Ortsteile Steg, Gibswil sowie mehr als hundert weitere Weiler und Einzelsiedlungen mit einer Gesamtfläche von rund 30 Quadratkilometern – und dies bei insgesamt rund 2000 Einwohnern. Die Sehenswürdigkeit Fischenthals ist die leicht erhöht gelegene **Pfarrkirche St. Gallus.** Auf einem Strässchen gelangen wir nach **Gibswil,** und erneut der Hauptstrasse folgend, erreichen wir **Ried**, wo mit dem **«Weissen Kreuz»** wiederum eine aus dem 18. Jahrhundert stammende Pilgerherberge steht, die noch bis ins Jahr 1974 als Gasthof betrieben wurde. Auf den Höhen über dem Tösstal geht es weiter. Über die Weiler **Bühl, Hub, Dieterswil** und **Tännler** führt der aussichtsreiche Höhenweg fast 10 Kilometer weit über das Gemeindegebiet von **Wald.** Der Schlussabstieg erfolgt über **Blattenbach,** wo mit dem **«Roten Schwert»** einmal mehr eine 1621 erbaute ehemalige Pilgerherberge steht.

Wald, unser Etappenziel, war in früheren Zeiten, als die Ortschaft nur schwierig zu erreichen war, ein eher unbedeutender, verschlafener Flecken, auch wenn er seit 1621 das Marktrecht besass. Erst der Strassenbau und die Eröffnung der Tösstalbahn anno 1876 änderten etwas an dieser Situation. Und an Stelle der Heimarbeit, die auf den umliegenden Höfen seit dem 15. Jahrhundert gang und gäbe war, entstanden im Tal der Jona verschiedene Fabriken. Übrigens, der wunderschön nostalgische Bahnhof stammt immer noch aus der Eröffnungszeit der Tösstalbahn.

Im **Heimatmuseum Wald** erfahren wir mehr über Brauchtum und Geschichte der recht eigenständigen Gemeinde. Der Schwabenweg hat uns zu zahlreichen Sehenswürdigkeiten geführt und viele bleibende Erlebnisse erfahren lassen. Wir freuen uns deshalb sehr auf die Fortsetzung...

i

Streckencharakteristik:
Eine Wanderung mit nicht allzu anstrengendem Auf und Ab, anfänglich auf meist verkehrsfreien Pfaden und Wegen.

Richtzeit:
6 bis 7 Stunden, inkl. Besichtigungen und Pausen.

Erreichbarkeit:
Fischingen ist per Bus erreichbar, Steg per Eisenbahn und Bus, Wald per Eisenbahn und Bus.

Weitere Informationen:
www.fischingen.ch
www.berggasthaus-hoernli.ch
www.fischenthal.ch
www.wald-zh.ch

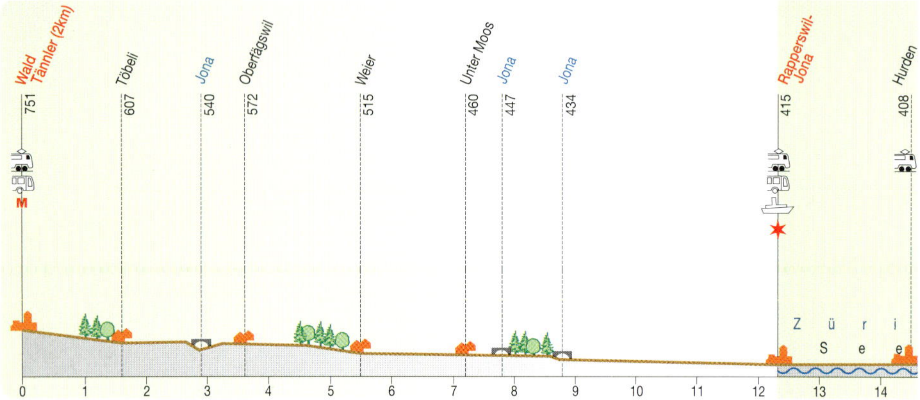

Wald–Rapperswil-Jona 12 km

Ab der Reformationszeit gab es in **Wald** keine Katholiken mehr. Erst 1866 wurde ihnen der Gottesdienst wieder erlaubt. Die heutige katholische Kirche wurde deshalb erst 1927 erbaut. Hier nimmt die vierte Etappe auf dem Schwabenweg ihren Anfang. Gleich gegenüber der Kirche zweigt der Weg zur **Bleiche** ab.
In der Bleiche gründete Johann Honegger anno 1873 eine **Weberei.** Und bereits knapp 50 Jahre später ratterten hier über **tausend Webstühle.** Die Bleiche wurde zur grössten Baumwollspinnerei und Wald als Textilhochburg zum «Manchester der Schweiz». Als Folge der Billigimporte musste die Weberei 1988 geschlossen werden. 350 Mitarbeiterinnen verloren ihren Arbeitsplatz. Doch um die Jahrtausendwende kam neues Leben in die alten Hallen der Bleiche. In einem ehemaligen Websaal entstanden riesige **Hotelzimmer.** Im **Heizungssaal,** direkt unter dem hohen Kamin, lädt jetzt die trendige **Bleichibeiz** zum gemütlichen Tafeln ein. Auch Wohnungen, Büros. Ateliers und Läden in bis zu 4 Meter hohen, von Licht durchfluteten Räumen beleben heute die verblichene Textilfabrik.

Der längste Holzsteg der Schweiz

Rapperswil – Rosenstadt am Zürichsee

Von der Bleiche zum **Blattenbach** absteigend, überqueren wir ein Tobel, wandern erst auf dem Forstweg, dann auf einem Strässchen zum Weiler **Töbeli** und folgen dem breiten Pilgerweg abwärts. Nach der Überquerung der Strasse nach Dürnten und der Eisenbahnlinie Rüti–Wald steigen wir auf einem Treppenweg ins Tal der **Jona** ab. Hier dient die einstige **Herberge Pilgersteg** nun als Lagerhalle und Gewerberaum. Auch in Oberfägswil begegnen wir einer alten **Herberge** und erreichen über **Weier, Unter Moos** und durch den **Aspenwald** schliesslich **Jona** und **Rapperswil,** die sich zur gemeinsamen politischen Gemeinde zusammengeschlossen haben.
Rapperswil, die **Rosenstadt,** ist eine genauere Besichtigung wert. Denn zahlreiche Sehenswürdigkeiten erwarten uns. So zum Beispiel die **Burganlage,** entstanden gegen Ende des 12. Jahrhunderts, mit dem **Hirschpark** zu ihren Füssen. Oder die drei **Rosengärten,** beim Kapuzinerkloster, auf der Schanz und in der öffentlichen Anlage, wo insgesamt über **15 000 Rosenpflanzen** in 600 verschiedenen Sorten blühen. So erstaunt es denn auch nicht, wenn zwei Rosen ebenfalls das Wappen der Stadt Rapperswil-Jona zieren. Bestens bekannt und beliebt ist der **Kinderzoo.** Die Cafés und Restaurants am Hafenquai laden zum Verweilen ein…
Doch das **Hotel Jakob** am Hauptplatz erinnert uns an die Fortsetzung unseres Wegs auf der ViaJacobi.

Einsiedeln: das Zwischenziel

Vom Zürcher Oberland zum berühmten Wallfahrtsort

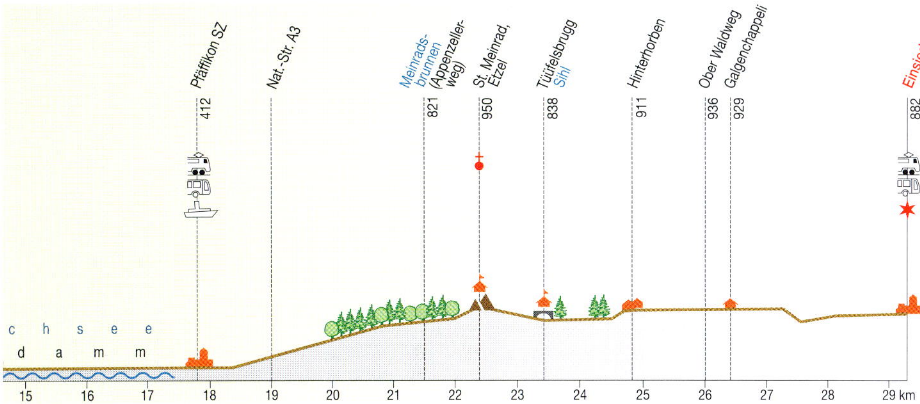

Blick auf den Zürichsee – im Hintergrund das Zürcher Oberland

Rapperswil-Jona – Einsiedeln 17 km

Rapperswil-Jona: Mit der Fortsetzung der Route erwartet uns gleich zu Beginn eine weitere Attraktion der Rosenstadt, nämlich der **Holzsteg,** den wir vom Hafen aus, Strasse und Bahnlinie unterquerend, erreichen. Im Mittelalter bestand an dieser Stelle für Pilger eine Fährverbindung zum gegenüberliegenden Ufer. Als aber im September 1345 bei einem Sturm ein solches Fährschiff mit vierzig Pilgern an Bord in den Fluten versank, entschloss man sich 1358 zum Bau eines Steges. Der Seedamm machte ihn in der Folge dann überflüssig, und er wurde 1878 abgebrochen. Seit 2001 besteht wieder ein Steg – authentisch und umweltgerecht aus Holz – der sich ideal in die Landschaft fügt. Auf 233 zum Teil bis zu 16 Meter langen Eichenpfählen ruhend, führt der **Kapellensteg** 841 Meter weit, vorbei am **Heilighüsli** (1511) zur Landzunge von **Hurden,** wo wir vorbei am Hotel Plaza durchs Naturschutzgebiet nach **Pfäffikon SZ** wandern. Den Wegmarkierungen folgend, gelangen wir auf die aus dem 10. Jahrhundert stammende Etzelstrasse, die uns am **Meinradsbrunnen** vorbei bergwärts führt. Kurz vor dem Kulminationspunkt stossen wir auf den von Rorschach kommenden **Appenzellerweg.** Auf der **Etzel-Passhöhe** (950 m) begrüssen uns das 1759 erbaute **Pilgergasthaus** und die **St.-Meinrad-Kapelle.** Die Aussicht ist grossartig. Unser Weg führt hinab zur **Tüüfelsbrugg.** Kurz davor erinnert eine Plakette an den berühmten Arzt **Paracelsus,** der hier geboren wurde und seine Kindheit verbrachte. In der Mitte der holzbedeckten Steinbrücke wacht eine Statue des heiligen Nepomuk über das Bauwerk. Hinter der Brücke steigt unsere Route wieder an, führt hinauf nach **Hinterhorben** und entlang dem Hochmoor **Schwantenau** zum **Galgenchappeli,** wo bis 1799 das Einsiedler Hochgericht tagte. Linkerhand grüsst der Sihlsee. Apropos **Einsiedeln:** Mit dem Benediktinerkloster erwartet uns ein ganz besonderer Höhepunkt der ViaJacobi. Die Vorfreude beflügelt unsere Schritte zum Etappenziel.

i

Streckencharakteristik:
Eine Route vielfältigster Erlebnisse, erst bergab zum Zürichsee und anschliessend bergauf zum Etzel und nach Einsiedeln, zu einem grossen Teil auf historischen Wegen und Pfaden sowie über den neuen Holzsteg nach Hurden.

Richtzeit:
6½ bis 7 Stunden, inkl. Besichtigungen und Pausen.

Erreichbarkeit:
Wald ist per Bahn oder Bus erreichbar, Rapperswil-Jona und Einsiedeln per Bahn.

Weitere Informationen:
www.wald-zh.ch
www.rapperswil.ch
www.kloster-einsiedeln.ch
www.einsiedeln.ch

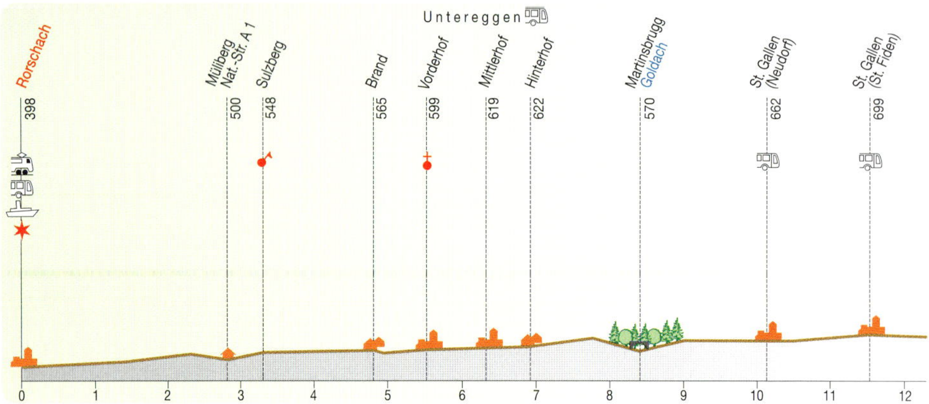

Rorschach–St. Gallen 13½ km

Gibt es in **Rorschach** einen sinnigeren Ort, um unsere Wanderung zu beginnen, als den zwischen Bahnhof und Hafen am Kronenplatz stehenden **Jakobsbrunnen?**

Rorschach – Jakobsbrunnen

An seiner Stelle stand bis 1833 die Jakobskapelle, ein Raststätte für Pilger. Natürlich gäbe es in der Stadt, die 947 von König Otto I. das Markt-, Münz- und Zollrecht zugesprochen erhielt, noch viele Sehenswürdigkeiten zu bewundern. Aber weil die Tagesetappe, die auf uns wartet, nicht gerade kurz ist, machen wir uns doch rechtzeitig auf den Weg. Durch verwinkelte Passagen gelangen wir, immer den Markierungen folgend, zur Appenzellerstrasse, die uns schnurstracks stadtauswärts führt. Am **Müliberg,** dem Kreuzungspunkt der alten Landstrassen, passieren wir die Brücke der A1 und steigen zum **Sulzberg** auf. Das wegen seines früheren Besitzers **Mötteli-Schloss** genannte Bauwerk mit dem imposanten quadratischen Turm dient heute Wohnzwecken. Der Schlossteich und das angrenzende Land sind Naturschutzgebiet. Die Aussicht auf den Bodensee ist von hier aus fantastisch.

Vom Schlossweiher führt die Route über **Brand** nach **Vorderhof,** wo in erhöhter Lage die sich unter Denkmalschutz befindende Pfarrkirche **St. Maria Magdalena** steht. Das Innere des 1782 bis 1784 erbauten barocken Gotteshauses ist mit Stuck und Deckenmalereien reich geschmückt.

Vorderhof gehört mit **Mittlerhof** und **Hinterhof,** die wir alle drei der Reihe nach durchwandern, zur Gemeinde **Untereggen.** Vom Hof

St. Gallen – ehemalige Stiftskirche

St. Gallen – Zeit für eine Rast

Steingruben steigen wir zur von Legenden umrankten **Martinsbrugg** ab, welche über die **Goldach** hinweg die beiden Flanken des Martinstobels verbindet.

In einer grossen Schlaufe gewinnen wir wieder an Höhe und erreichen in kurzer Zeit das St. Galler Quartier Neudorf, wo wir inmitten eines modernen Wohngebietes die historische Häusergruppe **Am Weg** sowie den malerischen **Hof Tablat** entdecken. Fern des Stadtverkehrs geht es entlang dem **Hagenbuchwald** zur alten Vorstadt **Linsebühl,** bevor wir beim **Spisertor** die **Altstadt** von **St. Gallen** erreichen. Bis zum Stiftsbezirk mit der als Weltkulturerbe klassierten **Kathedrale** sind es nur noch ein paar wenige Schritte. Ein Muss ist hier der Besuch der **Stiftsbibliothek,** deren Bibliotheksraum als der schönste Rokokosaal der Schweiz gilt. Weltweite Bedeutung hat die Sammlung frühmittelalterlicher Handschriften.

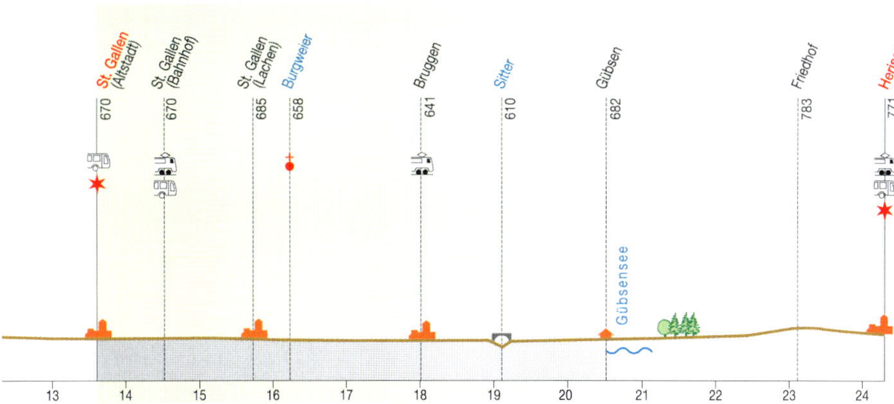

St. Gallen – Kirche St. Laurenzen

St. Gallen–Herisau 11 km

Da stehen wir also, fast ein bisschen überwältigt von den Sehenswürdigkeiten des Stiftsbezirkes, mitten in der Altstadt von **St. Gallen.** Es ist Zeit für eine Rast. Lassen wir deshalb die Atmosphäre der **Spisergasse** und der **Multergasse** eine Weile auf uns einwirken, bevor wir die Fortsetzung der Etappe in Angriff nehmen.

Durch Strassenzüge mit imposanten Jugendstilbauten aus dem 19. Jahrhundert führt uns dann der Weg weiter zur neu renovierten **Burg Waldegg,** die seinerzeit nach der Aufhebung des Klosters zur Färberei umfunktioniert wurde. So findet sich denn auf ihrem Areal neben den beiden **Burgweihern** ein 25 Meter hoher **Holzturm** aus dem 18. Jahrhundert, der zum Trocknen der gefärbten Stoffbahnen benutzt wurde.

Von weitem zieht der Turm der **Kapelle Maria Einsiedeln** in **Schönenwegen** unsere Blicke an. Sie wurde im 17. Jahrhundert an Stelle eines grossen Feldkreuzes erbaut und wird im Volksmund auch Jakobskapelle genannt. Kurz darauf gewahren wir bereits das nächste Gotteshaus, die **Kirche St. Martin** in **Bruggen** mit ihrem sehenswerten Innern.

Auf der sandsteinernen **Kräzernbrücke,** erbaut 1807 bis 1811, überqueren wir die tief eingeschnittene Schlucht der **Sitter** und geniessen den Blick auf die einzigartige **Brückenlandschaft** mit vier aus vier verschiedenen Jahrhunderten stammenden kühnen Übergängen des Sittertobels. Kurz nach der ehemaligen Papiermühle zweigen wir links ab und steigen zum **Hof Gübsen** hoch, von wo aus, vorbei am **Schlösschen Sturzenegg** und entlang dem **Gübsensee,** uns der historische Saumweg in Richtung Etappenziel führt. An der Hauptstrasse angelangt, erreichen wir das Restaurant **Alter Zoll** und treffen nach der Bahnüberführung und entlang dem Friedhof in **Herisau** ein. Beim ehemaligen Pilgerbrunnen in der Bachstrasse endet die erste Etappe des St. Gallerwegs. Mit einem bisschen Glück läutet bei unserer Ankunft gerade die fast 10 Tonnen schwere, 1756 gegossene Glocke der **St.-Lauritius-Kirche.**

i

Streckencharakteristik:
Eine höchst abwechslungsreiche Wanderung, vom Bodensee zum Welterbe St. Gallen und weiter ins Appenzellerland, streckenweise auf historischen Wegen und Pfaden.

Richtzeit:
6 bis 7 Stunden, inkl. Besichtigungen und Pausen.

Erreichbarkeit:
Rorschach ist per Bahn oder Schiff erreichbar, St. Gallen und Herisau per Bahn.

Weitere Informationen:
www.tourist-rorschach.ch
www.st.gallen-bodensee.ch
www.herisau.ch

6 ViaJacobi: St.-Galler-Weg, zweiter Teil 23½ km

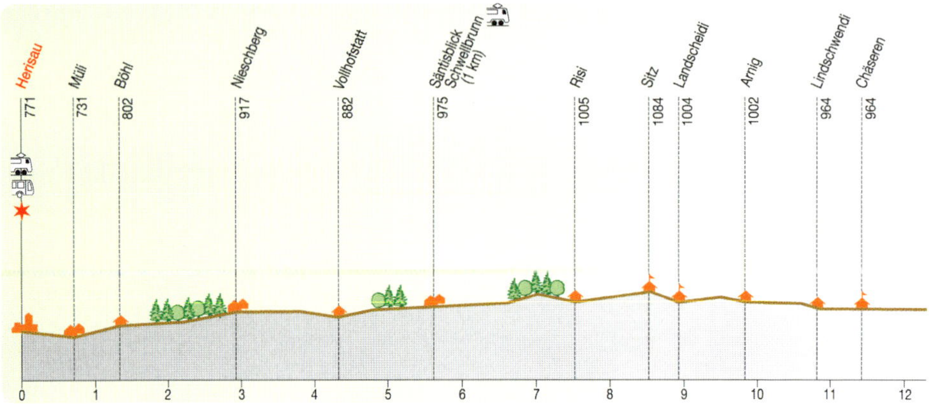

Herisau – St. Peterzell 14½ km

Herisau, genauer die Anfang des 16. Jahrhunderts erbaute **St.-Lauritius-Kirche,** die in ihrem Innenausbau in einzigartiger Weise Spätgotik mit Rokoko verbindet, ist Ausgangspunkt unserer zweiten Etappe auf dem St. Gallerweg. Hier zweigt am Ende des Platzes die Schmiedgasse ab, die uns, vorbei an typischen **Appenzeller Holzhäusern** aus dem 17. und 18. Jahrhundert, aus dem Ort hinaus in Richtung Toggenburg führt.

Über den **Alten Steig** wandern wir abwärts ins **Glatttal,** wo sich heute die Industrie angesiedelt hat. Wir passieren **Müli,** von wo an es wieder aufwärts zum **Hof Böhl** geht. Beim Höhersteigen durch den Wald eröffnen sich uns spannende Durchblicke auf die **Villa Buff,** jenes Gebäude, das sich der Stickereikaufmann Ernst Ulrich Buff 1907/1908 als Gesundheitsbau nach baubiologischen Prinzipien (mit Windmühle und Sonnenbad) erstellen liess. Heute ist es ein Therapiezentrum.

Appenzellerland mit Alpsteingebirge

Blick auf St. Peterzell

Das Bänklein oben auf dem **Nieschberg** bei der mächtigen **Zentenarlinde** lädt zu einer Rast ein. Schon Robert Walser hat den Ort beschrieben: «Auf der Südseite des Tals gibt es einen Übergang – ein grosser Baum steht am höchsten Punkt des Hügels, Zentenarlinde genannt ...»

Ab hier zieht unsere Route gemächlich südwärts, vorbei an stattlichen **Appenzeller Bauernhäusern,** führt über den **Hörnlipass** (wunderbare Aussicht auf Waldstatt) nach **Vollhofstatt.** Nach kurzem Aufstieg gelangen wir auf den Höhenweg nach Schwellbrunn, dessen gepflegte Häuserzeilen nördlich vor uns sichtbar sind. Wer Lust und Zeit hat, unternimmt hier einen Abstecher ins höchstgelegene Dorf des Kantons. Bei **Säntisblick** geniessen wir ausgiebig das, was der Ortsname verspricht, bevor wir durch den **Risiwald** und via den Weiler **Risi** zum Bergrestaurant **Sitz,** mit 1084 Metern höchster Punkt des St. Gallerwegs, aufsteigen.

Säntis, Churfirsten, Speer, Glarner Alpen und – bei klarem Wetter – Eiger, Mönch und Jungfrau lassen in der Ferne grüssen.

Nach steilem Abstieg verlassen wir beim **Restaurant Landscheidi** den Kanton Appenzell Ausserrhoden und wandern auf Wiesenwegen nach **Lindschwendi.** Ab hier folgt ein geteertes Wegstück, aber die Aussicht entschädigt bei weitem dafür. Entlang eines flachen Höhenzuges geht es nach **Chäseren** und **Ämisegg,** dann weiter zum Hof **Berg,** von wo aus wir ins **Neckertal** zum ehemaligen Klosterdorf **St. Peterszell** absteigen.

St. Peterzell – Schmuckkästchenhaus

Burg Iberg – Wahrzeichen Wattwils

Vom Grün des Appenzellerlandes zum Grün des Toggenburgs

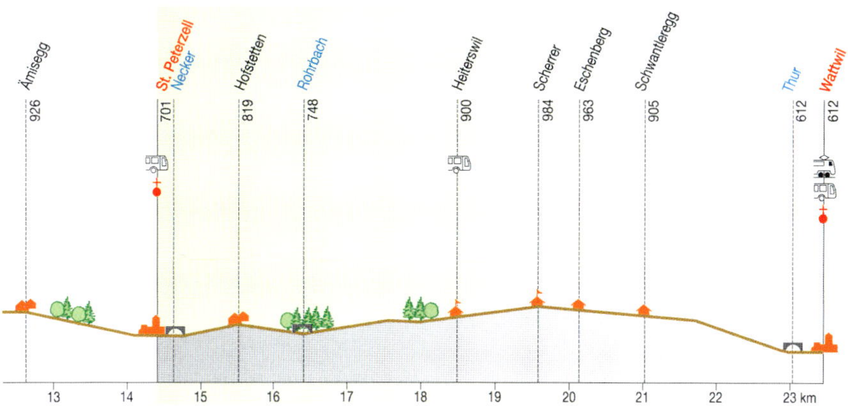

St. Perterzell–Wattwil 9 km

St. Peterzell: Der Ortsname geht auf eine Einsiedelei zurück, die im 11. Jahrhundert zu Ehren von Petrus hier gebaut wurde. Heute bestimmen schöne Bürgerhäuser wie zum Beispiel das **Rothus** das Ortsbild. Die Dorfbrücke führt uns über den **Necker** zum alten **Bädli** mit seiner bemalten Schaufassade und dem prächtigen historischen Badschild – übrigens im 17. Jahrhundert eine Pilgerherberge.

Auf einem gut erhaltenen alten Pilgerweg geht es hinauf nach **Hofstetten.** Stattliche **Holzhäuser** mit reich verzierten Fassaden prägen das Bild des hübschen Weilers. Dann führt ein Strässchen abwärts durch Blumenwiesen nach **Rohrbach** und durch ein Stück Wald über **Schlifentobel** nach **Heiterswil** und wieder leicht bergwärts über **Reiterberg** zur Wegverzweigung **Scherrer,** von wo aus man in zehn Minuten den **Gasthof Churfirsten** erreicht. Die Lage ist so traumhaft schön, dass man am liebsten länger hier verweilen möchte.

Wir stehen am Übergang vom Necker- zum Thurtal. In westlicher Richtung führt unsere Route an einer Kette typischer **Toggenburger Bauernhöfe** vorbei nach **Eschenberg** und über Wiesenpfade nach **Schwantleregg,** von wo aus wir zur Brücke über die Thur hinuntersteigen, **Wattwil** erreichen und durch ein neueres Wohnquartier entlang der Hembergerstrasse zur **Kubly-Kirche** gelangen. Das spätklassizistische Gotteshaus wurde 1848 unter dem Architekten Felix Wilhelm Kubly gebaut und bis 1968 von beiden Konfessionen paritätisch genutzt.

Wattwil – Blick ins Grüne aus der alten Burg

Wattwils Name kommt von «Wattinwilare», was so viel wie «Gehöft des Watto» heisst. Der Ort war schon früh Versammlungsplatz der Toggenburger und Knotenpunkt mehrerer Pilger- und Handeslwege. Seit dem Mittelalter gab es hier eine Fähre über die **Thur.** Und noch Mitte des 18. Jahrhunderts mussten die Fährleute jeweils arme Pilger kostenlos übersetzen. Am Bahnhof des Toggenburger Wirtschaftszentrums geht unsere zweite Etappe auf dem St. Gallerweg der ViaJacobi zu Ende.

i

Streckencharakteristik:
Eine Wanderung, die immer wieder schönste Aussichten übers Appenzellerland und das Toggenburg offeriert, zum Teil auf historischen Pfaden sowie Wiesen- und Waldwegen.

Richtzeit:
6 bis 6½ Stunden, inkl. Besichtigungen und Pausen.

Erreichbarkeit:
Herisau ist per Bahn, St. Peterzell per Bahn und Bus, Wattwil per Bahn erreichbar.

Weitere Informationen:
www.herisau.ch
www.wattwil.ch

7 ViaJacobi: St.-Galler-Weg, dritter Teil 25½ km

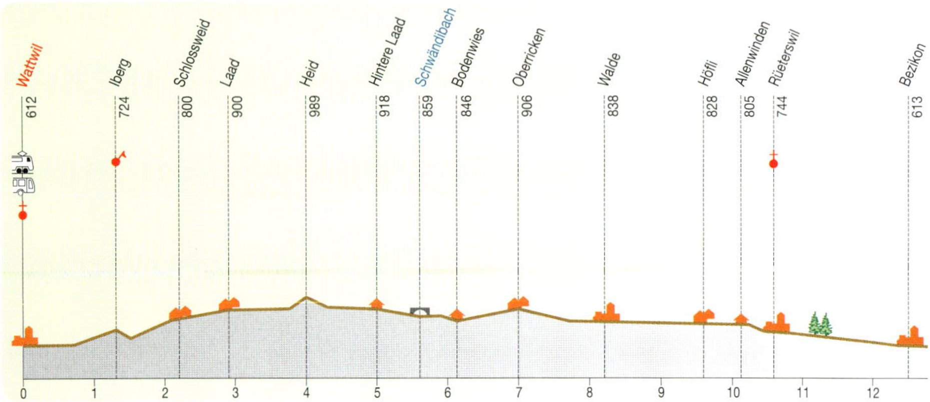

Wattwil– St. Gallenkappel 14½ km

Bahnhof **Wattwil:** Hier nimmt die dritte Etappe auf dem St. Gallerweg, die uns an den Oberen Zürichsee führen wird, ihren Anfang. Über dem Dorf thront die **Burg Iberg.** Dies ist die Richtung, die wir einschlagen. Und schon in kurzer Zeit erreichen

St. Gallenkappel – Barock pur

wir das **Kapuzinerkloster St. Maria der Engel,** das aus einer alten Gemeinschaft hervorging und im 17. und 18. Jahrhundert erstellt wurde. Es gilt als die am besten erhaltene Anlage im Kanton St. Gallen. Die benachbarte Burg Iberg wurde übrigens im 13. Jahrhundert erstellt.

Von der **Schlosswies** zieht unser Pfad in direkter Linie, abseits der Strasse, hinauf zur **Schlossweid.** Und weiter geht es, hinauf zur **Vorderen Laad.** Auch hier säumen wiederum charakteristische **Toggenburger Bauernhäuser** unseren Weg. Weiterhin sanft ansteigend, gelangen wir zur **Heid** am Übergang des **Laadpasses,** wo wir die toggenburgische Landschaft verlassen und in den sankt-gallischen Seebezirk wechseln.

Nach der **Hinteren Laad** wandern wir entlang einem alten, von Hecken gesäumten Weg. Er führt uns über den **Schwändibach** zum Naturschutzgebiet **Bodenwies.** So erreichen wir, vorbei am Schiessplatz **Cholloch,** der einfach nicht so richtig in die friedliche Landschaft passen will, den Sattel von **Oberricken.**

Von der Passhöhe (906 m) führt uns ein Hohlweg durch den Wald zum Dorf **Walde,** wo wir ausgangs des Dorfes auf die nun über Wiesen führende ehemalige Fuhrstrasse nach **Widen** wechseln. Den Hang entlang geht es von **Höfli** nach

St. Gallenkappel – Kirchengemälde

Aabrücke bei Schmerikon

Allenwinden und über die ehemalige Passstrasse, von der aus sich schönste Ausblicke auf den Oberen Zürichsee eröffnen, hinunter nach **Rüeterswil.** Sehenswert: die schmucke Kapelle St. Ursula, zu deren Kirschenschatz eine um 1660/70 geschaffene Holzfigur gehört, die Jakobus den Älteren darstellt.

Um die Asphaltstrasse zu vermeiden, die geradewegs aufs Zwischenziel zusteuert, wandern wir in einer Schlaufe über **Bezikon** und **Eichholz** gemächlich durch die grüne Landschaft nach **St. Gallenkappel.** Wie die Ortsbezeichnung vermuten lässt, stand hier einst ein Kapelle, die der Galluskirche von Uznach unterstellt war. 1754 entstand an ihrer Stelle das barocke Schmuckstück des Ortes. Verantwortlich für den Bau zeichnete **Jakob Grubenmann** aus der bekannten Appenzeller Baumeisterdynastie. Die Kirchengemälde stammen von **Josef Ignaz Weiss.**

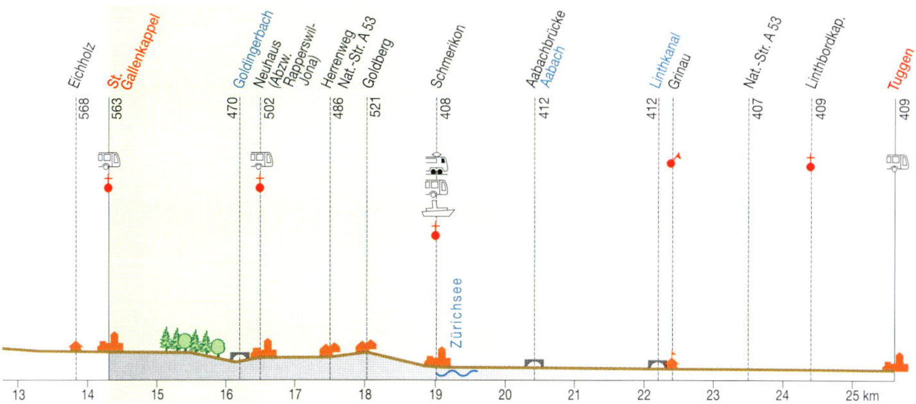

Willkommen am Oberen Zürichsee

St. Gallenkappel– Tuggen 11 km

Bei der Barockkirche **St. Gallenkappel,** am Kreuzungspunkt zweier alter Pilgerwege, beginnt der zweite Teil unserer Etappe. Die Route führt entlang dem bewaldeten **Aabachtobel** zur Rickenstrasse, dann jenseits weiter zum **Goldingerbach,** wo Unentwegte oftmals eifrig Gold waschen, das aus dem Moränenschutt des Linthgletschers stammen soll. Nach der Überquerung des Baches erreichen wir die **Jakobskapelle** von **Neuhaus,** die uns schon seit einer Weile zuwinkte.

Dem motorisierten Verkehr entrinnend, geleitet uns der St. Gallerweg übers **Risifeld** zu den Höfen von **Herrenweg** und durch das früher als Geistergebiet verschriene **Bürstli** hinauf zum Weiler **Goldberg,** von wo aus sich ein schöner Ausblick auf den **Obersee,** das heisst auf den Oberen Zürichsee eröffnet.

Auf dem Goldbergsträsschen gelangen wir durchs Rebgebiet von **Lanzenmoos** hinunter zur **Kirche St. Jost.**

Hier bieten sich zwei Möglichkeiten zur Fortsetzung unseres Wegs: entweder von hier aus nach Rapperswil/Jona und dann über den Holzsteg nach Pfäffikon und Einsiedeln; oder nach **Schmerikon,** dann dem linken Seeufer entlang nach Lachen und anschliessend hinauf nach Einsiedeln. Wir entscheiden uns für die zweite Variante, den «klassischen» St. Gallerweg. So durchqueren wir, dem östlichen Seeuferweg folgend, die grosse Allmend, gelangen über den Fussgängersteig zum Seitenkanal der **Linth** und erreichen über die **Aabachbrücke** dann das die Ebene dominierende **Schloss Grinau** mit seinen **Burgturm.** Vom einstigen Vogteisitz erhalten geblieben ist die **Nothelferkapelle.** Ein alter Wappenstein ziert deren Zugang.

Die zum Etappenziel führende Landstrasse geleitet uns zu einem Gedenkkreuz, wo unser Weg rechts abzweigt und unter der Autobahn hindurch zur **Linthbordkapelle,** auch Anneli-Kapelle genannt, entlang einem Entwässerungskanal durchs ehemalige Ried nach **Tuggen** führt. Beim alten Gasthaus Löwen ist das Etappenziel erreicht.

i

Streckencharakteristik:
Eine aussichtsreiche Wanderung vom Toggenburg über den Ricken an den Oberen Zürichsee, zum grossen Teil auf verkehrsfreien Wegen.

Richtzeit:
5½ bis 6 Stunden, inkl. Besichtigungen und Pausen.

Erreichbarkeit:
Wattwil ist per Bahn erreichbar, St. Gallenkappel und Tuggen sind es per Bahn und Bus.

Weitere Informationen:
www.wattwil.ch
www.stgallenkappel.ch
www.tuggen.ch

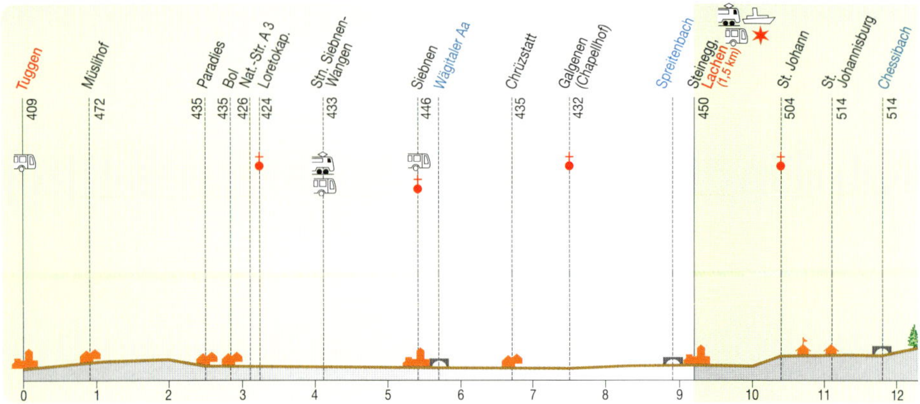

Tuggen–Lachen 9 km

In **Tuggen,** vor dem **Huber-Haus,** das zu den schönsten Gemeindehäusern im Kanton Schwyz zählt, nehmen wir das letzte Stück des St. Gallerweges in Angriff. Noch einmal schweift unser Blick südwärts über die Linthebene. Und dabei malen wir uns aus, wie da bis ins Spätmittelalter noch See und bis vor 200 Jahren noch Sumpfland war, bevor wir der Buechbergstrasse zum Dorfende folgen und dort in Richtung **Müslihof** abzweigen.

Auf der Nebenstrasse zum **Paradies** eröffnen sich uns tolle Einblicke ins Wägital. Im Weiler **Bol,** in dem es unbedingt das typische **Schwyzerhaus** mit Doppellauben zu beachten gilt, zweigt die Route auf ein Strässchen ab, das uns über die Autobahn und vorbei an der **Loretokapelle** im **Chromen** nach **Siebnen** führt.

Siebnen liegt auf dem höchsten Punkt der Marchebene am Eingang ins Wägital. In einer Urkunde von 972 wird der Ort «Sibineihha» genannt, also «Sieben Eichen», was der magischen Sieben wegen auf einen vorchristlichen Kultplatz hinweisen könnte.

Standhaft am Weg zum Sihlsee

Blauer Sihlsee grün umrahmt

Mitten im Dorf Siebnen erwartet uns die sehenswerte **Kapelle St. Niklaus,** deren Altar drei Statuen schmücken, darunter auch jene von Jakobus dem Älteren. In den letzten Jahren hat man begonnen, alte übermalte Bilder aus dem 17. Jahrhundert wieder freizulegen. Sie illustrieren das Leben und die Wunder des heiligen Nikolaus von Myra. Auf dem Kirchweg geht es weiter zur Brücke über die **Wägitaler Aa** und auf der Büelstrasse zum Gemeindehaus, wo wir rechts abzweigen und durch neuere Wohnquartiere zur **Chrüzstatt** gelangen. Eine Wegkapelle von 1629 enthält hier eine **Pilgertafel** in Erinnerung der Jerusalem-Wallfahrt des Kapellenstifters. Nach der Überquerung der Hauptstrasse zweigen wir auf einen Fusspfad ab, der uns in direkter Linie zur spätgotischen **Kapelle St. Jost** bringt. Dieses Gotteshaus aus dem 14. Jahrhundert gehört zweifellos zu den reizvollsten Kleinbauwerken am Pilgerweg nach Einsiedeln. Die sorgfältig restaurierten Malereien am Seitenportal zeigen **St. Jost, Kardinal Borromäus** und **Bruder Klaus.**

Durch Fluren geht es weiter zur Brücke über den **Spreitenbach,** von wo aus wir nach **Steinegg** gelangen. Nach **Lachen,** das abseits der ViaJacobi liegt, ist es von hier aus nur ein kurzes Wegstück. Und der Abstecher ist sehr empfehlenswert.

Einsiedeln – Besuchermagnet

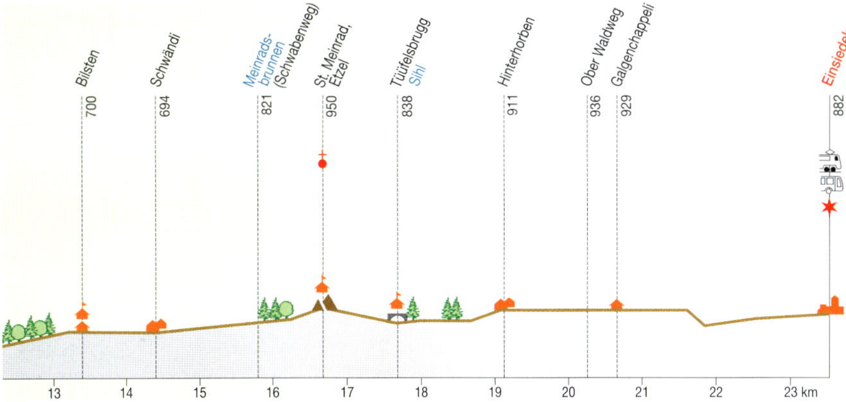

Einsiedeln – Zwischenziel auf dem Weg nach Santiago

Lachen–Einsiedeln 14½ km

Sehen wir uns in **Lachen** erst mal gemütlich um, bevor wir das letzte Wegstück unter die Füsse nehmen. Denn erstens gibt es bald 500 Meter Höhendifferenz zu überwinden; und zweitens gibt es im Zentrum des Bezirks March einiges an Sehenswürdigkeiten zu bewundern. So zum Beispiel das aufs Jahr 1506 zurückgehende **Rathaus** mit der reich mit historischen Malereien geschmückten **Biedermeierfassade.** Sowie die spätbarocke **Pfarrkirche Zum Heiligen Kreuz** mit ihren zwei fast 50 Meter hohen Zwiebeltürmen.
Durch die Unterführung führt unsere Route vom Bahnhof zur Ätzidorfstrasse, wo die 1911 erneuerte Wegkapelle **Maria zum guten Rat** steht, und weiter zum Fuss eines markanten Geländesporns, auf dem die **Kapelle St. Johann** an Stelle der einstigen Burg Alt-Rapperswil thront. Auf dem Höhenzug wandern wir vorbei am Restaurant **Johannisburg,** überqueren den **Chessibach** und folgen der Strasse, im Mittelteil Abkürzungen entlang historischen Wegspuren benützend, zum Weiler **Bilsten.**
Ab **Schwändi** steigt der Weg durch Weidegebiet und durch Riedzonen gemächlich zum **Etzel** an. Kurz vor der Passhöhe stossen wir auf den von Rapperswil-Jona kommenden Schwabenweg. Die beiden Jakobswege vereinen sich und führen zur **Kapelle St. Meinrad** auf dem **Etzelpass** (950 m). Das 1759 erbaute **Gasthaus** wurde auf den Grundmauern eines Hospizes für Pilger und Säumer aus dem 14. Jahrhundert erstellt.
Die Fortsetzung des Weges führt hinab zur **Tüüfelsbrugg** über die **Sihl,** wieder leicht bergauf entlang dem **Hochmoor Schwantenau** zum **Oberen Waldweg** und weiter zum **Galgenchappeli,** wo die vom Einsiedler Hochgericht zum Tod Verurteilten den letzten Segen erhielten. Mit Blick auf den Sihlsee wandern wir südwärts, geniessen von der **Mariensäule** den grossartigen Blick auf das Klosterdorf und gelangen am **Paracelsusdenkmal** vorbei zum **Wallfahrtsort Einsiedeln,** wichtiges Zwischenziel der Pilger auf dem Weg nach Santiago de Compostela.

i

Streckencharakteristik:
Eine Wanderung mit schönsten Aussichten, im zweiten Streckenteil mit rund 500 Metern Höhendifferenz, auf verschiedensten Wegen, zum grössten Teil verkehrsfrei.

Richtzeit:
6½ bis 7 Stunden, inkl. Besichtigungen und Pausen.

Erreichbarkeit:
Tuggen ist per Bahn und Bus erreichbar, Lachen und Einsiedeln sind es per Bahn.

Weitere Informationen:
www.tuggen.ch
www.lachen.ch
www.kloster-einsiedeln.ch
www.einsiedeln.ch

9 ViaJacobi: Innerschweizer Route, erster Teil 19½ km

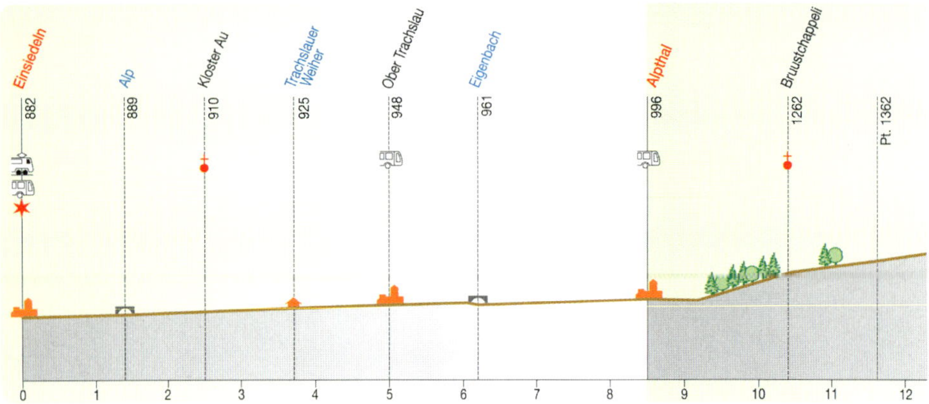

Einsiedeln–Alpthal 8½ km

Zweifelsohne fällt es allen schwer, den **Wallfahrtsort Einsiedeln** mit all seinen Sehenswürdigkeiten, für Pilger wohl die bedeutendste Station entlang der Schweizer Jakobswege, zu verlassen. Doch der Weg der Wege ist noch weit. Und so wandern wir, wenn auch mit leisem Bedauern, an den Hotels **St. Johann** und **Katharinahof** vorbei dorfauswärts in Richtung Luegeten.

Bibliothek Werner Oechslin

Linkerhand sehen wir den von **Mario Botta** gestalteten Bau der Bibliothek der **Stiftung Werner Oechslin,** die eine wohl einzigartige Sammlung von Dokumenten zur Architektur und zur Kulturgeschichte beherbergt. Rechterhand ist noch eine der alten hölzernen **Pilgerverkaufsbuden** erhalten geblieben. Entlang dem Flüsschen **Alp** führt die Route vorbei am Benediktinerinnenkloster **zu Allen Heiligen in der Au,** das auf die **Waldschwestern** zurückgehen soll, die um 1200 nach Einsiedeln kamen. Hinter diesen Klostermauern wird die sogenannte **Ewige Anbetung** praktiziert, rund um die Uhr, die mittlerweile schon mehr als 153 Jahre im Gang ist.

Am Ufer des idyllischen **Trachslauer Weihers** treffen wir auf eine alte Pilgerhütte. Dann strebt der gut beschilderte Weg in südlicher Richtung durchs Hochtal der Alp dem – nomen est omen – von Legenden umrankten **Grossen** und **Kleinen Mythen** zu. So gelangen wir durchs **Trachslauer Moos** nach **Trachslau.** Hier soll es 1308 während des Marchenstreits auf der Kriegsmatte südlich des Dorfes zu einer heftigen Auseinandersetzung zwischen Schwyzer Soldaten und Kriegsleuten des Klosters Einsiedeln gekommen sein.

Vor der Kirche Trachslau biegen wir nach rechts ab, überqueren den **Eigenbach** und gelangen schliesslich,

Benediktinerinnenkloster

Alpthal – altes Schulhaus

vorbei an alten Schwyzer Bauernhäusern, nach **Alpthal,** wo wir uns vor dem nachfolgenden Aufstieg eine ausgiebige Rast gönnen. Gelegenheit also, uns ein bisschen Alpthaler Geschichte zu Gemüte zu führen: Nur den unzähligen Bittbriefen und «Betteltouren» von Ortspfarrer von Euw sei es zu verdanken gewesen, dass die im neugotischen Stil in Fronarbeit erbaute **Kirche** 1887 schuldenfrei der Gemeinde übergeben werden konnte. Sie ist übrigens der **heiligen Appollonia** geweiht, Schutzpatronin aller an Zahnschmerzen Leidenden. Verärgern wir sie also nicht.

Seit 1908 ist Alpthal auch verkehrstechnisch mit Einsiedeln verbunden. Wurde doch Julius Holdener vertraglich verpflichtet, mit einer einspännigen Rösslipost täglich einmal zwischen den beiden Ortschaften hin- und herzufahren. Fahrpreis: 90 Rappen.

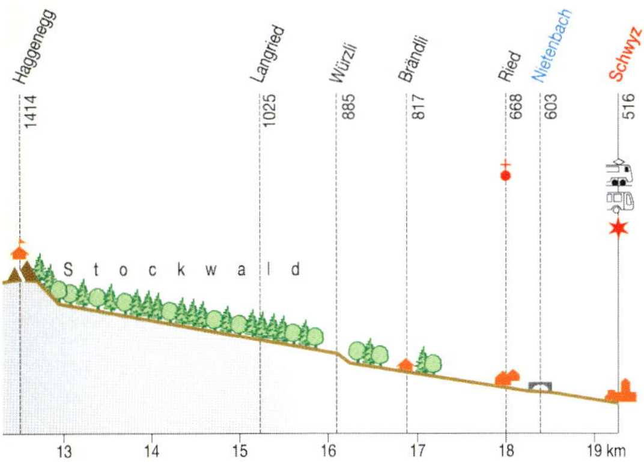

Alpthal – Schwyz 11 km

Ein kurzer Nachtrag zum Dorf **Alpthal** noch, zum Schmunzeln, bevor wir hier den Aufstieg zum höchsten Übergang der Schweizer ViaJacobi in Angriff nehmen: In einem Inspektionsbericht der Postbehörde von 1913 wird bemängelt, dass die Türe zum lokalen Postbüro nicht mit Eisen beschlagen sei und deshalb der Poststempel und die Kassa über Nacht ins Schlafzimmer mitgenommen werden müssten.

Gleich hinter Alpthal geht es bergauf. Im Schatten des **Langwalds** überwinden wir auf Spuren historischer Pflästerungen rund 250 Meter Höhendifferenz, bevor wir nach dem Verlassen des Waldes zum **Bruustchappeli** gelangen, einer **Wegkapelle** auf 1262 Metern, die eine Marienstatue sowie diverse Exvotos beherbergt.

Auf Alpwegen geht es der **Passhöhe** zu. **Haggenegg:** Mit 1414 Metern ist der höchste Punkt der Route vom Bodensee zum Lac Léman erreicht. Und die Aussicht auf die Zentralschweizer Berg- und Seenwelt präsentiert sich dementsprechend grossartig. Geniessen wir deshalb das Panorama eine Weile, bevor wir östlich des Restaurants den steilen Abstieg in Angriff nehmen.

Erst durch eine steile Rinne, der Westflanke der Mythen folgend, dann in weiten Schleifen auf einem Natursträsschen durch den Stockwald führt unsere Route zum **Langried** und anschliessend auf einer Fuhrstrasse via **Würzli** und **Brändli** in den Weiler **Ried,** wo uns die **Kapelle St. Fridolin** (1779) zu einer Verschnaufpause einlädt.

Ein kurzes Wegstück noch, und wir erreichen nach Überquerung des **Nietenbachs,** vorbei am imposanten **Kollegium** den Ort **Schwyz,** Ziel der Etappe. Der **Flecken,** wie Schwyz seit Urschweizer Zeiten genannt sein will, hat mit der **Kirche St. Martin,** dem **Bundesbriefarchiv,** dem **Forum der Schweizer Geschichte** und dem **Rathaus** viel zu bieten.

Kloster zu Allen Heiligen in der Au

Streckencharakteristik:
Eine wunderschöne Wanderung über saftig grüne Alpwiesen und durch prächtige Hochwälder, trotz des Aufstiegs zum höchsten Punkt der ViaJacobi innert vernünftiger Zeit zu bewältigen.

Richtzeit:
5½ bis 6 Stunden, inkl. Besichtigungen und Pausen.

Erreichbarkeit:
Einsiedeln und Schwyz sind per Bahn erreichbar, Alpthal per Postauto von Einsiedeln aus.

Weitere Informationen:
www.einsiedeln.ch
www.alpthal.ch
www.schwyz-tourismus.ch
www.museenschwyz.ch

10 ViaJacobi: Innerschweizer Route, zweiter Teil 30 km

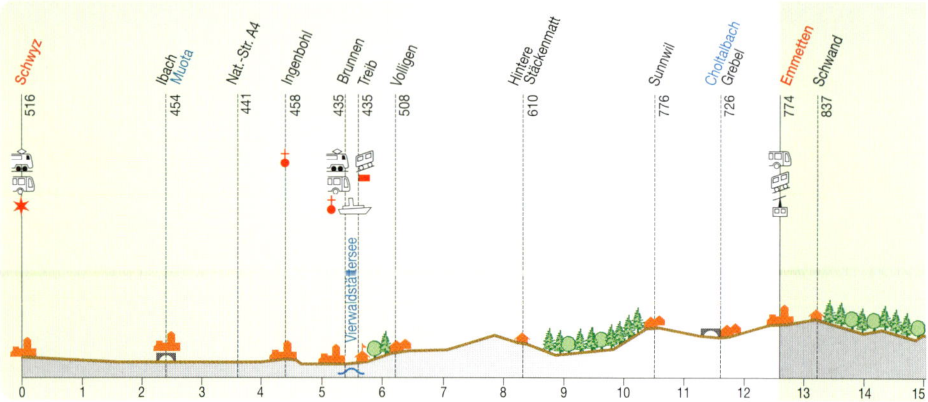

Schwyz–Emmetten 12½ km

Noch einmal werfen wir im Flecken **Schwyz** einen Blick auf die **Pfarrkirche St. Martin** (1774), die als eine der schönsten barocken Kirchen des Landes gilt, sowie auf das aus dem 17. Jahrhundert stammende **Rathaus** mit seiner prachtvollen

Schwyz – Rathaus

Fassadenmalerei, die Szenen aus der Schlacht bei Morgarten zeigt, bevor wir uns in Richtung Schmiedgasse auf den Weg machen, um im Vorbeiwandern die **Kapelle zur Schmerzhaften Muttergottes** (1683) zu bewundern, deren Gnadenbild einst im Zentrum lokaler Wallfahrten stand.

Vor **Ibach** passieren wir die **Kapelle zur Heiligen Barbara,** überqueren die **Muott,** die mitten im Ort ein Knie bildet, und wandern vorbei an der anno 1485 erbauten **Erlenkapelle zum Heiligen Kreuz** durch die weite Ebene in Richtung **Ingenbohl,** wo auf einem Hügel das Mutterhaus der **Schwestern von Ingenbohl** liegt, mit Kloster, Kirche und Theresianum (Frauenmittelschule). Die Krypta der Gründerin Maria Theresia Scherer ist mittlerweile zum oft besuchten Wallfahrtsort geworden. Das Kloster feierte 2006 sein 150-jähriges Bestehen.

Bis nach **Brunnen** und an den **Vierwaldstättersee** sind es bloss noch wenige Minuten. Sehenswert sind hier vor allem: die **Bundeskapelle** (Heinrichskapelle) von 1632, die an den Rütlischwur erinnert, das **Hotel Waldstätterhof** am See als ein Beispiel der Hotellerie der Belle Epoque, sowie das **Dorfzentrum,** das wegen seiner Giebelhäuser auch «Schiltenüüni» genannt wird.

Abzweigung: Wer seinen Weg lieber durchs Emmental statt durchs Berner Oberland fortsetzen möchte, besteigt in Brunnen das Schiff und fährt nach Luzern.

Auch wir besteigen hier das Schiff und lassen uns auf die andere See-

Brunnen – Schiffsquai

seite übersetzen. Schon vom Wasser aus erkennen wir das **Haus zur Treib,** einst Freistätte für Verfolgte. Der alte **Susthafen** von Treib, wo die drei Urkantone zusammentreffen, diente früher als Zufluchtsstelle bei Föhnsturm. Hier bietet sich die Möglichkeit zu einem Abstecher per Seilbahn nach **Maria Sonnenberg** sowie zum **Schlösschen Beroldingen.**

Emmetten – Heiligkreuzkapelle

Unser Weg nach **Volligen** steigt erst gemächlich an und ist mit dem Waldstätterweg identisch. Nach der **Hinteren Stäckenmatt** wird der Weg über **Sunnwil** jedoch steil und führt zum Teil durch schroffe **Felswände.** Nach dem Waldaustritt bei der **Heiligkreuzkapelle** haben wir das Ärgste geschafft und erreichen **Emmetten.**

PS: Für den Aufstieg nach Emmetten sind gutes Schuhwerk, Trittsicherheit sowie Schwindelfreiheit unbedingt erforderlich.

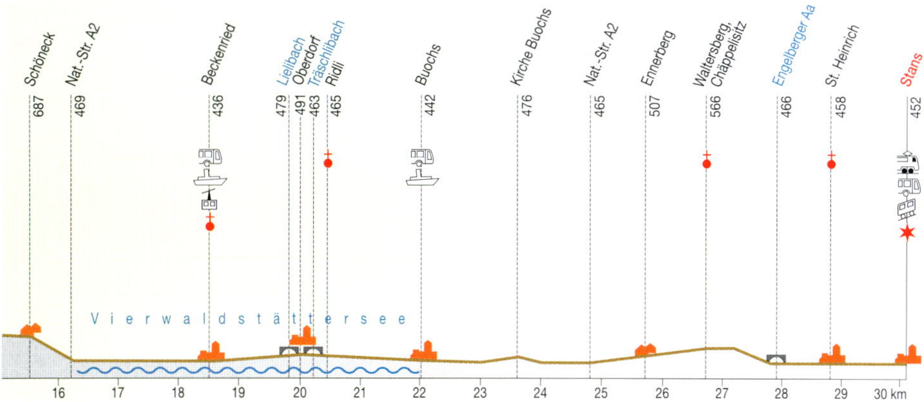

Vierwaldstättersee – Überfahrt nach Treib

Emmetten – Stans 17½ km

In **Emmetten,** dessen Dorfwappen übrigens drei Jakobsmuscheln enthält, ist vor allem die **Pfarrkirche St. Jakob und St. Theresa** sehenswert, bevor wir nach einer Verschnaufpause den im Gegensatz zum Aufstieg weniger steilen Abstieg über **Schwand** zur **Schöneck** in Angriff nehmen, wo die schmucke **Kapelle St. Anna** zu einem kurzen Halt einlädt.

Immer wieder eröffnen sich uns zauberhafte Ausblicke auf den Vierwaldstättersee, während wir durch eine idyllische Waldpartie hinabsteigen, die Autobahn unterqueren und entlang des Sees in Richtung **Beckenried** wandern. Schon von weitem grüsst uns die **Pfarrkirche St. Heinrich,** erbaut im 18. Jahrhundert. In der Vorhalle liegt die aus einer früheren Kirche stammende **Grabplatte** eines Jerusalem- und St.-Jakob-Pilgers. Auch im Kircheninnern finden sich zahlreiche Pilgerdarstellungen. Beim Wegweiser neben der Talstation der Klewenalpbahn finden wir die Schilder der ViaJacobi wieder, denen wir zur Wallfahrtskapelle **Maria im Riedli** (1605) folgen. Parallel zur Nationalstrasse führt unsere Route über **Oberdorf,** wobei wir den **Lielibach** sowie den **Träschlibach** überqueren, nach **Buochs,** das wir bei der **Nothelferkapelle** im oberen Dorfteil erreichen. Im Gegensatz zu anderen Orten entlang dem Pilgerweg ist Bouchs baugeschichtlich eher jüngeren Datums. Sind doch nur wenige Gebäude älter als 200-jährig. Dies gilt auch für die 1802 erbaute Kirche **St. Martin,** die allerdings zum Teil mit Steinen einer Kapelle von 1157 erbaut wurde.

Weiter geht es durch die **Obergass,** vorbei an der Kapelle **Sieben Schmerzen Mariä** (1662), unter der Autobahn hindurch nach **Ennerberg** zur **Santa Casa di Loreto,** gestiftet 1712 von Landammann und Heerführer Jakob Achermann nach seinem Sieg im Zweiten Villmergerkrieg, die im Innern denn auch einen Prospekt mit der Darstellung dieser Schlacht enthält.

Anstatt direkt die alte Kantonsstrasse zum Etappenziel zu benützen, führt die neue ViaJacobi auf reizvollen Pfaden hinauf zum **Chäppelisitz** auf dem **Waltersberg** mit der **Kapelle St. Anna,** wo zahlreiche Dankesbezeugungen von wunderbaren Genesungen berichten.

Auf steilem Weg steigen wir dann hinunter, überqueren die **Engelberger Aa,** folgen einem Feldweg zur **Kapelle St. Heinrich** in **Oberdorf** und gelangen entlang der **Kantonsschule St. Fideris** ans Etappenziel **Stans.**

i

Streckencharakteristik:
Wunderschöne Route, allerdings mit schwierigem Aufstieg nach Emmetten (s. Hinweis), etwas lang für einen Tag.

Richtzeit:
9 bis 10 Stunden, inkl. Besichtigungen und Pausen.

Erreichbarkeit:
Schwyz und Stans sind per Bahn erreichbar, Emmetten per Postauto von Beckenried aus.

Weitere Informationen:
www.schwyz-tourismus.ch
www.emmetten.ch
www.stans.ch

11 ViaJacobi: Innerschweizer Route, dritter Teil 25 km

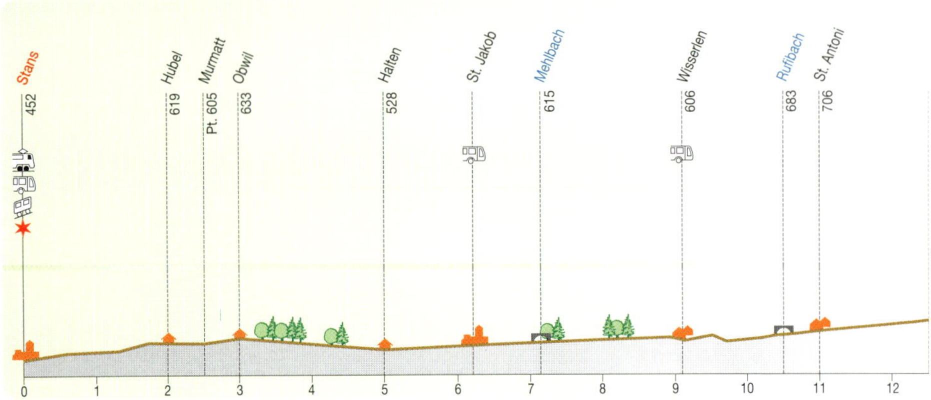

Stans–Flüeli 16 km

Aus dem Jahr 1674 stammt sie, die **Kirche** am Dorfplatz von **Stans.** Und betrachtet man all die historischen Häuser ringsum, kann man sich nur schwer ausmalen, wie im 18. Jahrhundert ein verheerender Brand den grössten Teil dieses Ortes zerstört haben soll. Jedenfalls lohnt es sich, das Dorfzentrum genauer in Augenschein zu nehmen, bevor wir die Fortsetzung des Pilgerweges unter die Füsse nehmen.

Beim **Winkelrieddenkmal,** gewidmet dem hier geborenen Helden der Schlacht von Sempach, nimmt unsere Route ihren Anfang. Sie führt relativ steil die Knirigasse hoch zur **Kapelle Maria zum Schnee,** erbaut 1698, aber erst 1717 vom Abt des Klosters Engelberg geweiht. Die **ViaJacobi** ist hier übrigens über weite Stücke identisch mit dem **Bruderklausenweg.**

Ab und zu zurückblickend bewundern wir die fantastische Aussicht auf

St. Niklausen – frei stehender Kirchturm

Im Geburtshaus von Bruder Klaus

Stans, das Stanserhorn, den Pilatus und die Rigi. Zahlreiche **Bildstöcke** säumen unseren Weg, der uns über saftig grüne Matten am «Heimetli» **Hubel** vorbei zum Aussichtspunkt **Murmatt** führt, von wo aus wir die Gemeinde Ennetmoos überblicken, seinerzeit Stammsitz der Familie Winkelried.

Über **Obwil** gelangen wir durch die Waldungen des **Rohrerbergs** hinunter in die Ebene nach **Halten** und weiter zum Flecken **St. Jakob,** der zu Ennetmoos gehört. Eine **Jakobusstatue** schmückt den Eingang der Ortskirche und bestätigt, dass wir uns auf dem richtigen Weg befinden.

Mit dem Überschreiten des **Melbachs** verlassen wir Nidwalden und wandern auf obwaldnerischem Gebiet weiter, am **Maichäppeli** vorbei, durch hügeliges Gelände und über den **Rufibach** nach **St. Antoni** (Kapelle von 1639), von wo aus wir auf dem markanten Geländerücken der **Egg** nach **Unterhag** gelangen. Noch einmal präsentiert sich uns eine prächtige Rundsicht, bevor wir entlang des **Zubenrieds** den Ort **St. Niklausen** mit dem wuchtigen frei stehenden **Glockenturm,** der an einen alten Wachtturm erinnert, erreichen. Die ob dem Ort thronende **Kapelle** gehört zu ältesten Sakralbauten der Innerschweiz. Höchst beeindruckend sind der Freskenzyklus im Chor aus dem 14. Jahrhundert und die barocken Deckenmalereien. Ein steiler Abstieg führt uns hinunter in den Ranft, wohin sich **Bruder Klaus** 1471 bis 1487 mit seinem Gefährten Ulrich von Memmingen zurückgezogen hatte. An der **Möslikapelle** (1484) vorbei gelangen wir in die **Ranftschlucht,** überqueren die **Melchaa** und wandern zur **Unteren Ranftkapelle,** welche Bruder Klaus als letzte Stätte diente. Damit haben wir das Gebiet von **Flüeli-Ranft** erreicht, die Heimat des **Niklaus von Flüe.**

Flüeli-Ranft – Kirchenschiff

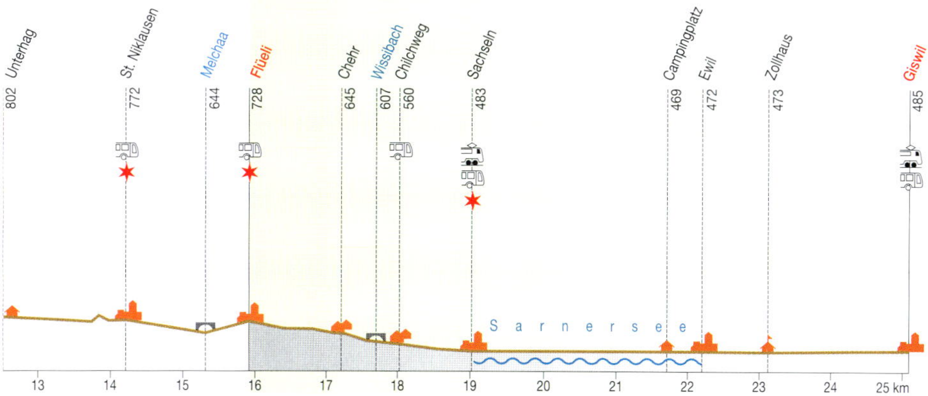

Gotteshaus Flüeli-Ranft – erhaben, klarlinig überm Dorf

Flüeli–Giswil 9 km

Bis zu seinem 50. Altersjahr führte der 1417 in **Flüeli** geborene **Niklaus von Flüe** ein bürgerliches Leben, war ein angesehener Mann und bekleidete als Richter und Ratsherr bedeutende öffentliche Ämter. Mit seiner Gattin Dorothee hatte er fünf Töchter und fünf Söhne. Mit 50 verliess er Familie und Hof, zog als Pilger in die Welt hinaus, kehrte aber bald wieder zurück und liess sich als Eremit in der Ranft nieder. Bruder Klaus, wie er von nun an hiess, wurde bald zum Ratgeber von Menschen aus allen Schichten, leistete auch einen wesentlichen Beitrag zur Festigung des Bundes der Eidgenossen, der auseinanderzubrechen drohte. Er starb 1487 und wurde 1947, also 460 Jahre später, von Papst Pius XII. heilig gesprochen. Mehrere Sehenswürdigkeiten, alle im Zusammenhang mit Niklaus von Flüe stehend, gibt es in **Flüeli-Ranft** zu besichtigen. So, nebst der Unteren Ranftkapelle, die wir schon auf dem Weg hierher besuchten, zum Beispiel das **Geburtshaus** von Bruder Klaus sowie das **Wohnhaus** seiner Familie, das er Mitte des 15. Jahrhunderts baute. Auch die **Zelle** des Einsiedlers ist ein beliebter Wallfahrtsort. Nicht zu verpassen: die **Obere Ranftkapelle** (1469), von wo aus wir den Weiterweg in Angriff nehmen.

Zwei Möglichkeiten bieten sich an: der 1991 eingeweihte «Weg der Visionen», dem Leben von Bruder Klaus gewidmet, oder die klassische Route der Jakobspilger.

Wir entscheiden uns für letztere, die uns entlang dem Wald zur **Lourdeskapelle** und weiter via **Chehr,** über den **Wissibach** und via **Chilchweg** an den Ortsrand von **Sachseln** führt, wo im **Zelebrationsaltar** der **Pfarrkirche** sich die Gebeine von Bruder Klaus befinden sollen. Auf dem idyllischen Seeweg wandern wir am **Campingplatz** und an **Ewil** vorbei zum historischen Landgasthof **Zollhaus,** von wo aus wir der traditionellen Route folgend nach **Giswil** gelangen, Ziel einer in jeder Beziehung höchst eindrücklichen Etappe.

i

Streckencharakteristik:
Eine eindrucksreiche Route auf historischen Spuren in die engste Heimat von Bruder Klaus. Auch landschaftlich begeisternd, mit den Gestaden des Sarnersees beispielsweise. Abwechslungsreiche Wege verschiedenster Art.

Richtzeit:
7 bis 7½ Stunden, inkl. Besichtigungen und Pausen.

Erreichbarkeit:
Stans ist per Bahn, Flüeli-Ranft per Bus (ab Sachseln) und Giswil per Bahn erreichbar.

Weitere Informationen:
www.stans.ch
www.flueliranft.ch
www.giswil-tourismus.ch

Giswil–Lungern-Obsee 8 km

Ausgangspunkt in **Giswil** ist die Station der Brünigbahn. Auf dem Trottoir der Nationalstrasse wandern wir in westlicher Richtung zum Hotel Krone, wo sich uns ein fantastischer Blick auf die **Ruine Rudenz** eröffnet, die das Ortsbild von Giswil

Giswil hinter Baumkronen versteckt

prägt. Links davon auf dem Hügel der ehemaligen **Burg Humwil** erblicken wir die aus dem frühen 17. Jahrhundert stammende **Pfarrkirche St. Laurentius,** die aus Steinen der Burgruine errichtet worden ist. Daneben steht die nur um wenige Jahre jüngere **Beinhauskapelle St. Michael.**

Die Wegschilder der ViaJacobi in Kirchennähe weisen auf die Flurstrasse übers **Aa-Ried** nach **Buechholz** hin, die uns in mässiger Steigung durch den Wald führt, hinauf zum beeindruckenden **modernen Viadukt** der Brünigstrasse, die wir hier überqueren und auf den stellenweise deutlich erkennbaren **alten Brünigweg** gelangen. Die mächtigen Bäume des dichten **Kaiserstuhlwaldes** spenden uns Wanderern köstliche Frische, bis wir nach der **Sommerweid** das Gehölz verlassen und nach einer kurzen letzten Steigung die Ortschaft **Kaiserstuhl** erreichen.

Eine kürzere Rast auf der Aussichtsterrasse des Gasthofs am unteren Ende des **Lungerersees** belohnt den Effort des Aufstiegs, bevor wird anschliessend auf dem Uferweg (linke Seeseite), vorbei an einem prächtigen historischen **Obwaldner Bauernhaus,** nach **Bürglen** weiterwandern. Das Bijou des Ortes ist die schmucke **Kapelle St. Antonius,** die aufs Jahr 1686 zurückgeht, jedoch Anfang der 1830er-Jahre vergrössert und wiederum der Gottesmutter sowie Antonius und Wendolin geweiht wurde.

Ein köstliches Vergnügen offeriert die Wanderung durch die Uferlandschaft nach **Obsee** am oberen Ende des Lungerersees. Zahlreiche stil-

Brünig Passhöhe – wer misst es nach?

Durch Wälder an Findlingen vorbei

volle **Bauernhäuser** prägen den malerischen Ort. Und es ist ein erhabener Moment, von einem schattigen Ratsplatz aus die friedliche Seesicht zu geniessen, bevor wir auf der Dorfstrasse zur Kapelle **St. Beatus** weiterpilgern. Die Kapelle wurde in den Wirren der Reformation im Jahr 1567 als Ersatzwallfahrtsort zu den Beatushöhlen am Thurnersee gebaut und enthält eine Bilddarstellung zur Beatuslegende.

Mit der Ortschaft **Lungern** haben wir den ersten Teil der Etappe abgeschlossen, verschnaufen ein bisschen und bereiten uns auf das eigentliche Tageshindernis vor, die Überquerung des Brünigpasses.

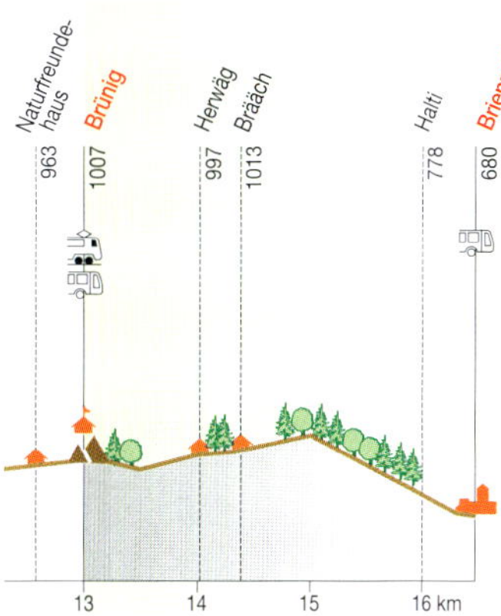

Lungern-Obsee – Brienzwiler 8,5 km

Zwei historische Wege führen von **Lungern** aus zur Brünighöhe hinauf. Beide nehmen in der Nähe der Kathedrale ihren Anfang. Östlich ist es der etwas weniger steile alte Saumweg, im 17. Jahrhundert als **«Ross-Strasse»** vermerkt, und westlich ein Pfad mit ausgehauenen Felsstufen, **«Käppelistiege»** genannt. Vor der Passhöhe vereinen sie sich wieder. Wir wählen den als ViaJacobi ausgeschilderten **alten Brünigweg,** die Käppelistiege. Die Route beginnt unterhalb der Kathedrale, zweigt bei der Holzbaufirma Hackeren rechts ab und führt bergwärts durch den **Sattelwald.** An verschiedenen Stellen sind noch deutlich alte Treppenstufen, Steinplatten und Räderrinnen erkennbar, die eventuell aus der Römerzeit stammen könnten.

Als Alternative zum Forstweg wandern wir entlang einem historischen Mauerweg zur **Chäle,** überqueren die Nationalstrasse und gelangen in ein besonders urwüchsiges Waldstück. Der romantische Waldpfad führt uns direkt zur **Letzi.** Mit einer massiven Sperrmauer versehen, diente die natürliche Felsenge seinerzeit als Verteidigungswall der katholischen Obwaldner gegen die reformierten Berner.

Die Schilder der ViaJacobi weisen uns den Weg hinab ins Weidgebiet **Sewli** und zum **Chäppäli,** von wo aus die Route nach einer Wegkreuzung wieder bergauf durch den **Cholhüttliwald** zur Brünigpassstrasse führt. Vorbei am Naturfreundehaus gelangen wir zur **Passhöhe** (1007 m) und überqueren die Kantonsgrenze. Eine fantastische **Panoramasicht** entschädigt für die Mühen des Aufstiegs.

Hier bietet sich die Möglichkeit, auf der **ViaSbrinz** nach Meiringen hinab zu steigen. Wir wandern jedoch auf dem Jakobsweg weiter, vorbei am Gasthaus Brünig-Kulm, gelangen entlang dem rechten Wiesenhang erst nach **Rytz** und **Herwäg,** dann zu den ausgedehnten Alpweiden von **Bräach.** Noch einmal geht es kurz bergauf ins mystisch anmutende Felsgebiet am **Tschuggen,** bevor wir auf alten Saumpfaden zur **Felsenquelle Andresen** absteigen und via **Halti** das Etappenziel **Brienzwiler** erreichen.

Wegweiser holzgeschnitzt – wir nähern uns der Schnitzerhochburg Brienz

i

Streckencharakteristik:
Eine fantastische Route von der Innerschweiz ins Berner Oberland, zum Teil auf historischen Wegen und alten Saumpfaden.

Richtzeit:
6 Stunden, inkl. Besichtigungen und Pausen.

Erreichbarkeit:
Giswil ist per Bahn erreichbar, Lungern-Obsee per Bahn und Bus, Brienzwiler per Bahn.

Weitere Informationen:
www.giswil.ch
www.lungern-tourismus.ch
www.brienzwiler.ch

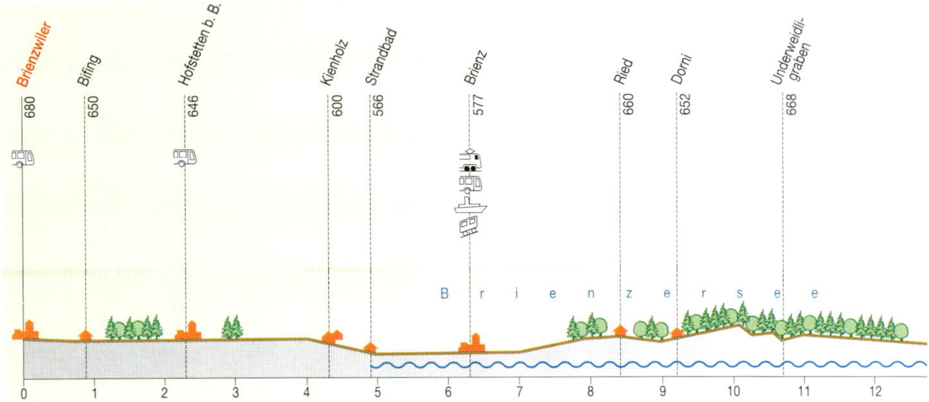

Brienzwiler– Oberried a. B. 14 km

Beim Gasthof Bären in **Brienzwiler,** wo auf einer Wiese oberhalb des Hauses noch immer die Überreste eines alten Saumweges erkennbar sind, starten wir zur Etappe entlang dem rechten Ufer des **Brienzersees.** Erst auf dem alten Schlossweg, dann auf der Hofstettenstrasse, führt uns die Route zum **Reitzentrum Bifing,** wo sich die Möglichkeit eines Abstechers zum Freilichtmuseum Ballenberg bietet. Liegt der Osteingang zum Museum doch ganz in der Nähe.

Auf dem hier meist flach verlaufenden authentischen Jakobsweg erreichen wir am Ende einer Wiesenebene den Dorfrand von **Hofstetten.** Hier enden die historischen Wegspuren für eine Weile, wurden doch in den vergangenen Jahrhunderten durch verschiedene Wildwasserkatastrophen grosse Gebiete der Gemeinden Hofstetten, Schwanden und Brienz verschüttet.

In der Dorfmitte von Hofstetten, beim Restaurant Alpenrose, wandern wir erst ein paar hundert Meter weiter in Richtung **Schwanden,** biegen dann noch vor dem Studenwald ab und gelangen durchs **Naturschutzgebiet Lauene** nach **Kienholz,** wo sich zwei Möglichkeiten der Wegfortsetzung bieten:

a) die **linksufrige Brienzerseeroute** über Kienholz, Giessbach und Bönigen nach Interlaken. Ein Weg, der vor allem von Velotourenfahrern genutzt wird. Sie dient auch als Ausweichroute, wenn der Hauptweg unterbrochen ist (Holzschlag, Naturgefahren usw.). Bei grosser Hitze bietet sie ein angenehmeres Klima.

b) die **rechtsufrige Brienzerseeroute** über Brienz, Ried, Dorni, Oberried und Ringgenberg sowie Goldswil nach Interlaken, der wir den Vorzug geben.

Vorbei am **Strandbad** erreichen wir die Uferpromenade von **Brienz,** der wir zur **Schiffländte** (Tracht) und zum historischen **Gasthaus Weisses Kreuz** folgen, wo schon die berühmten Schriftsteller Goethe, Uhland und Lord Byron logierten. Bei der auf einem Hügel stehenden **Kirche** (Turm von 1130) verlassen wir Brienz und wandern weiter in Richtung **Ried** und **Dorni,** gelangen durch eine prächtige Waldlandschaft zum wilden **Underweidligraben,** den man auf der 2007 realisierten, eindrücklichen **Seilbrücke** bequem überwinden kann.

Ein idyllischer Forstweg führt uns auf die Höhe von **Oberried,** wo wir nach rechts abzweigen, um via die historische **Geissgassa** (beeindruckender Panoramablick) ins wunderschön gelegene Dorf hinunterzusteigen.

Blick auf die berühmte Kulisse

Brienz – entlang dem Uferweg

Interlaken – klösterliche Stille

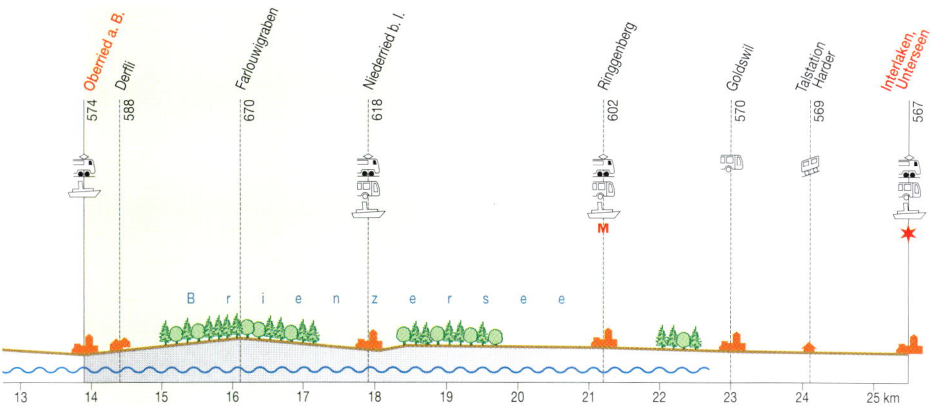

Oberried a. B. – Interlaken 11½ km

An der **Schiffländte** von **Oberried** nimmt der zweite Teil unserer Wanderung entlang dem Brienzersee ihren Anfang. Auf dem idyllischen Uferweg führt sie durch die **Oberrieder Seebucht** mit all den alten, sonnengebräunten Holzhäusern am Wegesrand. Am gegenüberliegenden Seeufer erkennen wir das malerisch gelegene Fischerdorf Iseltwald. Beim **Derfli** überqueren wir die Hauptstrasse, wandern auf aussichtsreichen Wiesen- und Waldwegen oberhalb des Sees, überqueren den **Farlouwigraben** und steigen nach **Niederried** hinunter, wo wir wieder auf historische Wegstücke treffen. Sie geleiten uns an der Ruine der **Schadburg,** die auf einer Felsenfluh thront, vorbei zu den ersten Häusern ob **Ringgenberg,** wo uns die imposante **Burgruine** aus dem 12. Jahrhundert begrüsst. 1671 bis 1674 integrierte Münsterbaumeister Abraham Dünz I. die reformierte **Dorfkirche** in die alte Burgruine. Daneben findet sich ein höchst interessantes **Heimatmuseum.**

Über den **Katzenpfad** oberhalb des Seeufers führt die ViaJacobi geradewegs nach **Goldswil.** Eine lohnenswerte Alternative bietet der Weg durch den Buchenwald zum idyllischen **Burgseeli** und der **Kirchenruine** mit dem romanischen Turm aus dem 11. Jahrhundert. Hier befindet sich auch ein alter **Wachtfeuerplatz,** von dem aus wir einen prächtigen Rundblick auf die **Bödeligemeinden** geniessen.

Auf dem alten Saumpfad wandern wir von Goldswil zum Uferweg entlang der Aare. Hier überspannte einst eine Holzbrücke den Fluss, deren Widerlager noch immer sichtbar sind. Sie führte zum heute noch erhaltenen Zollhaus. Wir überqueren die Aare ein Stück weiter vorne auf der **Beau-Rivage-Brücke** und betreten damit das ehemalige **Klosterdorf,** das inzwischen zum weltbekannten Kurort **Interlaken** geworden ist.

Zahlreiche Sehenswürdigkeiten bilden den mehr als nur würdigen Abschluss einer an bleibenden Eindrücken reichen Etappe auf dem Schweizer Jakobsweg.

Die Brienzersee-Region sagt es gern mit Blumen

i

Streckencharakteristik:
Eine Route, reich an schönsten Ausblicken, entlang dem rechten Ufer des Brienzersees, zum Teil auf historischen Pilger- und Saumwegen.

Richtzeit:
6 Stunden, inkl. Besichtigungen und Pausen.

Erreichbarkeit:
Brienzwiler ist per Bahn und Bus erreichbar, Oberried per Postauto und Schiff, Interlaken per Bahn und Schiff.

Weitere Informationen:
www.brienzwiler.ch
www.oberried.ch
www.interlaken.ch

14 ViaJacobi: Oberländerweg, zweiter Teil 25½ km

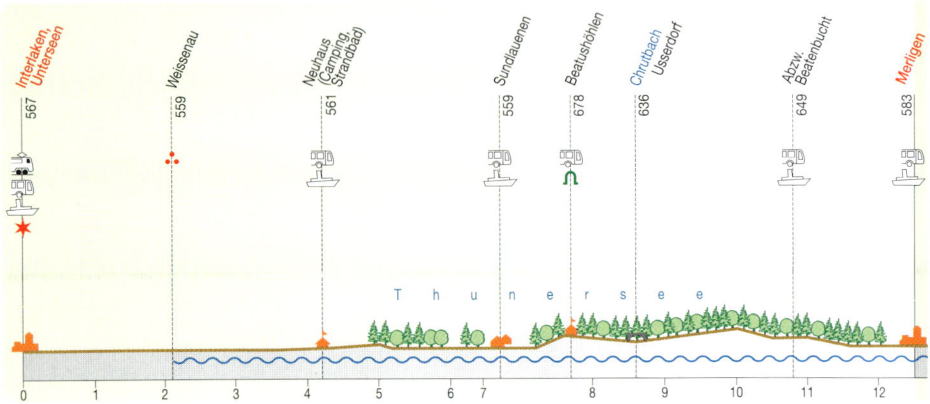

Interlaken–Merligen 12½ km

In **Interlaken,** Hochburg des internationalen Tourismus im Berner Oberland, starten wir zur Etappe entlang dem **Thunersee.** Sie führt uns über die **Goldey** zuerst ins historische **Unterseen** mit seinen

Ausblicke zum Herzerwärmen

malerischen **Häuserfassaden** aus dem 17. Jahrhundert. Im **Jungfraumuseum** am **Stedtliplatz** bietet sich die Möglichkeit, die Geschichte des **Bödeli** (Schwemmebene zwischen den beiden Seen) kennen zu lernen.

Nach der Kreuzung **Räuberecke** verlassen wir Unterseen in westlicher Richtung, biegen links in die Weissenaustrasse ein und wandern auf einem Feldweg nach **Weissenau,** wo im Mittelalter jeweils die Schiffe an der geschützten Landestelle der **Burg Weissenau** vor Anker gingen. Durchs Flachmoor führt der Weiterweg entlang dem See zum Hafen von **Neuhaus.** Für den Verkehr war dies im 17. Jahrhundert der einzige Durchgang ins östliche Oberland. Die historische **Herberge** war deshalb ein beliebter Übernachtungsort. Nach einer kurzen Pause geht es weiter, an Strandbad und Camping vorbei, zur **Manorfarm.** Das mittelalterliche **Fachwerkhaus** war einst ein Weinlager des Augustinerklosters Interlaken.

Hinter dem Haus treffen wir auf ein historisches Teilstück des alten Pilgerwegs, das sich in einer Felsengalerie oberhalb des Sees bis zum **Badeplatz Gelbbrunnen** hinzieht, von wo aus wir nach wenigen hundert Metern die Bucht von **Sundlauenen** erreichen. Durch einen prächtigen Kiefernwald führt unser Weg zum westlichen Ortsteil, wo das Kloster Interlaken einst einen Rebberg unterhielt. Ein paar Schritte noch zur Schiffländte, und schon stehen wir auf der gegenüberliegenden Strassenseite vor der in den Fels gehauenen **Luktreppe,** die wohl manchem Pilger früher Furcht einflösste.

Schloss Oberhofen

Schloss Thun über der Altstadt

Heute ist der Aufstieg zur **Herberge** am Eingang der **Beatushöhlen** ein gefahrloses Unterfangen.

Das gewaltige **Tropfsteinhöhlensystem** diente schon den Höhlenbewohnern als Wohnraum. Später soll dann der Einsiedler **St. Beatus** hier seine Zelle eingerichtet haben. Seine Klause ist als Wallfahrtsort nachgebildet worden und enthält auch eine Wachsfigur des Heiligen.

Die Wegfortsetzung führt durch weite Waldgebiete und über den Chrutbach erst zur **Aussichtskanzel** Widmannplatz, dann zur **Brücke** der **Beatenbergbahn** und schliesslich hinunter in die bezaubernde Bucht von **Merligen.**

Eine Aneinanderreihung von Se(e)henswürdigkeiten

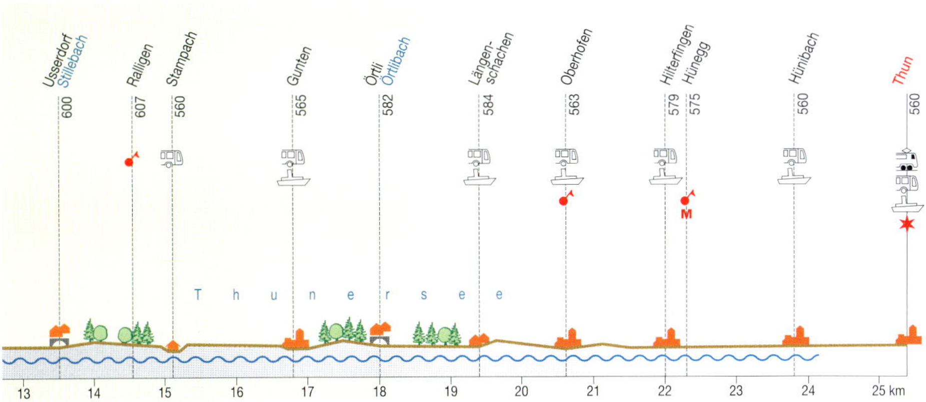

Eingang zur Beatushöhle – Naturwunder und Wallfahrtsort

Merligen–Thun 13 km

Das schmucke Gartendorf **Merligen** lädt zur Rast ein, bevor wir den zweiten Teil der Etappe unter die Füsse nehmen. Hier besteht übrigens die Möglichkeit, mit dem Schiff nach Spiez überzusetzen und dann direkt nach Almsoldingen (siehe Wegstück 15) zu wandern. Wir jedoch bleiben auf der rechten Seeseite, starten bei der **Dorfkirche** und wandern vom Quartier **Usserdorf** erst ein Stück gegen den See hinunter und dann über ein Wiesengelände zum **Schloss Ralligen.**

Ein kurzes Wegstück ob des Sees, und wir erreichen am Ausgang einer Schlucht das **Stampachhaus,** einst eine Mühle. Eine alte Treppe führt uns durch einen Rebberg auf den historischen Höhenweg und die Verbindungsstrasse Sigriswil–Gunten. Das Dorf **Gunten** liegt auf einem weiten Bachdelta, das sich im Lauf der Jahrtausende immer weiter in den See hinausschob.

In der Dorfmitte steigen wir ein Stück weit den **Äschlistutz** hinauf und gelangen so auf den **Alten Oberländerweg,** welcher uns über **Örtli,** den **Örtlibach** und **Längenschachen** nach **Oberhofen** bringt. Die imposante **Schlossanlage** mit ihrem exotischen **Park** hat den Ort weitherum bekannt gemacht. Aber es gibt hier auch noch manch andere Sehenswürdigkeit zu bewundern. So zum Beispiel das **Heidenhaus,** das einst dem Kloster Interlaken als Weinkellerei diente.

Eine Gasse führt uns von der **Schiffländte** hinauf zum **Hotel Moy** und wiederum auf den Alten Oberländerweg, dem wir oberhalb des Sees zur **Kirche Hilterfingen** folgen. Am westlichen Dorfausgang erwartet und das prächtige **Schloss Hünegg** mit seinem Museum. Lassen wir uns hier ein bisschen Zeit, bevor wir vom Hüneggpark erst durch eine historische **Gasse** und dann kurz der Hauptstrasse entlang ins Dorfzentrum **Hünibach** wandern.

Links abzweigend, gelangen wir zur Schiffländte, von wo aus der Uferweg uns ins geschichtsträchtige **Thun** bringt, dessen mittelalterlichen Stadtteil wir beim **Hotel Freienhof,** eine ehemalige Sust, betreten. Eine Etappe geht zu Ende, und die Entdeckung einer Stadt beginnt.

i

Streckencharakteristik:
Eine Perlenkette von Sehenswürdigkeiten entlang dem rechten Thunerseeufer offeriert diese abwechslungsreiche Route.

Richtzeit:
7½ bis 8 Stunden, inkl. Besichtigungen und Pausen.

Erreichbarkeit:
Interlaken ist per Bahn, Merligen per Bus und Schiff, Thun per Bahn erreichbar.

Weitere Informationen:
www.interlakentourism.ch
www.beatushoehlen.ch
www.merligen.ch
www.thuntourismus.ch

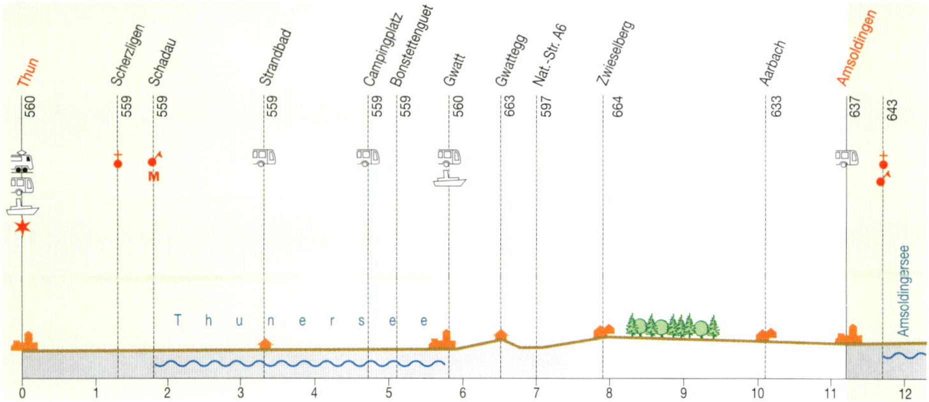

Thun–Amsoldingen 11 km

In **Thun,** der schillernden Stadt mit dem um 1190 von Herzog Berchthold V. von Zähringen erbauten **Schloss** als Wahrzeichen, beginnt der Wegabschnitt, der uns von der Berner Oberländer Seenregion an den Fuss

Markanter Stockhorngipfel

der Stockhornkette und weiter ins Gürbetal führen wird. Allerdings empfiehlt sich zuerst ein kleiner Stadtrundgang, bevor wir uns auf den Weg zum Südufer des Aareausflusses nach **Scherzligen** begeben. Ein Besuch der **Kirche St. Maria,** erstmals 762 erwähnt, deren älteste Teile des romanischen Kirchenschiffes noch aus dem 10. Jahrhundert stammen, lohnt sich sehr, wird doch der Innenraum von kunsthistorisch bedeutungsvollen alten Wandmalereien geprägt.

Von hier aus sind es nur ein paar Schritte zur wunderschönen englischen Parkanlage, in der sich das von romantischen und neugotischen Stilelementen geprägte **Schloss Schadau** erhebt. Der Bankier Denis de Rougemont hat es 1852 an Stelle eines alten Landhauses erbauen lassen. Im 1. und 2. Obergeschoss befindet sich heute das **Schweizerische Gastronomie-Museum.**

Vom **Schadaupark** aus verläuft unsere Route entlang der Alten Seestrasse zum **Strandbad** und weiter zum Jachthafen, hinter dem der neu angelegte **Uferweg** durchs **Naturschutzgebiet Gwatt** beginnt. Von den **Holzstegen** aus reicht der Blick bis weit in die Jungfrauregion. Nach dem Riedgebiet erreichen wir den Park **Bonstettenguet,** in dessen Nähe die historische **Bettlereiche** steht.

Von **Gwatt** aus führt der Weg auf die **Gwattegg,** dann unter der Auto-

Propsteikirche Amsoldingen

Kirche von Blumenstein

bahn A6 hindurch nach **Zwieselberg,** wo wir auf die von Spiez her kommende Variante des Jakobwegs stossen. Auf dem nun folgenden Höhenweg durchqueren wir prächtige Wälder und Wiesen voller Obstbäume. Unten im Glütschbachtal verlief übrigens ursprünglich der Flusslauf der Kander, bevor sie umgeleitet wurde. Damit entstand auf den grossflächigen Kiesbänken von einst eine idyllische Auenlandschaft.

Über die Weiler Waldmatt und Rüdli erreichen wir so das Dorf **Amsoldingen** mit seiner berühmten **Propsteikirche St. Mauritius,** eine klassische Pfeilerbasilika mit drei Apsiden und einer Hallenkrypta. Von besonderem Interesse sind auch die **Glasmalereien** aus dem 14. Jahrhundert. Zwei der fünf alten **Chorfenster** sind noch vollständig erhalten, die restlichen zu einem grossen Teil. Sehenswert ist auch das **Schloss,** das die ehemalige Propstei beherbergte.

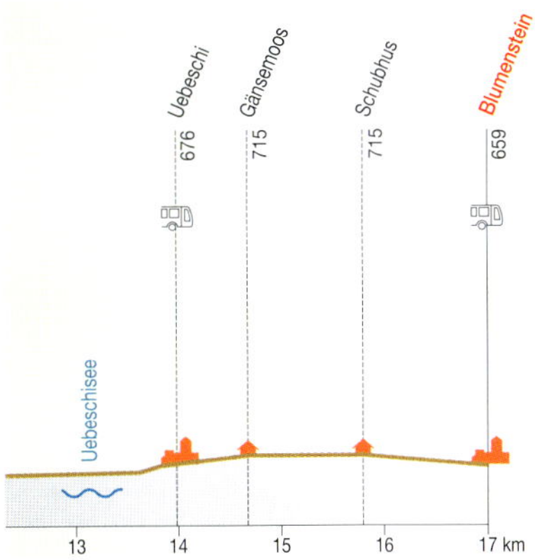

Amsoldingen – Blumenstein 6 km

Die **Propsteikirche,** das **Schloss,** die malerische **Bergkulisse,** der **See** sowie der rauschende **Fallbach** haben den kleinen Ort **Amsoldingen** zu einem bekannten Wallfahrtsort gemacht. So gibt es denn auch, allerdings in beschränkter Zahl, hier Übernachtungsmöglichkeiten für Wanderer, die diese Etappe zweiteilen möchten. Zwar ist die Fortsetzung bis zum eigentlichen Etappenziel nicht mehr allzu weit. Sie beginnt hinter dem Schloss und führt zwischen zwei Seen durch, die seinerzeit durch den Aaregletscher gebildet wurden.

Idyllischer Uebeschisee mit Stockhornkette im Hintergrund

Der ganz von Bäumen und Schilf umgebene rund 1,1 Kilometer lange **Amsoldingersee** ist Naturschutzgebiet und darf nicht befahren werden. Auch das Baden und Fischen ist nicht gestattet. Zur einen der zwei Inselchen führt eine kleine Brücke. Diese ist jedoch Privatbesitz und gehört zum Schloss. Im Gegensatz zum Amsoldingersee ist Baden im nicht mal halb so grossen **Uebeschisee** erlaubt. Pikanterweise trägt dieser See den Namen jener Gemeinde (von dreien), die den kleinsten Seeflächenanteil besitzt.

Nach **Uebeschi** führt der Weg erst leicht bergauf nach **Gänsemoos,** dann führt er uns über flaches Gelände nach **Schubhus** und von dort aus sanft hinunter in Richtung **Blumenstein**.

Die idyllische **Kirchanlage** von Blumenstein liegt ein gutes Wegstück oberhalb des Dorfes an einem Wildbach. Fast Schutz suchend, so scheint es, schmiegt sich das schmucke Kirchlein an die schroffe Felswand. Seinen Namen verdankt der Ort vermutlich eben dieser äusserst markanten Felswand sowie all den bunten Wiesenblumen, die zu deren Füssen wachsen.

Das eigentliche Dorfzentrum, wo diese Etappe in Sichtweite der beeindruckenden Stockhornkette ein Ende findet, liegt ungefähr eine Viertelstunde weiter unten, am Eingang zum Gürbetal, wo auf dem Schwemmland des Flusses die «Krautköpfe» speziell gut gedeihen.

i

Streckencharakteristik:
Eine wunderschöne Route durch eine charaktervolle Moränenlandschaft am Fuss der eindrücklichen Stockhornkette.

Richtzeit:
4½ bis 5 Stunden, inkl. Besichtigungen und Pausen.

Erreichbarkeit:
Thun ist per Bahn, Amsoldingen per Bus (von Thun aus) und Blumenstein ebenfalls per Bus (von Thun aus) erreichbar.

Weitere Informationen:
www.thuntourismus.ch
www.amsoldingen.ch
www.blumenstein.ch

16 ViaJacobi: Schwarzenburgerweg, zweiter Teil 25 km

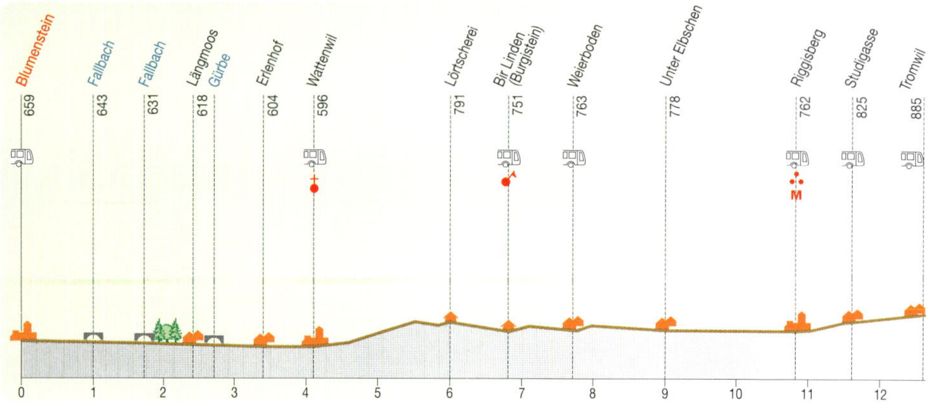

Blumenstein–Rüeggisberg 15 km

In **Blumenstein Dorf** (die malerische Kirche liegt ein gutes Stück oberhalb) nimmt unsere Wanderung ins Schwarzenburgerland ihren Anfang. Entlang des **Fallbachs** führt die Route in Richtung **Längmoos,** wo wir kurz darauf die **Gürbe** überqueren, die dem Tal ihren Namen gab. Häufiger Überschwemmungen wegen wird der Fluss seit über 150 Jahren laufend verbaut. Aus dem Schwemmland ist dabei fruchtbare schwarze Erde entstanden, auf der intensiv Ackerbau betrieben wird. Vornehmlich Chabis (Weisskohl) wird hier angebaut, der zu Suurchabis (Sauerkraut) verarbeitet wird, was dem Gebiet den Spitznamen **Chabisland** eintrug. Charakteristisch für die Moränenlandschaft sind die zahlreichen kleinen Seen, wie zum Beispiel der **Dittligsee,** nahe der Mündung des Fallbachs in die Gürbe, oder der nur ein paar hundert Meter davon entfernte **Geistsee,** in dessen Tiefen der Sage nach ein Wasserhund leben soll, in der Grösse eines kleinen Pferdes, mit riesigem Kopf. Man munkelt, dass er an besonders schönen Tagen auf dem Wasser schwimmend zu sehen sei.

Romantischer Moränensee

Schlossanlage Burgistein

Dem Lauf der Gürbe folgend, erreichen wir via **Erlenhof** das Dorf **Wattenwil** mit seiner sehenswerten **Kirche** aus dem Jahr 1683. Das barocke Taufbecken sowie zwei Glocken mit den Jahrzahlen 1404 und 1509 stammen höchstwahrscheinlich aus einem Vorgängerbau. Eine «bewegende» Geschichte hat der Kirchturm hinter sich, der einst in Seelhofen bei Kehrsatz stand, Ende des 17. Jahrhunderts dort abgebaut und hier wieder neu errichtet wurde. Hinter der Kirche steigt unser Weg in Serpentinen an nach **Burgistein Dorf.** Von der Bergkuppe gegenüber grüsst das 1260 erbaute **Schloss Burgistein,** das nach seiner Zerstörung im Laupenkrieg wieder aufgebaut wurde und dem Schultheiss von Bern, Jakob von Wattenwil, gehörte. Im Dorfteil **Bim Weier** ist der höchste Punkt der Etappe erreicht, und wir wandern von **Lörtscherei** an den Bauernhofsiedlungen **Bir Linden, Weierboden** und **Unter Elbschen** durch das Wiesenhochtal nach **Riggisberg.** In aussichtsreicher Lage oberhalb des Ortszentrums mit seinem **Park** und dem um 1700 von Albrecht von Erlach erbauen **Schloss Riggisberg,** welches heute ein Wohnheim beherbergt, steht die **alte Kirche** mit ihrem spätromanischen Chorturm. Höchst sehenswert ist auch die **Abeggstiftung** mit ihrem internationalen **Textilmuseum.**
Via **Tromwil** und **Mättwil** wandern wir anschliessend nach **Rüeggisberg** hinauf, das mit dem ehemaligen **Cluniazenserpriorat** einst ein bedeutender Rastort für Pilger war. So rasten denn auch wir hier eine Weile.

Schloss Riggisberg

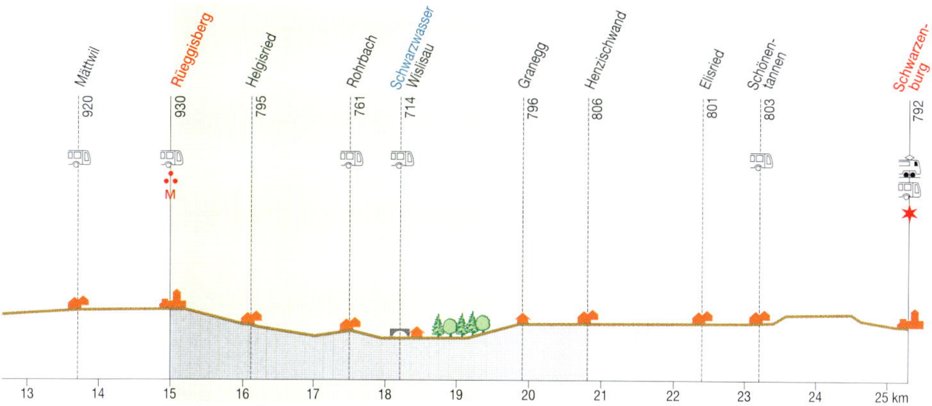

Rüeggisberg – Ruinen des einstigen Cluniazenserpriorats

Rüeggisberg – Schwarzenburg 10 km

Im Museum neben dem Pfarrhaus von **Rüeggisberg** wird die Geschichte des aus dem Jahr 1072 stammenden Klosters dokumentiert, das nach der Reformation zum Abbruch freigegeben wurde. In einem schmucken Bauernhaus im Dorfzentrum findet sich auch das Atelier des Kunstmalers **Timmermahn,** bekannt auch seiner skurrilen Walterli-Geschichten wegen. In der Nähe der von einem Friedhof umgebenen **Martinskirche** oberhalb der **Klosterruine** nimmt die Fortsetzung unserer Route ihren Anfang. Sie führt auf dem **Alten Klosterweg** via **Helgisried** und **Rohrbach** kontinuierlich den Hang abwärts in Richtung **Schwarzwasser.**
Nach der Überquerung des Gewässers bei **Wislisau,** wo sich der wilde Fluss tief in den Sandstein gegraben hat, geht es noch einmal steil aufwärts durch den Wald auf die **Granegg,** bevor wir bei **Henzischwand** eine landwirtschaftlich recht rege genutzte Hochebene mit zahlreichen stattlichen Bauernhöfen erreichen. Eine Verschnaufpause wert ist auch die prächtige **Aussicht,** die bis zur Jurakette reicht. Auf Feldwegen gelangen wir durch verträumte Weiler wie **Tännelen, Elisried** und **Schönentannen** schliesslich nach **Schwarzenburg,** Zentrum einer Region, die zu den schönsten voralpinen Landschaften unseres Landes gehört.

Wo immer wir auch hinschauen, hat die reizvolle Gegend ihren behäbigen ländlichen Charakter grösstenteils bewahrt und ist von Industrieansiedlungen weit gehend verschont geblieben.
Schwarzenburg liegt in einer flachen Senke zwischen den Schluchten der Sense und des Schwarzwassers. Schmuckstücke des malerischen Ortes sind vor allem das um 1575 erbaute **Schloss** der ehemaligen **Landvogtei** sowie die **Kirche** aus dem 15. Jahrhundert mit ihrem sich nach oben verjüngenden Turm. Mehrere stattliche Restaurationsbetriebe garantieren einen angenehmen Aufenthalt. Weitherum bekannt ist auch der **Märit** (7 Mal pro Jahr, jeweils an einem Donnerstag).

i

Streckencharakteristik:
Eine historisch höchst interessante Route durch eine intakte ländliche Gegend, weitgehend auf verkehrsfreien oder verkehrsarmen Wegen.

Richtzeit:
7 bis 7½ Stunden, inkl. Besichtigungen und Pausen.

Erreichbarkeit:
Blumenstein ist per Bus (von Thun aus), Rüeggisberg per Postauto (von Bern aus) und Schwarzenburg per Bahn erreichbar.

Weitere Informationen:
www.blumenstein.ch
www.rueggisberg.ch
www.schwarzenburg.ch

17 ViaJacobi: Schwarzenburgerweg, dritter Teil 19½ km

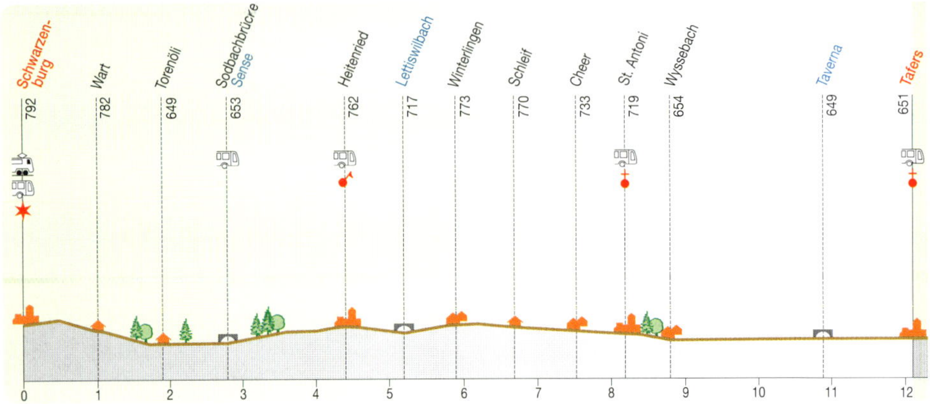

Schwarzenburg–Tafers 12 km

Am Bahnhof von **Schwarzenburg** starten wir zur Etappe, die uns auf der ViaJacobi in die Romandie führt. Wer vorher gerne die Geschichte der Gegend genauer kennen lernen möchte, hat im örtlichen **Regionalmuseum Schwarzwasser** Gelegenheit dazu (Tel. 031 731 13 91).

St. Antoni – dem Schutzpatron gewidmet

Und wer schon beizeiten unterwegs ist, dem bietet sich die Möglichkeit zu einem Abstecher zur bekannten spätgotischen **Kirche** von **Wahlern,** geweiht Maria Magdalena und Jakobus.

Unsere Route führt erst die Strasse entlang in Richtung Bern, zweigt dann ausgangs des Dorfes links ab. Durch offenes Gelände gelangen wir zum Weiler **Wart,** von wo es hinunter zum **Torenbach** geht. Das **historische Wegstück,** in den Fels gehauen und mit alter Pflästerung versehen, gehört zu den interessantesten der ganzen Route. Auf einem Felsenbuckel sind sogar noch jene **Trittlöcher** sichtbar, mit Hilfe derer die Fuhrleute einst die enge Stelle zu umgehen suchten. Die Bezeichnung **Torenöli** weist darauf hin, dass hier früher mal eine Ölmühle betrieben wurde.

Im **Sensegraben** angelangt, sehen wir auf der rechten Seite, Graben abwärts, auf einem steilen Felsvorsprung die Überreste der einstigen Reichsfeste **Grasburg,** die zu den eindrücklichsten Burgruinen des Kantons Bern gehört. Der wildromantischen Flusslandschaft folgend, erreichen wird die **Sodbachbrücke** (1867). Die gedeckte Holzkonstruktion hat eine Spannweite von 43 Metern. Daneben spannt sich die 1979 erbaute Betonstrassenbrücke über den Fluss. Wir überschreiten hier die Grenze zwischen den Kantonen Bern und Fribourg. Der aufwärts führende **Hohlweg** ist mit einer besonders schönen alten **Pflästerung** in **Längsstreifen** versehen. Auf ihm erreichen wir das Dorf **Heitenried,** wo uns ein **Schloss** und, etwas unterhalb davon, die neugotische **Michaelskirche** begrüssen. Der Weiterweg, der uns zur Kapelle von **Winterlingen** führt, wird von alten Leuten hier noch immer **«Stadtgassa»** genannt. Via die Weiler **Schleif** und **Cheer** gelangen wir nach **St. Antoni** mit der sehenswerten **Kirche,** deren Schutzpatron dem Ort seinen Namen gab. Gleich bei der Kirche beginnt der historische in den Sandstein gehauene Hohlweg nach **Wyssebach,** wo noch die Überreste einer alten Mühle und Sägerei zu sehen sind. Den Lauf der **Taverna** entlang führt der Weg uns in Richtung des Bezirkshauptorts **Tafers.** Kurz vor dem Ortseingang grüsst rechts noch der Weiler **Rohr,** wo ein paar sehenswerte **alte Speicher** und die **Kapelle Heiligkreuz,** 1842 geweiht, zu einem kurzen Abstecher verleiten.

Tafers – Heimatmuseum und Kirchen

Alt-Fribourg an der Sarine

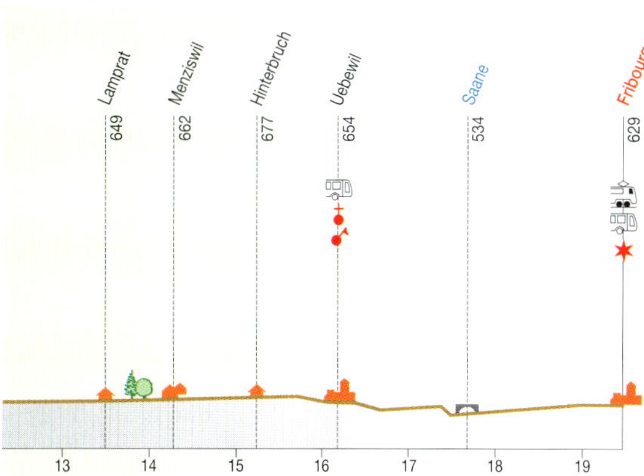

Historische Holzbrücke auf dem Weg nach Fribourg

Tafers–Fribourg 7½ km

In **Tafers** empfängt uns ein Ortskern mit bedeutenden historischen Gebäuden. Vor allem aber ist die **Jakobskapelle** mit der Darstellung der **Galgenlegende** eine eingehende Besichtigung wert, bevor wir uns auf die Fortsetzung unseres Weges über die Sprachgrenze begeben. Auch die Kirche St. Martin mit ihren Schätzen aus dem 16. bis 20. Jahrhundert ist sehenswert.
Ursprünglich nahm die Pilgerroute ihren Weg über jene Strecke, wo nun das Trassee der Kantonsstrasse nach Heitera durchführt. Um jedoch dem Verkehr auszuweichen, entscheiden wir uns, in nördlicher Richtung über **Lamprat** nach **Menziswil** zu wandern, wo uns die idyllisch unter Bäumen am Hang gelegene **Marienkapelle** begrüsst. Eine von Eichen und Eschen gesäumte Allee führt uns **am Herrensitz Hinterbruch** vorbei, auf dessen Parkgelände sich die **Kapelle St. Jost** (1519) befindet.
Durch eine abwechslungsreiche Landschaft erreichen wir das auf einer kleineren Anhöhe gelegene Dorf **Uebewil.** Hier lohnt es sich, ein paar Sehenswürdigkeiten besondere Beachtung zu schenken: nämlich der 1790 erbauten Kapelle **Unserer Lieben Frau von den Sieben Schmerzen,** die an Stelle einer 1590 erwähnten früheren Jakobskapelle steht; der zum ehemaligen Leprosenspital St-Barthelémy gehörenden **Kapelle** im Dorfzentrum mit ihrem einen Jakobspilger darstellenden Bronzerelief; und daneben einem **Patrizierhaus** aus dem 17. Jahrhundert; sowie dem in einem prächtigen Park stehenden **Schloss** (1765).
Am Weg hinunter in die Altstadt von **Fribourg** begrüsst uns, noch vor Erreichen der ersten Häuser, ein prächtiges Grenzkreuz aus dem Jahr 1560. Etwas weiter unten, am **Roten Turm,** beginnt unsere kunsthistorisch höchst interessante Annäherung an die 1157 gegründete Stadt, deren Kern als das grösste geschlossene mittelalterliche Zentrum Europas gilt. Am besten lassen wir uns deshalb hier einfach mal treiben.

i

Streckencharakteristik:
Eine wunderschöne und äusserst interessante Route mit faszinierenden historischen Wegabschnitten.

Richtzeit:
5 bis 5½ Stunden, inkl. Besichtigungen und Pausen.

Erreichbarkeit:
Schwarzenburg ist per Bahn, Tafers per Bus (von Fribourg aus) und Fribourg per Bahn erreichbar.

Weitere Informationen:
www.schwarzenburg.ch
www.tafers.ch
www.fribourgtourisme.ch

18 ViaJacobi: Der Luzernerweg, erster Teil 24 km

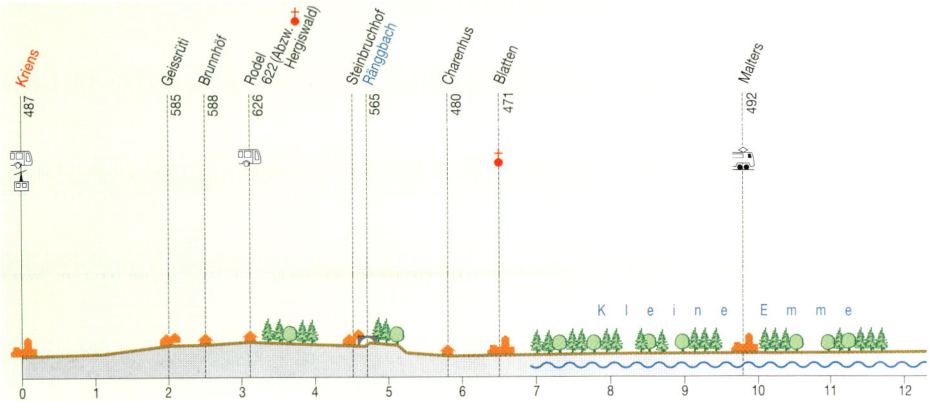

Kriens–Werthenstein 17½ km

Ob per Schiff oder mit der Bahn angekommen, der Luzernerweg der ViaJacobi beginnt damit, dass wir den Trolleybus der Linie 1 in Richtung **Kriens** besteigen und bis zur Endstation **Obernau** fahren, wo die Route ihren Anfang nimmt.

Wer ohne Abkürzung wandern will, benutzt vom Bahnhof Luzern aus den als ViaJacobi signalisierten Weg über den **Dattenberg** nach **Kriens,** verkürzt dafür die Etappe (z. B. nur bis Werthenstein).

Auf der linken Hügelkette führt unser Weg an drei **Bildstöckchen** vorbei zur **Hergiswaldbrücke,** eine gedeckte Holzkonstruktion aus dem Jahr 1791, die sich über den **Ränggbach** spannt. Nur etwas mehr als 100 Meter weiter rechts, bei der Kreuzung **Rodel,** bietet sich die Gelegenheit, über 651 Stufen den **Prügelweg** zur Wallfahrtskirche **Hergiswald** hinaufzusteigen. Der Abstecher lohnt sich sehr. Für

Wallfahrtskirche Hergiswald

Prächtiges Bauernhaus bei Blatten

jene, die es eilig haben, zweigt die ViaJacobi hier rechts ab und führt durch den Wald hinunter in Richtung **Ränggloch.**

Nach dem Aufstieg erreichen wir unterhalb der Kirche den **Einsiedlerplatz,** wo einst Bruder Johannes Wagner hauste. Ein grandioses Erlebnis offeriert die Besichtigung der Wallfahrtskirche **Unserer Lieben Frau.** Die **Loretokapelle,** die **Deckengemälde** im Tonnengewölbe und die **Kapelle St. Felix** sind Augenweiden. Beeindruckt steigen wir den Prügelweg hinunter zum Kreuzungspunkt Rodel.

Der ViaJacobi folgend, gelangen wir in den **Schachenwald** und wandern entlang dem **Ränggbach** durch die **Ränggschlucht** nach **Blatten.** Die Wallfahrtskapelle **St. Jost,** die aufs Jahr 1366 zurückgeht, ist heute eine beliebte Hochzeitskirche. Die prächtigen Wandbilder stellen die Lebensgeschichte des Heiligen dar. Das aus dem 18. Jahrhundert stammende altehrwürdige **Gasthaus Zur Krone** wurde stilgerecht wieder aufgebaut.

Ein Strässchen führt uns hinunter zur **Emme.** Das Rauschen des Flusses wird uns die nächsten Kilometer begleiten. Es sei denn, wir machen von der Möglichkeit Gebrauch, bei **Malters** und/oder **Schachen,** deren Gemeindegebiete wir streifen, zu einer Besichtungstour abzuzweigen. Doch eine ganz besondere Sehenswürdigkeit erwartet uns ...

Das Flusstal beginnt sich zu verengen, und nach einer Biegung erblicken wir, auf einem Felsen thronend, das **Kloster Unserer Lieben Frau** von **Werthenstein,** dem wir erwartungsvoll entgegenwandern. Und fast kommt es uns vor, als hätten auch wir eine Lichterscheinung ...

Geiss – gleich am Etappenziel

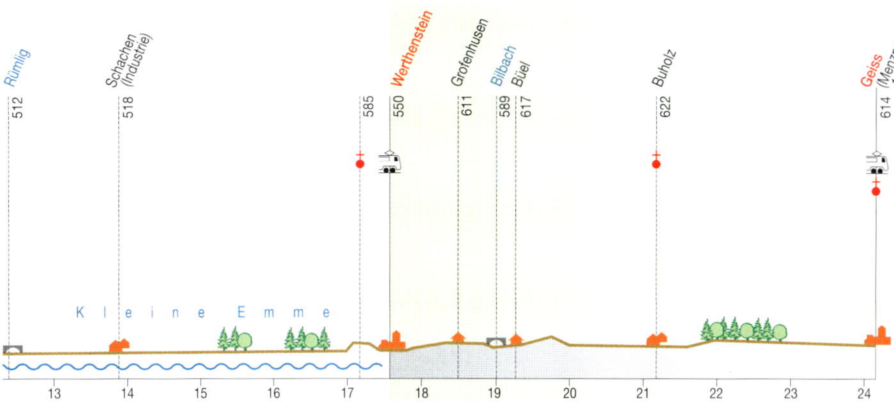

Werthenstein–Geiss 6½ km

Bei **Werthenstein** soll im Jahr 1500 ein Goldwäscher eines Abends an der Emme so lange gearbeitet haben, dass er sein Nachlager nicht mehr erreichen konnte und sich im Freien zur Ruhe legen musste. Als er sich zum Nachtgebet erhob, hörte er vom anderen Flussufer her plötzlich lieblichen Engelsgesang und erblicke himmlischen Lichterglanz. Zutiefst beeindruckt malte sich der Goldwäscher anderentags ein Bildchen von der Krönung der Gottesmutter, das er an einen Baum heftete, und errichtete in der Folge ein Gebetshäuschen. Die Erscheinung sprach sich herum. Und bald kamen Gläubige von weit her. Dies war der Anfang des Wallfahrtsortes.

1528 wurde die wundertätige hölzerne **Pietà** aus dem Kirchlein Fribach-Gondiswil hierher gebracht, was die Pilgerei nach Werthenstein noch weiter beflügelte – trotz der Reformationszeit, die den Ort noch mit einer anderen Geschichte in Verbindung bringt: mit jener des Jakob Schmidlin nämlich, genannt **Sulzig Joggeli,** der hier auf Grund von Reformationstraktaten seine eigene Glaubenslehre entwickelte und diese auch verkündete. Er wurde 1746 verhaftet und in Luzern zum Tod durch Erwürgen verurteilt. Das Verfahren gilt als der letzte Ketzerprozess der Schweiz.

Kloster Werthenstein majestätisch thronend

Von **Werthenstein-Dorf** steigt unser Weg an einem schönen **Bildstöckchen** vorbei an in Richtung **Grofenhusen.** Südlich des Weilers **Buholz** steht auf freiem Feld die **Landsgerichtskapelle** mit ihrem einstigen **Richterstuhl.** Im Weiler selbst empfiehlt sich eine kurze Besichtigung der **Kapelle St. Gallus-Erasmus,** erbaut 1576 im Stil des Frühbarocks, mit ihren drei Altären und den lebensgrossen **Heiligenstatuen.** Und am Dorfausgang in Richtung **Galgenbergwald** und **Soppensee** erinnert das **Armsünderchäppeli** an die vom Gericht Verurteilten.

Das letzte Wegstück führt uns an einem **gregorianischen Kreuz** vorbei nach **Geiss** mit seiner **Pfarrkirche St. Jakob,** für Pilger schon immer ein wichtiger Durchgangs- und Rastort.

i

Streckencharakteristik:
Eine an sakralen Sehenswürdigkeiten reiche Route durch das Tal der Kleinen Emme ins Luzerner Hinterland.

Richtzeit:
6½ bis 7 Stunden, inkl. Besichtigungen und Pausen.

Erreichbarkeit:
Kriens ist per Trolleybus (von Luzern HB aus), Werthenstein per Bahn (via Wolhusen) und Geiss per Bahn (bis Menznau) erreichbar.

Weitere Informationen:
www.kriens.ch
www.werthenstein.ch
www.menznau.ch

19 ViaJacobi: Der Luzernerweg, zweiter Teil 23 km

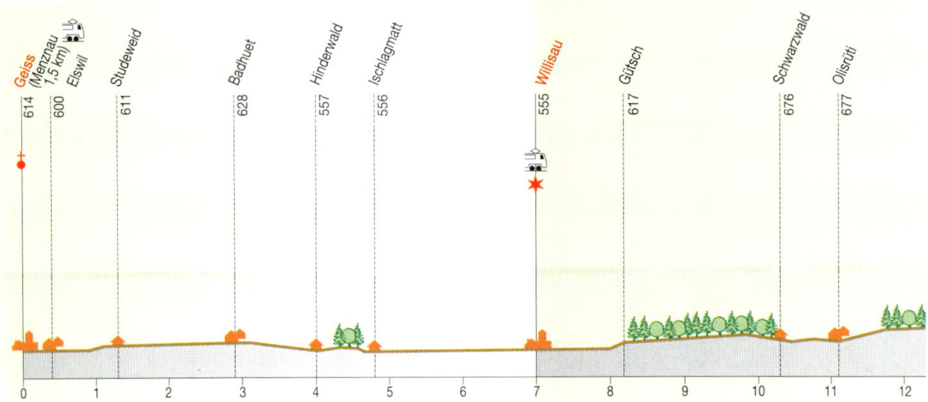

Geiss–Willisau 7 km

In **Geiss,** wo unsere Etappe auf der ViaJacobi ihren Anfang nimmt, war man den Jakobspilgern gegenüber von jeher offen und gastfreundlich. So ein Dokument aus dem Jahr 1542, dass ein gewisser «Ulrich im Bach, wonhafft zu Geiss», wie man es damals schrieb, ein Haus und Zimmer, inklusive Bettstatt, zu Gunsten armer Leute und kranker Pilger zur Verfügung stelle.
Startpunkt ist der **Jakobsbrunnen,** von wo aus uns der Weg erst ein Stück entlang der Landstrasse, dann über freies Gelände via **Elswil** und **Studeweid** (schönes frisch renoviertes Bildstöckchen) zum Weiler

Willisau – hereinspaziert

Badhuet führt. Hier treffen wir auf eine **Pilgerstation.** Sie sucht uns zum Sinnieren anzuregen, sodass wir uns intensiver mit der möglichen Gleichung «Pilgerweg=Lebensweg» auseinandersetzen.

Schmucke Fassade in Willisau

Der Weiterweg über **Hinderwald** und **Ischlagmatt** bietet uns schönste Ausblicke auf die zahlreichen **Fischzuchtweiher** bei Ostergau. Bald schon erreichen wir auf Feldwegen, parallel zum Seeweg, auch **Willisau.** Doch bevor wir die schöne Altstadt besichtigen, begeben wir uns noch auf einen kurzen Abstecher nach **Ettiswil,** der **Wallfahrts- und Sakramentskapelle** wegen, die wie die **Heiligblutkapelle** in Willisau ein Sühneheiligtum für begangene Frevel darstellt.
Zurück nach Willisau: In einer Schenkungsurkunde von 1101 wurde der Ort erstmals erwähnt, unter dem Namen «Willneshowo», später «Willisowe». Ab 1491 hiess er dann offiziell «Willisow». Zur Deutung des Namens schrieb im 16. Jahrhundert der Chronist Cysat: «Hatt sin Anfang von einem rychen Puren Willi genannt.»
Im Jahrzeitbuch von 1477 findet man die Jakobsbruderschaft zu Willisau eingetragen: «25. Juli Fraternitas Sancti Jakobi erit in octava Sancti Jacobi.» Die Bruderschaft feierte das Gedächtnis des Heiligen also an dessen Namenstag. Sie ist jedoch Anfang des 18. Jahrhunderts aufgelöst worden.
Den Chroniken ist auch zu entnehmen, dass Willisau spätestens 1278 das Stadtrecht zugesprochen wurde. Anno 1471 wurde der Ort zum ersten Mal durch einen grossen Brand zerstört. 1704 geschah dies zum vierten und letzten Mal. Vom Brand verschont geblieben sind jedoch die mittelalterlich anmutenden Häuser in der Mühlegasse. Sie präsentieren sich im Originalzustand. Als während der Zeit der Helvetik der Kanton Luzern neu in Gemeinden und Bezirke aufgeteilt wurde, entstanden die beiden Orte **Willisau Stadt** und **Willisau Land.** Heute ist die Stadt auch Hauptort des Amtes Willisau.

Ufhusen – prächtige Sakralbauten

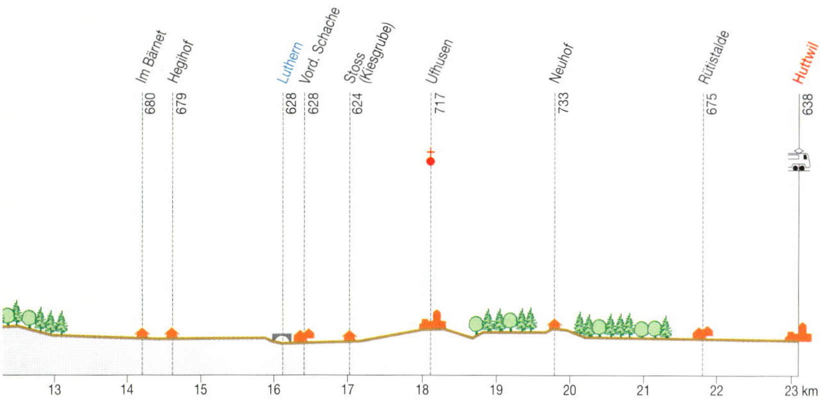

Willisau – altes Kunstgewerbe blüht noch immer

Willisau–Huttwil 16 km

Bevor wir in **Willisau** die Wegfortsetzung in Angriff nehmen, schauen wir uns noch ein bisschen um in der grosszügig wirkenden Hauptgasse, besichtigen eventuell die Pfarrkirche **St. Peter und Paul** mit ihrem vollendeten klassizistischen Innenraum. Auch die drei **Brunnen** mit den Kirchenpatronen Paulus, Petrus und der Madonna mit Kind sind sehenswert und stellen eine Bereicherung des Stadtbildes dar.

Durch das westliche obere Stadttor verlassen wir Willisau, wandern an der barocken Wallfahrtskapelle **Heiligblut** vorbei und steigen entlang dem Friedhof zum **Gütsch** hinauf. Die ausgeschilderte Route führt durch den **Wilbrigwald** und via den Weiler **Schwarzwald** nach **Olisrüti.** Ein **Bildstock** am Wegesrand erinnert uns daran, dass wir uns auf Pilgerspuren bewegen. So verwundert es denn auch nicht, wenn wir dem Waldrand folgend schon bald wieder auf ein grosses **Holzkreuz** stossen, von dem aus es nur ein kurzes Wegstück zum **Hegihof** ist. Knapp die Hälfte des zweiten Etappenteils ist damit bereits geschafft.

Nun steigen wir ins Tal hinunter, überqueren den **Luthernbach** und erreichen den Weiler **Vorder Schache** mit der Kapelle **Stosschäppeli.** Linkerhand führt unser Weg weiter durch die Kiesgrube **Stoss** und steigt danach nach **Ufhusen** hinauf. Die Gemeinde hat zwei bemerkenswerte Sakralbauten zu bieten: die anno 1275 erstmals erwähnte und 1780 neu aufgebaute Pfarrkirche **St. Johannes und St. Katharina** sowie die Kapelle **Maria, Mutter vom Guten Rat,** deren Standplatz 1988 wegen einer Strassenkorrektur kurzerhand verschoben wurde.

Auf einem Strässchen wandern wir hinunter ins nächste Wiesental und gleich wieder hinauf zum **Neuhof.** Dabei stossen wir abermals auf eine **Pilgerstation,** diesmal dem Thema «Geld» gewidmet. Nach einer weiteren Walddurchquerung erreichen wir **Rütistalde** und kurz darauf das Etappenziel **Huttwil,** wo inmitten des malerischen Städtchens der historische Gasthof **Mohren** steht, seit dem 13. Jahrhundert schon eine bedeutende Pilgerherberge.

Streckencharakteristik:
Eine entspannende Wanderung auf Pilgerwegen durch naturnahe Kulturlandschaft mit Zwischenhalt in Willisau.

Richtzeit:
6 bis 6½ Stunden, inkl. Besichtigungen und Pausen.

Erreichbarkeit:
Geiss ist per Bahn (bis Menznau), Willisau per Bahn oder Bus (von Sursee aus) und Huttwil per Bahn erreichbar.

Weitere Informationen:
www.menznau.ch
www.willisau.ch
www.willisau-tourismus.ch
www.huttwil.ch

20 ViaJacobi: Der Luzernerweg, dritter Teil 23 km

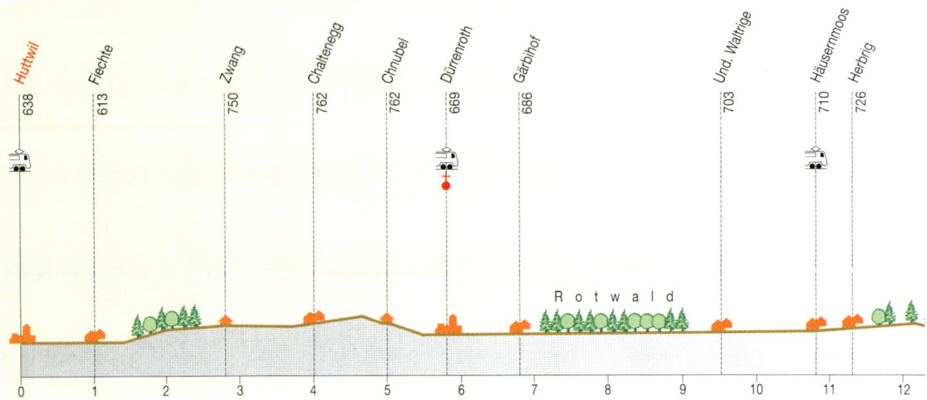

Huttwil–Lueg 15 km

Auf der Hauptstrasse führt uns die ViaJacobi aus **Huttwil** hinaus in Richtung Westen. Aber bereits im unteren Dorfteil biegen wir bei der grossen Sägerei rechts ab und steigen bei **Fiechte** steil durch den Wald hinauf zum **Fiechteberg,** von wo aus sich uns ein fantastischer Ausblick auf Huttwil und das Emmental eröffnet. Wir bleiben auf dem Höhenzug und wandern via den Weiler **Zwang** nach **Chaltenegg,** von wo aus es über **Chnubel** ins Tal des Rotbachs nach **Dürrenroth** hinuntergeht.

Sofort ins Auge stechen uns die zwei prächtigen, stilvoll renovierten alten Gasthäuser am Dorfplatz. Gleich neben dem **«Bären»,** mit seinem kunstvollen **Wirtshausschild** findet sich in einer parkähnlichen Anlage auch die sehenswerte **Kirche St. Maria** mit ihrem markanten **Käsebissenturm,** die in den Jahren 1768 bis 1771 zu einem Saalgotteshaus umgebaut wurde und dabei

Huttwil – Gastfreundschaft

Dürrenroth – Wohnbehagen

Lueg von der Lueg ins Land

einen Stilwandel von der Spätgotik zum Spätbarock erfuhr.

Unterhalb besagter Kirche verlassen wir den Ort Dürrenroth und wandern auf einem Strässchen weiter zum Weiler **Gärbihof,** wo wir links abbiegen und am Waldrand schliesslich auf eine **Pilgerstation** stossen. Sie ist dem Thema «Leben in der Region Trachselwald» gewidmet.

Die längere Durchquerung des stattlichen **Rotwaldes** gibt uns Gelegenheit, unseren eigenen Gedanken nachzuhängen und zu meditieren, bevor wir über **Under Waltrige** zur Bahnstation **Häusernmoos** und schon kurz danach dann in den Weiler **Herbrig** gelangen, dessen Name wohl auf eine einstige Herberge schliessen lässt.

Die Wegfortsetzung führt am Dorfende rechts wieder in einen grossen Wald hinein, an dessen Ende wir die Weiler **Juch** und **Junkholz** passieren. Von den waldfreien Hügeln aus eröffnet sich uns wiederum eine prachtvolle Aussicht auf die gewaltige Kulisse des Emmentals. Der zum Teil steile Aufstieg zum **Soldatendenkmal** auf der **Lueg** ist kein signalisierter Bestandteil des Jakobswegs, empfiehlt sich aber dennoch. Die auf dem sogenannten **Heiligenlandpöli** auf 887 Meter liegende Gedenkstätte erinnert an die 1918 an der Spanischen Grippe verstorbenen Berner Kavalleristen.

Der ein Stück weiter unten gelegene **Landgasthof Lueg** offeriert uns eine ideale Gelegenheit zu Rast, Erfrischung und Verpflegung, bevor wir den zweiten, kürzeren und konstant abwärts führenden Teil unserer Route in Angriff nehmen.

Burgdorf – stolze Vergangenheit

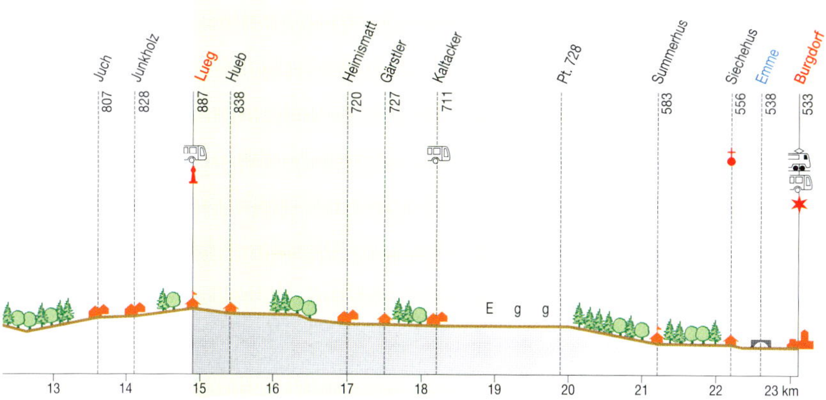

Lueg – Burgdorf 8 km

Noch einmal wandern unsere Blicke von den Jurabergen im Norden zu den Berner Alpen im Süden, bevor wir auf der **Lueg** zum zweiten Teil dieser Etappe starten. Es beginnt mit einem doch relativ steilen Abstieg durch den Wald via die Weiler **Hueb, Heimismatt** und **Gärstler** nach **Kaltacker** mit seinem stattlichen, 1742 erstmals erwähnten Gasthof **Hirschen.**

Ausgangs des Ortes steigt die ViaJacobi linkerhand leicht an und führt über den aussichtsreichen Höhenrücken **Egg.** Bis zu **Punkt 728** ist unsere Route identisch mit dem Planetenweg, bevor wir, nach rechts abbiegend, an Bauernhöfen vorbei in Richtung Etappenziel durch weite Waldgebiete ins Tal der **Emme** absteigen. Dabei durchqueren wir einen geheimnisvollen schluchtartigen Hohlweg: die **Leuenhohle.** Es handelt sich dabei um ein Stück der historischen Verbindungsstrasse zwischen Bern und Luzern. An den hohen seitlichen Sandsteinwänden lassen sich zahlreiche, zum Teil mysteriös anmutende eingravierte Zeichen und Namen erkennen. Die Leuenhöhle war 1713 Tatort eines Mordes und ist ein beliebter Handlungsort für Film und Literatur.

Am Waldrand stossen wir auf den Landgasthof **Summerhus** und erreichen kurz vor dem Etappenort das sehr schön erhaltene Ensemble des **Siechehus** (aus den Jahren 1316 und 1510) mit der dazugehörenden **Bartholomäuskapelle** (1446). Der gepflästerte untere Teil des Hohlweges verbindet als sogenannte **Pfaffenhohle** das Siechehus mit der Pfarrei Heimiswil.

Auf der gedeckten hölzernen **Inneren Wynigenbrücke** (1776) überqueren wir die Emme und gelangen in die Altstadt von **Burgdorf.** Der **Stundenstein** markiert hier die Entfernung zu Bern mit der Zahl 5. Die höchst imposante, im Dreieck konzipierte **Burganlage,** die sich vor uns erhebt, gilt als das am besten erhaltene Schloss der Zähringer der Schweiz, erbaut um 1190. Es beherbergt **drei historische Museen.**

Häusermoos – Fensterln mit den Traditionen

In den malerischen Gassen der **Altstadt** nimmt eine höchst eindrückliche Etappe dann ihr Ende.

Streckencharakteristik:
Eine bergauf und bergab führende Route am Rand des Emmentals, vorbei an zahlreichen historischen Stätten.

Richtzeit:
6½ bis 7 Stunden, inkl. Besichtigungen und Pausen.

Erreichbarkeit:
Huttwil ist per Bahn, die Lueg per Postauto (von Burgdorf aus) und Burgdorf per Bahn erreichbar.

Weitere Informationen:
www.huttwil.ch
www.lueg.ch
www.burgdorf.ch

21 ViaJacobi: Der Luzernerweg, vierter Teil 19½ km

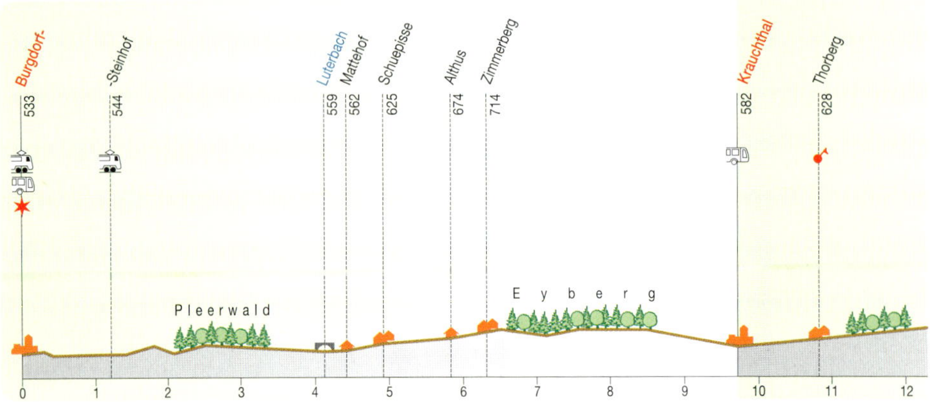

Burgdorf–Krauchthal 9½ km

Unter der malerischen Altstadt von **Burgdorf** mit der monumentalen **Burganlage** am höchsten Punkt nimmt auf der westlichen Ortsseite unsere Route ihren Anfang. Da die Etappe mit einer Wanderzeit von fünf bis sechs Stunden jedoch eher zu den kürzeren gehört, liegt vor der Inangriffnahme ein kurzer Abstecher nach **Oberburg** durchaus im Bereich

Burgdorf – das Land markiert

des Möglichen. Der Ort wurde 1139 zum ersten Mal urkundlich erwähnt, ein Gotteshaus dort 1242. Im Jahr 1496 erhielten die Oberburger vom Rat zu Bern einen Bettelbrief, der sie ermächtigte, in der Umgebung Geld zu sammeln für die Renovation des Kirchturmes und das Giessen neuer Glocken. Damit entstand auf einer Terrasse am Fuss der Rothöchi an Stelle einer früheren die heutige spätgotische Kirche St. Georg. 1517 erhielt das Gotteshaus von einem unbekannten Künstler das Fresko der Heiligen Sippe.
Ob Abstecher nach Oberburg oder nicht, wir verlassen Burgdorf in südwestlicher Richtung auf der Emmentalstrasse, zweigen dann rechts ab und erreichen über die Bernstrasse die Bahnstation **Steinhof.** Dem Jakobsweg folgend, wandern wir erst durch ein Wohnquartier, dann den Hang hinauf durch den **Pleerwald.** Ausgangs des Waldes geht es hinunter in ein Tälchen, wo wir beim **Mattehof** den **Luterbach** überqueren. Relativ steil führt dann unsere Route auf der anderen Talseite via die Weiler **Schuepisse** und **Althus** auf den **Zimmerberg** hinauf.
Durch den weiten **Eybergwald** wandern wir anschliessend hinunter ins Talbecken von **Krauchthal,** wo wir eine Rast einlegen.

Krauchthal mit Sandsteinfels

Thorberg thront

Die **Pfarrkirche** von Krauchthal stammt ursprünglich aus dem Jahr 1270. Sie stand unter dem Patronat des heiligen **Mauritius.** Anfänglich waren die Geschicke der Kirche eng mit der Geschichte der **Herren von Thorberg** verbunden. Erhielt doch Ulrich von Thorberg 1299 von König Albrecht das Recht zugesprochen, die vakanten Priesterstellen selber zu besetzen. Ab 1397 fiel das Recht dann dem Kloster Thorberg zu.
Und ab 1413 gehörte die Kirche von Krauchthal laut einer Bestätigung von Papst Gregor XII. ganz dem Kloster Thorberg.
Gegen Ende des 18. Jahrhunderts wurde die Kirche zu klein. Und weil sie ohnehin baufällig war, beschloss man, eine neue Kirche zu erstellen. So entstand der heutige spätbarocke Predigtsaal mit Anklängen an den Stil Louis' XVI. Die alte Uhr sowie die Glocken blieben aber weiterhin. Der Frontturm wurde von ländlichen Holzlauben eingefasst. Im Jahr 1814 erhielt die Kirche erstmals eine Orgel, 1873 schliesslich einen Eisenofen für die Winterzeit.

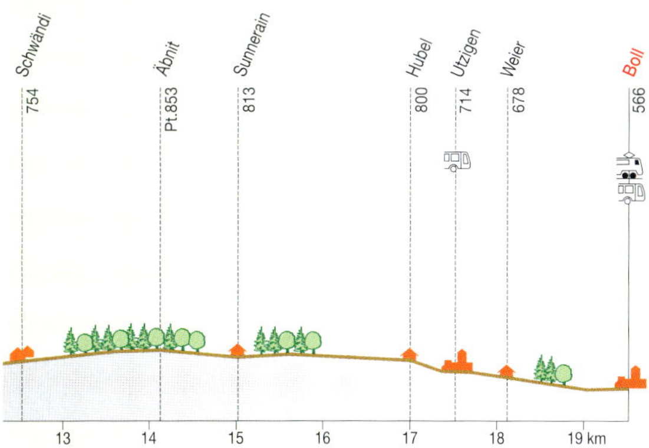

Ob Utzigen – Blick ins Aaretal

Krauchthal–Boll 10 km

Kurz nach **Krauchthal** zweigt unser Weg links ab und strebt dem auf einem Hügel thronenden **Thorberg** zu. Die heutige Haftanstalt geht auf eine vorreformatorische Klostergründung zurück, die der heiligen Paula gewidmet war. Der kleine Speicher vor dem Eingang, die sogenannte **Kartäuserklause,** ist der kümmerliche Rest des reichen Klosters und diente damals als Herberge für die Besucherinnen der Mönche.

Das **Schloss** war der Stammsitz der **Herren von Thorberg,** die den Zähringern, den Österreichern und den Kiburgern ergeben waren. Ulrich von Thorberg, gestorben 1312, erhielt die Vogtei Kirchberg übertragen mit der Aufgabe, den Ort zu befestigen. Er und seine Nachkommen übten auch die Gerichtsbarkeit aus. Ulrich von Thorberg galt als weiser Mann und wurde im jahrelangen Streit zwischen den Städten Bern und Fribourg als Obmann des Schiedsgerichts auserkoren. Durch seine Weitsichtigkeit und Klugheit bewirkte er viel Positives. Was man von seinem Sohn Berthold, der nicht die Weisheit und Stärke seines Vaters besass, nicht behaupten kann. War er doch bald in dumme Geschäfte und Schulden verstrickt, sodass er Stück um Stück des Familienbesitztums verkaufen musste.

Oberhalb der Haftanstalt führt unsere Route auf dem sogenannten **Klosterweg** zum Weiler **Schwändi** und dann durch das ausgedehnte Waldgebiet von **Äbnit.** Vom waldfreien Höhenzug zwischen **Sunnerain** und **Hubel** geniessen wir den Ausblick nach Westen übers Aaretal bis zu den nördlichen Jurabergen.

Etwas weiter unten erwartet uns **Utzigen** mit seinem frühbarocken **Schloss** von 1669, das heute als Oberländisches Pflege- und Altersheim genutzt wird. Der Gasthof **Zum durstigen Bruder** erhielt 1770 von der damaligen Schlossherrschaft das Tavernenrecht zugesprochen und zählt damit zu den historischen Wirtshäusern der Schweiz.

Auf dem letzten Wegstück der Etappe, dem Abstieg durch den Wald nach **Boll,** finden wir zahlreiche **alte Hohlwege,** bevor auf dem Dorfplatz oder am Bahnhof ein erlebnisreicher Tag zu Ende geht.

i

Streckencharakteristik:
Eine mittellange Route über sanfte, mit weiten Wäldern besetzte Hügel, grösstenteils auf verkehrsfreien oder verkehrsarmen Wegen.

Richtzeit:
5½ bis 6 Stunden, inkl. Besichtigungen und Pausen.

Erreichbarkeit:
Burgdorf ist per Bahn, Krauchthal per Bus (von Hindelbank aus) und Boll-Utzigen per S-Bahn (von Bern aus) erreichbar.

Weitere Informationen:
www.burgdorf.ch
www.krauchthal.ch
www.vechigen.ch

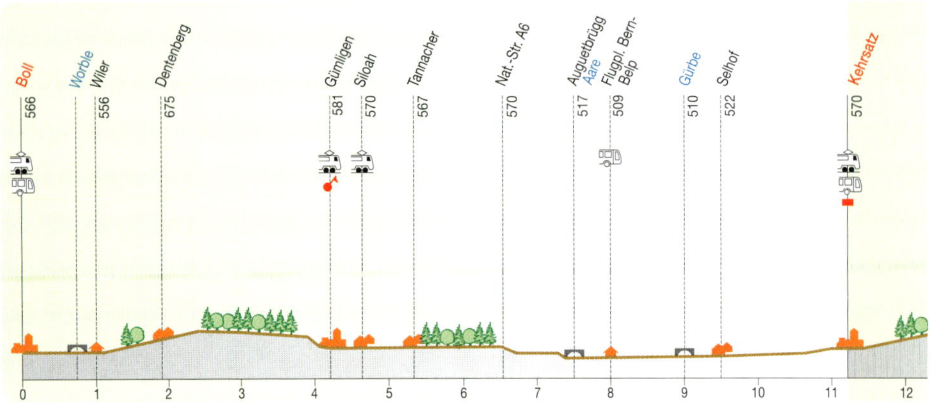

Boll–Kehrsatz 11 km

An der Bahnstation **Boll-Utzigen** beginnt die Etappe, die uns ein Stück weit in Richtung Schwarzenburgerland führen wird. Wer die Wanderung jedoch lieber in der Bundeshauptstadt beginnen und mit einer Besichtigung der Berner Altstadt verbinden möchte, kann dies selbstverständlich tun und von dort aus die Aare entlang gegen Belp wandern, wo man dann kurz vor Kehrsatz wieder auf den Jakobsweg gelangt.

Wir aber entscheiden uns, auf dem Jakobsweg zu bleiben, überqueren nach dem Bahnhof den **Worblenbach** und steigen von **Wiler** aus durch den Wald zum **Dentenberg** hoch, wo wir beim **Gasthof** eine freie Hochfläche erreichen. Durch ein weiteres Waldstück geht es dann allmählich abwärts in Richtung **Gümligen,** dessen reformierte Pfarrkirche schon von weitem zu sehen ist.

Kehrsatz – repräsentativer Landsitz

Mit der **Kirche** von Gümligen hat es folgende Bewandtnis: Im 19. Jahrhundert fanden die Gottesdienste jeweils im Haus der Frau von Stürler statt. Später wurden sie im Schulhaus abgehalten. Da aber die Zahl der Einwohner ständig anwuchs, sah man sich 1943 gezwungen, einen Kirchenbauplatz zu erstehen. Die Kirche selber aber entstand erst 1953 und wurde am 1. Advent 1954 eingeweiht.

Beim Bahnhof Gümligen führt unsere Route durch die Bahnunterführung, zweigt dann links ab und bringt uns zur Haltestelle **Siloah** der RBS. Dort überqueren wir die Kantonsstrasse und wandern durch die Nussbaumallee der Stiftung Siloah bis zur SBB-Linie, die wir abermals unterqueren. Durchs **Gümligenfeld** und ein Waldstück geht es weiter bis zur **Autobahn A6,** wo wir durch die Unterführung unseren Weg hinunter ins Aaretal fortsetzen und die gedeckte **Auguetbrügg** erreichen. Kaum zu glauben, dass diese massive Holzbrücke anno 1836 in der Hunzigenau erstellt und erst beim Bau der Autobahn hierher ins Auguet versetzt wurde. Sie soll seinerzeit an ihrem alten Standort noch durch Brückenzoll finanziert worden sein.

Über die Brücke gelangen wir ins Naturschutzgebiet Giessen, wandern dann den Flugplatz Belpmoos entlang, über die **Gürbe** und via den Weiler **Selhof** nach Kehrsatz, das auf einer Talstufe am Fuss des Längenbergs liegt. Guten Gewissens schalten wir hier eine kurze Rast ein, denn erstens ist das restliche Wegstück ist nicht mehr sehr lang, und zweitens gibt es in Kehrsatz ein paar schöne Einzelbauten zu besichtigen.

Kehrsatz – Noblesse oblige

Es grünt so grün im Bernerland

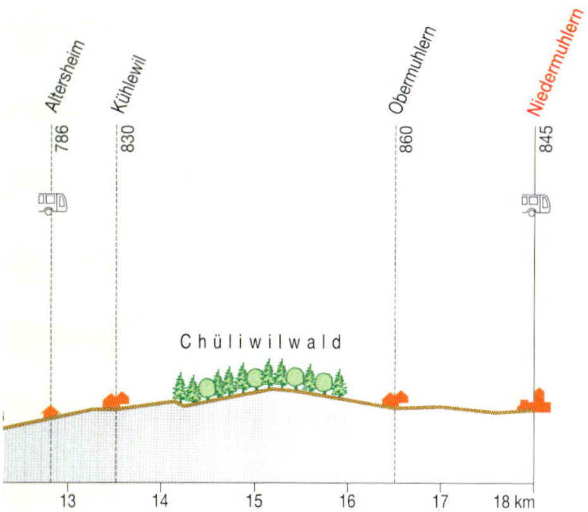

Kehrsatz–Niedermuhlern 7 km

Hervorstechende Bauten in Kehrsatz sind das **Schloss** (16. Jahrhundert) sowie die beiden Landsitze **Lohn** (18. Jahrhundert) und **Blumenhof** (16./17. Jahrhundert). Betrachten wir sie ausgiebig, bevor wir den relativ steilen Aufstieg den höchst imposanten Hohlweg hinauf zum ehemaligen **Schloss Kühlewil-Englisberg** in Angriff nehmen. Das Schloss beherbergt heute ein städtisches Altersheim. Im Park befindet sich eine **Pilgerstation,** zu deren Realisierung die Heimbewohner aktiv mitgeholfen haben.

Längenberg – Höhenweg mit Blick in die Berner Alpen

Auf einem Strässchen setzt sich unser Weg fort nach **Kühlewil** und durch den **Chüliwilwald,** an dessen Ausgang wir die hügelige Felder- und Wiesenlandschaft von **Obermuhlern** erreichen. Noch rund anderthalb Kilometer sind es von hier aus bis zum Etappenziel. Immer und immer wieder fällt unser Blick beim Wandern südwärts auf das prächtige Panorama mit dem Gantrischgebiet. Das letzte Wegstück führt entlang einer hohen **Trockenmauer.** Von der **Von-Tavel-Gedenkstätte** aus eröffnet sich ein fantastischer Blick auf das Dorf Kirchenthurnen im Gürbental. Eins, zwei ist **Niedermuhlern** und damit das Ende einer eindrucksvollen Etappe erreicht. Wem es fast ein bisschen zu schnell gegangen ist, dem empfehlen wir einen Abstecher nach **Oberbalm** anzuhängen. Die einstige Wallfahrtskapelle **St. Maria in spelunca** ist wirklich sehenswert. Die Kirchenreliquien machten Oberbalm zu einem stark frequentierten Pilgerort. Das heute protestantische Gotteshaus basiert auf einem romanischen Kirchenschiff aus dem 12. Jahrhundert. Die gewölbte Holzdecke stammt aus der Zeit des Spätbarocks, Turm und Chor von anno 1517. Eine ganz besondere Augenweide ist der stilgerecht restaurierte **Abendmahltisch** von 1678. Die ehemalige **Pilgerherberge** im Heidenhaus **Grossgschneit** bei Mittelhäusern muss um das Jahr 1000 entstanden sein. Sie unterscheidet sich im Baustil wesentlich von den hiesigen Bauernhäusern. Im Erdgeschoss enthielt sie, nebst Stall, eine grosse Wirtsstube und im oberen Stockwerk zahlreiche Gästezimmer.

i

Streckencharakteristik:
Eine geruhsame Wanderung im weiteren Einzugsgebiet der Bundeshauptstadt, grösstenteils auf verkehrsfreien oder verkehrsarmen Wegen.

Richtzeit:
5 bis 5½ Stunden, inkl. Besichtigungen und Pausen.

Erreichbarkeit:
Boll-Utzigen ist per S-Bahn (von Bern aus), Kehrsatz ebenfalls per S-Bahn und Niedermuhlern per Bus (von Bern-Köniz aus) erreichbar.

Weitere Informationen:
www.vechigen.ch
www.kehrsatz.ch

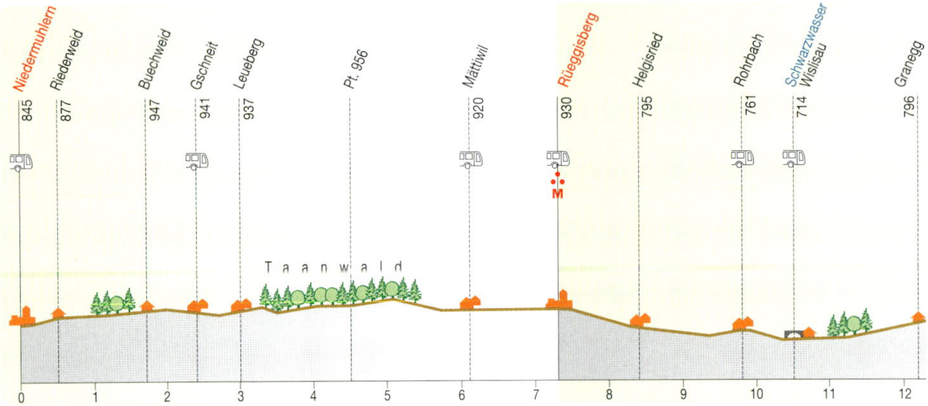

Niedermuhlern–Rüeggisberg 7½ km

In **Niedermuhlern** starten wir zum letzten Teilstück auf dem Luzernerweg, der sich nur ein paar wenige Kilometer weiter mit dem vom Berner Oberland her kommenden Schwarzenburgerweg vereinen wird. Leicht bergan führt unsere Route südwärts via die Gehöfte **Riederweid** und **Buechweid** zum Weiler **Gschneit** und von dort aus zum Aussichtspunkt **Leueberg** hinauf, von wo aus sich uns ein grossartiger Ausblick auf die grüne Ebene des Gürbentals eröffnet. Dahinter grüssen die firnbedeckten Bergriesen des Berner Oberlandes majestätisch. Die Fortsetzung führt durch den weitläufigen **Taanwald** zum höchsten Punkt des Wegabschnittes auf 956 Metern. Danach geht es allmählich wieder bergab, bis wir kurz vor **Mättiwil,** wie schon angekündigt, auf die vom Berner Oberland her kommende ViaJacobi stossen. Auf schönsten Feldwegen erreichen wir dann kurze Zeit später den geschichtsträchtigen Ort **Rüeggisberg.**

Weisse Schönheit am Wegesrand

Ruinen klösterlicher Pracht

Zwischen der Kirche, ursprünglich dem heiligen Martin geweiht, und den Ruinen des einstigen Klosters lädt eine **Pilgerstation** dazu ein, sich über eine der wichtigsten menschlichen Tugenden, die Hoffnung nämlich, Gedanken zu machen. Die Ruinen des einstigen **Cluniazenserpriorats,** das in den Jahren 1072 bis 1075 entstand, wirken beeindruckend. Umso mehr, wenn man bedenkt, dass gerade noch ein Zwölftel der ursprünglichen Anlage vorhanden ist. Denn der noch bestehende Bau repräsentiert nicht etwa das Hauptkirchenschiff, sondern nur einen der quer dazu verlaufenden Kreuzarme. Das Kloster galt als ein Musterbeispiel der berühmten cluniazensischen Baukunst und widerspiegelte mit seiner gesetzmässigen Anordnung auch die Lehre der Cluniazenser, in der nicht nur das Leben der Mönche, sondern eben auch
die sie umgebenden Bauten bis ins kleinste Detail geordnet waren.
Der im romanischen Stil erstellte Klosterbau St. Peter und Paul war eine Gründung der Abtei von Cluny im Burgund und den Schutzheiligen von Cluny geweiht. Den Mönchen von Rüeggisberg, die streng nach den Regeln des heiligen Benedikt lebten, fiel dabei die Aufgabe zu, für die Armen und vor allem für Pilger da zu sein.

Nur ein kleiner Seitenarm von dazumal

Noch immer ist der Weg das Ziel

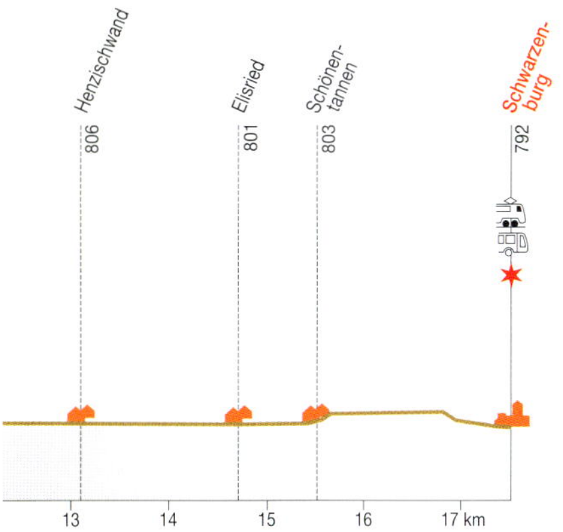

Erfrischende Rast am Senseübergang

des **Schwarzwassers** hinunter, das wir überqueren und anschliessend bei **Wislisau,** wo sich das Gewässer tief in den Sandstein eingegraben hat, auf der anderen Seite steil durch den Wald zur **Granegg** hochsteigen.
Via **Henzischwand, Elisried** und **Schönentannen** wandern wir über eine Hochebene und gelangen, sanft absteigend, so nach **Schwarzenburg,** Zentrum der Senseregion, wo ein an Eindrücken reiches Wegstück zu Ende geht und wir in einem schillernden Ort inmitten einer noch weit gehend von Industriebauwerken verschonten Voralpenlandschaft uns entspannen und den Eindrücken der Wanderung nachhängen können.

Rüeggisberg – Schwarzenburg 10 km

Zu den Sehenswürdigkeiten von **Rüeggisberg** gehört zum einen die Klosterruine, zum andern aber die **Kirche St. Martin,** datiert aus dem 11. Jahrhundert. Aber bereits vorher stand in der Zeit vom 8. bis ins 10. Jahrhundert an derselben Stelle eine dem **heiligen Martin von Tours** geweihte Kapelle. Die Gründung der Kirche indessen geht auf die Königin **Bertha von Burgund** zurück. Mit dem Bau des Cluniazenserpriorats kam der Kirche natürlich eine ganz besondere Bedeutung zu. So ist in einer päpstlichen Bulle Eugens III. von 1148 ausdrücklich zu Rochersberc (Rüeggisberg) festgehalten: «Eclesiam sancti Martini».
Bei der **Martinskirche** nehmen wir den zweiten Etappenteil unserer Wanderung in Angriff. Die detaillierte Wegbeschreibung findet sich auf **Seite 41** des vorliegenden Führers im zweiten Teil des Schwarzenburgerwegs, sodass wir uns hier auf ein paar wesentliche Routenangaben beschränken können.
Auf dem **Alten Klosterweg** führt die Route entlang des Hanges über **Helgisried** und **Rohrbach** zum Lauf

Streckencharakteristik:
Eine Route, geprägt von historischen Zeugen und prächtigen Voralpenlandschaften, meist auf verkehrsfreien oder verkehrsarmen Wegen.

Richtzeit:
5 bis 5½ Stunden, inkl. Besichtigungen und Pausen.

Erreichbarkeit:
Niedermuhlern ist per Bus (von Bern-Köniz aus), Rüeggisberg per Postauto (von Bern aus) und Schwarzenburg per Bahn erreichbar.

Weitere Informationen:
www.rueggisberg.ch
www.schwarzenburg.ch

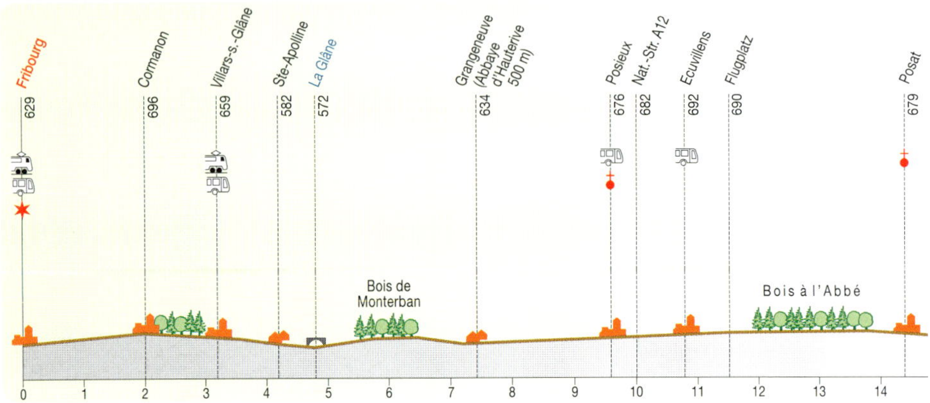

Fribourg–Autigny 18 km

In **Fribourg,** wie in den meisten Westschweizer Städten, ist der Chemin de Saint Jacques mit dem gelben Muschelsignet auf blauem Hintergrund beschildert. Wer also die höchst sehenswerte Stadt besichtigen möchte, kann dieser Route folgen. Denn Fribourg allein ist schon einen Besuchstag wert. Die meisten Pilger dachten ebenso.

Posieux – Chapelle du Sacré Cœur

Zwei historische Wege führen aus der Stadt heraus. Der eine beginnt an der **Place Georges Python** und führt da, wo einst das geschlossene Payerne-Tor stand, in die Broye-Region. Diese Variante findet sich unter den Routennummer 26 und 27. Der üblichere Weg jedoch führte durchs 1856 abgerissene Romont-Tor. Wir folgen ihm, beginnend am **Bahnhof.**

Bei der **Place des Charmettes** verlassen wir die Stadt in Richtung Planafaye, gelangen über **Cormanon** nach **Villars-sur-Glâne** und überqueren dann auf dem **Pont St. Appoline** die **Glâne.** Die Brücke wurde 1243 zum ersten Mal erwähnt. Die Kapelle am Brückenende stammt von 1566. Hier entscheiden wir uns für die Strecke zur Abtei Hauterive, die nebst dem Jakobszeichen auch noch mit «Sentier culturelle européen» beschildert ist. Durch den **Bois de Monterban** und das Areal des Institut agricole von **Grangeneuve** erreichen wir die 1138 von Guillaume de Glâne gegründete **Zisterzienserabtei Hauterive.** Wie alle Kirchen des Ordens ist auch diese hier der Gottesmutter geweiht. Das Fest der Patronin findet deshalb jeweils an Maria Himmelfahrt statt. Die Kirche ist zwischen 1150 und 1160 errichtet worden. Die heutigen klösterlichen Gebäude stammen aus dem 18. Jahrhundert. Das Kloster wurde 1848 geschlossen, ist aber seit 1939

Romont – das Etappenziel rückt näher

Romont – runder Hügel, runde Türme

wieder bewohnt und seit 1973 auch wieder eine vollrechtliche Abtei. Westlich der Abtei liegt **Posieux** mit der bemerkenswerten **Chapelle du Sacré Cœur** (monumentale Statue aus Carrara-Marmor). Nach **Ecuvillens** führt unsere Route südlich am **Flugplatz** vorbei durch den **Bois à l'Abbé** nach **Posat,** dem Ort des einstigen **Prämonstratenserklosters** (1140), wo zum Beispiel 1362 unter einer Priorin namens Emma 58 Nonnen wohnten. Der Konvent wurde 1580 aufgelöst. Auf seinen Grundmauern steht heute das **Restaurant de la Croix-d'Or.** Die Kapelle von Posat stammt aus der Klosterzeit und wurde dank einer Intervention von Madame de Pragoman 1675 wieder aufgebaut. Des wunderbaren Quellwassers wegen, dem man Heilkräfte nachsagt, ist die Kapelle zum **Wallfahrtsort** geworden. Noch einmal überqueren wir die Glâne und gelangen durch den **Bois des Grands-Champs** nach **La Crétause** und schliesslich nach **Autigny.**

Von der schwarz-weissen Hauptstadt zum runden Berg

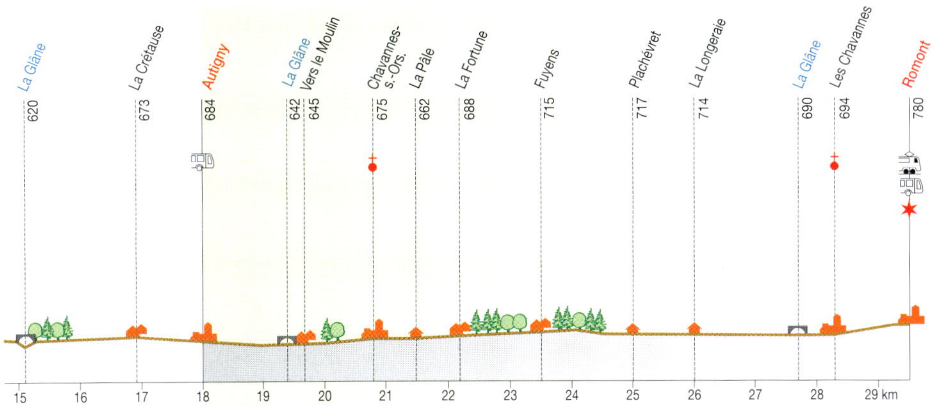

Autigny–Romont 11½ km

Nach einer wohlverdienten Rast in **Autigny** wandern wir parallel zur Glâne weiter nach **Vers le Moulin** und **Chavannes-sous-Orsonnens.** Beachtenswert ist hier die hochbarocke **Kapelle** aus dem 16. Jahrhundert, die Jakobus als Pilger sowie als Apostel zusammen mit Christophorus zeigt.

Vom einen Chavannes zum anderen: Mit dem Blick auf den markanten Hügel von Romont als Richtungsweiser ziehen wir auf einer angenehmen kleinen Strasse dem Etappenziel entgegen, vorbei an den Weilern von **La Pâle, La Fortune und Fuyens.** Etwas abseits des Weges liegt **Berlens** mit der Kapelle **Notre-Dame de l'Epine,** einst berühmt für die Heilung von Augenkrankheiten und auch heute noch ein Wallfahrtsort.

Kurz vor **Les Chavannes** erreichen wir die 1268 gegründete **Abtei Fille-Dieu.** Die Gemeinschaft der Fille-Dieu lebt streng nach den alten Regeln des heiligen Benedikt und nach den Ordenskonstitutionen der **Strengen Observanz** der Zisterzienser, auch **Trappisten** genannt. Die **Kirche** der Abtei, geweiht im Jahr 1346, wurde zwischen 1991 und 1996 einer umfassenden Restauration unterzogen und präsentiert sich heute in bemerkenswertem Zustand. Einen höchst spannenden

Posieux Chapelle du Sacré Cœur – der Himmel strahlt im Innern

Kontrast zum mittelalterlichen Mauerwerk bilden die modernen Glasmalereien des englischen Künstlers Brian Clarke.

Mit der Ankunft in **Romont,** dem im 13. Jahrhundert von Peter II. von Savoyen gegründeten Städtchen, findet die erste Etappe auf dem Westschweizerweg der ViaJacobi zwar ein Ende, aber im Städtchen selber erwarten uns noch zahlreiche Sehenswürdigkeiten. Bemerkenswert sind schon mal die historischen Burgtürme, Befestigungswälle sowie die alten Brunnen. Die **Stiftskirche,** geweiht 1296, mit ihren Fenstern, Statuen, dem Chorstuhl mit Jakobsdarstellung, dem Altarblatt und dem Chorgitter gilt als eine der schönsten gotischen Kirchen des Landes. Und in der savoyischen Burg erwartet uns das **Schweizerische Museum für Glasmalerei.**

i

Streckencharakteristik:
Eine zwar etwas lange, aber schöne Route durch die Landschaft der Glâne, mit vielen historischen Sehenswürdigkeiten entlang den verkehrsarmen Wegen.

Richtzeit:
7½ bis 8 Stunden, inkl. Besichtigungen und Pausen.

Erreichbarkeit:
Fribourg ist per Bahn, Autigny per Bus (von Cottens aus) und Romont per Bahn erreichbar.

Weitere Informationen:
www.fribourgtourism.ch
www.autigny.ch
www.romont.ch

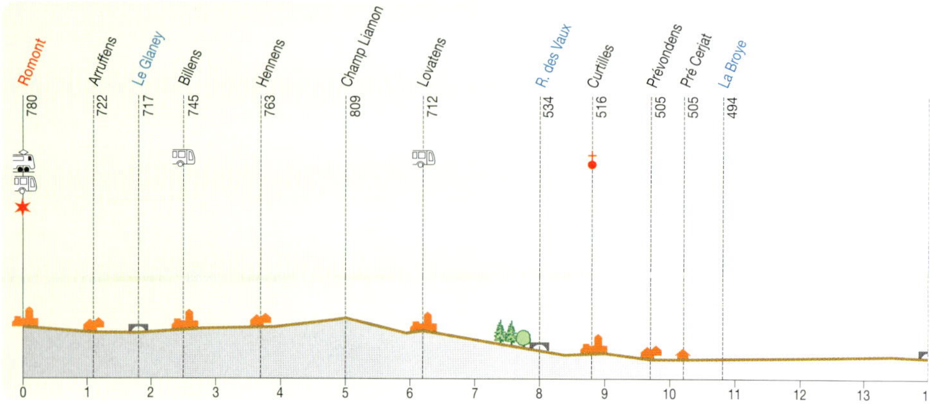

Romont–Moudon 15 km

Im Städtchen **Romont,** dessen Name sich vom französischen Ausdruck für «runder Berg» ableiten lässt, nehmen wir unseren Weg in Richtung Jorat unter die Füsse. Und am besten starten wir, dem Wegthema entsprechend, bei der **Jakobsstatue,** die seit 1997 an die ehemalige Pilgerherberge **Hotel du Saint-Jacques** erinnert. Durch die für ein mittelalterliches Städtchen unüblich breiten Gassen – man hatte seinerzeit offenbar Angst vor Bränden hier – verlassen wir den Ort in südwestlicher Richtung.

Von Romont aus dem Waadtland zu

Nach **Arruffens** überqueren wir das Flüsschen **Le Glaney,** gelangen nach **Billens,** wo wir beim alten Gasthof **De l'Union** links abbiegen und via den Weiler **Hennens** auf die Hügelkette des **Champ Liamon** steigen. Von einem **Sendemast** aus bietet sich uns eine fantastische

Curtilles – Kirche (11. Jahrhundert)

Aussicht – rückwärts blickend noch einmal auf Romont und die Freiburger Alpen, vorwärts blickend auf das Tal der Broye und das Schloss Lucens.

In diese **Vallée de la Broye** steigen wir gemächlich ab, verlassen bei **Lovatens** den Kanton Fribourg und bewegen uns fortan auf waadtländischem Gebiet zuerst nach **Curtilles.** Der kleine Ort ist wegen seiner aus dem 11. Jahrhundert stammenden **Pfarrkirche** einen kurzen Zwischenhalt wert. Sie ist im 16. und im 19. Jahrhundert jeweils gründlich restauriert worden und präsentiert sich uns in tadellosem Zustand. Sehenswert sind vor allem die kunsthistorisch bedeutsamen Glasmalereien, die aus der Zeit um 1500 stammen. Speziell ist der einfache Glockenturm, erstellt in einer Bauform, wie sie in dieser Region nur ganz selten vorkommt.

Durch Wiesen und Felder gelangen wir ans rechte Ufer der **Broye,** die dieser Gegend ihren Namen verlieh. Dem Fluss folgend, erreichen wir auf einem schönen Feldweg schliesslich unser Etappenziel. Das um die 3000 Einwohner zählende Städtchen **Moudon** liegt beidseits des Flusses, die Altstadt auf der uns gegenüberliegenden Seite. Von der **Brücke** über die Broye aus bietet sich uns ein einzigartiger Blick auf die bemerkenswert intakt gehaltene **Altstadt** sowie auf die drei Schlösser, die das Ortsbild prägen: **La Tour de Broye** (12. Jahrhundert), **Le Rochefort** (Ende des 16. Jahrhunderts) und **Billens** (17. Jahrhundert). Bemerkenswert ist auch die frühgotische **Pfarrkirche St. Etienne,** die in ihrem Innern wertvolles **Chorgestühl** aus dem frühen 16. Jahrhundert beherbergt. Eine anno 1345 eingebaute Jakobskapelle wurde 1949 wieder entfernt. Aber die Gestalt des Apostels blieb in Malereien enthalten. Ebenso eine Muschel im Chorgestühl.

Via Syens den Wäldern des Jorat zu

Vom Fribourger Westen auf die Hügelzüge der Waadt

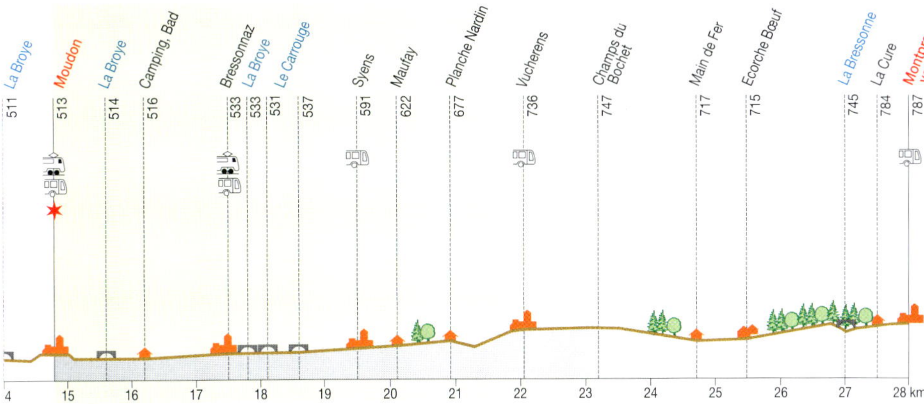

Moudon an der Broye – um die 3000 Einwohner, aber drei Schlösser

Moudon – Montpreveyres 13 km

Moudon: Wer hätte in dem alten Städtchen nicht Lust, sich ein wenig umzusehen und am einen oder anderen Plätzchen eine kurze Rast einzulegen? Wir tun es ebenfalls, bevor die Wegfortsetzung uns die **Broye** entlang, vorbei am **Camping,** nach **Bressonaz** führt, wo wir zuerst wieder die Broye und anschliessend auf einer sehr alten Brücke das Flüsschen **Le Carrouge** überqueren.

Vorbei an **Syens** geht es hinauf auf einen sanften Höhenrücken, auf dem wir durch eine von verschiedenen Wäldchen aufgelockerte Wiesen- und Weidenlandschaft nach **Vucherens** wandern. Die Kapelle des Flecks stammt übrigens aus dem Jahr 1523.

Über befestigte Feldwege führt die Route in südwestlicher Richtung weiter, und schon bald sehen wir die Wälder des **Jorats** vor uns. Mancher Pilger mag sich in früheren Zeiten von der Durchquerung dieser Wälder gefürchtet haben. Lauerten ihnen doch oftmals skrupellose Räuber auf, die sie um jene wenigen Habseligkeiten, welche sie bei sich trugen, erleichterten. Da loben wir uns doch einmal unsere moderne, weit weniger gefährliche Zeit!

Über **Ussières,** einen winzigen, bloss aus ein paar Häusern bestehenden Weiler, strebt die ViaJacobi dem Lac Léman zu, zuerst über die weiten **Champs du Bochet,** dann nach **Main de Fer** und **Ecorche Bœuf** (was für bilderreiche Namen!) durch dichten Wald, wo unser Weg schliesslich rechts abbiegt, über Treppen steil den Hang hinunter zu einem kleinen Flüsschen und bei **La Bressonne** auf der anderen Seite ebenso steil, an einer ehemaligen Pilgerraststätte mit Kapelle vorbei, wieder hinauf zur ehemaligen Pilgergaststätte **La Cure** führt. Die **Kapelle,** die sich aufs Jahr 1438 zurückführen lässt, wurde übrigens von Mönchen erst unten, nahe am Fluss, erstellt.

1758 ist sie an der jetzigen Stelle rekonstruiert worden – samt der Originalglocke von anno dazumal. Von hier aus ist es nur noch ein kurzes Wegstück zum Etappenziel **Montpreveyres,** dem Abschluss einer an Eindrücken reichen Tageswanderung.

i

Streckencharakteristik:
Eine landschaftlich sehr schöne Strecke durchs Tal der Broye sowie über die Hügelzüge und durch die Wälder des Jorats.

Richtzeit:
6 bis 6½ Stunden, inkl. Besichtigungen und Pausen.

Erreichbarkeit:
Romont und Moudon sind per Bahn erreichbar, Montpreveyres per Bus (von Moudon oder Lausanne aus).

Weitere Informationen:
www.romont.ch
www.moudon.ch
www.montpreveyres.ch

26 ViaJacobi: Der Broyeweg, erster Teil 22 km

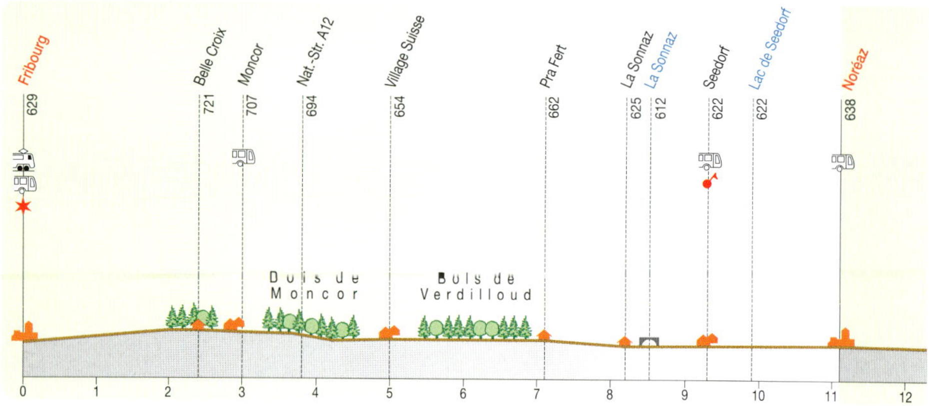

Fribourg–Noréaz 11 km

Am besten beginnen wir mit dieser Routenvariante der ViaJacobi am Bahnhof von **Fribourg,** indem wir westwärts via **Belle Croix** nach **Moncor** (Gemeinde Villars-sur-Glâne) wandern. Wer will, kann vom Bahnhof aus auch den Bus der TPF, Linie 2, bis hierher benützen. Nun aber geht es hinein in den **Bois de Moncor,** wo wir die Autobahn unterqueren. Kurz vor dem Waldende, dort, wo die Wege sich verzweigen, wählen wir jenen links, auf dem wir zum Weiler mit dem schönen Namen **Village Suisse** gelangen. Und gleich erwartet uns mit dem **Bois de Verdilloud** abermals ein stattlicher Wald, den wir von

Ausgangspunkt Fribourg

Durch prachtvolle Wälder

Payerne – Treppe in die Vergangenheit

Ost nach West durchstreifen, vorbei am **Forsthaus** von Corminboeuf und über ein kleines Flüsschen. Ausgangs des Gehölzes erreichen wir den Weiler **Pra Fert,** von wo aus uns ein breiteres Strässchen nach **La Sonnaz** und darauf über das Gewässer führt, dem der Ort hier seinen Namen gab und das den nahen See, den die Karte rigoros französisch als **Lac de Seedorf** bezeichnet, mit dem Schiffenensee respektive Lac de Schiffenen verbindet. Sowohl der Ort **Seedorf** mit seinem stattlichen, im Jahr 1769 errichteten **Schloss** wie auch der gesamte See gehören zur Gemeinde **Noréaz,** die nur etwas mehr als einen Kilometer weiter westlich liegt. Übrigens, hinter dem Schloss, am steilen Hang des **Piamont,** wird eine riesige Erdburg aus der Vorrömerzeit vermutet. Noréaz, das 1134 erstmals unter dem Namen Noarea urkundlich erwähnt wurde, gehörte im Mittelalter zur **Herrschaft Montagny,** die hier eine Burg unterhielt. Der Ort hat eine bewegte Geschichte hinter sich. Wurde er doch zum Beispiel anno 1447 im Krieg zwischen Fribourg und den Savoyern vollständig eingeäschert – von den Fribourgern notabene. Durch Kauf gelangte Noréaz 1478 unter die Herrschaft von Fribourg und wurde wieder der Vogtei Montagny unterstellt. Ab dem Jahr 1798, nach dem Zusammenbruch des **Ancien Régime,** gehörte der Ort während der **Helvetik** zum Bezirk Payerne, ab 1803 zum Bezirk Montagny, ab 1815 zum Bezirk Fribourg und ist seit der neuen Kantonsverfassung von 1848 nun in den Saanebezirk eingegliedert.
Welch eine komplizierte Geschichte, die man sich erst mal in Ruhe vorstellen muss. Wir tun es, sind wir doch genau in der Streckenmitte angelangt, sodass eine kurze Rast mehr als nur verdient ist.

1000 Jahre Geschichte türmen sich

Von den Zähringern zur Königin Bertha von Burgund

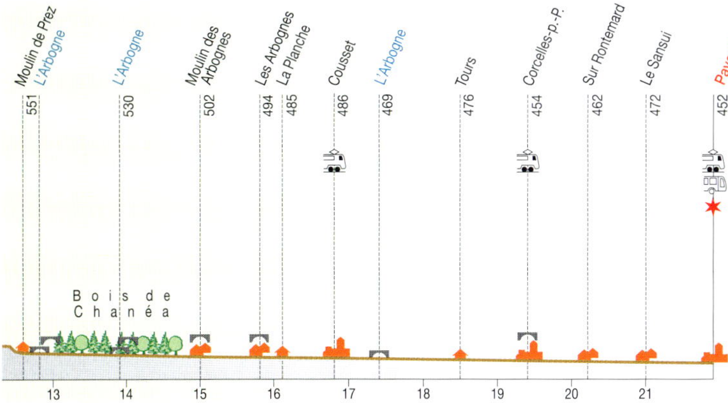

Payerne – fantastische Zeitreise ins Mittelalter

Noréaz–Payerne 11 km

Von **Noréaz** aus führt uns der Weiterweg bei der Verzweigung ausserhalb des Dorfes nach links über einen Feldweg zum **Moulin de Prez,** wo unweit der heutigen Wassererfassung der Gemeinde Noréaz die Quelle **Bonne Fontaine** sprudelt. Von hier aus führten die Römer das Wasser über einen Aquädukt nach Aventicum (Avenches).

Nach der Brücke über die **Arbogne** weisen uns die Schilder den Weg durch den **Bois de Chanéa,** wo wir etwa einen Kilometer weit entlang einem Pilzlehrpfad wandern, angelegt vom Eidgenössischen Institut für Wald- und Forstwirtschaft. Am Ende des Waldes zweigt unsere Route nach rechts ab und führt, an **Montagny-les-Monts** vorbei, das Flüsschen Arbogne entlang zum **Moulin des Arbognes,** wo das Wasser nebst der Getreidemühle einst auch Ölpresse und Sägerei antrieb, und zum Ort **Les Arbognes.**

Weiter geht es via den Weiler **La Planche** nach **Cousset,** wo sich in den 50ern des vergangenen Jahrhunderts verschiedenste Industrien ansiedelten. Wir überqueren noch einmal die Arbogne und gelangen via **Tours** nach **Corcelles-près-Payerne,** wo noch Überreste des bereits zitierten römischen Aquädukts zu sehen sind. Der Ort besitzt – als Besonderheit – gleich zwei Bahnhöfe, den einen an der Strecke von Murten nach Payerne, der andere an der Strecke von Payerne nach Fribourg. Beide wurden übrigens, mit den entsprechenden Bahnlinien zusammen, gemeinsam am 25. August 1876 eröffnet. Die reformierte Kirche St-Nicolas stammt ursprünglich aus dem 11. Jahrhundert, wurde aber mehrmals restauriert und umgestaltet. Im alten Ortskern sind noch einige charakteristische Bauernhäuser aus dem 17. bis 19. Jahrhundert erhalten. Auffallend sind die zahlreichen alten Speicher als Holz und Stein. Via Sur Rontemard und Le Sansui erreichen wir schliesslich das Ziel dieser Etappe: **Payerne,** die einstige Stadt der Königin Bertha von Burgund.

i

Streckencharakteristik:
Eine erholsame, meist durch prächtige Wälder führende Etappe, zum grossen Teil auf verkehrsarmen oder verkehrsfreien Wegen verschiedenster Art.

Richtzeit:
5½ bis 6 Stunden, inkl. Besichtigungen und Pausen.

Erreichbarkeit:
Fribourg ist per Bahn, Noréaz per Bus (von Rosé aus) und Payerne per Bahn erreichbar.

Weitere Informationen:
www.fribourgtourism.ch
www.payerne.ch

27 ViaJacobi: Der Broyeweg, zweiter Teil 22½ km

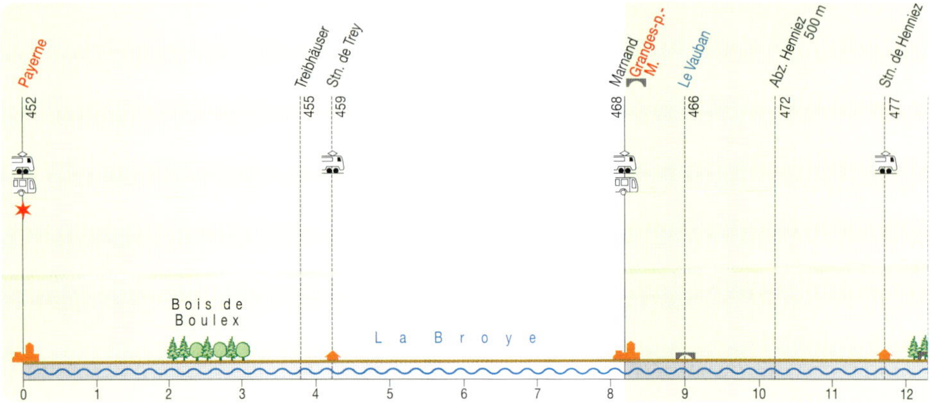

Payerne – Granges-près-Marnand 8 km

In **Payerne** nimmt unsere Wanderung entlang dem Fluss, der dieser Gegend den Namen gab, ihren Anfang. Doch wenn wir schon in Payerne sind, dann versäumen wir, wenn möglich, nicht, die Hauptsehenswürdigkeiten sowie das Ortszentrum zu besichtigen.
Bereits in keltischer Zeit war das Gebiet hier offenbar besiedelt. Wurden doch in einem Grabhügel ein mit Bronze beschlagener Wagen sowie etruskische Goldringe gefunden.
Der historisch belegte Ursprung von Payerne geht indessen auf das 3. Jahrhundert zurück, als der einflussreiche Römer **Publius Gracius Paternus** aus dem nahen Aventicum (Avenches) hier seine **Villa Paternia** errichten liess, aus der bald eine Siedlung entstand. Ab dem 10. Jahrhundert hing die Geschichte des Ortes sehr eng mit derjenigen

Henniez – Bahnhof für Romantiker

Schloss Henniez – etwas abseits

des **Cluniazenserpriorats** zusammen, welches 962 als eines der ersten Tochterklöster der Abtei von Cluny hier errichtet wurde. Im Lauf des 11. Jahrhunderts entwickelte sich Payerne zur befestigten Siedlung, von deren Wehrmauer noch heute vier Türme zu sehen sind.
Mit der Eroberung des Waadtlandes (1536) kam die Stadt unter Berner Herrschaft und wurde von einem Vogt verwaltet. Und weil Bern reformiert war, mussten die Mönche das Kloster verlassen. Mit dem Zusammenbruch des Ancien Régimes kam Payerne während der Helvetik zum Kanton Léman, der mit der Meditation in den Kanton Waadt aufging.
Zu Payernes bedeutendsten **Sehenswürdigkeiten** gehören die **Abbatiale Notre-Dame** (Abteikirche) aus dem 11. Jahrhundert, die reformierte **Pfarrkirche** aus dem 13. und 14. Jahrhundert, welche seit 1818 das Grabmal der **Königin Bertha von Burgund** beherbergt, das spätgotische **Gerichtsgebäude** aus den Jahren 1571 und 1572 mit bemerkenswerten Renaissancemalereien im Gerichtssaal, das **Museum Général Antoine-Henri Jomini,** des berühmten Strategen Napoleons, dessen Lehren denjenigen von Clausewitz gleichzusetzen sind, zwei **Brunnen** mit Figuren aus dem 16. Jahrhundert sowie das historische Ortszentrum mit seinem malerischen **mittelalterlichen Stadtbild.**
Es ist schwer, sich von Payerne loszureissen. Und doch ruft der Weg, der stets die Broye entlang westwärts führt und nicht zu verfehlen ist. Auf ihm erreichen wir, vorbei an den **Treibhäusern**, erst die Bahnstation von **Trey,** dann **Marnand** und anschliessend **Granges-près-Marnand.**

Château de Lucens – wehrhafte Türme

Dem blauen Faden durch die grüne Landschaft folgend

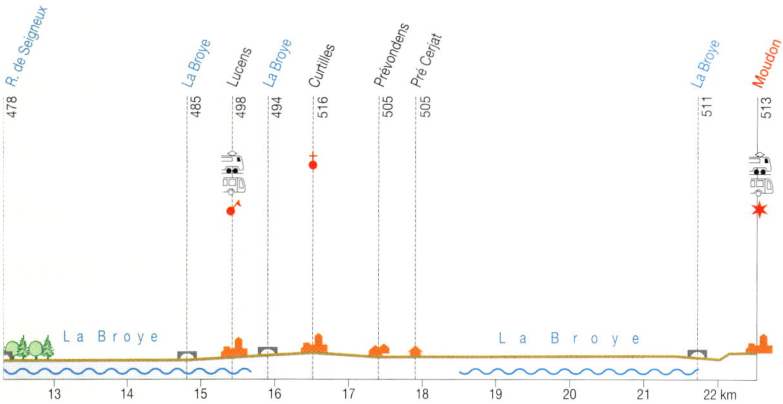

Granges-près-Marnand – Moudon 14½ km

Das Gemeindegebiet von **Granges-près-Marnand,** wo das zweite Stück unseres Weges beginnt, war schon früh besiedelt. Fand man doch hier Spuren aus der **Bronzezeit,** Fundamente einer römischen **Villa** sowie **frühmittelalterliche Gräber.** Die erste urkundliche Erwähnung des Ortes stammt aus dem Jahr 881.

Wie bis anhin führt unsere Route weiter der **Broye** entlang, die hier, zahlreicher früherer Überschwemmungen wegen, streckenweise begradigt wurde und uns friedlich entgegenfliesst. 86 Kilometer lang ist der Fluss von der Quelle bis zur Mündung in den Murtensee, den er dann als Kanal mit dem Lac de Neuchâtel verbindet.

Wir überqueren auf unserem Weg erst das Flüsschen **Le Vauban** und gelangen darauf zur Abzweigung nach **Henniez,** dessen Mineralquellen schon zur Römerzeit und später ebenfalls unter der Berner Herrschaft genutzt wurden. Seinen eigentlichen Aufschwung aber nahm der Ort 1880, als auf Veranlassung des Arztes V. Borel ein Badehotel errichtet wurde. 1916 begann man dann, das Mineralwasser in Flaschen abzufüllen.

Vorbei an der **Bahnstation von Henniez** über den **Ruisseau de Seigneux** sowie über die **Broye** gelangen wir nach **Lucens,** dessen Schloss mit dem Berner Wappen auf den Mauern uns schon von weitem begrüsst. Zwar wurde das Wappen nach dem Sturz des Ancien Régimes am 24. Januar 1798 von Bürgern übertüncht, ist aber später wieder freigelegt worden. Seit 1801 ist das Schloss übrigens Privatbesitz. Im **Maison Rouge** errichtete der Sohn von Sir Arthur Conan Doyle, der sich 1965 hier niederliess, zum Andenken an seinen berühmten Vater das **Musée Sherlock Holmes.** Wir überqueren noch einmal den Fluss und erreichen via **Curtilles, Prévondens** und **Pré Cerjat** schliesslich das malerische Städtchen **Moudon,** in dessen historischem Teil auf der linken Flussseite die Etappe ein Ende nimmt und wir uns gemütlich irgendwo niederlassen. Wer auf der ViaJacobi weiterwandern will, findet hier als Fortsetzung den Weg, der von Romont her kommt und nach Montpreveyres führt.

Eine Etappe entlang der uns gezähmt entgegen fliessenden Broye

i

Streckencharakteristik:
Eine gemütliche, stets ebene Etappe, dem Lauf der Broye aufwärts folgend.

Richtzeit:
5½ bis 6 Stunden, inkl. Besichtigungen und Pausen.

Erreichbarkeit:
Payerne ist per Bahn, Granges-près-Marnand und Moudon sind ebenfalls per Bahn (am besten von Payerne aus) erreichbar.

Weitere Informationen:
www.payerne.ch
www.moudon.ch

28 ViaJacobi: Westschweizerweg, dritter Teil 15½ km

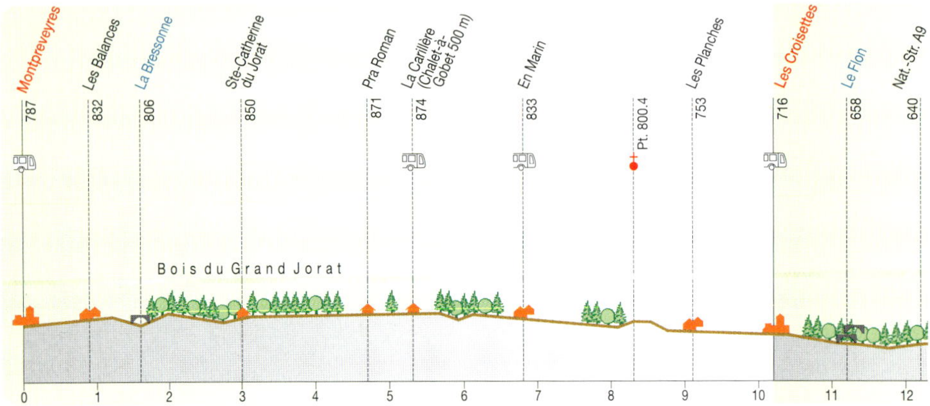

Montpreveyres – Les Croisettes 10 km

Nur etwa vier Stunden effektive Wanderzeit erfordert diese Etappe, die uns von **Montpreveyres** in die Waadtländer Kantonshauptstadt am Lac Léman führen wird. Und natürlich wird niemand allen Ernstes daran denken, dieses Wegstück auf zwei Tage zu verteilen, sondern eher, wenn genügend Zeit vorhanden ist, den zweiten Tag dazu verwenden, um die verschiedenen «Etagen» dieser Stadt, die sich da den Hang hinaufzieht, genauer zu erkunden. Wir aber teilen die Strecke, was die Beschreibung anbetrifft, dennoch in zwei «Portionen» – der Systematik wegen, die sich durch den ganzen Wanderführer durchzieht.
Gemütlich starten wir also in **Montpreveyres** und wandern als Erstes zum **Hôtel des Balances,** wo wir links abzweigen, um nach der Überquerung der **Bressonne** den weiten Mischwald des **Bois du Grand Jorat** zu durchstreifen.

Notre Dame von Lausanne grüsst

Eine Kathedrale reckt gen Himmel

Hier ein Tipp: Naturfreunde besorgen sich eine Regionalkarte und suchen nach dem Ort **Les Vuargnes,** wo durch Waldarbeiten 1987 ein **Teich** von rund anderthalb Hektaren entstanden ist, der zahlreichen seltenen Tierarten einen Lebensraum bietet. Speziell bemerkenswert ist auch der sogenannte **Crapauduc,** der es den Amphibien seit dem Frühjahr 2005 zur Brunstzeit erlaubt, durch fünf Röhren von rund 70 Zentimetern Durchmesser gefahrlos auf die gegenüberliegende Seite der **Route des Paysans** und folglich zur Liebeserfüllung zu gelangen. Ein Musterbeispiel des Naturschutzes! Weiter durch den prächtigen Wald, vorbei an der Zufahrt zur einstigen Pilgerstation **Ste-Catherine du Jorat,** gelangen wir zum Sportzentrum **Pra Roman** (Golfplatz) und bei **La Carillère** in die Nähe von **Chalet-à-Gobet,** dem vor der Einführung der Eisenbahn so bedeutenden Passübergang der Hauptstrasse von Lausanne nach Bern. Übrigens: Der **Jorat,** also dieses Gebiet, das wir durchwandern, bildet ebenfalls die Wasserscheide zwischen Rhône und Rhein.
Die Fortsetzung unserer Route auf dem Jakobsweg führt weiter durch das weitläufige sanfte Hügelland. Und langsam eröffnet sich uns dabei ein fantastischer Ausblick auf die Spiegelfläche des **Lac Léman** und die majestätisch dahinterliegenden Savoyer Alpen. Via **En Marin** und **Les Planches** erreichen wir schliesslich **Les Croisettes.**

Le Château de Lausanne

Über Treppen hinunter in die Altstadt

Von den grünen Wäldern in die schillernde Metropole

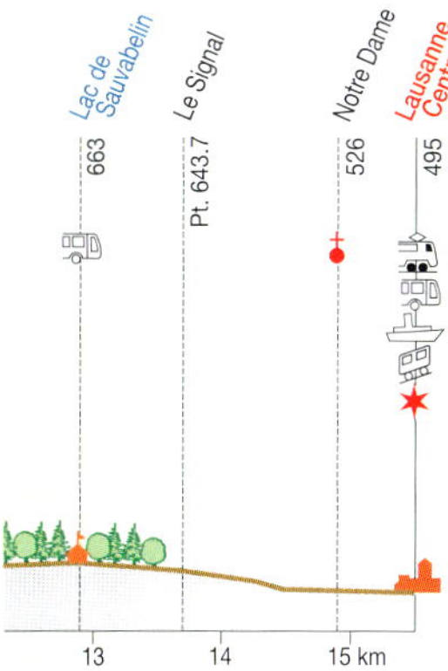

Les Croisettes – Lausanne Centre 5½ km

Les Croisettes (bei Epalignes) wird bald schon eine bedeutende Position im Verkehrskonzept der Stadt Lausanne einnehmen. Denn hier entsteht die Endstation der neuen **Metro,** einer normalspurigen, luftbereiften **Stadtschnellbahn,** die in lediglich 18 Minuten von Ouchy, am Seeufer, via Bahnhof SBB, Le Flon und Vennes hierher führen soll. Dies entspricht einer Totaldistanz von ungefähr 6 Kilometern, bei einem Höhenunterschied von rund 375 Metern. Diese Bahn wird zweifelsohne zu einer weiteren Attraktion der Stadt des Hauptsitzes des IOC und des Standortes des Olympischen Museums werden.

Von Les Croisettes wandern wir über **Le Flon** zum **Lac de Sauvabelin.** Ein im Wald gelegener romantischer kleiner See erwartet uns hier. Süsse Ziegen, Enten, Gänse und schwarze Schwäne bevölkern ringsum den Park. Sogar eine kleine Bootsfahrt ist hier möglich. Und ein spektakulärer Aussichtsturm erlaubt schönste Weitblicke. Ein idealer Ort also, um ein bisschen zu rasten, besonders falls man in Begleitung von Kindern ist. Via den Aussichtspunkt **Le Signal** steigen wir schliesslich, zum Teil auf Treppen, hinunter in die **Altstadt** von **Lausanne,** wo wir als Erstes an der **Place de la Riponne** den Neurenaissancebau des Palais de **Rumine** bewundern. Von hier aus lohnt sich ein kurzer Aufstieg zur berühmten Kathedrale Notre Dame, die als das edelste Bauwerk der Schweizer Frühgotik gilt, erstellt ab 1170 und geweiht 1275 von Papst Gregor X. im Beisein des Königs Rudolf von Habsburg. Der einstige Sitz der Bischöfe nahe der Kathedrale beherbergt heute das **Historische Museum** von Lausanne. Über den **Pont Bessières** gelangen wir zur **Place St-François,** mit all den vielen prestigeträchtigen Geschäften und Bankhäusern ein Mittelpunkt der Stadt. Optisch allerdings beherrscht die gleichnamige gotische Kirche den Platz, ein Überbleibsel eines im Mittelalter bedeutenden Franziskanerklosters. Von hier aus ist es nur noch ein kurzer Weg, den **Grand-Chêne** hinunter, zum Bahnhof SBB.

Lausanne – Stadt der Bausubstanz aus illustrer Vergangenheit

i

Streckencharakteristik:
Eine wunderschöne Route durch Wälder und über Hügel mit Blick auf den Lac Léman ins geschäftige, aber kulturträchtige Lausanne. Eine eher kurze Wegstrecke, auch geeignet in Begleitung von Kindern und Jugendlichen.

Richtzeit:
4 bis 4½ Stunden, inkl. Besichtigungen und Pausen.

Erreichbarkeit:
Montpreveyres ist per Bus (von Moudon oder Lausanne aus) erreichbar, Lausanne per Bahn – und natürlich auch per Schiff.

Weitere Informationen:
www.montpreveyres.ch
www.lausanne.ch

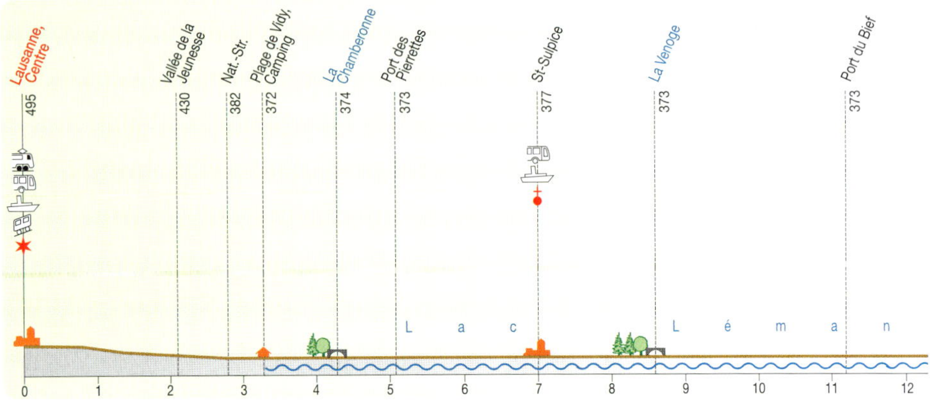

Lausanne–Morges 13 km

In **Lausanne** nimmt die letzte Wegstrecke der ViaJacobi, entlang dem **Lac Léman** durch die reizvolle Landschaft von **La Côte,** ihren Anfang. Verträumte Weindörfer, malerische Städtchen und historische Schlösser, eingebettet ins Rebgelände längs des Ufers und an den sanften Hängen, werden uns begegnen. Also machen wir uns erwartungsvoll auf den Weg ...

Nicht alle Pilger legten übrigens früher sämtliche Etappen auf Schusters Rappen zurück. Wich doch der eine oder andere, falls die Mittel es ihm

Ein letzter Blick auf Lausanne

erlaubten, gerade in dieser Gegend ein Stück weit auf das weit bequemere Schiff aus. Was natürlich jedem von uns auch gestattet ist. Zwar ist die Aussicht vom Wasser aus auch meist höchst reizvoll, aber die Schiffspassagiere gehen der Möglichkeiten direkter Begegnungen in den Weinbergen und Dörfchen verlustig. Dies ist mit ein Grund,

Morges – munterbunte Hauptgasse

weshalb wir uns für den Weg zu Fuss entscheiden.

Startort der Etappe ist vor dem Eingang der **Kathedrale,** von wo aus wir, immer den blauen Schildern folgend, die historische gedeckte Treppe **Escaliers du Marché** zur **Place de la Palud** hinuntersteigen. Durch die der Jugend gewidmete **Vallée de la Jeunesse** führt uns die Route hinunter an den See.

Die **Plage de Vidy** ist nicht nur Lausannes Strandbad, sondern zugleich Teil eines grossflächigen Ensembles von Plätzen für Freizeitbeschäftigung, Sport und Kultur.

Entlang dem See wandern wir in Richtung Westen, überqueren dabei das Flüsschen **La Chamberonne** und gelangen zum Hafen **Port des Pierrettes,** der bereits zur Gemeinde **St-Sulpice** gehört, die wir kurz darauf erreichen. Am Wasser erhebt sich hier das ehemalige **Cluniazenserpriorat** aus dem 11. Jahrhunderts, das im Lauf des 15. Jahrhundert als Kloster wieder neu aufgebaut worden ist.

Auf dem Weiterweg kreuzen wir die **Venoge,** die dank einer rührigen Hommage des Westschweizer Poeten und Kabarettisten **Gilles** zum Inbegriff eines Waadtländer Flüsschens und damit auch des Waadtländer Charakters geworden ist. Vorbei am **Port du Bief** schliesslich **Morges** mit seiner malerischen Altstadt. Wer übrigens an einem Mittwoch oder Samstag hierher kommt, der sollte sich auf gar keinen Fall den farbenfrohen Markt entgehen lassen. Auch die historischen Bauwerke und die vielen prachtvollen **Bürgerhäuser** aus dem 18. Jahrhundert sind mehr als nur einen Blick wert.

Das Stadttor von Saint Prex

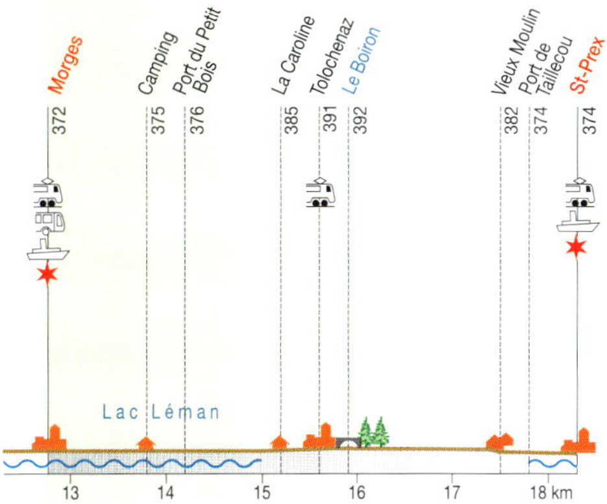

Morges – Symbol der Wehrhaftigkeit mit Geranienschmuck

Morges–St-Prex 5½ km

Die vielen Sehenswürdigkeiten von **Morges** rechtfertigen eine längere Wanderpause. Zudem ist der Rest der Etappe nurmehr kurz, sodass wir uns ruhig der einen oder anderen Attraktion des Städtchens widmen können. Zum Beispiel der **Pfarrkirche** von 1769 mit dem anschliessenden Park. Oder dem im 16. Jahrhundert errichteten **Ratshaus.** Und natürlich dem durch Louis von Savoyen anno 1268 erbauten **Schloss,** einst Sitz der Berner Landvögte, das heute das Waadtländer Militärmuseum, das Artilleriemuseum sowie das Schweizer Zinnfigurenmuseum beherbergt. Wer sich für Puppen, Spielzeug, Silber-, Glas- und Porzellanwaren sowie für Möbel der Gotik und Renaissance erwärmt, tut gut daran, auch dem Museum **Alexi Forel** einen Besuch abzustatten.

Der Weiterweg bringt uns am **Campingplatz** vorbei zum **Port du Petit Bois** und weiter nach **La Caroline.** Hier führt die Route weg vom Seeufer ein Stück weit ins Landesinnere, überquert das Flüsschen **Le Boiron** und folgt dann den Bahngeleisen, um schliesslich bei der Glasfabrik wieder zum See hinunterzuführen, den wir nach dem Kongresszentrum **Vieux Moulin** beim **Port de Taillecou** erreichen. Bis zum Etappenziel, dem Städtchen **St-Prex,** sind es nun nur noch wenige Schritte.

Der kleine Ort ist wunderschön auf einer in den See ragenden **Landzunge** gelegen. Bemerkenswert sind nebst dem Schloss vor allem das **Gesamtbild** des Ortes sowie das **Stadttor** mit dem aufgemalten Gründungsjahr 1234 des Städtchens. Der Bau ist in seiner Art einzigartig für den Kanton Waadt. Und es ist auch das einzige übrig gebliebene Stadttor, das nicht in einen Kirchturm integriert wurde. Thront doch die **Kirche** selbst auf einem kleinen Hügel. Sie ist die zweitälteste Landpfarrkirche, zu Ehren Marias, im gesamten Lausanner Bischofsbezirk.

i

Streckencharakteristik:
Eine wunderschöne, kürzere Etappe entlang dem Lac Léman, damit auch flach und auch für Familien in Begleitung von Kindern und Jugendlichen bestens geeignet.

Richtzeit:
4½ bis 5 Stunden, inkl. Besichtigungen und Pausen.

Erreichbarkeit:
Lausanne und Morges sind per Bahn erreichbar, St-Prex per Bahn oder Bus (von Morges aus). Und natürlich alle drei per Schiff.

Weitere Informationen:
www.lausanne.ch
www.morges.ch
www.saint-prex.ch/tourisme

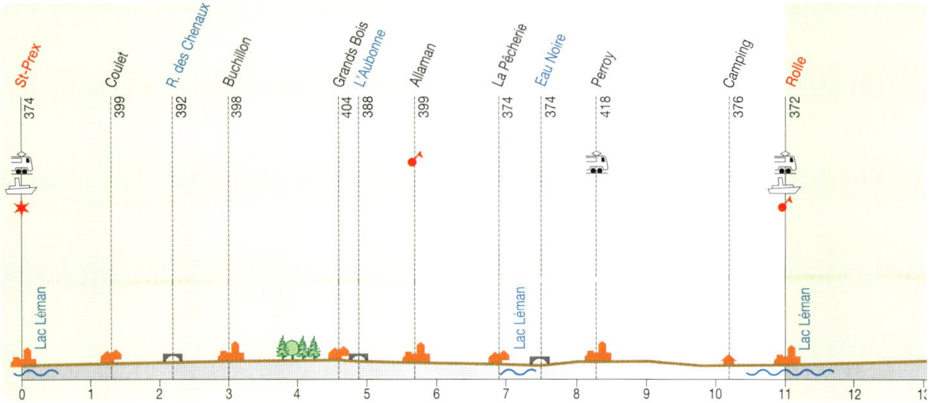

St-Prex–Rolle 11 km

In **St-Prex,** dem charmanten Städtchen am **Lac Léman,** starten wir zur Etappe, die uns durchs «Herzstück» von **La Côte** führt. Zwar treffen wir zwischendurch immer wieder mal auf ein paar hundert Meter Seeufer oder Quai, im Grossen und Ganzen aber durchstreifen wir flache Rebhänge, grüne Felder und verträumte Winzerdörfer.
Das Blau des Sees wetteifert mit dem Blau des Himmels, und wir wandern auf dem asphaltierten Uferweg via **Coulet** nach **Buchillon,** wobei wir zwischendurch den **Ruisseau des Chenaux** überqueren. Nach der Kirche biegen wir rechts ab und folgen der Route durchs Gebiet der **Grands Bois,** wo wir das muntere Flüsschen **Aubonne** überqueren. Unser erster Halt gilt **Allaman** mit seinem von Reben umgebenen **Schloss** aus dem 14. Jahrhundert. Es unterscheidet sich insofern von den anderen Schlössern dieser Region, weil es damals schon nicht als Wehrburg

Auf Uferwegen entlang des Sees

Château de Rolle – direkt am See

Wo es den Reben bestens behagt

errichtet, sondern von Anfang an als Herrschaftssitz konzipiert wurde. Heute gehört es zu einem privaten **Weingut** mit insgesamt 15 Hektaren Fläche. Es sind vor allem die klassischen roten Sorten **Pinot Noir** und **Gamay,** die hier angebaut werden. Durch die Weinberge geht es weiter nach **La Pêcherie,** wo wir wieder kurz aufs Seeufer stossen und das Flüsschen **Eau Noire** überqueren, um dann nach **Perroy** zu gelangen, dem reizvollen Dorf mit der prächtigen **Kirche Ste-Marie** sowie dem Weingut **Château de Perroy.** Über tausend Jahre alt ist hier die Rebkultur bereits. Und die stattlichen Weinberge ziehen sich beidseits jener Linie dahin, wo einst die Römerstrasse von Genève nach Avenches führte. So verwundert es denn eigentlich auch nicht, wenn das Ortswappen von Perroy eine goldene Traube auf azurblauem Grund zeigt.
Abermals geleitet uns der Weg, an einem **Campingplatz** vorbei, zum See hinunter, wo wir das Städtchen **Rolle** erreichen. Speziell sticht hier das direkt am See gelegene **Château de Rolle** ins Auge, das in der zweiten Hälfte des 13. Jahrhunderts von den Savoyern in der für jene Zeit typischen Architektur mit vier Türmen errichtet wurde. Im Lauf einer recht bewegten Geschichte wechselte die stolze Anlage mehrmals ihre Besitzer. Heute ist die lokale Verwaltung darin untergebracht. Übrigens, die Savoyer waren es auch, die Anfang des 14. Jahrhunderts in Burgnähe den Grundstein zu dieser schmucken Siedlung legten, in der wir gerne eine kurze Rast einlegen, bevor wir die Wegfortsetzung unter die Füsse nehmen.

Château de Nyon – Begrüssungsmusik

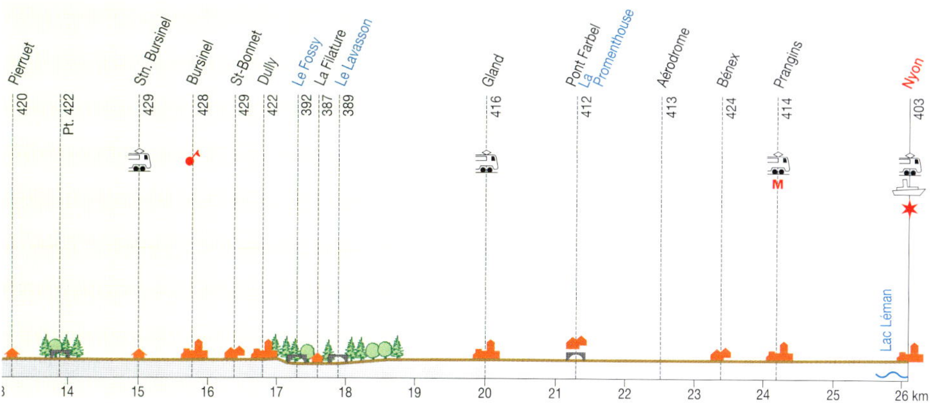

Rolle–Nyon 15 km

Zu sagen ist, bevor wir von **Rolle** aus weiterwandern, dass sich hier entlang dem See der historische Pilgerweg das eine oder andere Mal ein kurzes Stück weit im Nebel der Geschichte verliert. Wurde er doch im Lauf des 18. Jahrhunderts da und dort verbessert und verbreitert. Und ob man sich hierbei auch immer ganz exakt an die Originalstreckenführung hielt, ist nicht belegt. Doch was solls? Schön ist es doch ...

Auf der **Grande Rue** verlassen wir das Städtchen und zweigen nach ungefähr einem halben Kilometer rechts in Hangrichtung ab. Nach der Überquerung der Bahngeleise biegt unsere Route beim Hof **Pierruet** links ab und führt wieder zu den Bahngeleisen, denen wir bis zur Bahnstation von **Bursinel** folgen. Bis zum eigentlichen Dorf ist es allerdings noch ein Stück weit. Das markanteste Bauwerk in der Gemeinde ist das Mitte des 12. Jahrhunderts erbaute **Château de Bursinel.** Es spielte während der Reformationszeit eine wichtige Rolle, da sich hier jeweils die Verschwörer der gegen Calvin gerichteten Kräfte trafen.

Château de Bursinel – ein Schloss mit prägender Vergangenheit

Der auf einer mit Rebgütern gesäumten Krete verlaufende Weg nach **St-Bonnet** und **Dully** offeriert schönste Ausblicke auf die Dörfer und den See. Im anschliessenden Waldgebiet überqueren wir vor und nach **La Filature** die Flüsschen **Le Fossy** und **Le Lavasson** und gelangen entlang den Bahngeleisen nach **Gland,** von wo aus wir zum **Pont Farbel** wandern, wo wir auf die **Promenthouse** stossen, jene aus dem Zweiten Weltkrieg stammende Panzersperre, die hier zwischen Jurahöhen und See unsere westliche Verteidigungslinie bilden sollte. Heute sind die Betonblöcke zum Glück friedlich mit Efeu und Moos bewachsen.

Vorbei am **Aérodrome** von **Bénex** erreichen wir **Prangins** mit seinem aus dem 18. Jahrhundert stammenden **Schloss,** in dem für kurze Zeit auch **Voltaire** wohnte. Heute beherbergt es einen Teil des **Schweizerischen Landesmuseums.** Über den Fahrweg nach **Trembley** erreichen wir von hier aus **Nyon,** das Etappenziel, in weniger als 30 Minuten.

i

Streckencharakteristik:
Eine äusserst reizvolle Wanderung ohne nennenswerte Höhenunterschiede durch die Weinbauregion La Côte und entlang dem Ufer des Lac Léman.

Richtzeit:
6½ bis 7 Stunden, inkl. Besichtigungen und Pausen.

Erreichbarkeit:
St-Prex ist per Bahn, Rolle per Bahn und Bus (von Allaman aus) und Nyon per Bahn erreichbar.

Weitere Informationen:
www.saint-prex.ch/tourisme
www.rolle.ch
www.nyon.ch

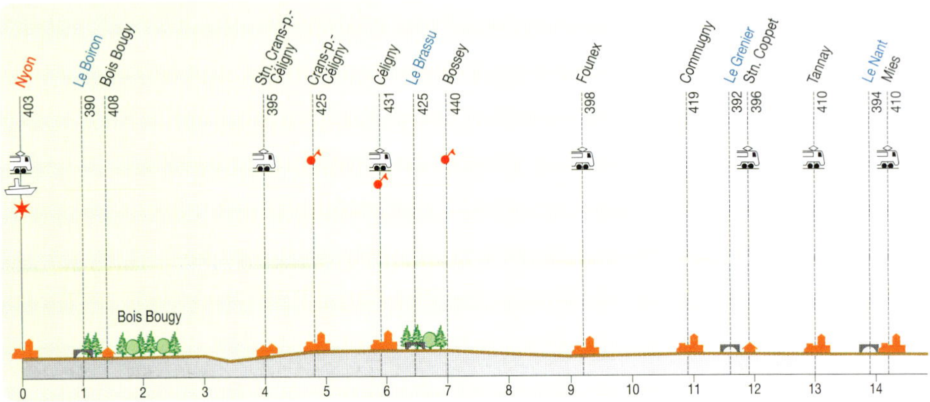

Nyon–Versoix 18½ km

Da, wo Julius Cäsar versteinert in die Ferne blickt, in **Nyon** nämlich, der einstigen **Römerstadt Noviodunum,** nehmen wir die letzte Etappe des Jakobswegs auf Schweizer Territorium in Angriff, vom **Bahnhof** aus den Wegschildern folgend. Nach der südwestlichen Gleisüberführung treffen wir auf einen Fahrweg, der uns zur Brücke über das Flüsschen **Le Boiron** und zum anschliessenden **Bois Bougy** bringt, wo sich uns nach dem Durchwandern des Waldes ein fantastischer Ausblick auf den See eröffnet. Hier

Nyon – Statue Julius Cäsar

Versoix – blaue Weite des Lac Léman

biegen wir links ab und gelangen zu den Bahngeleisen, denen wir bis zur Station **Crans-près-Céligny** folgen. Das Dörfchen liegt ein paar hundert Meter weiter. Dort steigen wir zur über dem See thronenden **Kirche** hinauf, wo wir eine erste kurze Rast einschalten.

Auf der Hauptstrasse führt die Route weiter in Richtung **Céligny.** Das über dem See gelegene romantische Dörfchen mit seinem sehenswerten kleinen **Kirchlein** und ein paar gemütlichen Beizen ist eine **Enklave** des Kantons Genf. Ganz besonders beachtenswert ist hier das **Château de Céligny.** Das zur Mitte des 18. Jahrhundert erbaute Schloss im Stil des Spätbarocks, eingerahmt von einer hufeisenförmigen Anlage, gilt als eines der schönsten der Region.

Auf einem Naturweg, der sich bald zum Pfad verengt und schliesslich in Treppen mündet, steigen wir zu einem Bachbrückchen ab und gelangen auf der anderen Seite zum **Château de Bossey,** das dank Spendenhilfe heute ökumenisches Zentrum ist. Zuerst durch eine Eichenallee, dann durch Weinberge wandern wir nach **Founex** und von dort aus auf der Hauptstrasse nach **Commugny,** auf dessen Gebiet sich die Ruinen einer aus dem 1. Jahrhundert stammenden **römischen Villa** finden.

Wir überqueren das Flüsschen **Le Grenier** und gelangen zur Bahnstation von **Coppet.** Wer über genügend Zeit verfügt, unternimmt hier einen Abstecher ins Städtchen am See mit jenem berühmten **Schloss,** in dem die Schriftstellerin **Germaine de Staël** so viele bekannte Persönlichkeiten beherbergte, und dem ehemaligen **Kloster** der Dominikaner, gegründet 1490.

Der direkte Route, vorwiegend mit gelben Schildern bezeichnet, führt über **Tannay** und **Mies,** wo wir das Flüsschen **Le Nant** und bald darauf auch die Kantonsgrenze überqueren, nach **La Bécassière** und über das Flüsschen **Nant de Braille** nach Versoix gelangen.

Genève St-Pierre – Schlussstation

Entlang dem Lac Léman bis ans Ende der Schweiz

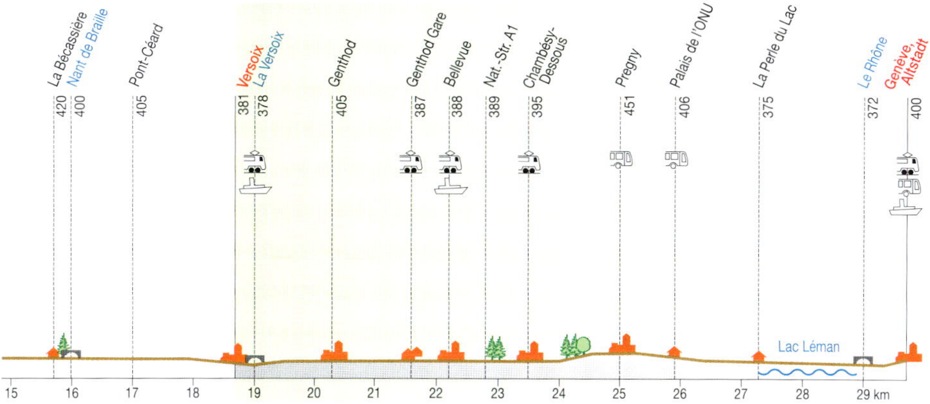

Genève mit seinem berühmten Jet d'Eau – Symbol der Lebensfreude

Versoix–Genève (Centre) 11 km

In **Versoix** nimmt das allerletzte Wegstück auf der ViaJacobi seinen Anfang. Über das gleichnamige Flüsschen wandern wir via **Genthod** mit seinem **Château** zur Bahnstation des Ortes und von dort aus via **Bellevue, Chambésy-Dessous** und **Pregny** den Vororten der kosmopolitischen Kapitale am unteren Ende des Sees zu. Und wer ein Gespür dafür hat, bemerkt auch, wie mit jedem Schritt das Ambiente ringsum zunehmend französisch anmutende Charakterzüge annimmt. Vorbei am **Palais de l'ONU** gelangen wir zum Ort **La Perle du Lac** und flanieren den Quais entlang.

Wer als Dekor lieber sattes Grün statt Häuser hat, wählt je nach Öffnungszeiten die Wegvariante durch den recht grosszügig angelegten **Jardin botanique** und gelangt dann im Südwesten der Anlage, bei der **Place Albert-Thomas,** über die Fussgängergalerie zum See.

Der Jakobsweg führt von der **Place St-Gervais** über die **Pont de l'Ile** zur **Place Bel-Air** und von dort aus weiter zur **Cathédrale St-Pierre** im Herzen der historischen Altstadt, wo die Route quer durch die Schweiz ihr Ende nimmt. Für Pilger auf dem Weg nach Santiago de Compostela beginnt hier, als Auftakt sozusagen, mit dem Wegstück zur Landesgrenze die französische Sektion der Chemins de Saint-Jacques.

Doch ob Endstation oder Zwischenhalt: Die wunderschön zwischen Jura und Alpen eingebettete zweitgrösste Schweizer Stadt am unteren Ende des Lac Léman ist, ihres speziellen Charmes, der zahlreichen Sehenswürdigkeiten sowie der verschiedensten Geschäfte und des fröhlich lebhaften Getriebes wegen, für mehr als nur einen kurzen Aufenthalt gut. Wer dem Charme von Genève erliegt und ein bisschen länger hier verweilt, dessen gute Laune wird bald so hoch wie die Fontäne des berühmten **Jet d'Eau** bis zu 140 Metern in den Himmel über Genève steigen.

i

Streckencharakteristik:
Eine an Erlebnissen viel versprechende Route entlang dem unteren La Léman und durch den untersten Teil von La Côte, auf ebenen Wegen verschiedenster Art, ins kosmopolitisch schillernde Genève.

Richtzeit:
7½ bis 8 Stunden, inkl. Besichtigungen und Pausen.

Erreichbarkeit:
Nyon, Versoix und Genève sind alle per Bahn erreichbar.

Weitere Informationen:
www.nyon.ch
www.versoix.ch
www.versoix-region.ch
www.geneve-tourisme.ch

Dem goldenen Käse auf der Spur

200 Liter Rohmilch brauchte es für einen 15 Kilo schweren Käselaib, wie ihn die Säumer seinerzeit mit Hilfe von «Trätschen» (Holzschildern) oder «Spalenfässern» auf ihre Lasttiere packten, um ihn auf abenteuerlichen Wegen über die Alpenbarriere nach Norditalien zu liefern. Gut 600-jährig ist die Tradition und folglich ebenfalls die Route, auf der sich noch heute die Romantik von anno dazumal nachempfinden und ein Stück weit auch nacherleben lässt. Machen wir uns also auf den Weg…

Was die «Spediteure der Alpen» transportierten, war anfänglich vor allem Salz, das aus Österreich kam und im Wallis sowie in Italien fast mit Gold aufgewogen wurde. Ab dem 15. Jahrhundert kam dann jener gesalzene Hartkäse dazu, der in manchem Innerschweizer Dialekt noch heute als «Spalenkäse» bezeichnet wird.

Über die Herkunft des Namens «Sbrinz» gibt es verschiedene Theorien. Doch ob er vom lombardischen Ausdruck «sbrienzo» stammt oder vom Ortsnamen «Brienz» abgeleitet wurde, wo man grössere Zwischenlager unterhielt, ist im Grunde genommen unwesentlich. Köstlich schmeckt er in jedem Fall – ganz speziell auf dieser Route. Und historische Quellen belegen übrigens, dass Sbrinz zum ersten Mal im Engelbergertal hergestellt wurde.

Die Natur der Berge prägte den Charakter

Gewiss, sie waren harte Burschen, die Säumer. Eine wilde, unwirtliche Natur machte sie dazu. Wind und Wetter hatten sie zu trotzen, Steinschlag und Lawinen drohten unterwegs – manchmal gar grimmige Wegelagerer. Aber sie galten als charakterstark, ehrlich und zuverlässig. Und die ihnen anvertrauten Güter erreichten in der Regel unangetastet und unbeschädigt ihren Bestimmungsort. Selbst wenn sie sich in den Susten entlang der Wegstrecke, wo Handelswaren getauscht oder zwischengelagert wurden, ab und zu auch mal einen Zwischenhalt genehmigten, versüsst von einem Gläschen Gebranntem oder zwei.

Worauf wohl die Redewendung «Zeit versäumen» zurückzuführen ist.

Wo im 18. Jahrhundert die Säumer übers Bögglibrüggli zogen *(Foto: ViaStoria)*

Alte Hufabdrücke mit neuen Eindrücken gemischt
Als Saumtiere wurden vornehmlich Pferde eingesetzt. Maultiere gesellten sich erst später und nur vereinzelt dazu. Die Lastpferde gehörten einer besonders robusten und wetterfesten Rasse an, waren kleinwüchsig, jedoch stark gebaut und muskulös. Obwohl von geduldigem Charakter, galten sie als eigensinnig und verfügten über einen ausgeprägten Instinkt, der sie auf den steilen, holprigen Wegen und glatten Felsplatten von selbst die sichersten Tritte finden liess. In alten Geschichten wird berichtet, wie die Tiere durch ihr Verhalten oft auch ihre Begleiter vor lauernden Gefahren gewarnt hätten. Als Gegenleistung soll der Wenger Baschi, der legendäre Riese und Säumer aus dem Goms, dafür sein Pferd samt Lasten kurzerhand auf den Schultern über gestürzte Bäume gehievt haben. Übrigens, historische Spuren der Saumtiere sind da und dort entlang der Route auch heute noch erkennbar. So zum Beispiel bei der «Letzi», einer ehemaligen Sperrmauer an der oberen Brünigstrasse. Doch mehr darüber unterwegs...

Schauplatz der Kraft der Natur

Wasser zeichneten Wege vor

Ein Nachtlager als wohlverdienter Tageslohn
Die Säumer hatten ihre Lasttiere meist selbst zu stellen und hafteten für die ihnen anvertrauten Waren. An Zollstationen wurden ihnen Weggebühren abverlangt, die dem Unterhalt und Ausbau von Brücken und Pfaden dienten. Übernachtet wurde in den Susten entlang der Strecke, die Stallungen, Warenlager und Verpflegung boten. So entstanden aus einfachen Herbergen und Nachtlagern im Lauf der Zeit jene Gasthöfe und historischen Hotels, in denen sich noch immer mit einem bisschen Einfühlungsvermögen in Säumeratmosphäre schwelgen lässt. Und schmeckt dabei am Abend nach einer eindrucksreichen Wegetappe ein wohlverdientes Gläschen Wein besonders köstlich, erinnert dies an jenes Transportgut, das die Säumer nebst Reis, Mais und Gewürzen auf dem Rückweg aus dem Süden jeweils nach Hause brachten.

PS: Ein Mocken Sbrinz gehört selbstverständlich zum Tourenproviant.

ViaSbrinz
KULTURWEGE SCHWEIZ

Auch ein Weg des Wassers
Immer wieder wird man auf der ViaSbrinz mit der Kraft des Wassers und ihrer Nutzung konfrontiert. Das Wasser hat im Lauf der Jahrtausende die Landschaft geformt, und der Mensch hat in jüngerer Zeit zur Gewinnung von Energie kräftig mitgewirkt. Beides hat die Wege am Grimselpass beeinflusst, und es ist spannend zu beobachten, wie alte Strassen und Wege in den Stauseen verschwinden und wieder auftauchen. Eine besondere Situation bietet sich auf dem Griespass: Wo heute hoch über dem Stausee ein Geröllhang gequert wird, mussten die Säumer noch vor 200 Jahren den Griesgletscher überqueren, der sich seither mehrere Kilometer zurückgezogen hat.

ViaSbrinz – Wege der Höhe(n)punkte

1 ViaSbrinz: Die Jochpass-Route, erster Teil 17½ km

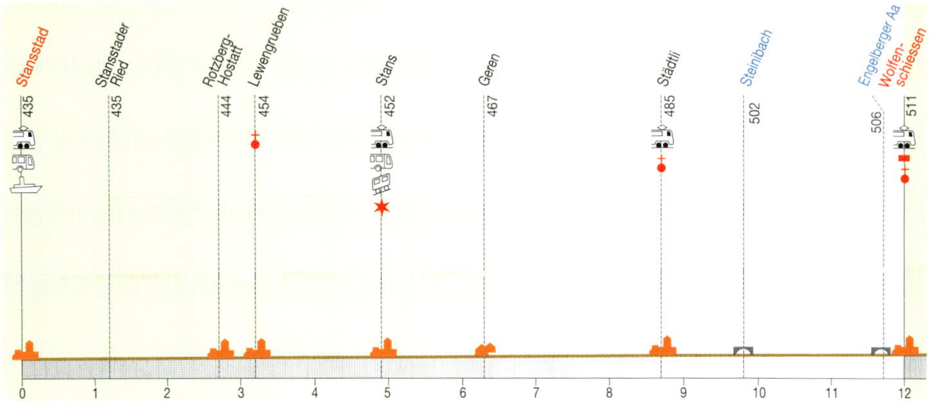

Stansstad – Wolfenschiessen 12 km

Startort ist die **Schiffländte** von **Stansstad** am Südufer des Vierwaldstättersees. Und sogleich erinnert neben dem Jachthafen ein grosses historisches Gebäude an den geschichtlichen Hintergrund des Weges, der vor uns liegt. Es ist die **Sust,** erbaut und betrieben einst als Warenumschlagplatz und Lagerhaus vom Kloster Engelberg. Hier fassten die Säumer seinerzeit ihr Transportgut.

Stansstad – Schiffländte

Die Route führt am Bahnhof vorbei, unter der Bahnlinie und der Autobahn hindurch zur **Uferpromenade** am **Alpnachersee.** Ihr folgen wir bis zur Abzweigung, die uns vom Seeufer weg durch ein modernes Wohnquartier in Richtung des mit Wald bewachsenen **Rotzberges** bringt. Entlang des Waldrandes geht es nach **Rotzberg-Hostatt** und **Lewen,** mit der **Kapelle St. Antonius** als Sehenswürdigkeit.

Über einen leicht ansteigenden Wiesenpfad erreichen wir die ersten Häuser von **Stans** und kurz darauf durch alte Gassen den **historischen Ortskern.** Zahlreiche Sehenswürdigkeiten rechtfertigen eine ausgiebige Pause. So zur Besichtigung des **Höfli** (mit **Käsespeicher**), des **Salzmagazins** und des **Winkelriedhauses** zum Beispiel, drei äusserst interessante Museen. Den malerischen Dorfplatz dominiert eine imposante **Kirchenanlage** mit mehreren sakralen Gebäuden.
Hinter dem **Winkelrieddenkmal,** oberhalb der Kirche, nehmen wir unsere Route wieder auf. Durch alte Gassen führt sie erst zum **Kloster St. Heinrich** und dann die Klostermauern entlang aufs freie Feld.
Der Ausblick auf das **Engelberger-Aatal** mit seinen bunten Blumenwiesen ist fantastisch.
Ein kurzer Abstieg, dann zweigt die Route kurz vor **Oberdorf** in Sichtweite einer weissen **Kapelle** vom Strässchen auf einen Wiesenpfad ab

Stans – Winkelried-Denkmal

und führt an behäbigen Bauernhöfen vorbei, während rechterhand über der Bahnlinie die **Rochuskapelle** mit ihrem dekorativen Vordach grüsst.

Wolfenschiessen – Kappel St. Joder

Auf der Dorfstrasse durchqueren wir den schmucken Ort **Dallenwil,** der sich selbst als «Städtli» bezeichnet. Hauptsehenswürdigkeit der Gemeinde ist zweifelsohne die **Pfarrkirche St. Lauritius,** gewidmet dem Schutzpatron der Armen, der Köhler, Bäcker, Köche und Bibliothekare, aber auch der Bergrutschgebiete. Nicht rein zufällig wohl ist auch der heilige Johannes Nepomuk, Patron der Brücken, in der Dallenwiler Kirche vertreten.
Die **Engelberger Aa** entlang führt die ViaSbrinz durch das Tor einer historischen **Sägerei** und vorbei an einer alten **Bogenbrücke** das relativ flache, von Wiesen und Bauernhäusern geprägte Tal aufwärts nach **Wolfenschiessen,** der flächenmässig grössten Gemeinde Nidwaldens, unserem Zwischenziel.

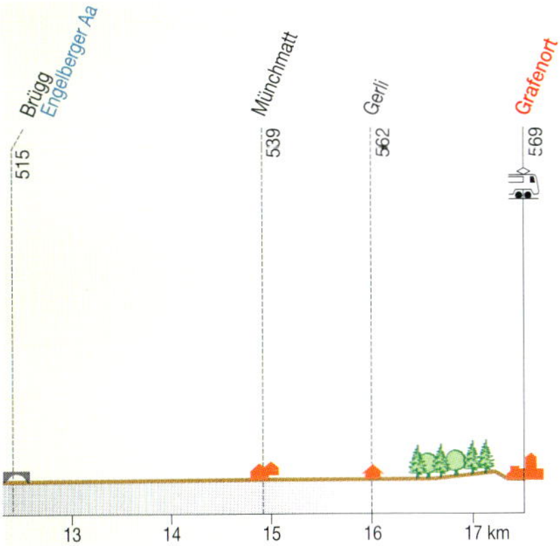

Wolfenschiessen–Grafenort 5½ km

Wolfenschiessen, am Fuss der Bannalp, besticht unter anderem durch zwei besondere Sehenswürdigkeiten: die **St.-Joder-Kapelle** sowie das **Hechhuis.** Und da der Weg bis zum Ziel dieser Etappe nur noch kurz ist, spricht eigentlich nichts dagegen, den einen oder anderen «Aushängeschild» Wolfenschiessens näher zu betrachten, bevor wir den Rest der Wegstrecke unter die Füsse nehmen.

Die dem Schutzpatron der Bauern gewidmete St.-Joder-Kapelle auf den Grashängen des Atzellerbergs wurde 1482 erbaut. 1976 erlebte sie einen neuen Höhepunkt, als sie, vollständig renoviert, durch den Bischof von Chur, Dr. Johannes Vonderach, wieder ihrer Bestimmung übergeben werden konnte. Im alten Stiftsverzeichnis findet sich übrigens auch ein gewisser **Bruder Klaus** als Spender eines Messgewandes. Denn die Gegend hier war die Heimat seiner Mutter.

Ritter **Melchior Lussi von Stans,** Oberst in fremden Diensten und Landammann Nidwaldens, liess das Hechhuis 1586 erbauen, um dort später einmal in Ruhe seinen Lebensabend zu verbringen. Spezielle Merkmale des Gebäudes sind der Dachreiter sowie ein grosser **Rittersaal.** Bis 1851 wechselte der einstige Rittersitz mehrmals den Besitzer. Heute gehört er den Nachkommen des Basler Dichters Dr. Emanuel Stickelberger.

Grafenort – Herrenhaus und einstige Talresidenz des Klosters Engelberg

Doch packen wir jetzt den Rest des Weges. Abseits der Hauptstrasse führt unsere Route weiter entlang der Engelberger Aa talaufwärts, vorbei an alten **Holz-** und **Steinbrücken,** die an mehreren Stellen den Gebirgsfluss überspannen. Schon bald erreichen wir das **Herrenhaus. Abt Ignaz Burnott** liess in der zweiten Hälfte des 17. Jahrhunderts an der Stelle eines ehemaligen klösterlichen Verwaltungsgebäudes eine **Talresidenz** für Abt und Konvent des **Klosters Engelberg** sowie eine **Herberge** für vornehme Reisende erstellen. Gleichzeitig sollte die Anlage auch als Korndiele, Sust und Umschlagplatz für Waren der Säumer und Fuhrhalter dienen.

Mit dem Bau der Strasse und der Eisenbahn büsste **Grafenort** seine Rolle als Rast- und Umschlagplatz ein bisschen ein. Nicht für uns, denn hier ist unser Etappenziel.

i

Streckencharakteristik:
Vekehrsarme und verkehrsfreie, nur leicht ansteigende Wege durch eine wunderschön grüne Landschaft, gespickt mit zahlreichen historischen Sehenswürdigkeiten.

Richtzeit:
4½ bis 5½ Stunden, inkl. Besichtigungen und Pausen.

Erreichbarkeit:
Stansstad ist per Eisenbahn sowie per Schiff von Luzern und Küssnacht aus erreichbar. Grafenort per Bahn.

Weitere Informationen:
www.stansstad.ch
www.stans.ch
www.wolfenschiessen.ch
www.grafenort.ch

2 ViaSbrinz: Die Jochpass-Route, zweiter Teil 14½ km

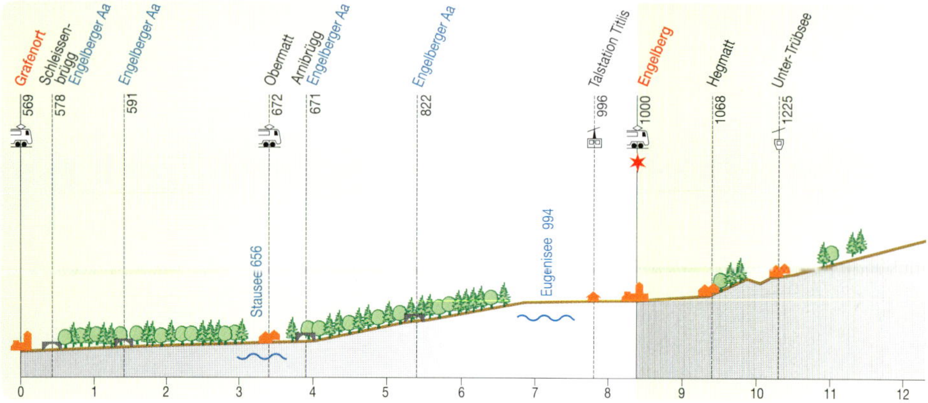

Grafenort–Engelberg 8½ km

Der ideale Einstieg zu dieser Etappe findet sich in der **Remise** des **Herrenhauses** von **Grafenort** mit der **Ausstellung** zur ViaSbrinz. Zwischen diesem Gebäude und der gegenüberliegenden Kapelle führte auch der alte **Saumweg** hindurch, zog hangseitig den Talrand entlang, vorbei am sogenannten **Steinhaus.** Dieser Saumweg war damals die Lebensader des Klosterstaats am Titlisfuss. Mit dem Bau der neuen Strasse (1874) wurde die Route in die Talmitte gelegt, was die Reisezeit von Luzern nach Engelberg wesentlich verringerte und dem Tourismus zusätzlichen Auftrieb verlieh. Historische Wege sind Kulturgut. Werden sie nicht mehr genutzt, verschwinden ihre Spuren leider meist mit der Zeit. Um Grafenort finden sich zum Glück vorläufig noch Stützmauern und Trasseereste des alten

Lasst hören aus alter Zeit

Eugenisee – Blick auf Engelberg

Saumpfades. Je höher wir steigen, desto enger und bewaldeter wird das **Engelberger-Aa-Tal.** Die **Kunstobjekte,** die uns unterwegs begegnen, sind Bestandteile eines **Lehrpfades** zum Thema Naturschutz und Geologie. Unterhalb eines kleinen Stausees überqueren wir den Fluss und steigen hinauf nach **Obermatt** mit seinem **Wasserkraftwerk.**

Ab hier verengt sich das Tal zur **Schlucht.** Nach der Zerstörung durch das Hochwasser wird die nun folgende Passage ab Frühjahr 2008 saniert und mit neuen Hängebrücken versehen.

Der bislang relativ ruhig dahinfliessende Gebirgsfluss zeigt nun unten, eingekeilt von Felswänden, sein wildes Gesicht und sucht sich tosend zwischen Steinblöcken seinen Weg. Das gewaltige Rauschen begleitet uns den ganzen Rest des Weges hinauf in die Engelberger Talebene. Noch einmal überqueren wir auf einer steinernen **Bogenbrücke** die Schlucht. Und plötzlich ändert sich die landschaftliche Szenerie mit einem Schlag. Nach der wilden Felsenschlucht stehen wir am Ufer des friedlichen **Eugenisees** und geniessen einen fantastischen Rundblick auf das weite **Alpenpanorama** von **Engelberg.** Dies wäre eigentlich auch der Startpunkt zur Fortsetzung des Weges hinauf nach Trübsee. Doch statten wir dem Klosterdorf vorerst einen Besuch ab...

Vor allem die imposante Anlage des vom Zürcher Adligen Konrad von Sellenbüren gestifteten und von Mönchen unter **Abt Adelhelm** 1120 gegründeten Klosters ist unbedingt eine Besichtigung wert. Das **Benediktinerkloster** prägte nicht nur

Imposantes Kloster Engelberg

die Entwicklung der Region, sondern nahm auch im Handel und Gütertransport eine führende Rolle ein. In einer **Schaukäserei** wir die Herstellung von Käse demonstriert, und im Klosterkeller befindet sich noch ein **Weinlager** aus dem 16. Jahrhundert, in dem grosse Mengen von italienischem Wein ruhten.

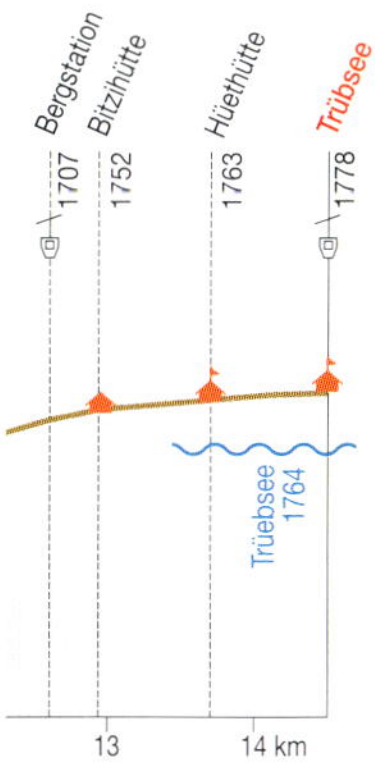

Trübsee – Idylle der Ruhe am Fuss der Berggipfel

Engelberg–Trübsee 6 km

Ob **Engelberg** oder das nördliche Ufer des **Eugenisees** als Ausgangspunkt für die Fortsetzung der Route gewählt wird, spielt keine wesentliche Rolle. Kurz oberhalb des historischen **Stöckli** vereinen sich die beiden Wege. Von alten Trockenmauern gesäumt, führt die ViaSbrinz den Wiesenhang aufwärts in Richtung **Unter Trübsee.**

Nach einem kurzen Waldstück erreichen wir eine erste Hochebene, von wo aus wir einen Blick in die Gletscherregion des **Titlis** werfen können. Unsere Route folgt dem Alpsträsschen in Richtung **Restaurant,** biegt dann unterhalb der **Seilbahn** links ab und steigt steil durch ein ehemaliges Gletschertal an. Ein paar Blicke genügen, um festzustellen, dass wir uns auf einer riesigen **Moräne** des Titlisgletschers befinden, der vor mehreren Jahrtausenden noch bis ins Tal hinunter reichte. Bald schon ist die Waldgrenze überschritten, und vor uns recken die Felswände des **Huetstocks** oder **Wild Geissbergs** über tausend Meter hoch gen Himmel. Hier beginnt das eigentliche Alpweidegebiet des **Ober Trübsee.** Das bislang steile Gletschertal macht einen Schwenk nach rechts und wird zunehmend flacher. Erste **Ställe, Speicher** und **Alphütten** tauchen auf. **Kuhherden** grasen friedlich auf saftigen **Alpweiden.**

Ein letzter mässiger Aufstieg noch, und wir erreichen die flache Gletschermulde des **Trübsees.** Im Juni blüht hier rund um den lieblichen See ein Meer von leuchtenden **Alpenrosen.** Ins kalte Gletscherwasser wagen sich aber auch im Sommer – ausser ein paar Kühen – nur die wenigsten.

Am nördlichen Seeufer steht die **Hüethütte** und lädt ein zur wohlverdienten Rast. Den Säumern erging es früher wohl nicht anders. Auch sie erholten sich an diesem sonnenverwöhnten Ort über dem blauen Bergsee mit der beeindruckenden Sicht auf den **Titlisgipfel** (3238 m) und sammelten Kräfte für das nächste Wegstück über den Jochpass, auf dem sich die oft umkämpfte Grenze zwischen dem Hoheitsgebiet des Klosters Engelberg und dem reformierten Bernbiet befindet. Alte Zeiten! Heute lassen wir es uns hier ganz einfach und friedlich wohl ergehen.

i

Streckencharakteristik:
Abwechslungsreiche, stetig ansteigende Route auf verkehrsarmen, meist sogar völlig verkehrsfreien historischen Wegen.

Richtzeit:
5½ bis 6½ Stunden, inkl. Besichtigungen und Pausen.

Erreichbarkeit:
Grafenort und Engelberg sind per Eisenbahn erreichbar. Trübsee per Gondelbahn ab Engelberg.

Weitere Informationen:
www.grafenort.ch
www.engelberg.ch
www.kloster-engelberg.ch
www.truebsee.ch

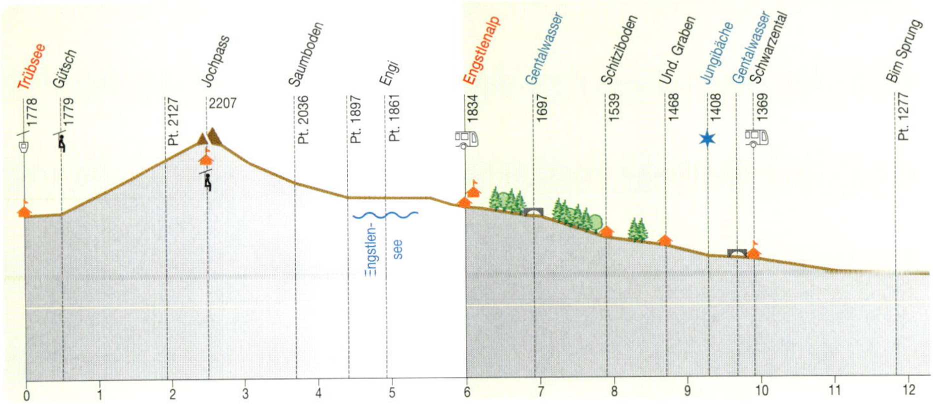

Trüebsee–Engstlenalp 6 km

Gleich hinter der Talstation der Sesselbahn zum Jochpass und dem Restaurant Alpstübli nimmt auf **Trübsee** das letzte Wegstück der Jochpass-Überquerung seinen Anfang. Als steiniger Bergpfad führt die Route in vielen Kehren am linken Hang des steilen Hochtals hinauf zum Passeinschnitt.

Hinterm Trübsee geht es weiter

Geschafft! **Passhöhe:** Wir stehen auf 2207 m ü. M. Vor uns die ersten Bergketten des Berner Oberlandes, des **Reissend Nollen** und der **Wendestöcke.** Ein letzter Blick zurück auf den Trübsee, dann überschreiten wir die Kantonsgrenze (früher auch die Konfessionsgrenze) und wandern zum Bergrestaurant am kleinen See zwecks kurzer, wohlverdienter Rast.

Von nun an geht es bergab. Aus diesem Grund wandern wir hinüber zur Bergstation des diesseitigen Sessellifts, wo der Abstieg entlang des rechten Berghangs beginnt. In vielen Kehren führt der Naturpfad abwärts. Vom einstigen Saumweg ist nur dann und wann noch etwas zu sehen – die Zeit hat die Spuren längst verwischt.

Natürlich geht es bergab bedeutend leichter. Und so wandern wir schon nach relativ kurzer Zeit am Ostufer des **Engstlensees** entlang. Auf der Wasserfläche spiegelt sich die prachtvolle Gebirgslandschaft des romantischen Hochtals. Und das Wasser ist so kristallklar, das man die Fische darin sehen kann. Vom hügeligen Nordufer winken uralte Bergarven. Kein Postkartenbild vermag den pastoralen Frieden der traumhaft schönen Berglandschaft so wiederzugeben, wie er uns anlässlich dieser persönlichen Begegnung erfüllt. Still geniessen, so lautet deshalb die Devise.

Weite, satte Alpweiden, übersät mit Alphütten, Ställen und Speichern prägen die **Engstlenalp.** Alte Steinmauern trennen das Areal eines historischen Hotels ab. Vor dem

Unsere Alpen haben blaue Augen

Flowerpower am Wegesrand

eigentlichen Hotelgebäude steht rechterhand ein rustikales Haus aus dem 18. Jahrhundert, in dem sich seinerzeit die **Herberge der Säumer** befand. Das Hotel selbst ist sorgfältig im Stil von anno dazumal renoviert worden und versetzt seine Besucher in längst vergangene Zeiten zurück. Bilder im Speisesaal zeugen von der einstigen Bedeutung des Stützpunktes und Umschlagplatzes Engstlenalp.

Hinter dem Hotelareal liegt der Bereich des eigentlichen Alpbetriebs mit vielen alten Speichern und Ställen. Auf den kräuterreichen Bergwiesen sömmern hier Hunderte von Kühen, deren hochwertige Milch in der nahe liegenden Käserei direkt verarbeitet wird. Im neu errichteten Molkereibetrieb befindet sich eine **Schaukäserei,** in der die Herstellung des Bergkäses Schritt für Schritt genauestens mitverfolgt werden kann. Selbstverständlich kann der erzeugte Käse auch an Ort und Stelle degustiert oder als Proviant für unterwegs erstanden werden.

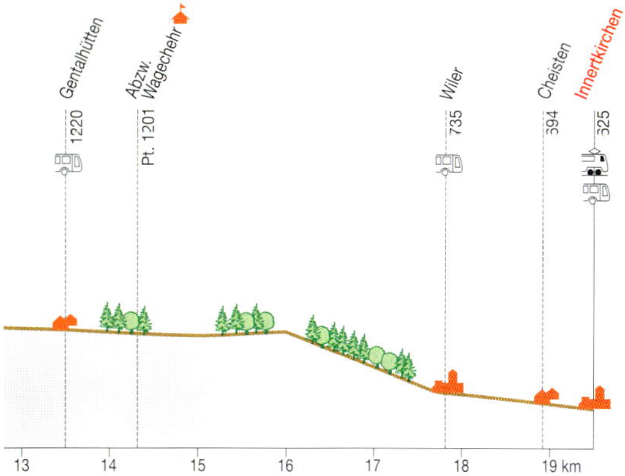

Engstlenalp–Innertkirchen 13½ km

Noch gibt es auf der **Engstlenalp,** sofern die Zeit gerade günstig ist, ein Phänomen zu beobachten, die **Wunderquelle** nämlich, die in periodischen Zeitabständen zum Vorschein kommt und darauf wieder mysteriös verschwindet. Ein ähnliches Naturwunder wird uns weiter unten nochmals begegnen...

Abseits der Strasse schlängelt sich die ViaSbrinz durch lichte Bergwälder hinunter ins **Gental.** Auf mehreren Abschnitten verläuft der Weg über historisches Steinpflaster aus der Säumerzeit. Auf der Talstufe **Schitziboden** treffen wir wieder auf idyllisch gelegene Alphütten und überqueren dann ein Stück weiter unten auf einem Steg die **Jungibäche,** das zweite angesprochene Naturwunder. Sprudelt doch das Gewässer auf breiter Front aus waagrechten Felsspalten und stürzt in Kaskaden die Felswand herab. Die genaue Herkunft des Wassers konnte jedoch, trotz intensiver geologischer Forschungen, bis heute nie vollständig geklärt werden.

Bei den Alphütten von **Schwarzental** empfiehlt sich wieder eine kurze Rast zum Besuch des gleichnamigen historischen **Gasthauses,** in dem alte Dokumente an den Wänden beweisen, das dieses Haus zu **Säumerzeiten** als Stützpunkt und Herberge diente. Gleich unterhalb steht, umgeben von Bergweiden, eine alte **Alphütte,** die noch im 19. Jahrhundert als **Umladestation** benutzt wurde. Denn hier endete damals der Wagenweg von Innertkirchen. Umladen war also angesagt.

Alpenluft schenkt sichtlich Wohlbehagen

Ein bequemes Alpsträsschen führt uns entlang dem **Gentalwasser** zur nächsten grösseren Alpsiedlung **Gentalhütten,** wo verschiedene Bergprodukte angeboten werden. Weiter geht es dann auf einem Fahrweg durch den Wald hinunter ins alte Dörfchen **Wyler.** Hier war der Kreuzungspunkt der beiden Saumwege über den Jochpass und den Sustenpass. Das prachtvolle **Fääldhuus** fällt einem sofort auf.

Es wurde 1560 in aufwändiger Holzbauweise für einen Mann erstellt, der bestimmt mit der Säumerei zu Reichtum kam.

Ein kurzes Wegstück noch, und wir erreichen die Talebene von **Innertkirchen,** wo wir beim Hotel Post, einem heute noch bedeutenden Knotenpunkt im Passverkehr, auf die von Meiringen her kommende **Grimsel-Route** der ViaSbrinz treffen.

i

Streckencharakteristik:
Route der schönsten Aussichten auf historischen Pfaden über den Jochpass auf die malerische Engstlenalp und hinunter ins Haslital.

Richtzeit:
6 bis 6½ Stunden, inkl. Besichtigungen und Pausen.

Erreichbarkeit:
Trübsee ist per Gondelbahn ab Engelberg erreichbar, die Engstlenalp per Postauto und Innertkirchen per Bahn (MIB).

Weitere Informationen:
www.truebsee.ch
www.engstlenalp.ch
www.innertkirchen.ch

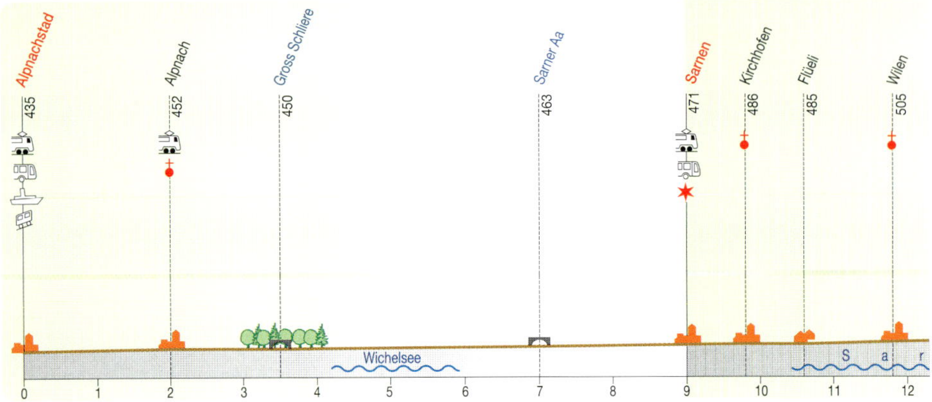

Alpnachstad–Sarnen 9 km

An der **Schiffländte** von **Alpnachstad** beginnt die Wanderung auf den Spuren der alten Säumer. Wie gelangen wir hierher? Am stilgerechtesten per Schiff, so wie man

Alpnachstad – Schiffländte

seinerzeit die Waren auf dem Seeweg von Luzern und Küssnacht ans südliche Ufer des Alpnachersees transportierte, um sie dann hier auf Saumtiere umzuladen. Damals erhob sich an eben diesem Umschlagplatz eine grosse **Sust,** in welcher das Säumergut gelagert werden konnte. Und genau da beginnt unser Weg auf Schusters Rappen ...

Die moderne Technik gestattet es dem Menschen heute, viel mobiler zu sein, als dies in früheren Jahrhunderten der Fall war. So findet sich zum Beispiel gleich gegenüber dem Bahnhof Alpnachstad die Talstation der **Pilatus-Bahn.** Zwar hielt man Ingenieur Eduard Locher seinerzeit vielerorts für verrückt. Doch seine geniale Konstruktion mit zwei sich horizontal drehenden Zahnrädern machte es schliesslich möglich, dass am 4. Juni 1889 die steilste Zahnradbahn der Welt eröffnet werden konnte. Mit einer Maximalsteigung von 48 Prozent führt sie hinauf zum 1629 Meter höher gelegenen Pilatus-Kulm. Wer Zeit hat, lässt sich diese Attraktion nicht entgehen.

Doch zurück zur ViaSbrinz: Leicht aufwärts führt die Dorfstrasse vorbei an einer schmucken Kapelle nach **Alpnach.** Wahrzeichen des Ortes ist die imposante, zwischen 1812 und 1820 unter Pfarrer Ignaz von Flüe erbaute Kirchenanlage **St. Maria Magdalena** mit der dazugehörenden **Kapelle St. Michael.** Fast 100 Meter hoch ragt der spitze Kirchturm auf in den Himmel.

Durch den Hof einer Schreinerei führt der Wanderweg weiter, überquert auf einer Brücke die Nationalstrasse, führt am südlichen Ende des Flugplatzes vorbei und erreicht das Naturschutzgebiet am Lauf der **Gross Schliere,** die zusammen

Kirche von Alpnach

mit ihrer Schwester, der Kleinen Schliere, vor den in den 1870er-Jahren begonnenen Verbauungen nach heftigen Gewittern oft die ganze Alpnacher Region mit Steinen, Geröll und Sand überdeckte.

Auf einem idyllischen Waldweg gelangen wir zum lang gezogenen, von der Sarner Aa durchflossenen **Wichelsee.** Faszinierend wirkt der Blick auf das von einem dichten Schilfgürtel gesäumte Ufer und die gegenüberliegenden steilen Felswände. Tausende von Wasservögeln finden im **Naturschutzgebiet**

Am Ende des Alpnachersees

sichere Brutplätze. Auch an höchst interessanten Wasserpflanzen fehlt es keineswegs. Vom oberen Ende des Wichelsees ist es, auf dem Wanderweg entlang dem Fluss, nicht mehr weit bis nach **Sarnen** mit seinem historischen Dorfkern. Der prächtige **Dorfbrunnen** mit der **Statue von Bruder Klaus,** die malerischen Häuserfronten, das barocke **Rathaus,** die **Dorfkapelle Maria Lauretana** und vieles mehr sind begeisternde Fotomotive.

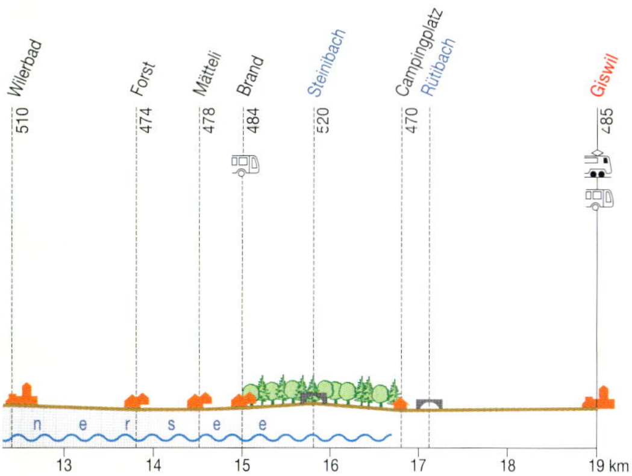

Sarnen – munterer Hauptort des Kantons Obwalden

Sarnen – Giswil 10 km

Sarnen, Dorfzentrum: Ab hier führt die Route erst in Richtung **Sarnersee,** biegt jedoch schon weit vor dem Erreichen der Schiffländte rechts ab nach **Kirchhofen,** das zur politischen Gemeinde Sarnen gehört. Die monumentale **barocke Pfarrkirche** ist ein absolutes Muss. Und der prächtige Rundblick von der Terrasse aus ist überwältigend. Über Kirchhofen erhebt sich der **Ramersberg** mit seiner romantischen Kapelle. Vom Stanserhorn über dem Alpnachersee bis nach Giswil am südlichen Ende des Sarnersees reicht hier die beeindruckende **Panoramasicht.** Dahinter winken uns bereits die ersten mit ewigem Schnee bedeckten Gipfel der Berner Alpen zu.

Leicht oberhalb des nordwestlichen Seeufers führt die Route auf dem Fahrweg durch malerische, vom Sonnenschein verwöhnte Weiler und Dörfchen wie **Flüeli, Wilen, Wilerbad, Forst und Mätteli.** Von der gegenüberliegenden Seeseite grüssen Sachseln und der berühmte, dem heiligen **Niklaus von Flüe** (1417–1487), im Volksmund **Bruder Klaus** genannt, geweihte Wallfahrtsort Flüeli-Ranft.

Gegen das obere Ende des Sarnersees hin verengt sich bei **Brand** der Wanderweg zu einem schmalen Waldsträsschen, auf dem wir den schattigen Forst durchqueren, der sich auf dem riesigen Schwemmkegel des **Steinibachs** breitmacht. Beeindruckend, welch gewaltige Massen an Geröll ein wild gewordener Bergbach zu Tale zu wälzen vermag! Von der Dammbrücke aus lässt sich das angerichtete Chaos einigermassen überblicken, bevor es, nach der Brücke links abbiegend, über Stege durch Naturschutzgebiet ans Südufer des Sees geht.

Durch flaches Riedgebiet beim **Rütibach** gelangen wir an den **Dreiwässerkanal.** Massive Wehrbauten schützen ihn, da er nicht nur drei Gewässer aufzunehmen hat, sondern gleichzeitig auch als Abfluss des Wasserkraftwerkes Lungernsee dient. Auf dem mit Büschen bewachsenen **Dammweg** erreichen wir schliesslich, erfüllt von all dem Gesehenen, den Etappenort **Giswil,** der sich aus **Grossteil** und **Kleinteil** zusammensetzt. Zwei ehemalige Burghügel mit der **St.-Laurentius-Kirche** und der **Ruine Rudenz** gehören zu seinen Wahrzeichen.

i

Streckencharakteristik:
Höchst abwechslungsreiche, grösstenteils flache Route auf verschiedensten Wegarten (ruhige Landstrassen, Uferwege, Waldsträsschen usw.).

Richtzeit:
5½ bis 7 Stunden, inkl. Besichtigungen und Pausen.

Erreichbarkeit:
Alpnachstad ist per Eisenbahn sowie per Schiff von Luzern und Küssnacht aus erreichbar, Giswil per Bahn und Postauto.

Weitere Informationen:
www.alpnach.ch
www.pilatus.ch
www.sarnen-tourism.ch
www.giswil-tourismus.ch

5 ViaSbrinz: Die Brünig-Route, zweiter Teil 20½ km

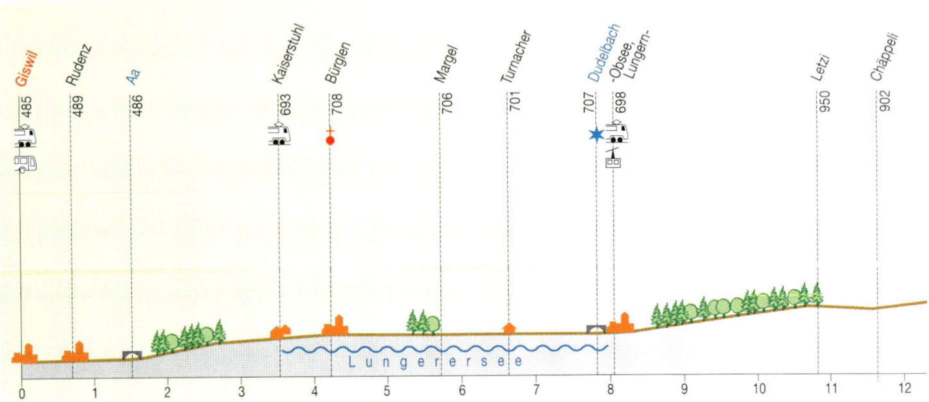

Giswil–Brünigpass 13 km

Am Bahnhof von **Giswil** nimmt die zweite Etappe der Brünig-Route ihren Anfang. Sie führt erst mal auf der Hauptstrasse zum Hotel Krone, zweigt rechts, dann links ab zur einst seebedeckten Ebene und anschliessend auf historischen Wegspuren hinauf zum Hotel Landhaus. Einen letzten Blick noch zurück über den **Sarnersee,** dann wechseln wir hinüber in den grossen Buchenwald und gelangen über Kehren auf dem alten Brünigweg hinauf zu den ersten Häusern von **Kaiserstuhl.** Rechterhand lädt ein Gasthaus am Ufer des **Lungerersees** zu einer kurzen Rast. Die moderne Kartografie hat den alten Lugernsee zum **Lungerersee** gemacht. Doch auch der Naturstausee selbst ist ja verwandelt worden, indem man den Seespiegel im Jahr

Obsee – Kapelle St. Beat

1836 um 35 Meter absenkte, um 170 Hektar Wiesland zu gewinnen, was damals zirka 400 «Kuhwinterungen» entsprach. 1921 wurde der See

Blick zurück auf Lungern

wieder auf die ursprüngliche Höhe aufgestaut, um die Wasserkraft im Werk Unteraa zu nutzen.
Zwar führte die Route der Säumer am Ostufer des Sees entlang. Doch vom alten Weg ist nichts mehr zu sehen, sodass wir uns getrost fürs reizvollere Westufer entscheiden können. Erste Sehenswürdigkeit ist die reizvolle **Kapelle** aus dem Jahr 1686 überm Seeufer bei **Bürglen.** Auf einem ruhigen Natursträsschen geht es dem oberen Ende des Sees zu, vorbei an den rauschenden Gundelbachfällen sowie der Talstation jener **Seilbahn,** die hinauf in die Panoramawelt **Lungern-Schönbühl** führt und damit nicht nur zu schönsten Aussichten, sondern auch zu manch originellen Erlebnissen wie Brotbacken, Schokoladegiessen, einem Museum der Luftmessungen sowie einem Stall mit 26 singenden Kühen.
Schöne alte Bauernhäuser prägen den Ort **Obsee,** an dessen Ausgang die **Kapelle St. Beat** steht, die 1567 in den Reformationswirren als Ersatzwallfahrtsort zu den damals geschlossenen Beatushöhlen gebaut wurde. Wer will, kann nach **Lungern** weiterwandern. Der Kurort mit dem allein auf einer Wiese stehenden **Kirchturm,** der 1887 zurückgelassen wurde, als man die Dorfkirche der Überschwemmungen wegen übers Dorf verlegte, ist einen kurzen Abstecher wert. Denn eigentlich zweigt die ViaSbrinz zwischen Obsee und Lungern in Richtung **Hagsflue** ab. Zehn in den Fels der Hagsflue gemeisselte Stufen zeugen davon, dass der **Treppenweg** schon zu sehr frühen Zeiten genutzt wurde.

Bahnstation Brünig Passhöhe

Die markierte Route führt uns zur **Chäle** und weiter durch urwüchsigen Wald zur **Felsenge Letzi,** wo sich zur Reformationszeit eine Sperrmauer erhob. Leicht abwärts, zum Teil auf gemauerten Wegstücken, geht es ins Hochtal **Chäppeli** und durchs Weideland **Sewli,** von wo aus wir den **Schwingfestplatz** sowie die **Passhöhe** (1008 m) erreichen. Eine Rast mit Blick auf den Brienzersee ist wohlverdient.

Durch Wälder und vorbei an Findlingen

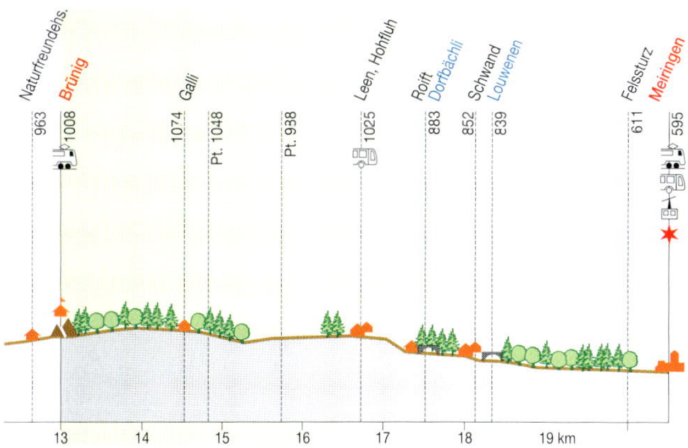

Sanfte grüne Brünighöhen

Brünigpass–Meiringen 7½ km
Schauen wir uns vor dem Abstieg erst noch ein bisschen auf dem **Brünig** um. Im Wald rechts sind auf dem Hügel noch die Mauerreste der **Befestigungsanlage** zu sehen, die zum Netz der mittelalterlichen **Feuertürme** gehörte, in dieser Gegend hier **«Chutzen»** genannt, dem ersten landesweiten Kommunikationssystem. Gleich unterhalb des Hügels, am historischen Saumweg, steht noch immer das ehemalige hölzerne **Berner Zollhaus,** errichtet um 1600.
Ausgangspunkt zum Abstieg ist der Bahnhof. Hier zweigt links der **Hasliberger Panoramaweg** ab, der in Windungen durch einen weiten Buchenwald talwärts führt, vorbei an zahlreichen grossen Steinblöcken aus Granit und Gneis, die der Aargletscher einst aus dem Grimselgebiet hierher transportierte. Auch auf dem Wiesengelände **Gallenplatten** liegt abermals solch ein riesiger Gneisfindling am Wegesrand.
Weiter durch urtümlichen Wald gelangen wir nach **Hasliberg-Hohfluh.** Hier besteht die Möglichkeit, direkt nach Innertkirchen weiterzuwandern. Unsere historische Route führt jedoch weiter bergab über **Roift** nach **Schwand,** wo der wilde **Dorfbach** an der Hangsiedlung vorbei und unter einer **Steinbogenbrücke** hindurchrauscht.
Das letzte Wegstück wird zunehmend steiler und schlängelt sich in Kehren durch die Felsenfluh abwärts in Richtung Etappenziel. Immer wieder sind auf dem steinigen Pfad noch Überreste des einst gepflästerten alten **Saumweges** zu sehen. Kurz vor dem Erreichen des Talbodens kreuzt die Route das Trümmerfeld des **Bergsturzes** von 1914. Mit den letzten Metern auf dem Kirchbergweg erreichen wir das **Amtshaus** von **Meiringen** und damit unser Etappenziel. Wichtigste Sehenswürdigkeiten sind die **St.-Michaels-Kirche** mit dem freistehenden Glockenturm, die **Frühmesskapelle,** der **historische Ortsteil** sowie das **Museum der Landschaft Hasli.** Und zu degustieren eventuell: eine **Meràngge** (Meringues), die um 1600 vom in Meiringen ansässigen Zuckerbäcker Gasparini «erfundene» Spezialität.

i

Streckencharakteristik:
Schöne, zum grössten Teil verkehrsfreie historische Wege, erst von Giswil (485 m) bergauf auf den Brünig (1008 m), dann hinunter nach Meiringen (595 m).

Richtzeit:
6½ bis 7 Stunden, inkl. Besichtigungen und Pausen.

Erreichbarkeit:
Giswil ist per Bahn und Postauto erreichbar, Meiringen per Eisenbahn.

Weitere Informationen:
www.giswil-tourismus.ch
www.bruenig-kulm.ch
www.nfs-bruenig.ch
www.meiringen.ch

6 ViaSbrinz: Die Grimsel-Route, erster Teil 21½ km

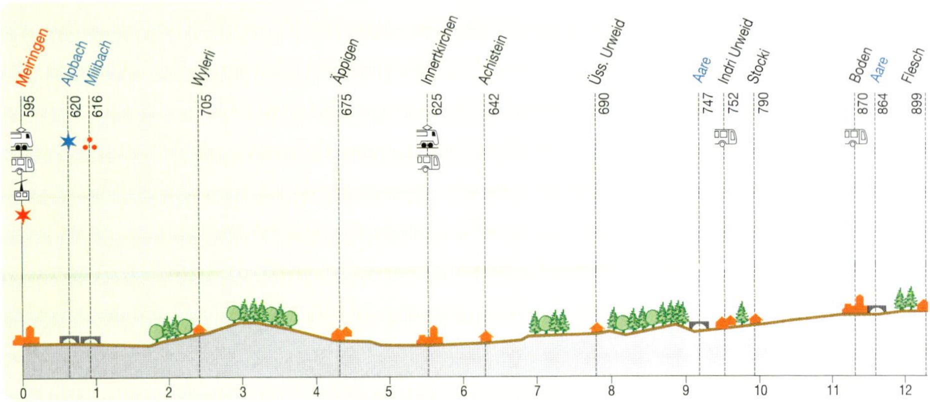

Meiringen–Guttannen 15 km
Ausgangspunkt der Grimsel-Route ist der alte Dorfteil von **Meiringen,** genauer gesagt das Primarschulhaus in der Kirchgasse. Ostwärts wandern wir über den **Alpbach** und den **Milibach,** die nach dem Hochwasser von 2006 nun effizienter verbaut werden, zum Vorort Stein mit seiner geschichtsträchtigen **Ruine Resti.** Leicht ansteigend führt der Weg entlang der Bergflanke hinauf zum **Wylerli** und wieder hinunter nach **Äppigen.**

Über Brücken muss man gehen

Nach rund einer Stunde Marschzeit erreichen wir **Innerkirchen,** Knotenpunkt der Passstrassen. Hier trafen sich seinerzeit die Säumer vom Jochpass, Sustenpass und Grimselpass zum Warenumschlag in einer grossen Sust. Auch wir treffen uns hier mit den Wanderern der **Jochpass-Route,** die von nun an den Weg in den Süden mit uns gemeinsam unter die Füsse nehmen.

Sie kümmern sich doch um uns

Von der Station oder der Post Innertkirchen wandern wir vorerst entlang des Ufers der Aare das Tal aufwärts. Ab **Achistein** verläuft die Route über die **Usseri** und die **Inneri Urwaid** bis **Boden** auf dem reaktivierten historischen Saumweg.
Zur Zeit der Hochblüte war der Saumverkehr bis ins Detail bestens organisiert. Eine Alpenkarawane setzte sich damals aus mehreren Säumereinheiten zusammen und eine Säumereinheit bestand aus einem Säumerknecht mit jeweils vier Saumtieren.
Zu Beginn des 18. Jahrhunderts sollen mehr als 200 Saumtiere wöchentlich den Grimselpass überschritten haben. Bei schlechtem Wetter hatten die so genannten Lägelträger einzuspringen, um den Tieren einen Teil der Last abzunehmen. Ein Lagel war ein ovales Holzgefäss zum Transport von Wein. 2 Lägel zählten als 1 Saum. Die Träger waren eine besondere Sippe, meist recht wilde Burschen, aber bärenstark. Waren Sie doch in der Lage, Manneslasten von rund 50 Kilogramm über längere Strecken hinweg zu tragen. Und dies auf steilen, schmalen Pfaden.
Unweigerlich denkt man an die alten «Alpentransporteure», wenn wir nach dem Bergdörfchen Boden über die Passstrasse und die Aarebrücke weiter bergwärts wandern und von der anderen Seite des Flusses, oben am alten Pfad das einstige Gasthaus **Ägerstein** (1820) und die **Zollstation** aus dem 18. Jahrhundert grüssen.
Unser Weg führt links, entlang der Aare, über **Flesch** und **Under der Hoflue** ins Hochtal von **Guttannen.** Früher war das malerische Dorf die oberste und letzte ganzjährig bewohnte Siedlung des **Haslitals** und folglich auch ein wichtiger Rastplatz für die Säumerkolonnen. Weshalb also nicht für uns?

Hotel Handeck – Etappenziel

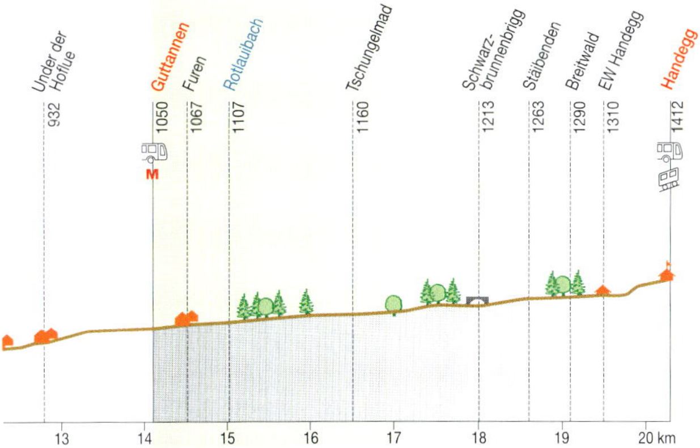

Grimsel Handegg – Akt am hohen Stahlseil für Erlebnisfreudige

Guttannen–Handegg 6½ km
Das Dorf **Guttannen** gilt als Zentrum der **Strahler** (Kristallsucher). Wer Lust hat, nimmt im **Kristallmuseum Rufibach** die schönsten Mineralien der Region in Augenschein. Auch das historische Bergdorf mit seinem **Kirchlein** von 1722, umrahmt von den imposanten Bergketten des **Ritzlihorns, Mährenhorns** und **Steinhüshorns,** ist einen Rundgang wert, bevor wir durch die Dorfgassen von Guttannen den Weg in Richtung **Sunnesyten** unter die Füsse nehmen.
Nach der Überquerung der Aare führt uns ein Strässchen zum Dörfchen **Furen** und ein Stück weiter dann über den **Rotlauibach.** Es folgt ein wunderschöner Waldweg. Oben, bei der waldfreien **Tschingelmad,** überqueren wir die Passstrasse und wandern die Aare entlang weiter. Vor und nach der alten **Schwarzbrunnenbrigg** wechselt die ViaSbrinz noch zweimal die Strassenseite, bevor sie uns hinauf zur **Stäubenden** führt, einer Felsenge am unteren Ende einer Lawinenrunse. Heute führt ein wintersicheres Trassee oberhalb der früheren Strasse durch einen Lawinentunnel. Etwas abseits und oberhalb der Passstrasse erreichen wir, teilweise auf dem alten Saumpfad, den **Breitwald,** an dessen Ende sich die **Kraftwerkzentrale Handegg** mit ihrem Sammelbecken befindet.
Hier überqueren wir ein weiteres Mal die Passstrasse und steigen auf historischen Steinstufen zum **Hotel Handegg** auf, das sich am Anfang eines ausgedehnten Hochtalbodens befindet. An ebendieser Stelle stand schon vor 200 Jahren eine **Säumertaverne,** aus der im 19. Jahrhundert nach und nach ein Hotel mit direkten Postkutschenverbindungen entstand. Heute bietet das Hotel, nebst gepflegter Gastlichkeit, einen Robinsonspielplatz für Kinder, einen Alpengarten mit klaren Bergbächen sowie eine Alpkäserei, in der wir uns mit Tourenproviant versorgen können. Auch ist dies der ideale Ausgangspunkt, um auf der neuen **Hängeseilbrücke** auf 70 Metern Höhe den tosenden **Handeggfall** zu überqueren. Oder um den Nervenkitzel einer Fahrt mit der **Gelmerbahn** zu erleben, der mit 106 Prozent Steigung steilsten Standseilbahn der Welt.

i

Streckencharakteristik:
Fantastische Passroute auf historischen Saumpfaden und schönsten Wanderwegen, ab Innertkirchen kontinuierlich ansteigend.

Richtzeit:
5½ bis 6½ Stunden, inkl. Besichtigungen und Pausen.

Erreichbarkeit:
Meiringen und Interlaken sind mit der Eisenbahn (MIB), Guttannen und Handegg per Postauto erreichbar.

Weitere Informationen:
www.meiringen.ch
www.innertkirchen.ch
www.guttannen.ch
www.grimselwelt.ch/hotels

7 ViaSbrinz: Die Grimsel-Route, zweiter Teil 18 km

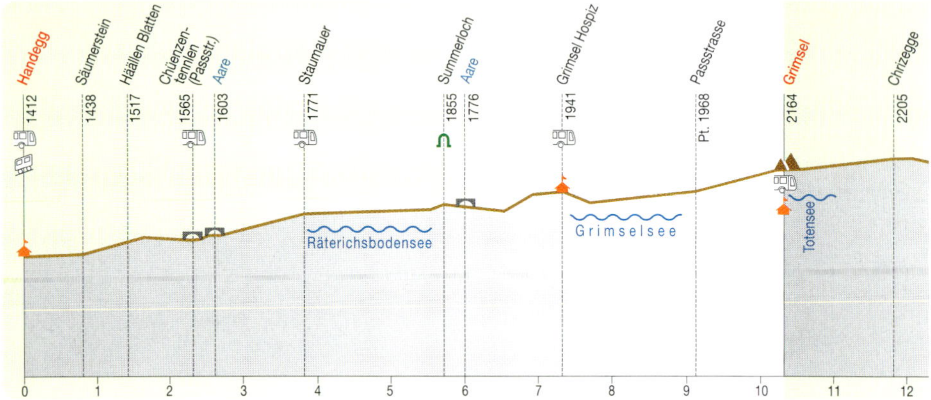

Handegg – Grimselpass 10 km

Beim Hotel auf der **Handegg** beginnt das letzte Wegstück zur Passhöhe. Auf dem zum Teil von den Kraftwerken Oberhasli erstellten **Kristallweg** führt die Route rechts oberhalb der Strasse über den mit Geröll bedeckten **Handeggboden.** Gleich nach dem Schutthang der **Handegglauenen** treffen wir in einer Wiesenmulde auf den riesigen **Säumerstein,** einen etwa 50 Kubikmeter grossen Granitbrocken, in dessen Schatten sich Säumer und Saumtiere jeweils ausruhten.

Über bewachsene Felsrippen geht es, teilweise auf dem historischen Saumpfad, zu den abschüssigen **Häällen Blatten,** das heisst zu den vom Gletschereis im Lauf der Zeit völlig glatt geschliffenen Felsplatten. Um die schwierige, oft glitschige Stelle besser meistern zu können, schlug man zur Säumerzeit 16 noch heute gut zu sehende Stufen in den Fels. 1840 begann hier Professor Agassiz seine berühmten Forschungen über die Tätigkeit der Gletscher. Sein Name findet sich deshalb an dieser Stelle in den Fels gemeisselt. Entlang der Schlucht der Aare erreichen wir die mit Lerchen und Birken bewachsene Mulde **Chüenzentennlen.** Die zwei Steinbogenbrücken wirken altertümlich. Tief unter dem **Unteren Bögglisbrüggli,** das aus dem 18. Jahrhundert zu

Das Hospiz überm Grimselsee

stammen scheint, sind in der engen Schlucht vom Wasser ausgehöhlte «Gletschermühlen» zu entdecken. Das imposante **Obere Bögglisbrüggli,** über das die ViaSbrinz führt, ist allerdings nicht mehr authentisch, sondern ein Nachbau des alten Übergangs, der 1968 von einer Lawine zerstört wurde.

Als Nächstes erwartet uns der **Räterichsboden** mit der 450 Meter breiten Staumauer, auf welcher der Künstler Pierre Mettraux mit dem Bild der Wasserfee **Mélisande** das grösste Gemälde der Welt schuf. Die Spuren des alten Saumpfades verlieren sich hier im Stausee. So folgen wir dem neuen Weg, der auf der

Gestaute Wasserkraft

rechten Seite in den Fels gesprengt wurde, zum nordöstlichen Ende des Sees und entlang dem **Chessibidmer Moor** zur Felsenge des **Summerloch** (Kristallkluft). Unterhalb der höchst imposanten **Bogenstaumauer** überqueren wir die Aare und steigen über Treppen zum **Grimselsee** hinauf. Auf dem mächtigen Felsnollen thront überm See das **Hotel Grimsel Hospiz,** das vor mehr als 75 Jahren als Ersatz des ursprünglichen, zwischen 1382

Putzige Grimselbewohner

und 1397 entstandenen Spittels erstellt worden ist. Jahrhundertelang diente es Wanderern und Säumern als schützende Herberge.

Über die zweite Staumauer des Grimselsees und ein Stück weit der neu ausgebauten Passstrasse folgend gelangen wir zur Abzweigung des Wanderwegs, der in mehreren Schlaufen hinauf zur grossflächigen **Passhöhe** führt, wo wir verschnaufen und einen ergiebigen Blick auf die einzigartige, fjordähnliche **Urgesteinslandschaft** werfen.

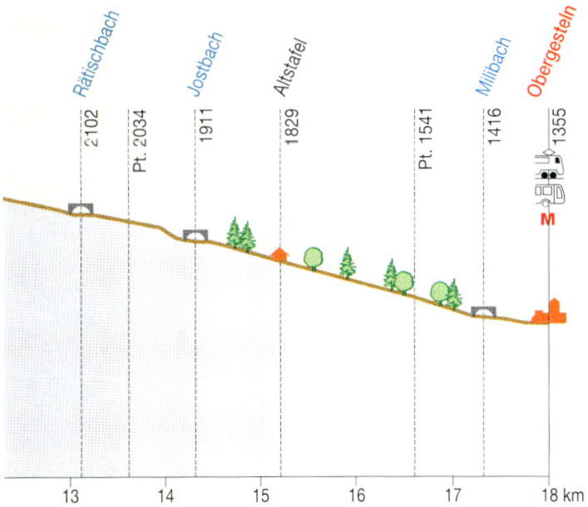

Oberwald – braungebrannte Häuser am Eingang zum Tal der Sonnenstunden

Grimselpass – Obergesteln 8 km
Von der **Passhöhe,** eingebettet zwischen den Bergketten des **Nägelisgrätli** und des **Sidelhorns,** erblicken wir überm **Totensee,** der drei Viertel des Jahres mit Eis bedeckt ist, zum ersten Mal die Walliser Alpen. Der historische **Wappenstein** markiert die früher oft umkämpfte Grenze zwischen den Kantonen Bern und Wallis.
Beim **Murmelitierpark** nehmen wir den Abstieg ins Goms unter die Wanderstiefel. Auf dem alten Saumpfad marschieren wir über die **Grimselalp.** Anfänglich ist der historische Weg mit Steinplatten ausgelegt und führt entlang dem Totensee zu einer mit Moortümpeln bedeckten Passverebnung. Von der **Chrizegge,** dem eigentlich höchsten Punkt des Abstiegs, bietet sich ein fantastischer **Panoramablick** vom Rhonegletscher über das ganze Obergomsertal. Tief unten grüsst die Bahnstation von Oberwald an der Furka-Oberalp-Strecke.
Südwärts zieht der Saumpfad den kupierten Hang hinab. Bald wird er jedoch durch eine Alpstrasse unterbrochen, wobei allerdings abkürzende Stücke des alten Weges leicht zu erkennen und verfolgen sind. Über den **Rätischbach** und den **Jostbach** erreichen wir die Hütte von **Altstafel** und damit auch die Waldgrenze. Nach einem weiteren Abstieg durch einen mit Birken und Lärchen durchsetzten Hang stehen wir unvermittelt auf dem **Gommer Höhenweg,** der zu einem Grillplatz führt. Links abzweigend, steigen wir gemütlich abwärts, überqueren den **Milibach** und gelangen ins weite Tal der noch sehr jungen **Rhone.** Bald darauf ist **Obergesteln** erreicht, das Ziel der grossartigen Grimsel-Route. Das charakteristische Dorfbild entstand, nachdem ein verheerender Brand 1868 fast die ganze Gemeinde vernichtet hatte. So sind denn in Obergesteln, im Gegensatz zu den Gommer Holzsiedlungen, die Häuser fast gänzlich aus Stein gebaut. Der eigentliche Schatz des Dorfes ist eine riesige, 1987 in einem Murmeltiernest im Grimselgebiet gefundene Bergkristallstufe – zu besichtigen im lokalen **Kristallmuseum.**

i

Streckencharakteristik:
Äusserst eindrückliche Passwanderung durch eine fantastische «Ur-Alpenwelt», gefolgt von einem gemütlichen Abstieg ins Tal der jungen Rhone – alles zum grössten Teil auf historischen Wegen.

Richtzeit:
5½ bis 6 Stunden, inkl. Besichtigungen und Pausen.

Erreichbarkeit:
Handegg und Grimselpasshöhe sind per Postauto erreichbar, Obergesteln per Eisenbahn.

Weitere Informationen:
www.grimselwelt.ch/hotels
www.grimselpass.ch
www.obergesteln.ch

8 ViaSbrinz: Die Griespass-Route 26½ km

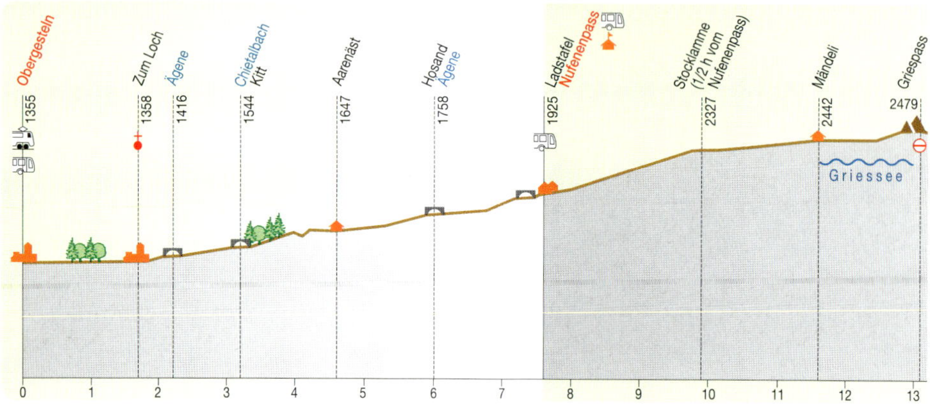

Obergesteln–Ladstafel 7½ km
Im Dorfzentrum von **Obergesteln** nimmt der letzte Teil der ViaSbrinz vom Wallis ins italienische Eschental seinen Anfang. Unterhalb des Dorfes überqueren wir die junge Rhone und wandern flussabwärts entlang des linken Berghanges in Richtung Ulrichen. Am Eingang des

Bis sich die Wasser scheiden

Ägenetals erreichen wir den Weiler **Zum Loch,** wo zur Zeit des Saumverkehrs die Walliser Sust und eine Zollstation standen. Sehenswert ist die kleine **Kapelle,** in der sich ein **Votivbild** von anno 1664 befindet, gestiftet von Händlern aus Obwalden und dem italienischen Pomat. Hier treffen wir auch auf die von Ulrichen her kommenden Strasse zum Nufenen- und Griespass.
Die historische Route verläuft jedoch zum Glück grösstenteils abseits der Strasse vom Weiler Zum Loch am linken Berghang aufwärts. Noch einmal werfen wir einen Blick zurück ins oberste Rhonetal auf die idyllischen Häusergruppen von Ulrichen, bevor wir über die satten Alpwiesen von **Blaswald** weiter bergauf in die sich allmählich verengende Schlucht wandern, wo wir die **Ägene** überqueren.
Der Saumpfad wechselt die Talseite und kreuzt bei **Kitt** die Passstrasse. Nach den steilen, dicht bewaldeten Hängen beidseits des engen Tals weitet sich die Landschaft bei **Aarenäst,** und wir erreichen ein flaches Hochtal, durch das sich das kristallklare Wasser der Ägene behäbig schlängelt. Noch wachsen hier am Rand der Baumgrenze die letzten zerzausten Lärchengruppen. Doch das Landschaftsbild wird zunehmend karger.
Sumpf und Sand: Solchermassen ist die Beschaffenheit des Grundes der Hochebene von **Hosand,** wo unsere Route die Nufenen-Passstrasse kreuzt und rechterhand die mit Büschen bewachsenen Hänge zur nächsthöheren Talstufe hinaufklettert. Zur Bewältigung dieser Art von Steigungen wählten die Wegbauer seinerzeit meist die Steilpflastertechnik, um zu vermeiden, dass die Hufe der Saumpferde und Maultiere auf den Steinplatten abrutschten. Diese Bauweise ist hier noch an zahlreichen Stellen sichtbar.
Wie die in den Fels gemeisselte Zahl verrät, stammt die prächtige **Steinbrücke** bei **Ladstafel** aus dem Jahr 1761. Das Hauptmauerwerk und die Stützpfeiler sind mit Mörtel gefestigt, der Rest ist trockenes Mauerwerk. Da auf dem Griespass selber ein Transportstützpunkt fehlte, war der Ort Ladstafel, wie es der Name verrät, ein für den Saumverkehr wichtiger Warenumschlag-, Zoll- und Übernachtungsplatz.
Wer heutzutage vor der Überquerung des Griespasses ebenfalls übernachten will, tut jedoch gut daran, mit dem Postauto zur Nufenen-Passhöhe zu fahren. Und wer zwar weiterwandern, den steilen Anstieg aber ein Stück weit abkürzen möchte, benützt ebenfalls besagtes Postauto bis zur Abzweigung Griespass.

Die rote Brücke bei Ladstafel

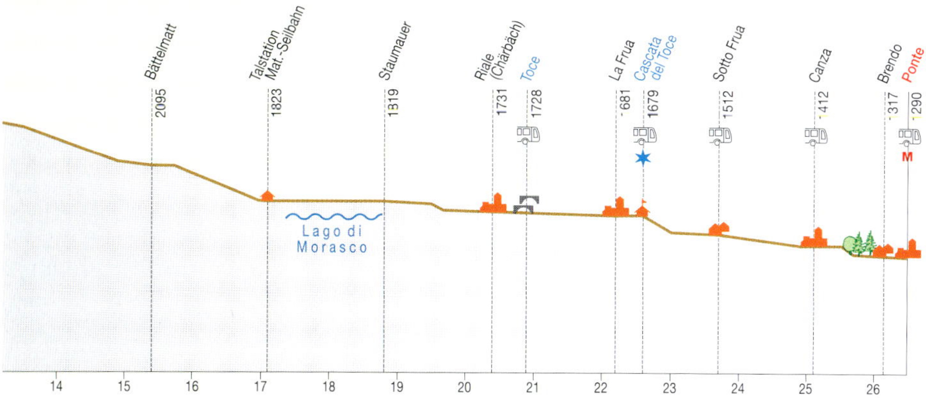

Ladstafel – Ponte 19 km
Gleich hinter **Ladstafel** beginnt bei **Altstafel** der steile Anstieg zum Griespass. In Kehren führt der alte Saumweg aufwärts und weist dabei an zahlreichen Stellen noch historische Wegstücke auf, manchmal in Form von bis zu 2 Quadratmetern grossen eingesetzten Schieferplatten, manchmal als feines Steilpflaster ausgebildet.
Kurz vor der **Staumauer** des **Griessees** stösst der Saumpfad auf die vom Nufenen her kommende Werkstrasse. Ihr folgen wir nach **Mändeli.** Weiter geht es entlang dem geröllbedeckten linken Hang der Passhöhe zu, die am Ende des Sees schon sichtbar ist. Und bald ist es auch so weit: Der **historische Passübergang** (2479 m) und damit auch die **Grenze** zu Italien ist erreicht. Herzliche Gratulation!
Nach ausgiebigem Genuss der grandiosen Rundsicht beginnt der recht steile Abstieg, teilweise auf demselben Steinplattenweg, den noch im 19. Jahrhundert rund hundert Säumer pro Tag benützten. Nach der zum Teil recht sumpfigen **Bättelmatt** steigen wir in Kehren die Steilstufen hinab zum **Lago di Morasco,** in dessen aufgestauten Fluten **Moraschg** begraben liegt.
Dafür ist **Riale,** die nächste Siedlung an unserem Weg durchs **Pomat** (das Tal der Walserdörfer), noch voller Leben. Der Ort wird von den Pomatern auch heute noch **Chärbäch** genannt, weil der **Toce** (Talfluss) in einem rechten Winkel «kehrt».
Entlang dem Fluss gelangen wir zum Dörfchen **La Frua** (Uf ä Frütt) und ein paar hundert Meter weiter zur **Cascada del Toce,** dem Tosafall, dessen Wassermassen in Kaskaden 143 Meter weit die senkrechten Felswände hinunterstürzen und die Luft mit Gischt erfüllen.
Neben dem Wasserfall führt unser Weg steil ins Tal hinunter nach **Sotto Frua** (Under Frütt) und anschliessend auf alten gemauerten Saumpfadstücken durch eine Schlucht nach **Canza** (Früduwald), das mit seinen sonnenverbrannten Holzhäusern und den engen Gassen sehr stark ans Wallis erinnert.
Mit **Brendo** (Brendu) durchqueren wir noch eine weitere alte Walsersiedlung, bevor wir mit **Ponte** (Zum Stäg) das Ziel erreichen. Ein Rundgang durch den geschichtsträchtigen Ort sowie ein Besuch des **Museums Casa forte** bilden den höchst faszinierenden Schlusspunkt einer erlebnisreichen Wanderroute.

Bald überm Berg – in südlichen Gefilden

i

Streckencharakteristik:
Ein beeindruckender Alpenpass und eine packende Wanderung durchs Pomat, beides zu einem grossen Teil auf historischen Saumpfaden und Wegen.

Richtzeit:
7½ bis 8 Stunden, inkl. Besichtigungen und Pausen.

Erreichbarkeit:
Obergesteln ist per Eisenbahn erreichbar, Ladstafeln per Postauto und Ponte ebenfalls per Postauto (von Domodossola aus).

Weitere Informationen:
www.obergesteln.ch
www.valformazza.it
www.walser-alps.eu

Ein Weg geht unter die Haut

Wie alle Wege würde auch dieser hier am Ende nach Rom führen. Nur liegen zwischen Thusis und der Stadt am Tiber gewaltige Schluchten sowie ein atemberaubender Passübergang. Dass dies schon im späten Mittelalter die Säumer nicht vom Weg abbrachte, davon zeugen heute noch ein paar zerfallene Brücken. Doch konzentrieren wir uns primär auf die Route zur Hochblüte der Säumerzeit – jene von Thusis ins Val San Giacomo. Ein abenteuerliches Unterfangen damals. Wartete DA doch bereits am Anfang ein höchst beklemmendes Nadelöhr...

Bis zu 300 Meter hoch türmen sich die Felsen auf und lassen stellenweise nur ganz wenige Meter Durchgang: Die Viamala ist unbestritten die eindrücklichste Schlucht des Bündnerlandes. Zwei Brücken aus dem 18. und 20. Jahrhundert überspannen heute in 70 Metern Höhe die schmale Kerbe und bieten einen grandiosen Blick auf den wild schäumenden Fluss. Zum authentischen Viamala-Erlebnis gehören der gesicherte Abstieg über 321 Treppenstufen ins Herz der Schlucht und eine Besichtigung der Strudeltöpfe, die das unaufhörliche Schleifen und Mahlen des Wassers im harten Felsgrund entstehen liess, sowie der alten Brücke von 1739, die alte Geschichten auferstehen lässt. Doch kehren wir nochmals in die gute alte Säumerzeit zurück...

Staunen am Wegesrand und ein leises Frösteln

Zwar wurde der Weg durch die wilde Schlucht 1473 erstmals ein bisschen ausgebaut, um ihn für Mensch und Tier begehbarer zu machen. Ein Schrecken für die Säumer blieb die Viamala, der «böse Weg», dennoch. Denn bei launischem Wetter drohten Felsrutsche, Lawinen und Sturzfluten. Die Viamala blieb ein düsterer Schlund, in dem sich Ängste widerspiegelten, Abgründe auftaten und menschliche Schicksale manchmal einen fatalen Lauf nahmen. Ein metaphorisches Unwesen also, von Mythen und Geheimnissen umwoben. Und wenn die Viamalaroute heutzutage für die Wanderer keinerlei Gefahr mehr in sich birgt, ein leises Frösteln ist doch Wegbegleiter.

Auf gesicherten Wegen durch die Roflaschlucht

Natürlich trugen all die im überschwänglichen (und meist auch recht übertriebenen) Stil des 17. und 18. Jahrhunderts verfassten Reiseberichte über die Route von Thusis ins Val San Giacomo nicht gerade zur Verbesserung des Rufs der Viamala bei. Der «böse Weg» blieb böse. Sodass man auch zu jener Zeit in Mailand beispielsweise noch den sogenannten «Viamala-Hammer» verkaufte – zum Schutz gegen Wegelagerer.

Da fehlen einem manchmal gar die Worte

Erst grosse Zeitgeister wie Johann Wolfgang von Goethe, Theodor Fontane, Friedrich Nietzsche und andere machten den Weg zu dem, was er wirklich war – nämlich ein höchst beeindruckendes Naturerlebnis. So schrieb Fontane zum Beispiel: «Ich hätte nicht geglaubt, dass nach allem, was ich in meinem Leben gesehen habe, ich noch so mächtig von Dingen dieser Art bewegt werden könnte.» Dem so wortgewaltigen Nietzsche hingegen fehlten schlichtweg die Worte. Und Goethe hielt seine Eindrücke in Tuschzeichnungen und Bleistiftskizzen fest.

Blick in die Viamala-Schlucht

Wo sich Strassen winden

Und ebenso eindrücklich geht es weiter

Zu weltweitem Bekanntheitsgrad gelangte die Viamala schliesslich 1934 mit John Knittels gleichnamigem Roman sowie durch die spätere Verfilmung des Stoffes mit Gert Fröbe in der Rolle des Sägewerkbesitzers Jonas Lauretz. Dass der Autor sich zwar in einer ganz anderen Gegend des Bündnerlandes zur Beschreibung des Handlungsortes inspirieren liess, ist eine andere Geschichte und tut eigentlich der Viamala keinen Abbruch. Umso mehr, als die Schlucht ja erst ein kleines Wegstück der gesamten Route darstellt. Weitere eindrückliche Sehenswürdigkeiten und unvergessliche Erlebnisse folgen auf der ViaSpluga dicht an dicht. Ob Schluchten, Seen, imposante Berglandschaften, malerische Dörfchen, historische Bauwerke oder einer der ältesten und erst noch verkehrsärmsten Alpenpässe.

PS: Mehr darüber unterwegs …

ViaSpluga
KULTURWEGE SCHWEIZ

Die vergessene Transitroute

Wer heute auf der ViaSpluga wandert, ahnt kaum mehr, dass er sich auf einer Hochleistungsstrasse des 17. und 18. Jahrhunderts bewegt. Aber in Verhältnissen gesprochen, hatte der Splügen-Saumpfad damals eine ähnliche Bedeutung wie heute die San-Bernardino-Autobahn (der man zum Glück auf der ViaSpluga nur selten begegnet). Erst die Eröffnung der Eisenbahnlinien über den Brenner und durch den Gotthard brachte dem Transitverkehr über den Splügenpass im späten 19. Jahrhundert ein rasches Ende. Immer wieder gab es seither Ausbauprojekte für die Splügenroute – sogar ein Schifffahrtskanal war vor hundert Jahren im Gespräch. Gut für uns, dass es nicht so weit gekommen ist.

Erlebnisweg in den farbigen Süden

1 ViaSpluga: Veia Traversina 17½ km

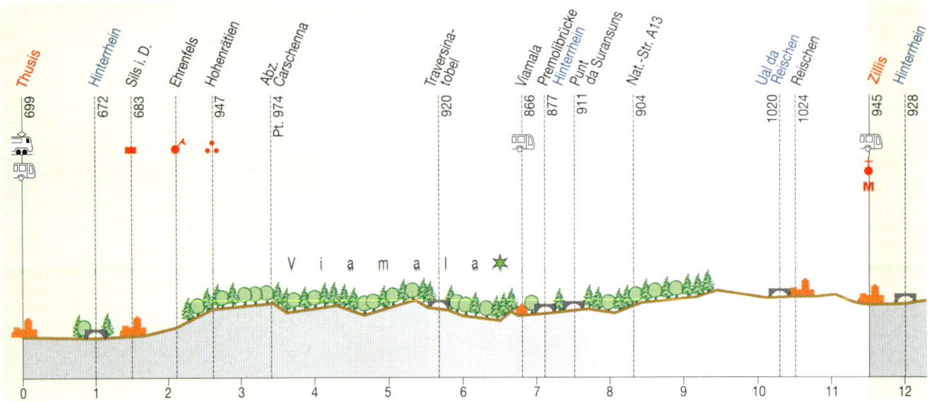

Thusis–Zillis 11½ km

Im Bezirkshauptort **Thusis,** geprägt vom jahrhundertealten alpinen Verkehr, nimmt unsere Wanderung auf der historischen Nord-Süd-Route ihren Anfang. Und der alte Ortsteil an der **Nolla** mit seinen geschlossenen Häuserzeilen, den weiten Einfahrten für Pferdewagen, den grossen Kellern und Lagerräumen für Saumlasten, stimmt uns gleich richtig ein für den Weg auf den Spuren alter Zeiten. Allerdings führte die ViaSpluga in ihrem erste Teil nicht durchs «Verlorene Loch», sondern über die an Sehenswürdigkeiten viel reichere **Veia Traversina.** An der Viamala kommen wir trotzdem vorbei.

Die Route führt von Thusis aus auf einer Hängebrücke über den **Hinterrhein** nach **Sils im Domleschg.** Speziell bemerkenswert der anno 1740 von Conradin Donats, General-

Viamala – Blick in die Hölle

321 Stufen aus der Hölle

major in piemontesischen Diensten, im Stil des Barock erbaute **Palazzo.** Vorbei an der **Burg Ehrenfels** (heute Jugend- und Gruppenherberge in ritterlichem Dekor) steigen wir nach **Hohen Rätien** hinauf, eine fantastische Burganlage auf einem Felsenkopf, hoch über dem Eingang zur Viamala. Zahlreiche Zeugnisse aus allen Zeitepochen von der Bronzezeit bis ins hohe Mittelalter machen eine Besichtigung der Anlage zum unvergesslichen Erlebnis.

Wer über die notwendige Zeit verfügt, sollte hier unbedingt die Gelegenheit zu einem Abstecher hinauf nach **Carschenna** nutzen, wo vor mehr als 30 Jahren ein Forstingenieur bei der Suche nach einem Vermessungspunkt auf einem Felsband auf höchst rätselhafte, rund 4000 Jahre alte Steinzeichnungen stiess.

Vorbei an der verfallenen Kapelle St. Albin gelangen wir ins **Traversinatobel,** ein Seitental der Viamala, das wir auf einer kühnen, 2005 eingeweihten **Hängebrücke** mit 176 Stufen aus Lärchenholz überqueren und zum **Nesselboden** absteigen. Und bald schon stehen wir vor dem **Kiosk,** hoch über der **Viamala.** Hier bietet sich die Möglichkeit, über **321 Stufen** in den Schlund der Schlucht abzusteigen und in eine wilde Welt aus schroffen Felsen und tosendem Wasser einzutauchen.

Auf der **Wildenerbrücke** (1738) oder **Premolibrücke** (1936) überqueren wir die Viamala und steigen, vorbei an zwei alten **Militärkavernen,** durch den Wald hinab zur **Punt**

Willkommen in Andeer

da Suransuns, der neuen Fussgängerbrücke, die den Hinterrhein an einer der wohl schönsten Stellen überspannt. Dem Fluss auf einem romantischen Waldweg folgend, gelangen wir nach **Rania** und zum Weg, der via **Davos Salegn** und **Crestas** zur gedeckten Holzbrücke übers **Reischertobel** führt. Ein kurzer Abstieg noch vom Dörfchen **Reischen** aus, und wir erreichen, erfüllt von unvergesslichen Eindrücken, das Halbetappeziel **Zillis.**

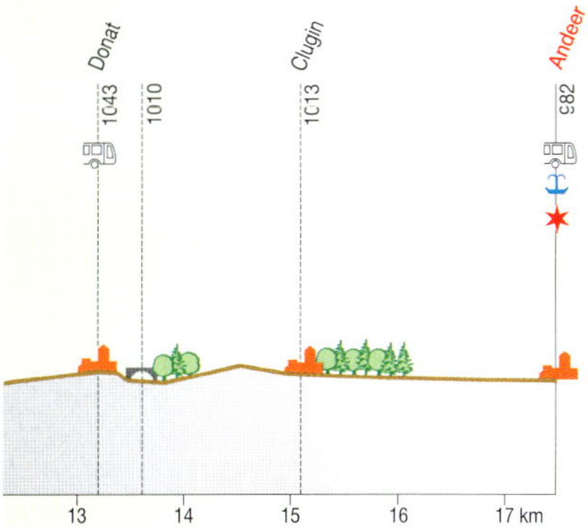

Zillis – Deckengemälde in der Kirche St. Martin

Zillis–Andeer 6 km

Eines gibt es in **Zillis,** bevor wir die ViaSpluga unter die Füsse nehmen, unbedingt zu besichtigen – die berühmte **Kirche St. Martin,** die sich auf halbem Weg zwischen Ortszentrum und Hinterrhein erhebt. Wer das Gotteshaus betritt und den Kopf hebt, den packt pures Erstaunen. Die ganze Kirchendecke ist in **153 bemalte Quadrate** aufgeteilt. 48 Randbilder mit Fabelwesen, fischschwänzigen Tieren, musizierenden Meerjungfrauen bilden den formalen Rahmen zum inneren Zyklus, welcher mit den Darstellungen der Könige David, Salomo und Rehabeam beginnt und zu Szenen aus dem Neuen Testament überführt. Die letzte Reihe ist schliesslich dem Kirchenpatron, dem heiligen Martin, gewidmet. Damit man beim Bewundern des Werkes keine Genickstarre bekommt, liegen Handspiegel bereit. Zillis beherbergt zudem das **Schamser Talmuseum,** das sich in einem typischen mittelbündnerischen Bauernhaus aus dem 16. Jahrhundert befindet. Das äusserst reiche Sammelgut vermittelt einen interessanten Einblick in die regionale Lebens-, Wohn- und Arbeitskultur. Was ist davon geblieben? Schauen wir uns dies mal in der Realität der Gegenwart an. Machen wir uns auf den Weg durch die grüne Talmulde des **Schams** (Val Schons) nach **Donat** und **Clugin** am Fuss des **Schamserbergs.**

Bald schon ist das Etappenziel **Andeer** erreicht. Der Ort ist malerisch und äusserst ruhig, fliesst doch der Verkehr ausserhalb des Dorfes vorbei. Beeindruckend ist das intakte geschlossene **Ortsbild** mit den zwei gepflästerten Strassenzügen, der **Veia Granda** (grosse Strasse) und der **Veia Pintga** (kleine Strasse). Entlang der beiden Strassen stehen stattliche Häuser, deren Architektur zum Teil italienischen Einfluss verrät. Wer durchs Dorf spaziert, kommt unweigerlich am **Haus Padrun** vorbei, dessen grossartiger Sgraffitoschmuck sich über die gesamte Fassade zieht. Köstliche Erholung nach der Tageswanderung bietet **Aquandeer,** das Schamser Thermalbad mit Innen- und Aussenbecken, gefüllt mit 34 Grad warmen Mineralwasser. Was uns enorm in Form bringt, um am folgenden Tag die nächste Etappe auf der ViaSpluga in Angriff zu nehmen…

i

Streckencharakteristik:
Eine höchst eindrückliche Wanderung auf historischen Pfaden und Wegen, mal aufwärts, mal abwärts. Erfordert ein bisschen Trittsicherheit.

Richtzeit:
5½ bis 6½ Stunden, inkl. Besichtigungen und Pausen.

Erreichbarkeit:
Thusis ist per Bahn erreichbar, Zillis und Andeer per Postauto.

Weitere Informationen:
www.thusis.ch
www.thusis-viamala.ch
www.zillis-reischen.ch
www.gemeinde-andeer.ch

2 ViaSpluga: Die Rheinwald-Route 14½ km

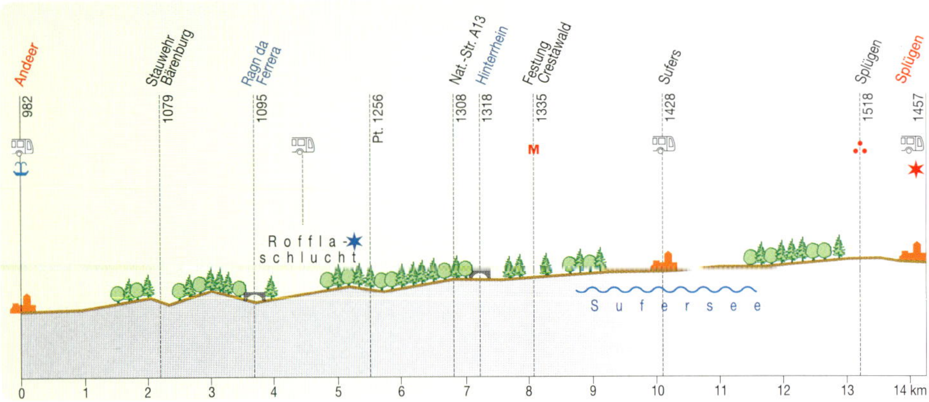

Andeer–Hinterrhein 7½ km

Wieder steht uns eine spektakuläre, an unvergesslichen Eindrücken und Erlebnissen reiche Wanderung bevor. Machen wir uns also erwartungsvoll auf den Weg. Die Route führt in ihrem ersten Abschnitt von **Andeer** zum Stauwehr **Bärenburg.** Das Wasser im Ausgleichsbecken schimmert tiefgrün – geheimnisvoll. Und ein Geheimnis birgt auch die

Das geschichtsträchtige Hotel

64 Meter hohe **Staumauer,** die an ihrem Fuss 41 Meter stark ist. Enthält sie doch in ihrem Innern eine Energiezentrale mit vier vertikalachsigen Turbinen. Besagtes Geheimnis kann jedoch gelüftet, das heisst das Kraftwerk im Innern der Mauer auf Anfrage besichtigt werden.
Noch eindrücklicher wird es knapp anderthalb Kilometer weiter. Und wiederum hat es mit Wasser zu tun. Denn hinter dem **alten Hotel** am Strassenrand versteckt sich ein menschliches Schicksal – mit Happy End...

Als mit der Eröffnung des Eisenbahntunnels durch den Gotthard der Verkehr über die Alpenpässe merklich zurückging, verarmten die Wirtsleute an der Roffla, gaben schliesslich ihr kleines Hotel auf und wanderten aus nach Amerika. Dort verdingte sich der Sohn des Hauses als Diener bei reichen Herrschaften, mit denen er Amerika und die Welt bereiste. Dabei kam ihm, an den Niagarafällen stehend, die zündende Idee. Denn er bemerkte, dass sich mit Naturschauspielen auch Geld verdienen liess. Und da sich hinter dem elterlichen Haus im Bündnerland mit dem Rofflafall ebenfalls ein Naturschauspiel verbarg, es nur leider niemand richtig sehen konnte, reiste er zurück in seine Heimat und begann dort ein gigantisches Werk: In jahrelanger Handarbeit bohrte, meisselte und sprengte der Hotelierssohn einen Tunnel unter dem Hinterrhein durch und schuf damit eine aussergewöhnliche neue Aussichtsplattform am Wasserfall. Mit Erfolg, sicherte ihm

Wilde Wasser in der Schlucht

Ruhige Wasser vor der Schlucht

doch das grosse persönliche Engagement den Lebensunterhalt. Und wenn er nicht gestorben ist, erfreut er sich noch heute daran – selbst wenn die neue Strasse nicht mehr direkt am Hotel vorbeiführt...
Der mit Handbohrer und Meissel in den Fels getriebene Pfad, talseitig geprägt von trocken geschichteten wie auch gemörtelten Bruchsteinmauern, von Halbgalerien und unverkleideten Tunnels, ist einer der ganz grossen Höhepunkte entlang der ViaSpluga, die uns nach dem abenteuerlichem Aufstieg durch die **Rofflaschlucht** zu jenem Ort führt, der dem Fluss den Namen gab (oder umgekehrt) – nämlich nach **Hinterrhein.**

Hinterrhein – Splügen 7 km

Wer sich auf dem Weg nach **Hinterrhein** nicht verspätet hat, weil gerade Samstag ist, brennt sicher schon darauf, die Fortsetzung der ViaSpluga unter seine Füsse zu nehmen. Doch auch eine Verspätung ist durchaus verständlich und auch weiter kein Problem, ist doch das folgende Wegstück relativ kurz. Und wie schon angedeutet: Ein kleiner Rückstand auf die Marschtabelle kann seine triftigen Gründe haben. Braucht man doch keineswegs Spion zu sein, um sich zu einem Abstecher nach **Crestawald** verleiten zu lassen...

Während über 60 Jahren war die **Militäranlage** «top secret». Und wenn überhaupt, dann wurde höchstens hinter vorgehaltener Hand darüber gesprochen. Nun ist das **Artilleriewerk** an Samstagen öffentlich und für Gruppen auf Voranmeldung auch an anderen Wochentagen zugänglich. Wer also Lust hat, kann Mannschafts- und Offizierräume, Festungsküche, Geschützstellungen sowie das Herz der Anlage, den Maschinenraum mit zwei Schiffsdieselmotoren zu je 80 PS zur Erzeugung von Strom und Umwälzung von Luft, besichtigen.

Doch nun zum Startort: Um 1270 kamen die ersten Walser vom Val Formazza (siehe Route 40-8) hierher. Damit wurde Hinterrhein zur frühesten **Walsersiedlung** im Graubünden. Die Einwohner lebten vor allem vom Warentransport über die Alpen. Mit der Fahrbarmachung der Strasse von Chur nach Bellinzona (1820) und der Eröffnung der Gotthardbahn (1882) verloren sie die Existenzgrundlage, die ihnen die **Säumerei** während vieler Jahrhunderte garantierte. So lebt man in Hinterrhein heute grösstenteils von der Landwirtschaft. Den ganzen Sommer über werden die Dorfkühe und die rund hundert Ziegen auf die satten Bergwiesen getrieben. Und man verarbeitet Milch und Fleisch zu Bioprodukten.

Splügen Dorf – steinerne Zeugen guter Passverkehrszeiten

Die ViaSpluga bringt uns entlang dem **Sufersee** (Stausee) ins älteste Dorf im Tal, die Gemeinde **Sufers.** Die Siedlung wurde bereits im Jahr 831 in einem Verzeichnis der königlichen Güter in Rätien erwähnt und war einst, wie die Flurnamen beweisen, von Romanen bewohnt. Durch den Bau des Stausees Anfang der 60er-Jahre fanden viele der Einwohner eine neue Beschäftigung. Die Wasserzinsen liessen den Steuerfuss der Gemeinde auf ungefähr 50 Prozent sinken. So leben denn heutzutage in Sufers gerade mal acht Familien ausschliesslich von der Landwirtschaft.

Die nächste Station auf unserer Route ist bereits das Etappenziel des Tages: **Splügen** (Dorf). Der Ort hat höchst wechselhafte Zeiten hinter sich. Blühend einst, zur Zeit des Saumverkehrs, wovon die grossen **Susten** und die südländisch anmutenden **Palazzi** in der Umgebung des **Sustenbachs** zeugen. Kontrastierend dazu die urtümlichen braun gebrannten Walserhäuser auf der **Bsetzi,** dem westlichen Dorfteil, mit seinen gepflästerten Gassen. Mit dem Niedergang des alpinen Gütertransitverkehrs und dem Umstieg auf die Schienen (Gotthardtunnel) verarmte das Dorf, und viele wanderten aus. So kam im Zweiten Weltkrieg sogar die Absicht auf, die Ortschaft in den Fluten eines mächtigen Stausees versinken zu lassen...

Gut, dass es nicht so weit gekommen ist. Eine geschlossen kämpfende Bevölkerung verhinderte das Projekt. Mit dem Ausbau der Strasse durch den Bernhardin kam neues Leben ins Tal. Und heute präsentiert sich Splügen zu unserer Freude sauber herausgeputzt und unter Heimatschutz gestellt – als Ortsbild von nationaler Bedeutung.

i

Streckencharakteristik:
Eine Wanderung, reich an bleibenden Eindrücken, nicht besonders steil und relativ kurz, zum Teil auf historischen Pfaden und Wegen.

Richtzeit:
4½ bis 5½ Stunden, inkl. Besichtigungen und Pausen.

Erreichbarkeit:
Andeer, Hinterrhein und Splügen sind per Postauto erreichbar.

Weitere Informationen:
www.gemeinde-andeer.ch
www.rofflaschlucht.ch
www.rheinwald.ch/hinterrhein
www.gemeinde-spluegen.ch

3 ViaSpluga: Die Splügenpass-Route, erster Teil 17½ km

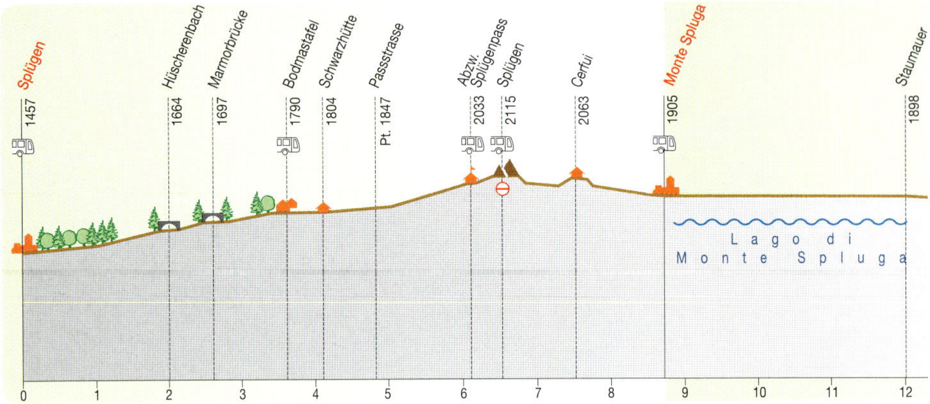

Splügen–Monte Spluga 8½ km

Unternehmungslustig und erwartungsvoll machen wir uns in **Splügen** auf den Weg. Die Überwindung des Kulminationspunktes unserer Route vom Bündnerland in den Süden steht uns bevor. Und man sieht auch schon vom Dorf aus, wie sich das graue Asphaltband in Kehren die Bergflanke hochzieht. Zwar hat der Splügenpass mit dem Tunneldurchstich des benachbarten San Bernardino viel an Bedeutung verloren und fristet verkehrsmässig eher ein Aschenbrödel-Dasein. Dem Wanderer kann natürlich solches nur recht sein. Dennoch wählen wir für unseren Aufstieg zur Passhöhe nicht die relativ verkehrsarme Strasse, sondern **den historischen Säumerpfad.**

Schon die alten Römer... Dies wird vielerorts behauptet. Im Fall der Säumerroute über den Splügenpass ist es jedoch belegt. Findet sich doch in einer Karte aus dem 4. Jahrhundert ein bedeutender Handelsweg

Munter den Splügenpass runter

Alpwiesen für glückliche Kühe

eingezeichnet, der von Mediolanum (Mailand) über Clavenna (Chiavenna) nach Speluga (Splügen) führt. Der Übergang trug früher den Namen **Colmen d'Orso** oder **Urschler,** was so viel wie Bärenpass bedeutet.

So wandern wir denn auf mindestens 2000 Jahre alten Spuren, wenn wir entlang dem **Hürscherenbach** über die **Marmorbrücke** zum **Bodmastafel** und weiter zur **Schwarzhütte** hochsteigen. Aller Verkehrslärm ist fern, und was wir hören, sind einzig die Laute einer naturbelassenen Landschaft.

Auf 1845 m ü. M., nach einer Spitzkehre, überqueren wir den Wildbach. Auf dem Weg sind alte Saumpfadpflästerungen sichtbar. Hier lohnt sich ein Abstecher zum **Berghaus Splügenpass,** der ehemaligen Schweizer **Zollstation,** die rund einen Kilometer unterhalb der Passhöhe liegt und Gelegenheit zur Erfrischung und zu einem Imbiss bietet. Ein kurzer Aufstieg noch über den **Altbärg,** dann stehen wir oben zwischen dem Pizzo Tambo und dem Surettahorn auf 2115 m ü. M. Die Passhöhe ist erreicht und damit auch der höchstgelegene Punkt der ViaSpluga. Wir überschreiten die **Landesgrenze** und wandern von nun an auf italienischem Territorium. Das italienische Zollhaus hinter uns lassend, erreichen wir über **Cerfui**

Lago di Monte Spluga

in kurzer Zeit das Dörfchen **Monte Spluga** am Ufer des **Lago die Monte Spluga,** wo wir zum ersten Mal, trotz 1905 Metern Höhe, südliche Atmosphäre verspüren, wozu der spezielle Charakter des Dörfchens wesentlich beiträgt. Ein erster Cappuccino ist angesagt...

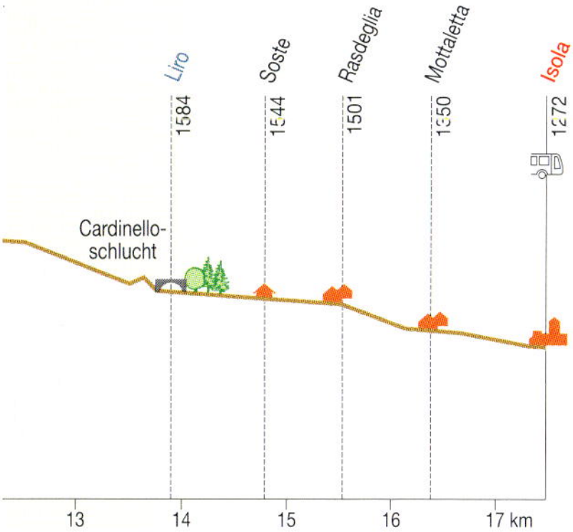

Monte Spluga–Isola 9 km

In **Monte Spluga,** wo ursprünglich die römische Herberge **Cunus Areus** stand und sich bis 1841 das einzige **Hospiz** sowie auch das einzige Gotteshaus am oberen Pass befand, nimmt unser Abstieg in südliche Regionen seinen Anfang. Hier wechselten übrigens zur Zeit des Saumverkehrs die Lasten zwischen bündnerischen und italienischen Säumerkolonnen, was die **Susten** und Lagergebäude im Dörfchen erklärt.

Bald geht es also abwärts. Und wie! Doch vorerst wandern wir noch entlang dem **Lago di Monte Spluga** bis zur südlichen Staumauer, wo unser Weg durch die einst sehr gefürchtete **Cardinelloschlucht** beginnt. Die halsbrecherische Wegstrecke kostete früher manchem Säumer, Pilger und Söldner das Leben und galt als die gefährlichste Stelle der gesamten Splügenroute. Der erste Durchbruch der felsigen Abgründe erfolgte dann im Jahr 1643. Nach 1709 wurde der Pfad endgültig ausgebaut und mit Stützmauern, Lehnen und Galerien versehen. Aber riskant blieb das Wegstück halt dennoch. So erstaunt es sehr, dass im stürmischen Dezember 1800 rund 15 000 Mann der französischen «Armée des Grisons» unter der Führung von Marschall Macdonald in Splügen aufbrachen, um den Pass zu überqueren. Das Heer erreichte zwar die Cardinelloschlucht, aber Lawinen rissen die Soldaten zu Hunderten in die Tiefe.

Monte Spluga – der Süden kann beginnen

Wesentlich geruhsamer und auf absolut sicheren Wegen meistern wir die Schlucht, die mit dem Bau der Fahrstrasse über den Splügenpass (1818–1823) ihren einstigen Schrecken verlor. Geblieben jedoch ist die Eindrücklichkeit. So geniessen wir dieses Wegstück sehr. Umso mehr, als in den letzten Jahren auch der historische Pfad mit grossem Aufwand authentisch rekonstruiert und gesichert wurde.

Am Ausgang der Cardinelloschlucht führt uns die Route über **Sosta** (Sust), das einst ein römisches Etappenziel war, zu unserem Etappenziel, dem malerischen Dörfchen **Isola,** das zur Gemeinde **Madesimo** gehört. Begeistert von den Eindrücken des Tages lassen wir es uns in Isola wohl ergehen.

i

Streckencharakteristik:
Eine an gewaltigen Eindrücken reiche Wanderung, erst bergauf zur Splügen-Passhöhe, dann steil hinunter nach Isola. Und dies zum allergrössten Teil auf authentisch wiederhergestellten Saumpfaden.

Richtzeit:
6 bis 6½ Stunden, inkl. Besichtigungen und Pausen.

Erreichbarkeit:
Splügen, Monte Spluga und Isola sind per Postauto erreichbar.

Weitere Informationen:
www.gemeinde-spluegen.ch
www.valchiavenna.com

4 ViaSpluga: Die Splügenpass-Route, zweiter Teil 17½ km

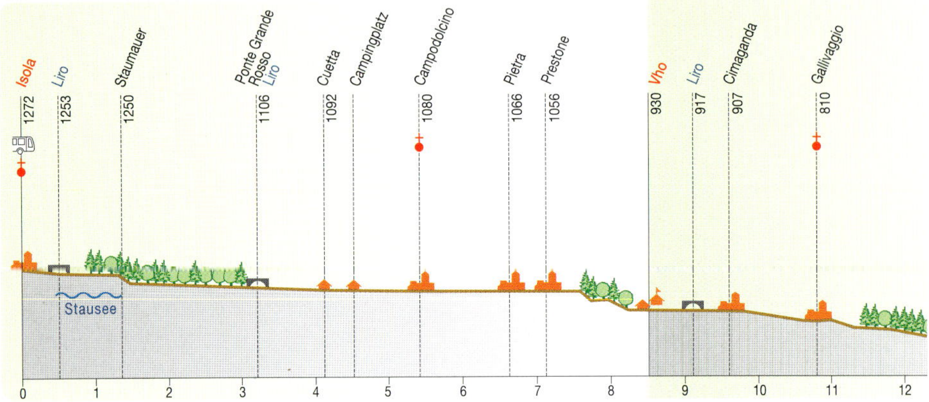

Isola–Vho 8½ km

In **Isola,** dessen Einwohner vornehmlich von den Kraftwerken und den am linken Talhang gelegenen Gneis-Steinbrüchen leben, in denen der bekannte **Verde Spluga** abgebaut wird, nimmt unser letztes Wegstück auf der historischen ViaSpluga seinen Anfang. Allerdings nicht, ohne vorher nicht die Pfarrkirche **San Martino e Giorgio,** erbaut im 15. Jahrhundert, mit der beeindruckenden Darstellung des Kreuzweges an der Aussenwand besichtigt zu haben. Höchst sehenswert sind auch die von der Sonne geschwärzten **Holzhäuser,** hier **Baite** genannt, sowie der **Casòn,** die 1722 erstellte Sust, heute das Gasthaus **Cardinello,** in Isola di Sotto. Vielleicht reicht es vorher auch noch zu einem Abstecher nach **Madesimo** hinauf, den auf 1560 m ü. M. gelegenen **Thermalquellen,** die bereits gegen Ende des Mittelalters von weit her besucht wurden. Einiges zu deren Berühmtheit hat in der Folge auch der Literatur-Nobelpreisträger **Giosué Carducci,** der von 1888 bis 1905 jeden Sommer hier verbrachte, beigetragen. Inzwischen hat sich Madesimo am Fuss des **Pizzo Groppera** zu einem bedeutenden Wintersportort entwickelt. Die Schlussetappe unserer Wanderung ist nicht gerade kurz, führt jedoch ständig abwärts, sodass ein kurzer Abstecher vor dem Start gerade noch im Bereich des Möglichen liegt.

Isola – Spuren der Zeit

Doch starten wir jetzt. Unsere Route führt uns talabwärts entlang dem Fluss, dann über den **Ponte Grande Rosso** nach **Cuetta** und am Campingplatz vorbei weiter nach **Campodolcino.** Die heutige Ortschaft soll auf der «Statio romana» von Tarves beruhen, ein während der Römerzeit bedeutender Rastplatz auf dem Weg über den Splügenpass.

Campanile San Giacomo Filippo

Chiavenna kommt in Sicht

Bekannt sind mittlerweile die **Grapàt di Campodolcino,** die man nach dem Zusammenbruch des Warenverkehrs über den Splügenpass hier in der Winterzeit, die Ressourcen des Tales, also Bergwasser und Brennholz nutzend, zu brennen begonnen hatte. Die notwendigen Trester bezog man aus den Rebgebieten der Lombardei. Heute lebt aber Campodolcino vor allem vom Tourismus.

Besondere Sehenswürdigkeiten sind die **Pfarrkirche,** Johannes dem Täufer geweiht, und der **Ponte a schiena d'asino,** die Eselsrückenbrücke über den **Rabbiosa,** die man auch die Römerbrücke nennt. Ihre heutige Form erhielt sie allerdings im Jahr 1696.

Über **Pietra** und **Prestone** bringt uns die Wegfortsetzung nach **Vho,** wo wir eine kurze Rast einschalten.

Vom engen Bergtal zu den breiten Fettuccine

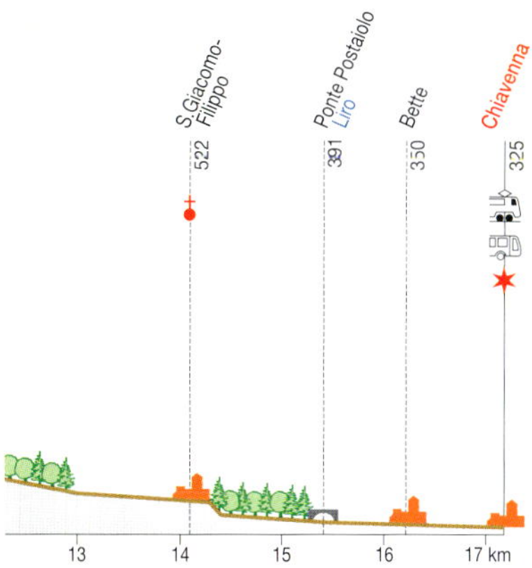

Alter Ortsteil von Chiavenna

Vho – Chiavenna 9 km

Erfrischt und wieder munter nehmen wir in **Vho** den allerletzten Teil der ViaSpluga unter unsere Füsse. Der Name «Vho» ist vom lateinischen «vadum» abgeleitet – ein gut erhaltener historischer Weiler also. An die Felsabhänge lehnt sich hier die **Scribàita** an, eine 8 mal 12,5 Meter grosse Gneisplatte mit rechtwinkligen, treppenartig verlaufenden Aushöhlungen. Über deren Ursprung ist allerdings nichts Genaueres bekannt. Von der Römerzeit und Gott Mithras bis zum Beginn des 19. Jahrhunderts und dem Bau der ersten Kommerzialstrasse reichen die Spekulationen.

Wir sind jetzt im grünen Teil des **Val San Giacomo,** und die Nadelbäume weichen mehr und mehr Kastanienwäldern, während wir talabwärts wandern, kurz nach Vho den **Liro** überqueren und über **Cimaganda** mit seinen gewaltigen Felsblöcken nach **Gallivaggio** gelangen. Hier waren im Oktober 1492 zwei Mädchen frühmorgens im Wald, um Kastanien zu sammeln, als ihnen plötzlich die Muttergottes erschien. Am Ort des Geschehens, in einem Bergsturzgebiet zwischen steil aufragenden Felsen, errichtete man deshalb eine Kapelle. Der heutige barocke Sakralbau des **Santuario di Gallivaggio** mit dem etwas abseits stehenden Campanile stammt aus dem 17. Jahrhundert und ist reich ausgeschmückt. Der Granitblock, auf dem es seinerzeit zur Erscheinung kam, befindet sich unter dem Hauptaltar.

In **San Giacomo Filippo,** dessen Sakralbau uns nochmals daran erinnert, dass der Splügenpass einst nicht nur Säumerroute, sondern auch Pilgerweg war, sind wir schon kurz vor dem Ziel der ViaSpluga. Das Tal öffnet sich, gestattet Blick auf die Ebene, und über **Batte** erreichen wir **Chiavenna,** das schon zur Römerzeit ein bedeutender Handelsplatz und Knotenpunkt der Passwege war. Ein Rundgang durch das faszinierende «centro storico» mit seiner rund 2000-jährigen Geschichte lohnt sich sehr. Und in einem der zahlreichen **Grotti** der **Altstadt** lässt sich unsere an unvergesslichen Eindrücken und Erlebnissen reiche Wanderung genussvoll beenden.

i

Streckencharakteristik:
Eine wunderschöne Wanderung auf italienischem Staatsgebiet durchs Val San Giacomo ins südlich anmutende Chiavenna, auf zum Teil historischen Wegen und ständig abwärts.

Richtzeit:
6 bis 6½ Stunden, inkl. Besichtigungen und Pausen.

Erreichbarkeit:
Isola, Vho und Chiavenna sind per Postauto erreichbar, Chiavenna ebenfalls per Bahn.

Weitere Informationen:
www.valchiavenna.com
www.comune.chiavenna.so.it

Ein Leben wie ein Saumpfad

Erfunden hat der Mann, der diesem Weg den Namen gab, die direkteste Route zwischen Brig und dem nördlichen Italien zwar nicht. Da waren ihm die Römer fast anderthalb Jahrtausende zuvorgekommen, und auch im Mittelalter wurde der Pass begangen. Aber Kaspar Jodok Stockalper liess den mittlerweile heruntergekommenen Alpenweg zum Saumpfad ausbauen, nahm den Handel selbst in die Hand, kam damit zu Macht und Reichtum und wurde zum berühmtesten Walliser des 17. Jahrhunderts. Folgen wir seinen Spuren. Sie führen steil bergauf und am Schluss ebenso steil wieder hinunter...

Brig verdankt ihm viel, dem Abkömmling einer bürgerlichen Familie mit italienischen Wurzeln und ausgeprägtem kaufmännischem Flair. Da ist zum einen das prächtige barocke «Haus der drei Könige», heute «Stockalperpalast» genannt. An ihm lässt sich ermessen, welche Stellung Kaspar Jodok Stockalper im Wallis einst zukam. Ebenfalls ein Teil des städtischen Reichtums ist auf den «König des Simplons» zurückzuführen.
Vor allem aber ist es ein Stück weit sein Verdienst, dass Brig zur Handelsmetropole des Oberwallis wurde. Denn hier legte Kaspar Jodok Stockalper (1609–1691) die Grundsteine zu seinem späteren Imperium.

Eine Hand voll Salz...
Eine Hand voll Geld...

Der junge Stockalper hatte schnell erkannt, wie bedeutungsvoll eine zuverlässige Alpentransversale wäre. Dies umso mehr, als damals am Gotthard gerade äusserst unsichere Zeiten herrschten. Geschickt die Wirren des Dreissigjährigen Krieges ausnützend, begann er den Warentransport über den Simplonweg zu organisieren. Und dabei erwarb er sich Handelsmonopol um Handelsmonopol, so unter anderen auch diejenigen für Schnecken, Terpentin und Zunder. Bereits im Jahr 1639, als Dreissgjähriger also, hatte er den gesamten Warentransport am Simplon im Griff. Den entscheidenden Coup aber landete er, als es ihm 1647/48 gelang, das Walliser Salzmonopol in seinen Besitz zu bringen. War doch Salz das weisse Gold für die Landwirtschaft. Es verlieh Stockalper enorme Macht. Und Stockalper-Salz wurde sogar als offizielles Zahlungsmittel anerkannt.

Wie ein Weg in den Süden zum goldenen wurde

Zum Andenken an die Säumer

Immer weiter dehnte Kaspar Jodok Stockalper sein Imperium aus. Er erwarb ein halbes Dutzend Bergwerke, bot Adligen begleitete Reisen, heuerte einheimische Soldaten an, um sie in französische Kriegsdienste zu vermieten, stieg auch in den Metallhandel ein und revolutionierte das Kreditwesen.

Selbst Reichtum versetzt die Berge nicht

Genauso steil wie der Saumpfad, den er systematisch auszubauen begann, verlief Kaspar Jodok Stockalpers Karriere. Er liess am alten Passweg Brücken und Susten neu erstellen sowie die Hospize wieder aufbauen. In Gondo errichtete er als Lager einen siebenstöckigen Turm, der eher einer Festung glich. Und bald waren am Simplon über 200 Säumer fest in seinen Diensten. Auf der Passhöhe begann er mit dem Bau eines sechsstöckigen, schlossähnlichen Gebäudes, das die Funktion des ehemaligen Johanniterhospizes übernehmen sollte. Zur Fertigstellung kam es nicht. Die Missgunst und die Angst vor dem kühnen Unternehmer stiegen im Land. Er wolle den Simplon militärisch beherrschen, warf man ihm vor, und schickte ihn 1680 nach Domodossola ins Exil. Und ebenso steil wie sein Saumpfad führte Stockalpers Lebensweg damit wieder nach unten.

Napoleon Bonaparte als Stockalper II.

Mit Stockalpers Tod (1691) ging auch die Blütezeit des Saumverkehrs am Simplon zu Ende. Dem Pass hingegen kam zu Beginn des 19. Jahrhunderts neue Bedeutung zu. In der Rekordzeit von nicht mal ganz fünf Jahren liess Napoleon Bonaparte den Alpenübergang mit Hilfe eines Heeres von Arbeitskräften und 250 Tonnen Pulver für Kutschen und Pferdefuhrwerke ausbauen. Und natürlich «pour faire passer les canons». Hunderte von Brücken und 7 Felsgalerien waren dafür nötig. Die Linienführung aber war so ideal gewählt, dass man sich beim Bau der heutigen Passstrasse zum grossen Teil daran orientieren konnte.

PS: Kaspar Jodok Stockalpers Saumpfad ist aber zum Glück wieder neu begehbar ...

Der renovierte Turm von Gondo

ViaStockalper
KULTURWEGE SCHWEIZ

Ein Musterfall mit Ausbaupotenzial

Als der Stockalperweg über den Simplonpass in den 1980er-Jahren an mehreren Stellen zerstört zu werden drohte, formierte sich ein Verein, der sich für die Rettung dieser historischen Route einsetzte. Er stellte den Weg zwischen Brig und Gondo wieder instand und machte ihn zum Rückgrat des Ecomuseums Simplon, das die reiche Kultur- und Verkehrslandschaft am Simplonpass erschliesst – der Musterfall einer Kulturwegroute. Als ViaStockalper soll der Saumpfad über den Simplonpass in den nächsten Jahren von Leuk bis Domodossola erweitert werden. Damit wird der Passweg wieder ganz in seine historischen Verkehrsbezügen gestellt.

Gegenwärtige Vergangenheit

1 ViaStockalper: Die Simplon-Route, erster Teil 12½ km

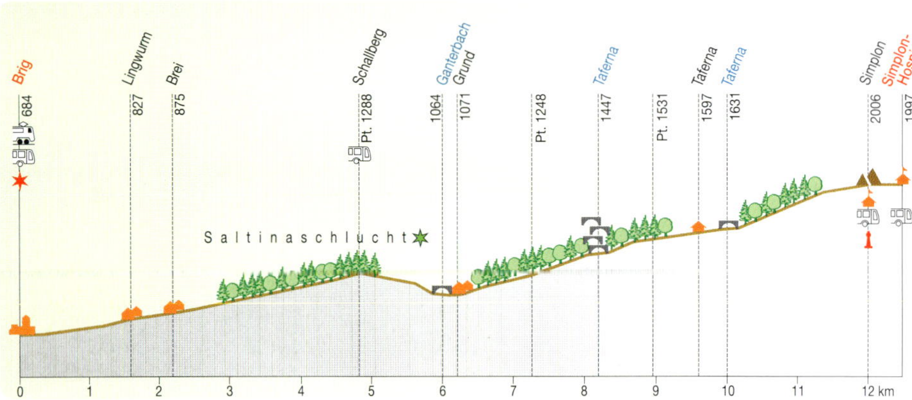

Brig – Gantergrund 6 km

In **Brig,** genauer beim imposanten Denkmal, das **Kaspar Jodok Stockalper** sich selber setzte, oder noch stilgerechter im gegen 1300 Quadratmeter grossen **Schlosshof** des **Stockalperpalastes,** erbaut 1651 bis 1671, nimmt unsere Wanderung auf den Spuren der in Diensten des «Königs des Simplons» stehenden Säumerkolonnen ihren Anfang...

Den Wegmarkierungen der **alten Simplonstrasse** folgend, wandern wir entlang der **Riedbachstrasse** und dem **Römerweg** bergwärts und erreichen auf dem Hochplateau der **Brigerberge** die Weiler **Lingwurm** und **Brei.** Die Namen lassen von alten Sagen träumen. Doch dass die Bewohner heute recht selbstbewusst im modernen Leben stehen, zeigt zum Beispiel die Bezeichnung **«Lingwurm-City»** auf ihrem Ortsschild – für eine Siedlung von gerade mal fünf Häusern.

Kleines Dorf als Gernegross

Kühne Wege ob der Schlucht

Gleich oberhalb des Weilers stossen wir am Wegesrand auf eine **Kapelle** aus dem Jahr 1653, der Zeit des grossen Stockalpers also, der zweifelsohne Beistand dringend gebrauchen konnte, um den Bau seines waghalsigen Saumweges über der **Saltinaschlucht** voranzutreiben.

Von Kaspar Jodok Stockalpers Unternehmungsgeist profitierend, steigen wir zum **Riederwald** hoch. Zur Querung der senkrecht abfallenden Felswand vor **Chalchofe** liess der «König des Simplons» einen breiten Weg in die Felswand schlagen – 300 Meter über dem Abgrund, wo unten auch heute noch kein Weg durchführt.

Der Weg hinauf zum **Schallberg** auf fast 1300 m ü. M. mag zwar schweisstreibend sein, aber er eröffnet fantastische Ausblicke, sei es auf das wilde Wasser tief unten in der Saltinaschlucht oder sei es auf die Ortschaften Glis und Naters. Und imposant ist zuoberst auch die Rundsicht auf die verästelten Täler der Simplon-Nordseite.

Die ViaStockalper führt uns auf alten Felstreppen und vorbei an einer **Wegkapelle** hinunter nach **Durstbach** und in den **Gantergrund.** Die beiden Weiler **Ganter** und **Grund** waren einst zwei selbstständige Gemeinden. Ein alter Stadel zeugt davon, dass hier unten früher mal Getreideanbau betrieben wurde.

Kaspar Jodok Stockalper aber betrieb in Grund von 1636 bis 1691 eines seiner **Erzbergwerke,** die ihm, nebst dem Salzmonopol

Stockalper – Vergiss-mein-nicht

und dem Warentransport, zu seinem Reichtum verhalfen.

Abgebaut wurde das Eisenerz am Ärezhorn. Knappen trugen es anschliessend nach Grund, wo es weiterverarbeitet wurde. Beim stattlichen **Burgerhaus** in Grund standen vermutlich die Gebäude von Stockalpers Eisenwerk.

Schauen wir uns ein bisschen um im Grund, bevor wir die Fortsetzung unserer Route in Angriff nehmen.

Simplon-Hospiz: Haus der Begegnung der Chorherren vom St. Bernhard

Gantergrund – Simplon-Hospiz 6½ km

In **Grund** beginnt unser zweites Wegstück zum Simplonpass. Stockalpers Spuren führen durch Fichtenwälder und Grünerlenhaine entlang der rauschenden **Taferna,** die wir mehrmals überqueren. Vier **Holzbrücken** wurden an ihren historischen Standorten authentisch rekonstruiert.

Kurz vor dem Ort **Mittubäch** kreuzt unsere Route eine Flurstrasse, die ins Nesseltal führt. Und bei **Pt. 1531** zweigt ein Wanderweg in den Rothwald ab, der via Wasenalp zum Simplon-Höhenweg führt. Wir aber folgen weiter der ViaStockalper und treffen auf das sagenumwobene ehemalige **Wirtshaus zer Taferna,** wo zu Stockalpers Zeiten die legendäre **Johanna Fy** die Säumer und Reisenden bewirtete. Die Sage berichtet, dass die allzu geschäftstüchtige Wirtin ihren Gästen statt Wein lediglich Wasser ausschenkte oder zumindest den Wein mit Wasser panschte und zur Strafe nun für immer im kalten Wasser der Taferna liegen muss. Hören wir mal genauer hin. Vielleicht ist im Rauschen des Wildbaches ihr Wehklagen zu vernehmen…

In zahlreichen Windungen führt der Weg zum **Simplonpass** hinauf.

Mit 2006 m ü. M. erreichen wir den Kulminationspunkt der ViaStockalper. Die Geschichte besagt, dass bereits die Römer den Simplon als Alpübergang nutzten. Zu Glanz verhalf dem Pass allerdings erst Kaspar Jodok Stockalper. Er liess den Passweg zum gut begehbaren Saumpfad ausbauen und Susten sowie Schutzhäuser erstellen. Mit Stockalpers Niedergang verblasste auch der Ruhm des Simplonpasses. Die Stege und Brücken verlotterten, zerfielen. Die Überquerung des Simplons wurde zum gefährlichen Unternehmen. Bis dann mit **Napoleon Bonaparte** ein weiterer Visionär in die Geschichte des Simplons eingriff – allerdings aus anderen Gründen. «Pour faire passer les canons» war seine Motivation zum Bau der Simplonstrasse. Aus kriegerischen Zeiten stammt auch das Wahrzeichen des Simplonpasses: der **Steinadler.** Gut 8 Meter hoch (plus Steinsockel) ist das Symbol der Wachsamkeit, das die Schweizer Gebirgsbrigade 11 als Erinnerung an ihre Simplonwacht während der Grenzbesetzung 1939–1945 aus grob gehauenen Granitblöcken erstellte. Heute dient der Steinadler aber in erster Linie als Fotomodell für Touristen.

Mit dem **Simplon-Hospiz** erreichen wir das Etappenziel. Auf Geheiss Napoleons wurde 1813 mit der Grundsteinlegung begonnen. Nach Napoleons Sturz verliessen die Franzosen jedoch das Wallis. Zurück blieb ein angefangenes Gebäude, von dem gerade mal das erste Stockwerk bestand. 1825 übernahmen deshalb die **Chorherren vom St. Bernhard** das Projekt. 1831 konnte das fertiggestellte Simplon-Hospiz feierlich eingeweiht werden. Noch heute wird es von den Chorherren bewohnt, dient als Ort der Begegnung und ist ganzjährig besetzt.

i

Streckencharakteristik:
Auf zum grössten Teil historischen Wegen und Pfaden des grossen Stockalpers.

Richtzeit:
6½ bis 7 Stunden, inkl. Besichtigungen und Pausen.

Erreichbarkeit:
Brig ist per Eisenbahn erreichbar, das Simplon-Hospiz per Postauto.

Weitere Informationen:
www.brig.ch
www.gsbernard.ch/30/340.htm

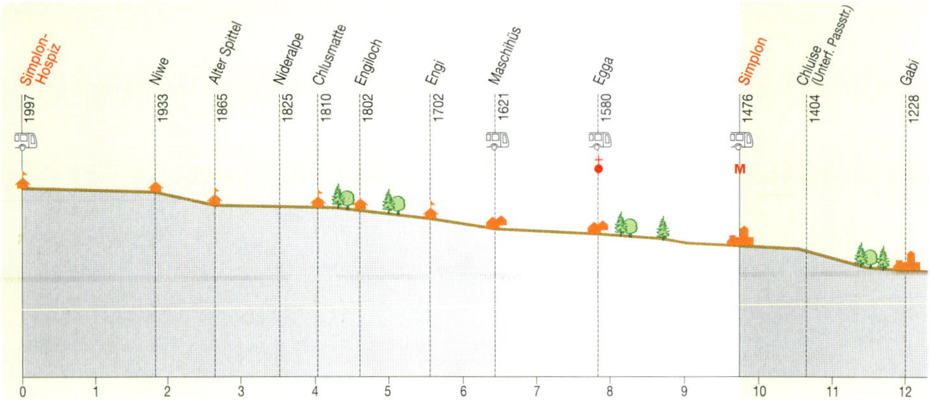

Simplon-Hospiz– Simplon-Dorf 10 km

Auf zum Teil originalen Pflasterungen und eingehauenen Steinstufen führt der zweite Teil unserer Wanderung auf Stockalpers Spuren vom **Simplon-Hospiz** hinunter zur **Alpe Niwe** und zum **Alten Spittel.** Der imposante sechsstöckige Bau mit

Stockalpers altes Spittel

Turm und Glockenstuhl wurde von Kaspar Jodok Stockalper 1650 als Sommerresidenz für seine Familie erstellt. Das unterste Stockwerk richtete er als Spittel ein, in dem er armen Reisenden unentgeltlich Unterkunft und Verpflegung gewährte. Nicht zu übersehen auch das 120 Meter lange **Barralhaus,** das Peter Barral in den Jahren 1900 bis 1907 als Missionsschule für die Kinder armer Familien erstellen liess. Und da bereits zu jener Zeit die Zahl der Postreisenden über den Simplon auf über 12 000 Personen jährlich anstieg, von denen sicher einige Durst verspürten, plante er auch noch eine Brauerei für Bergbier.

Weiter auf der ViaStockalper geht es zur wunderschön gepflegten **Nideralpe** und zur **Chlusmatte,** wo die Bäche vom Marchgrabe, dem Ritzitälli und dem Sirvoltesee zusammenfliessen und man sich auf Voranmeldung bei der Bauernfamilie Arnold mit einheimischen Spezialitäten verköstigen lassen kann.

Beim Engpass **Engiloch** treffen Stockalperweg, Napoleonstrasse und die moderne Nationalstrasse aufeinander und passieren an der gleichen Stelle das Nadelöhr. Das Schutzhaus ist nicht Stockalpers Werk. Es wurde um 1810 auf Geheiss Napoleons erstellt. Westlich davon findet sich eine **Gletschermühle.**

Durch Wiesen und offene Lärchenwälder führt unsere Route zur **Alten Suste** in der **Engi.** Das Gebäude stammt, wie das Holz des Innenbaus mit der Datierung 1537 verrät, noch aus der Zeit vor Stockalper. Aber solch imposante Lagerhäuser liess der «König des Simplons» an zahlreichen Stellen entlang seinem Saumpfad errichten.

Schon bald nach der Engi erreichen wir den Weiler **Maschihüs,** von wo unser Blick über die Ebene der Waldmatten schweift. Wo heute saftige Alpwiesen sind, stürzten 1597 gewaltige Eis- und Felsmassen zu Tale, die den Weiler Waaldärubäärg unter sich begruben. Der Weiler **Egga** hingegen blieb verschont. Egga war bereits 1399 eine selbstständige Gemeinde mit eigener Gerichtsbarkeit, deren Existenz erst 1797 durch die Franzosen beendet wurde. Sehenswert ist die **Kapelle St. Johannes Baptista.**

Nach Egga passieren wir einen mächtigen, von Wald überdeckten Geröllkegel. Es sind die Spuren des Gletschersturzes vom 19. März 1901, als Eis- und Felsmassen vom Rossboden zwei Frauen, Vieh, Ställe und Kulturland begruben. Doch abermals hatten die Leute von Egga Glück im Unglück: Ihre Wohnhäuser blieben verschont.

Ein kurzes Wegstück noch, und wir befinden uns in **Simplon-Dorf,** wo wir rasten und uns genauer umschauen.

Durch die Schlucht nach Gondo

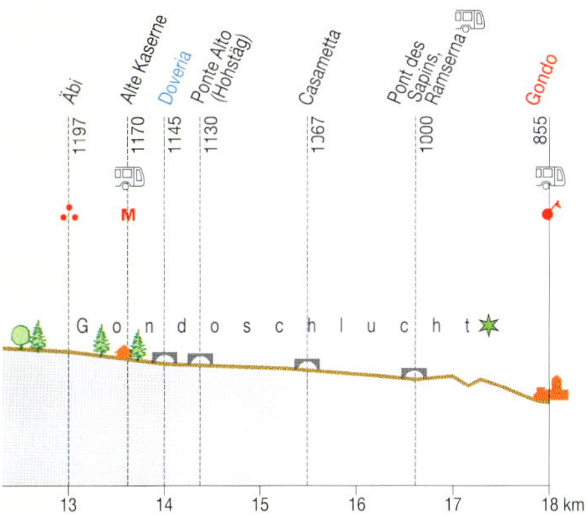

Neue Zuversicht wächst in Gondo

Simplon-Dorf–Gondo 8 km

In **Simplon-Dorf** gibt es manches zu entdecken, bevor wir weiterziehen. Denn der Ort hat eine lange, interessante Geschichte aufzuweisen, in die auch Kaspar Jodok Stockalper verwickelt war. Er besass hier eine Sust in einem alten Turm sowie andere Gebäulichkeiten, darunter auch ein Salzlager. Besonders sehenswert sind der alte Dorfteil **Simpeln** sowie der prächtig renovierte **Alte Gasthof,** der auch das höchst interessante **Ecomuseum** beherbergt, welches die Geschichte des Simplons und seiner Bewohner auf eindrückliche Weise dokumentiert. Doch vergessen wir ob all dessen die Fortsetzung unserer Route nicht. Sie zweigt nach dem **Stutzi** und einem Kilometer Napoleonstrasse links ab und führt entlang der kleinen **Chrummbachschlucht** hinunter nach **Gabi.** Zirka 200 Meter oberhalb der Kapelle von Gabi überquert unser Saumpfad die Simplonstrasse und anschliessend den Bergbach Laggina. Beim Gsteihüs verzweigt sich der Weg. Entweder durch die Gondoschlucht oder nach Zwischenbergen, so lautet die Wahl. Wir entscheiden uns für die an historischen Bauwerken, Naturwundern und kühnen Kunstbauten reiche **Gondoschlucht.** Ein Wegstück, **Äbi** genannt, führt uns zum Nordportal der Schlucht. Eine mächtige Ruine beherrscht hier das Gelände. Es sind die Überreste eines von Kaspar Jodok Stockalper in Auftrag gegebenen Warenlagers, zu dessen Fertigstellung es nie kam. Ab hier folgen die Sehenswürdigkeiten Schlag auf Schlag: die **Alte Kaserne,** 1805 mit der Napoleonstrasse erbaut, die heute das Vierstrassenmuseum beherbergt; der **Ponte Alto** (Hohstäg) über die Doveria; die **Casermettabrücke** und die «**Casermetta»,** die legendäre Trinkstube der Kutscher, Reisenden und Soldaten; **Fort Gondo,** die Schweizer Geschützfestung, die nun dem Publikum geöffnet ist; die **Grossi Galerii,** Meisterleistung der italienischen Strassenbaukunst zu Napoleons Zeiten; die **Fraschinonibrigga,** eine steinerne Bogenbrücke; und der **Pont des Sapins,** eine moderne Metallbrücke. So gelangen wir zum historischen Grenzort **Gondo,** Schlusspunkt der ViaStockalper. Und natürlich hat der «König des Simplons» auch hier Spuren hinterlassen. So zum Beispiel mit dem **Stockalperturm,** an dem die Schäden des Erdrutsches von 2000 wieder behoben werden konnten.

i

Streckencharakteristik:
Auf geschichtsträchtigen Wegen und Pfaden vom Simplon zum Grenzort am Ende der beeindruckenden Gondoschlucht.

Richtzeit:
6 bis 7 Stunden, inkl. Besichtigungen und Pausen.

Erreichbarkeit:
Simplon-Hospiz und Gondo sind per Postauto erreichbar.

Weitere Informationen:
www.gemeinde-simplon.ch
www.gondo.ch

Wandern bedeutet Freiheit

Wandern auf historischen Wegen und Pfaden: Im Gegensatz zu Säumern und Handelsreisenden vergangener Zeiten können wir heute das Ganze in aller Ruhe angehen, frei von irgendwelchen Sachzwängen. Kein Termin stresst uns, kein Leistungsbeweis ist erforderlich, keine Gefahren lauern unterwegs, sofern wir uns vernünftig verhalten. Wandern ist für uns ein Inbegriff von Freiheit. Und es ist uns dabei freigestellt, zu tun und zu lassen, wonach es uns gelüstet. In diesem Sinne liefert der vorliegende Wanderführer auch keine absoluten Richtlinien, sondern bietet eine Vielzahl von Informationen, Vorschlägen und Tipps zur persönlichen Entscheidung an. Seien wir also so frei.

Wie weit wandert der Mensch in einem Tag? Eine Standardantwort auf diese Frage gibt es nicht. Kommt drauf an, ob man Frühaufsteher ist oder nicht, wie viel Zeit der Anfahrtsweg in Anspruch nimmt, in welchem Alter man sich befindet, wie geübt man im Wandern ist und welchen Fitnesszustand unser Körper aufweist. Entscheidend ist auch, in welchem Umfang man sich unterwegs all den Sehenswürdigkeiten widmen will. Denn wir meinen, wenn man sich schon auf geschichtsträchtigen Wegen bewegt, dann sollten die historischen und kulturellen Aspekte auch unsere Aufmerksamkeit in Anspruch nehmen dürfen. Ganz abgesehen von den landschaftlichen Reizen und den Naturschönheiten, an denen wir für einmal nicht achtlos vorüberbrausen. Der vorliegende Wanderführer teilt Via-Routen in vernünftige Tagesrationen auf, ausgerichtet auf ein optimales Mittel. Doch wie angetönt: Alles ist individuell. Die ausführlichen Höhenprofile und die detaillierten Routenbeschreibungen mit den entsprechenden Ortsangaben machen es möglich, Wegstrecken zu kürzen oder dank der Routenkontinuität auch zu verlängern. Wer eine Wanderung in Begleitung von Kindern unternimmt, wird sich mit Vorteil an die Halbetappen halten. Wie viele Etappen oder Halbetappen man aneinanderreihen will, liegt ebenfalls im Bereich der persönlichen Freiheit. Jedenfalls beginnen und enden sämtliche vorgeschlagenen Etappen in Orten mit Anschluss an öffentliche Verkehrsmittel.

Wegweiser zum maximalen Wanderspass

Grundsätzlich sind sämtliche Wegstücke der hier vorgestellten vier Via-Routen signalisiert im Gelände. Doch diese Markierung hat 2007 begonnen und wird im Laufe der Zeit noch weiter verfeinert. Gut möglich also, dass wir unterwegs noch auf die eine oder andere Wegmarkierung aus früheren Zeiten stossen. Oder dass wir einmal an einen Punkt gelangen, an dem unsere eigene Findigkeit gefordert ist. Das macht das Wandern nur umso spannender.

Wanderwege sind keine Autobahnen

Gewiss, ein bisschen Aufmerksamkeit bezüglich Wegmarkierungen ist erforderlich. Und selbst dann kann es einmal passieren, dass man ein Stück vom empfohlenen Weg abkommt. Am besten ist es in einem solchen Fall, man reagiert schnellstmöglich. Zum Beispiel indem wir kurz bis zur letzten Wegmarkierung zurückwandern. Oder wir suchen, anhand der gelben Wegweiser, die man sowieso stets beachten sollte, an einem bestimmten Punkt auf unsere Route zurückzufinden. Auch Karten bieten wertvolle Orientierungshilfe. Übersichtsmässig die im vorliegenden Wanderführer integrierte Schweizer Karte im Massstab 1:303 000. Empfehlenswert sind auch die Karten 1:25 000 oder 1:50 000 von swisstopo, erhältlich in Buchhandlungen und Spezialgeschäften. Grundsätzlich halten wir uns an markierte Wege, denn gerade in gebirgigem Gelände kann dies sonst in schwierige Situationen führen. Übrigens: Auf jenen wenigen Wegstücken, die wir mit anderen Verkehrsteilnehmern teilen, ist entsprechende Vorsicht geboten.

Wegweisend

Obiges Bild vereinigt alle drei Arten der Beschilderung schweizerischer Wanderwege, auf deren Netz auch die im vorliegenden Führer vorgeschlagenen Routen basieren.

Wanderwege im Flachland und in den Voralpen sind durchgehend gelb markiert. Die Wegweiser tragen auch Angaben über die durchschnittliche Wanderzeit bis zum aufgeführten Ziel. Sie sind in reichem Masse anzutreffen und ermöglichen eine gute Orientierung.

Die Markierung von Bergwanderwegen ist weiss-rot-weiss. Die Spitzen der gelben Wegweiser enthalten diesen Farbcode. Die Begehung solcher Wege stellt meist höhere Anforderungen betreffend Fitness und Ausdauer, manchmal auch bezüglich Trittsicherheit.

Kulturwege sind mit braunen Wegweisern ausgeschildert. Sie führen grösstenteils über schwach befahrene Strässchen, Feldwege und historische Pfade. Dies gilt auch für die vier Routen des vorliegenden Wanderführers. Wobei die Beschilderung hier nach und nach durch die Symbole von ViaStoria ersetzt wird. Für unsere vier Routen sind dies die folgenden:

4 *ViaJacobi*

40 *ViaSbrinz*

50 *ViaSpluga*

90 *ViaStockalper*

Vielfach finden sich auch entlang dem Weg Markierungen in den entsprechenden Farben, sei es mittels kleiner Täfelchen oder bei Bergwanderwegen mit aufgemalten weiss-rot-weissen Farbstreifen.

Mit Offenheit unterwegs

Wandern: Die Art der Fortbewegung bringt es mit sich, dass wir allem am Wegesrand bedeutend näher kommen. Keine Autoscheibe trennt uns vor Direktkontakten. Kein Parkplatzproblem hindert uns daran, gewisse Dinge eingehender zu betrachten und zu erfahren. Ja, es ist die Unmittelbarkeit der Begegnung mit Menschen, deren Lebensarten und Traditionen, mit Sehenswürdigkeiten und Naturschönheiten, die den besonderen Reiz des Wanderns ausmachen. Begeben wir uns also mit offenen Augen, offenen Ohren und offenem Herzen – verbunden mit einer bestimmten Dosis an gesunder Neugierde – auf die in diesem Wanderführer vorgezeichneten Routen. Umso tiefer gehend und nachhaltiger werden die Erlebnisse sein.

Vor einem hat uns der oft zitierte Schweizer Föderalismus zumindest bewahrt – nämlich vor der Gleichmachung der verschiedenen Regionen im Land. Die Unterschiedlichkeit der Landschaften, der regionalen Geschichte und Entwicklungen, der Traditionen, Gebräuche und Mentalitäten der Bewohner macht unser Land zu einem bunt verschachtelten Mosaik. Und folglich erwartet uns, je weiter sich die gewählte Wanderroute von unserem angestammten Ort entfernt, eine enorme Vielfalt an charakteristischen Eigenständigkeiten. So führt denn jeder Wanderkilometer durch Entdeckungsland, Erlebnisland. Voraussetzung ist nur ein gewisses Mass an Offenheit unsererseits und die Bereitschaft, auf die Menschen und die Dinge zuzugehen. Zwar ist Wandern, gemessen am Rhythmus unserer Zeit, eine langsame Form der Fortbewegung. Doch umso schneller macht uns dies hinsichtlich spontaner Entscheidungen. Um beispielsweise da eine Plauderpause, dort ein paar Augenblicke der Rast einzuschalten und eventuell die lokalen Spezialitäten zu geniessen. Der menschliche Kontakt sowie die Entdeckungen des lokalen Kolorits machen Wanderungen speziell erlebnisreich.
Womit auch das Sprichwort stimmt: Wenn einer eine Wanderung tut, dann kann er was erzählen.

Begegnungen der traditionellen lokalen Art

Historische Wege und Pfade: Zu den Zeugen aus früheren Zeiten gehören auch Gaststätten und Unterkünfte längs der Routen, denen anno dazumal eine höchst bedeutende Rolle zukam. Auf ein paar davon weisen die Routenbeschreibungen im vorliegenden Wanderführer speziell hin. Doch gehört nicht gerade das eigene, selbstständige Entdecken zu den besonderen Reizen des Wanderns? Halten wir also die Augen offen. Um uns zum Beispiel spontan da zu erfrischen, zu stärken oder zu verpflegen, wo dies schon vor Jahrhunderten die Säumer oder Pilger taten.

Auf den persönlichen Spürsinn ist Verlass

Die Etappenaufteilungen der in diesem Wanderführer vorgezeichneten historischen Routen sind so angelegt, dass Start und Ziel sowie in den allermeisten Fällen auch die Zwischenraststelle in Ortschaften liegen, die gewisse touristische Infrastrukturen und somit auch Möglichkeiten der Erholung, Gastronomie und Übernachtung bieten. Hängt man mehrere Etappen zusammen, ist dies doppelt nützlich. Aber auch im Fall von Einzeletappenwanderungen empfiehlt es sich, am Zielort nicht sogleich die öffentlichen Verkehrsmittel zu besteigen und umgehend die Heimreise anzutreten, sondern den Lokalkolorit noch ein bisschen auf sich einwirken zu lassen.

Doch welche Restaurants, welche Unterkünfte soll man wählen? Unser Wanderführer verzichtet hier bewusst auf spezielle Empfehlungen. Denn als Wanderer sind wir in erster Linie Individualisten. Und genauso individuell sind folglich auch unsere Ansprüche sowie unser persönlicher Geschmack. Nase in den Wind, gepaart mit einer Prise Spürsinn – so lautet das Erfolgsrezept. Denn Wandern bedeutet schliesslich Freiheit. Ein paar Tipps zur Suche einer Unterkunft finden sich im Kästchen auf dieser Seite.

Erholsame Nächte

Es gehört zweifelsohne zu den besonderen Reizen einer mehrtägigen Wanderung, für die Übernachtung jeweils ein geeignetes Logis zu finden. Mehrere Möglichkeiten bieten sich dafür an. Entscheidend für die Wahl sind Ansprüche, persönlicher Geschmack – und der Geldbeutel:

- *Zum einen gibt es die arrivierten Hotels. Sie bieten entsprechenden Komfort. Wobei allerdings, je grösser sie sind, meist weniger vom lokalen Charakter der Gegend zu spüren ist. Abgesehen von der höheren Preiskategorie.*

- *Viele der kleineren Gasthäuser verfügen ebenfalls über eine beschränkte Anzahl von Zimmern. Sie sind meist eigenständiger in ihrer Art und bringen uns dem regionalen Charakter ein Stück näher.*

- *In manchen Orten bestehen Unterkunftsmöglichkeiten in kleinen Pensionen oder bei Privatleuten, was näheren Kontakt mit Menschen und mit lokalen Besonderheiten eröffnet.*

- *Nicht zu vergessen: die Jugendherbergen SJH, die vielerorts – nicht nur für Jugendliche –günstig Unterkunft offerieren, zum Teil in regionaltypischen oder historischen Gebäuden.*
  Information und Reservierungsmöglichkeit: www.youthhostel.ch

- *Und schliesslich existieren längs der Routen sowie in der Nähe der Etappenorte auch Campingplätze. Das Campieren erhöht allerdings den Umfang und das Gewicht des Wandergepäcks, der Ausrüstung wegen, erheblich. Information: www.camping.ch*

Die in den Routenbeschreibungen aufgeführten Internetseiten bieten in den meisten Fällen eine Übersicht der Unterkunftsmöglichkeiten sowie deren Adressen und Telefonnummern. Oder sie bieten einen Link zu lokalen Tourismusbüros.

In der Hochsaison empfiehlt sich eine rechtzeitige Reservation!

Einfühlsamkeit im Gepäck

Historische Wanderwege und Wanderpfade führen grösstenteils, abseits der modernen Verkehrsachsen, durch die freie Natur, manchmal sogar ein Stück weit durch Naturschutzgebiete. Sie benützen alte Brücken und Stege, durchqueren idyllische Weiler und geschichtsträchtige Orte. Dass wir dem allem, trotz einer Prise gesunder Neugierde, mit entsprechendem Respekt begegnen, ist für den einfühlsamen Wanderer ein ungeschriebener Verhaltenskodex. Denn schliesslich wollen wir all das, was uns zum Glück über Jahrhunderte hinweg als kulturelle Werte erhalten blieb, jetzt nicht in kurzer Zeit zunichtemachen. Lassen wir bei unseren Annäherungen deshalb auch stets ein gewisses Mass an Behutsamkeit walten. Denn wer wandert, unterliegt – bei aller Freiheit – dem Gesetz der Selbstverantwortung.

Ein Picknick unterwegs, zum Beispiel an einem speziell romantischen Ort, gehört zweifelsohne zu den besonderen Erlebnissen einer Wanderung. Lokale Geschäfte ermöglichen es uns, dabei auch die regionalen Spezialitäten zu kosten und zu entdecken. Beim Entfachen von Feuer ist gesunder Menschenverstand und grösste Vorsicht geboten. Zu gewissen Dürrezeiten sowie in Naturschutzgebieten ist dies verboten. Wo vorhanden, empfiehlt es sich, die eigens dafür bereitgestellten Feuerstellen zu benützen. Und selbstverständlich hinterlassen wir am Ende keine Abfälle und andere Spuren unseres Picknicks. Die Blumen am Wegesrand sind vor allem zum Betrachten, Sich-Erfreuen und Fotografieren da. Sie zu pflücken und über längere Zeit mitzuführen macht auf Wanderungen meist keinen Sinn. Ganz abgesehen davon, dass manche davon den geschützten Arten angehören. Die Rote Liste des Bundesamtes für Umwelt Bafu gibt darüber Auskunft. Dasselbe gilt auch bezüglich der Tiere, die wir in ihrem natürlichen Lebensraum nicht stören wollen.

Im Gegensatz zu anderen Reisearten kommt bei Wanderungen der richtigen Auswahl des Gepäcks entscheidende Bedeutung zu. Denn schliesslich soll die Leichtigkeit der Fortbewegung auf Schusters Rappen erhalten bleiben. An erster Stelle steht dabei natürlich das Schuhwerk, die Wanderschuhe, die möglichst stützend und bereits eingelaufen sein sollten. Und auch der Rucksack sollte so weit angepasst sein, dass er Tragkomfort gewährleistet. Was unbedingt ins Gepäck gehört und worauf eventuell verzichtet werden kann, ist ein Stück weit individuell.
Das Kästchen auf dieser Seite bietet diesbezüglich ein paar Anregungen.

In Zwiesprache mit dem eigenen Körper

Wenn auch Wandern grundsätzlich die gefahrloseste Art des Reisens darstellt, ein paar kleine Risiken beinhaltet es trotzdem. Durch entsprechendes Verhalten lässt sich das eine oder andere jedoch vermeiden. Sich vernünftig verpflegen und stets genügend trinken unterwegs, sich nicht überfordern, den Wanderrhythmus dem persönlichen anpassen und in der Stille der Natur auf den eigenen Körper hören sind wesentliche Verhaltensnormen. Entsprechende Vorsicht und Kenntnis sind geboten so zum Beispiel beim Verzehr von Beeren und Früchten direkt aus der Natur. Und im (seltenen) Fall eines Falles empfiehlt es sich, umgehend die im Kästchen auf dieser Seite aufgeführten Notfallnummern anzurufen. Sicher ist sicher. Und das Wandern im Wissen um diese Möglichkeit umso leichter und beschwingter. Viel Spass.

Packen wir es ein

Was gehört an Ausrüstung mit auf eine Wanderung? Auch dies ist bis zu einem gewissen Grad individuell. Da es aber in erster Linie um Leichtigkeit und um Zweckmässigkeit geht, geht gutes Nachdenken über voreiliges Einpacken. Hier ein paar Tipps:

- *Beginnen wir beim Rucksack. Einer mit einem Fassungsvermögen von 25 bis 30 Litern genügt in den meisten Fällen. Wichtig ist, dass er richtig am Rücken anliegt und trotzdem Luftzirkulation gewährleistet.*

- *Von besonderer Bedeutung ist das Schuhwerk. Vernünftige Wanderschuhe sind knöchelhoch, damit der Fuss festen Halt hat, und aus wasserdichtem, aber atmungsaktivem Material gefertigt. Neue Schuhe sollten zuvor eingelaufen werden. Spezielle Wandersocken, aber niemals ungebrauchte, sind empfehlenswert.*

- *Ideal in Sachen Bekleidung ist die Anwendung des «Zwiebelsystems», das heisst mehrere dünne Kleidungsschichten übereinander. Dies ermöglicht es, die Bekleidung ohne viel Aufwand unterwegs den Temperaturen anzupassen. Lockere Kleidungsstücke eignen sich besser als allzu eng anliegende.*

- *Obligatorisch ist ein Regenschutz. Doch der sollte möglichst leicht sein und sich klein zusammenrollen lassen. Wird er doch – so hoffen wir – die meiste Zeit im Rucksack verbringen.*

- *Und schliesslich nicht zu vergessen: Hut und Sonnenschutz. Ist doch auf längeren Wanderungen mit der UV-Strahlung nicht zu spassen. Der Hut sollte vor allem auch den Nacken abschirmen. Empfohlen sind Sonnencremen mit hohem Schutzfaktor.*

- *Allgemein gilt: Viel und regelmässig trinken unterwegs (Wasser, Mineralwasser, Fruchtsäfte oder Tee) ist Pflicht.*

Und im Fall eines Falles

Wandern zählt zu den besonders risikoarmen Fortbewegungsarten. Eine kleine Taschenapotheke gehört trotzdem in den Rucksack. Und sollte doch mal etwas Grösseres passieren, sind umgehend die entsprechenden Notfallnummern anzurufen:

112 Europäische Notrufnummer
144 Sanitätsnotruf
1414 Rega-Rettungshelikopter
145 Vergiftungsnotfälle

Alles schon bestens organisiert

«Kulturwege Schweiz» bietet auf den Via- und ViaRegio-Routen verschiedene Erlebnispakete an. Diese werden laufend aktualisiert und erweitert. Die Detailinformationen zu sämtlichen Angeboten finden Sie auf der Website www.kulturwege-schweiz.ch.

Zum Beispiel ... ViaStockalper

An vier Tagen (drei Wandertagen) lässt sich die ViaStockalper zwischen Brig und Gondo bequem und ohne Gepäck erkunden. Die Tour kann in beiden Richtungen durchgeführt werden; von Gondo nach Brig wird sie zweimal monatlich auch geführt von einem professionellen Wanderleiter angeboten.

Anreisetag: Führung durch das Stockalperschloss und Bummel durch Brig; Abendessen und Übernachtung in Brig
1. Tag: Wanderung Brig–Simplonpass; Abendessen und Übernachtung auf dem Simplonpass
2. Tag: Wanderung Simplonpass–Simplon Dorf; Besichtigung des Museums im Alten Gasthof; Abendessen und Übernachtung in Simplon Dorf
3. Tag: Wanderung Simplon Dorf–Gondoschlucht–Gondo; Besichtigung der Ausstellung in der Alten Kaserne; Rückreise
Bei der Variante in umgekehrter Richtung findet die erste Übernachtung in Gondo statt. Es besteht bei der geführten Tour die Möglichkeit, die ehemaligen Goldminen in Gondo/Zwischbergen zu besuchen.

Im Package inbegriffen sind:
- 3 Hotelübernachtungen mit Frühstück im Doppelzimmer
- 3 Abendessen (Viergangmenu)
- 3 Lunchpakete fürs Mittagessen unterwegs
- Gepäcktransport von Hotel zu Hotel
- 3 Tage freie Fahrt auf der Postautolinie Brig–Gondo
- Führung durch das Stockalperschloss in Brig; Eintritt ins Museum im Alten Gasthof in Simplon Dorf
- diverse weitere Leistungen

Zusätzlich bei der geführten Wanderung:
- Führung durch ausgebildeten, europäisch anerkannten Wanderleiter
- Bauernbrunch am 2. Tag an Stelle des Lunchpakets
- Führung durch die Goldmine von Gondo/Zwischbergen
- Führung durch die ehemalige Festung Fort Gondo

Aktuelle Packagepreise, weitere Informationen und Angebote erhalten Sie unter www.viastockalper.ch oder beim Verkehrsverein Simplon-Süd, Tel. +41 (0)27 979 17 01.

Zum Beispiel ... ViaSpluga

Seit 2001 bieten die regionalen Tourismusorganisationen Viamala Ferien, Verkehrsverein Thusis und Consorzio Promozione Turistica Valchiavenna gemeinsam Pakete auf der ViaSpluga an.
Der 65 Kilometer lange Kulturweg wird in vier Wanderetappen unterteilt, wobei der Gast die Etappenorte individuell wählen kann. Hier ein Vorschlag:

Anreisetag: individuelle Anreise und Übernachtung in Thusis oder Sils i. D.
1. Tag: Wanderung Thusis–Andeer; Abstieg in die Viamalaschlucht und Besuch der Kirche Zillis; Eintritt ins Mineralbad in Andeer; Übernachtung in Andeer
2. Tag: Andeer–Splügen; Besuch des Wasserfalls in der Roflaschlucht; Übernachtung in Splügen

ViaStoria
KULTURWEGE SCHWEIZ

3. Tag: Splügen–Isola (I); Überquerung des Splügenpasses; Abstieg durch die Cardinelloschlucht; Übernachtung in Isola.
4. Tag: Isola–Chiavenna; Übernachtung in Chiavenna
Rückreisetag: Besichtigung von Chiavenna, Rückreise

Im Package inbegriffen sind:
- 5 Hotelübernachtungen mit Frühstück im Doppelzimmer
- 4 Lunchpakete
- Gepäcktransport von Hotel zu Hotel
- 5 Eintritte (Viamalaschlucht, Kirche Zillis, Ausstellung Kirche Zillis, Mineralbad Andeer, Wasserfall Roflaschlucht)
- diverse weitere Leistungen

Aktuelle Packagepreise, weitere Informationen und Angebote erhalten Sie unter www.viaspluga.ch oder bei Viamala Ferien, Tel. +41 (0)81 651 90 31.

Zum Beispiel ... ViaJacobi und ViaSbrinz
Auch auf Abschnitten der ViaJacobi und auf der ViaSbrinz werden Erlebnispakete angeboten.
Weitere Informationen finden Sie unter www.viajacobi.ch und www.viasbrinz.ch. Eine spannende Erlebniswanderwoche, zu Fuss unterwegs mit Saumtieren, bietet der Förderverein Sbrinz-Route jeden Sommer an. Der Saumzug führt von den Gestaden des Vierwaldstättersees nach Ponte im Formazzatal (www.sbrinz-route.ch).

Erlebnismagazin Kulturwege Schweiz

In acht Ausgaben stellt das Erlebnismagazin das Tourismusprojekt Kulturwege Schweiz in den Regionen der Schweiz vor. Das Magazin erscheint halbjährlich, im Herbst 2009 ist die Serie komplett.

Bis 2007 erschienen:
Wallis
Bern–Freiburg–Solothurn
Graubünden
Nordwestschweiz (Herbst 2007)

2008 Ostschweiz · Uri–Tessin*
2009 Westschweiz · Zentralschweiz*

Preis:
Einzelausgabe CHF 8.–/€ 5.–
Alle acht Ausgaben im Abonnement
CHF 50.–/€ 35.–
jeweils zuzügl. Porto und Verpackung

Bestellung:
online www.kulturwege-schweiz.ch
E-Mail info@kulturwege-schweiz.ch
telefonisch +41 (0)31 631 35 37

*Änderung der Reihenfolge vorbehalten

Förderverein ViaStoria

Als Mitglied des Fördervereins ViaStoria unterstützen Sie die Arbeit der Fachorganisation ViaStoria – Zentrum für Verkehrsgeschichte für den Schutz und die Erforschung historischer Verkehrswege. Dazu profitieren Sie von Vergünstigungen auf Publikationen und anderen Angeboten von ViaStoria. Die Abonnements des Erlebnismagazins «Kulturwege Schweiz» und der Zeitschrift «Wege und Geschichte» sind im Jahresbeitrag enthalten.

ViaStoria Förderverein

Jahresbeitrag:

Einzelperson	CHF 80.–/€ 65.–
Familie	CHF 120.–/€ 90.–
Schüler/in, Student/in	CHF 30.–/€ 30.–

Informationen und Anmeldung:
online www.viastoria.ch
E-Mail info@viastoria.ch
telefonisch +41 (0)31 631 35 35

Kulturführer Jakobswege durch die Schweiz

Der Führer stellt die kulturellen, sakralen und weggeschichtlichen Denkmäler entlang der ViaJacobi in Wort und Bild vor und bietet Hintergrundinformationen zur Santiago-Pilgerfahrt sowie zu lokalen Wallfahrten in der Schweiz und ihren kulturellen Zeugen.

Jakobswege durch die Schweiz. Unterwegs auf Etappen der Pilgerreise nach Santiago de Compostela. Jolanda Blum. Hg. ViaStoria, SAW, Les Amis du Chemin de St-Jacques. HEP Verlag, Bern, CHF 39.80

Dt. Ausgabe, 7. Aufl. 2007, ISBN 978-3-7225-6415-9
Edition française, 1999, ISBN 978-3-7225-6416-6

Wege und Geschichte

Die Zeitschrift «Wege und Geschichte» von ViaStoria erscheint zweimal jährlich. Sie stellt jeweils ein verkehrs- oder weggeschichtliches Thema in verschiedenen Beiträgen dar und richtet sich an ein interessiertes Publikum ohne besondere Vorkenntnisse.

Jahresabonnement:
CHF 30.–/€ 30.– inkl. Versand
Die aktuelle Ausgabe kann als kostenloses Probeexemplar bestellt werden

Bestellung:
online www.viastoria.ch
E-Mail info@viastoria.ch
telefonisch +41 (0)31 631 35 35

Signalisation

Die vorgestellten vier Routen dieses Bandes werden bis Frühling 2008 mit der landesweit neu eingeführten Wanderland-Signalisation ausgeschildert. Beschriftung, Doppelrautenlogo und Nummerierung betonen die Synergien zwischen Kulturwege Schweiz und SchweizMobil.

Weitere Links

www.jakobsweg.ch (ViaJacobi)
www.sbrinz-route.ch (ViaSbrinz)
www.viamalaferien.ch (ViaSpluga)
www.simplon.ch (ViaStockalper)

Legende

- Historische Wanderrouten durch die Schweiz Band 1
- Historische Wanderrouten durch die Schweiz Band 2+3
- Autobahn mit Anschluss
- Autostrasse mit Anschluss
- Hauptverkehrsstrasse
- Verbindungsstrasse
- Fahrweg, Fussweg
- Eisenbahn
- Schmalspurbahn
- Bergbahn
- Landesgrenze
- Kantonsgrenze
- Nationalparkgrenze

- Autoverlad – Bahn, Fähre
- Schifffahrt, Spital (nur Schweiz)
- Einzel stehendes Hotel, Restaurant
- Clubhütte, Schweizer Jugendherberge
- Zeltplatz, Heilbad
- Schöne Aussicht
- Höhle, Schlucht
- Andere Natursehenswürdigkeit
- Murten – Sehenswerter Ort
- Kloster, Kirche, Kapelle
- Schloss/Burg, Ruine
- Herrschaftshaus/Villa
- Andere kulturelle Sehenswürdigkeit

Kartenübersicht

Massstab 1: 303 000

0 2 4 6 8 10 km

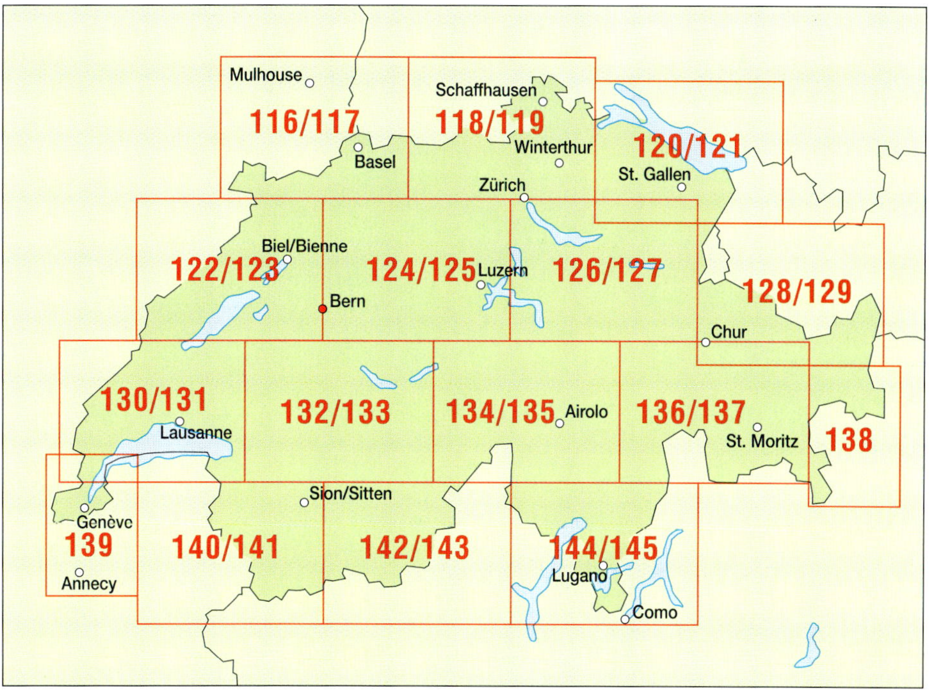

St-Maurice-sur-Moselle
Mollau
Mitzach
Malmerspach
Moosch
N66
Altenbach
1126
Molkenrain
Hartmannswiller
Feldkirch
Ensisheim
Cité-Ste-Thérèse
560
580
300
Les Charbonniers
1054
Stiftkopf
Willer-sur-Thur
Berrwiller
Bollwiller
D2B
D20
Ballon d'Alsace
1247
Ermensbach
Rimbach-près-Masevaux
Rossberg
1191
Bitschwiller-lès-Thann
Steinbach
Wattwiller
N83
Uffholtz
Staffelfelden
Pulversheim
Cité-Ste-Barbe
Ruelisheim
Oberbruck
Sewen
Dolleren
Wegscheid
Thann
Vieux-Thann
Cernay
Cité Rossalmend
Wittenheim
Kirchberg
Sickert
Bourbach-le-Haut
Rammersmatt
Leimbach
Cité Langenzug
Wittelsheim
Cité-Amélie I
Kingersheim
Roches du Cerf
Niederbruck
Masevaux
Bourbach-le-Bas
Roderen
Aspach-le-Haut
Cernay-Sud
N66
Cité Jean-Else
Cité Amélie II
Richwiller
Illzach
1074
Bärenkopf
Michelbach
Lutterbach
Pfastatt
Lepuix
Lauw
Guewenheim
Aspach-le-Bas
Sentheim
Schweighouse-Thann
Reiningue
Vescemont
Rougemont-le-Château
Mortzwiller
Pont d'Aspach
La Doller
E 54
E 60
MULHOUSE
Giromagny
Rougegotte
Etueffont
Leval
Petite-fontaine
Soppe-le-Haut
Burnhaupt-le-Haut
Morschwiller-le-Bas
Heimsbrunn
243
Riedisheim
Chaux
Grosmagny
Romagny-sous-Rougemont
Lachapelle-sous-Rougemont
Soppe-le-Bas
Burnhaupt-le-Bas
Didenheim
Brunstatt
TERRITOIRE DE BELFORT
HAUT-RHIN
Lachapelle-sous-Chaux
Anjoutey
Felon
Bretten
Diefmatten
Port d'Alsace
Galfingue
Hochstatt
Flaxlanden
Bruebach
St-Germain-le-Châtelet
Angeot
Eteimbes
Hecken
Gildwiller
Bernwiller
Frœningen
Sermamagny
Eloie
Béthonvilliers
Bellemagny
Sternenberg
Spechbach-le-Haut
D432
Zillisheim
Guevenatten
Ammerzwiller
Spechbach-le-Bas
Steinbrunn-le-Bas
N83
Vauthiermont
Falkwiller
Valdoie
Vétrigne
Roppe
Menoncourt
Larivière
Bréchaumont
Balschwiller
St-Bernard
Illfurth
280
Phaffans
Reppe
Traubach-le-Haut
Ueberkumen
Eglingen
Tagolsheim
Steinbrunn-le-Haut
Cravanche
Offemont
Denney
Lacollonge
Fontaine
La Suarcine
Heidwiller
Luemschwiller
BELFORT
Frais
Fousse-magne
Traubach-le-Bas
Buethwiller
Hagenbach
Walheim
Elbach
Wolfersdorf
Aspach
Obermorschwiller
Essert
354
Bessoncourt
Chavannes-sur-l'Etang
Valdieu-Lutran
Retzwiller
Gommersdorf
Wahlbach
La Madeleine
Pérouse
Chèvremont
Cunelières
D419
Emlingen
Tagsdorf
Danjoutin
Fontenelle
Montreux-Vieux
Lutran
Dannemarie
Ballersdorf
Heiwiller
Zaessingue
Bavilliers
Petit-Croix
Romagny
Manspach
Carspach
Altkirch
Witters-dorf
Schwoben
Argiésans
Vézelois
Novillard
Montreux-Château
Montreux-Jeune
Altenach
Franken
Botans
Andelnans
Méroux-Moval
Magny
Hausgauen
Hundsbach
Jettingen
Trouée de Belfort
Autrechêne
Bretagne
St-Ulrich
Fulleren
Hirtzbach
Dorans
Chavannes-les-Grands
Mertzen
Hirsingue
Bettendorf
Willer
Bermont
Sevenans
Charmois
Brebotte
Strueth
Henflingen
Heimersdorf
Châtenois-les-Forges
N19
Grosne
Vellescot
Chavanatte
Hindlingen
La Largue
Ruederbach
Bourogne
E 27
Froidefontaine
Boron
Suarce
Friesen
Largitzen
Grentzingen
Trévenans
Oberdorf
Steinsoultz
N437
Ueberstrass
Nommay
Dambenois
Morvillars
Grandvillars
Seppois-le-Bas
Bisel
Waldighofen
Roppentzwiller
Allenjoie
Méziré
Joncherey
Lepuix-Neuf
Riespach
Grand-Charmont
Brognard
L'Allaine
Fesches-le-Châtel
Courtelevant
Seppois-le-Haut
Feldbach
Durmenach
Niederlarg
Thiancourt
Faverois
Sochaux
Etupes
Fêche-l'Eglise
Delle
Réchésy
Mooslargue
Werentzhouse
D463
Pfetterhouse
Florimont
Vieux-Ferrette
Exincourt
Dampierre-les-Bois
Courcelles
Mœrnach
Kœstlach
Bouxwiller
260
Badevel
Boncourt
Beurnevésin
Ferrette
Audincourt
319
Beaucourt
Lebetain
Durlinsdorf
Sondersdorf
Dasle
Buix
Montignez
Lugnez
Bonfol
Liebsdorf
Bendorf
Raedersdorf
Vandoncourt
Montbouton
St-Dizier-l'Evêque
Le Maira
Damphreux
Ligsdorf
Ajoie
Oberlarg
Winkel
Seloncourt
Villars-le-Sec
Courtemaiche
Cœuve
Vendlincourt
Courtavon
Glaserberg
812
Bondeval
Mormont
Levoncourt
Kiffis
Hérimoncourt
Croix
Bure
Courchavon
Neumühle
Thulay
Miécourt
Charmoille
Löwenburg
Roggenburg
Abbévillers
Porrentruy
L'Allaine
Alle
La Lucelle
Ederswiler
BL
Meslières
Fahy
2010
Courtedoux
424
Cornol
Fregiécourt
Lucelle
Pleigne
Roches-les-Blamont
Glay
Fontenais
La Malcôte
Pleujouse
Movelier
Chevenez
Courgenay
Bourrignon
Mettembert
Soyhières
Danne-marie
Creux Genat
Courtemautruy
Asuel
Blamont
Grandfontaine
Rocourt
Villars
E 27
80
Pierrefontaine-lès-Blamont
Bressaucourt
Montavon
Delémont
St-Ursanne
Villars-lès-Blamont
Damvant
Réclère
Roche-d'Or
Seleute
Séprais
Develier-Dessus
Grottes de Réclère
Fort du Lomont
Vernois-le-Fol
Ocourt
Montenol
Montmelon
Develier
Chamesol
Vaufrey
Glère
Clos du Doubs
Boécourt
Rossemaison
Brémoncourt
Epauvillers
Le Doubs
Soulce-Cernay
Burnevillers
Epiquerez
Glovelier
Bassecourt
Courfaivre
Courtételle
Courtefontaine
Berlincourt
Châtillon
Vellerat
Gorges de la Birse
Indevillers
Mont-favergier
Sceut
St-Brais
240
Soubey
Saulcy
Undervelier
Soulce
Hautes Roches
Montandon
Les Plains-et-Grands-Essarts

Munchhouse
Seefelden
Heitersheim
Wettelbrunn
Ballrechten-Dottingen
Betberg
Trubelsmattkopf
Muggenbrunn
Münstertal
Rumersheim-le-Haut
Zienken
Buggingen
Laufen
Sulzburg
Bad Sulzburg
Aftersteg
Wieden
Battenheim
Bantzenheim
Chalampé
Dattingen
Hügelheim
Britzingen
Zunzingen
Belchen
Baldersheim
Neuenburg a. Rh.
Müllheim
Badenweiler
Schweighof
Klemmbach
Schönenberg
Aitern
Utzenfeld
Sausheim
Ottmarsheim
Neuenburg
Steinenstadt
Auggen
Vögisheim
Lipburg
Sehringen
Feldberg
Blauen
Marzell
Friedrichsheim
Neuenweg
Schönau i.S.
Bürchau
Wembach
Fröhnd
Hombourg
Mauchen
Schliengen
Obereggenen
Niedereggenen
Vogelbach
Kaltenbach
Wies
Raich
Ehrsberg
Rixheim
Habsheim
Zimmersheim
Petit Landau
Bad Bellingen
Feuerbach
Liel
Sitzenkirch
Lütschenbach
Malsburg
Sallneck
Schwand
Pfaffenberg
Zeller Blauen
Häg
Niffer
Bamlach
Hertingen
Tannenkirch
Kandern
Tegernau
Adelsberg
Mambach
Atzenbach
Eschentzwiller
Riedlingen
Endenburg
Gresgen
Zell i.W.
Rheinweiler
Blansingen
Welmlingen
Holzen
Hammerstein
Munzenberg
Schlächtenhaus
Hofen
Wieslet
Hausen i.W.
Raitbach
Dietwiller
Landser
Kembs
Kleinkems
Mappach
Maugenhard
Enkenstein
Weitenau
Schlierbach
Huttingen
Wintersweiler
Nebenau
Geispitzen
Waltenheim
Istein
Efringen-Kirchen
Egringen
Schallbach
Wollbach
Wittlingen
Hägelberg
Langenau
Fahrnau
Schopfheim
Kürnberg
Hasel
Erdmannshöhle
Rantzwiller
Sierentz
Koetzingue
Uffheim
Loechle
Bartenheim-la-Chaussée
Kirchen
Fischingen
Rümmingen
Hauingen
Steinen
Eichen
Magstatt-le-Haut
Magstatt-le-Bas
Bartenheim
Rosenau
Eimeldingen
Binzen
Haagen
Brombach
Höllstein
Maulburg
Wiechs
Wehr
Märkt
Tumringen
Hüsingen
Nordschwaben
Stetten
Brinckheim
Kappelen
Weil a.Rh.
St-Louis-la-Chaussée
Village-Neuf
Ötlingen
Haltingen
Adelhausen
Oberminseln
Dossenbach
Niederdossenbach
Helfrantzkirch
Blotzheim
Michelbach-le-Bas
Huningue
Lörrach
Stetten
Dinkelberg
Obereichsel
Unterminseln
Niedereichsel
Tschamberhöhle
Riedmatt
Schwörstadt
Hemmet
Öflingen
Brennet
D419
Berentzwiller
Ranspach-le-Bas
Ranspach-le-Haut
Michelbach-le-Haut
Hésingue
St-Louis
Riehen
Inzlingen
Karsau
Nollingen
St.Chrischona
Degerfelden
Riburg
Wallbach
Attenschwiller
Hegenheim
Bettingen
Herten
Rheinfelden
Möhlin
Knoeringue
Buschwiller
BASEL
Grenzach-Wyhlen
Kaiseraugst
Rheinfelden
Gersbach
Muespach
Muespach-le-Haut
Folgensbourg
Wentzwiller
Allschwil
Birsfelden
Hagnau
Pratteln
Augst
Giebenach
Olsberg
Magden
Zeiningen
Mumpf
Zuzgen
Schönenbuch
Binningen
Hagenthal-le-Bas
Neuwiller
Oberwil
Bottmingen
Muttenz
Pratteln
Füllinsdorf
Arisdorf
Maisprach
Buus
Linsdorf
Bettlach
Hagenthal-le-Haut
Biel
Benken
Reinach
Therwil
München-stein
Frenkendorf
Hersberg
Wintersingen
Fislis
Leymen
Liebenswiller
Birsig
Arlesheim
Schauenburg-Bad
Nusshof
Hemmiken
Oltingue
Bättwil
Flüh
Witterswil
Ettingen
Dornach
Liestal
Lausen
Rickenbach
Ormalingen
Rodersdorf
Mariastein
Biederthal
Hofstetten
Nuglar
Gempen
St.Pantaleon
Sissach
Gelterkinden
Lutter
Metzerlen
Blauenberg
Aesch
Itingen
Böckten
Rothenfluh
Wolschwiller
Burg i.L.
Nenzlingen
Pfeffingen
Hochwald
Büren
Seltisberg
Ramlinsburg
Thürnen
Diepflingen
Tecknau
Wenslingen
Blauen
Zwingen
Duggingen
Lupsingen
Bubendorf
Zunzgen
Tenniken
Rünenberg
Dittingen
Grellingen
Seewen
Ziefen
Lampenberg
Wittinsburg
Rümlingen
Kilchberg
Laufen
Laufental
Röschenz
Brislach
Steffen
Himmelried
Arboldswil
Hölstein
Känerkinden
Häfelfingen
Zeglingen
Kleinlützel
Huggerwald
Breitenbach
Engi
Niederdorf
Titterten
Buckten
Liesberg
Oberrüti
Wahlen
Reigoldswil
Bennwil
Diegten
Läufelfingen
Wiler
Fehren
Bretzwil
Oberdorf
Dietisberg
Lützel
La Birse
Büsserach
Meltingen
Zullwil
Nunningen
Lauwil
Liedertswil
Waldenburg
Eptingen
Wisen
Mahren
Hauenstein
Bärschwil
Grindel
Erschwil
Wasserfallen
Waldenburgertal
Ifenthal
Trimbach
Courroux
Courcelon
Beinwil
Passwang
Belchenflue
Allerheiligenberg
Teufelsschlucht
Olten
Montsevelier
Courchapoix
Mümliswil
Ober Hauenstein
Langenbruck
Rickenbach
Vicques
Corban
Mervelier
Ramiswil
Holderbank
Bärenwil
Wangen b.O.
Courrendlin
Rebeuvelier
Choindez
Schelten BE
Scheltenpass
Sunnenberg
Balsthal
Egerkingen
Hägendorf
Kappel
Aarburg
Oftringen
Vermes
Envelier
Laupersdorf
Matzendorf
Oberbuchsiten
Härkingen
Gunzgen
Roches
Mont Raimeux
Raimeux de Crémines
Seehof
Aedermannsdorf
Dünnern
Mülli
Klus
Neuendorf
Boningen
Rothrist

Muggenbrunn
Todtnauberg
Feldberg
Altglashütten
Raitenbuch
Göschweiler
Reiselfingen
Aftersteg
Wieden
Todtnau
Brandenberg
Ober-fischbach
Grünwald
Gündel-wangen
Bonndorf i.S.
Belchen
Schlechtnau
Hof
Hinterdorf
Menzen-schwand
Schluchsee
Faulenfürst
Balzhausen
Aitern
Utzen-feld
Geschwend
Bernau
Kaiser-haus
Habsberg
Seebrugg
Brünlisbach
Ebnet
Wellen-dingen
Wittlekofen
Schönenberg
Innerlehen
Oberlehen
Unterlehen
Blössling
Schönau i.S.
Präg
Blasiwald
Schönenbach
Grafen-hausen
Wangen
Wembach
Fröhnd
St. Blasien
Häusern
Staufen
Mettenberg
Birkendorf
Bettmaringen
Mutterslehen
Ibach
Weg
Ehrsberg
Urberg
Höchenschwand
Buggenried
Hürrlingen
Uhlingen-
Ober-mettingen
Pfaffenberg
Zeller Blauen
Häg-
Happach
Todtmoos
Wittenschwand
Dachsberg
Brenden
Riedern a.W.
Mambach
Atzenbach
Adelsberg
Schwarzenbach
Rohrenkopf
Amrigschwand
Hotzenwald
Ender-mettingen
Unter-mettingen
Immeneich
Tiefenhäusern
Zell i.W.
Wehr-halden
Gersbach
Wolpadingen
Brunn-adern
Nöggen-schwiel
Kloster
Berau
Löhningen
Hausen i.W.
Engel-schwand
Gross-herrischwand
Heppingen
Rassbach
Ofteringen
Raitbach
Rütte
Remet-schwiel
Bannholz
Bierbronnen
Krenkingen
Aichen
Detzeln
Degernau
Wilfingen
Strittmatt
Kürnberg
Hasel
Herrischried
Rotzingen
Oberalpfen
Waldkirch
Indlekofen
Wellheim
Breitenfeld
Wutöschingen
Erdmannshöhle
Hornberg
Segeten
Hogschür
Unter-alpfen
Gaiss
Schmitzingen
Gurtweil
Horheim
Eichen
Niedergebisbach
Altenschwand
Görwihl
Eschbach
Waldshut-Tiengen
Schwerzen
Willmen-dingen
Wehr
Glashütten
Hottingen
Rüsswihl
Birndorf
Birkingen
Unter-Lauchringen
Ober-
Hütten
Bergalingen
Rickenbach
Oberwihl
Buch
Dogern
Full
Koblenz
Kadelburg
Küssaberg
Bechtersbohl
Dossen-bach
Nieder-dossenbach
Willaringen
Nieder-wihl
Kiesenbach
Rietheim
Dangstetten
Hemmet
Schachen
Reuenthal
Leibstadt
Bad Zurzach
Rheinheim
Küssnach
Schwörstadt
Öflingen
Albbruck
Hochsal
Gippingen
Kling-nau
Reckingen
Lien-heim
Brennet
Egg
Rippolingen
Hänner
Oberhof
Rotzel
Binzgen
Schwaderloch
Leuggern
Mellikon
Bergsee
Wallbach
Harpolingen
Nieder-hof
Luttingen
Etzgen
Hettenschwil
Döttingen
Rekingen
Riburg
Bad Säckingen
Murg
Laufenburg (Bd.)
Mettau
Odenholz
Baldingen
Rümikon
Möhlin
Laufen-burg
Rheinsulz
Wil
Ober-hofen
Hottwil
Böttstein
Tegerfelden
Wislikofen
Stein
Sisseln
Mandach
Unter-endingen
Böbikon
Mellstorf
Zeiningen
Mumpf
Münchwilen
Kaisten
Gansingen
Endingen
Vogelsang
Zuzgen
Obermumpf
Eiken
Oeschgen
Sulz
Galten
Villigen
Lengnau
Schnei-singen
Maisprach
Fricktal
Ittenthal
Mönthal
Remigen
Würen-lingen
Degermoos
Buus
Hellikon
Schupfart
Frick
Elfingen
Stilli
Unter-siggenthal
Freienwil
Niederweningen
Gipf-
Bözen
Oberbözberg
Rüfenach
Kirchdorf
Unter-ehrendingen
Hemmiken
Wegenstetten
Oberfrick
Hornussen
Effingen
Unterbözberg
Riniken
Ober-siggenthal
Ober-ehrendingen
Rickenbach
Wittnau
Ueken
Bözberg
Brugg
Umiken
Turgi
Gebens-torf
Baden
Ennetbaden
Gelter-kinden
Ormalingen
Chornberg
Zeihen
Gallenkirch
Linn
Windisch
Wettingen
Herznach
Villnachern
Habsburg
Birmenstorf
Böckten
Rothenfluh
Anwil
Ober-Zeihen
Homberg
Hausen
Mülligen
Würenlos
Wölflinswil
Schinznach-Dorf
Schinznach Bad
Dättwil
Neuenhof
Diepflingen
Tecknau
Benken
Densbüren
Oberflachs
Lupfig
Birrfeld
Oetwil a.d.L.
Wenslingen
Oberhof
Thalheim
Scherz
Birr
Würenlos
Wittins-burg
Oltingen
Asp
Veltheim
Holderbank
Rüthof
Birrhard
Fislisbach
Kill-wangen
Rünenberg
Rümlingen
Kienberg
Staffelegg
Wildegg
Oberrohrdorf
Kilchberg
Salhöhe
Hard
Brunegg
Mellingen
Spreiten-bach
Häfelfingen
Geissflue
Biberstein
Auenstein
Nieder-rohrdorf
Remet-schwil
Känerkinden
Zeglingen
Ober-erlinsbach
Erlinsbach
Rupperswil
Möriken-
Mägenwil
Wohlen-schwil
Buckten
Rohr
Nieder-erlinsbach
Küttigen
Rohr
Nieder-lenz
Othmar-singen
Tägerig
Stetten
Läufelfingen
Bad Lostorf
Stüsslingen
Hendschiken
Hägglingen
Künten
Wisen
Mahren
Aarau
Buchs
Hunzen-schwil
Staufen
Lenzburg
Nesselnbach
Niederwil
Bellikon
Unter Hauenstein
Lostorf
Nieder-gösgen
Dottikon
Sulz
Hauenstein
Winznau
Obergös-gen
Eppenberg-
Wöschnau
Suhr
Schafis-heim
Göslikon
Fischbach-
Eggenwil
Widen
Ifenthal
Trimbach
Schönen-werd
Unterentfelden
Ammerswil
Anglikon
Mutschellen
Teufels-schlucht
Olten
Starrkirch
Däniken
Gretzen-bach
Ober-entfelden
Gränichen
Dintikon
Wohlen
Bremgarten
Berikon
Ricken-bach
Dulliken
Egliswil
Villmergen
Zufikon
Wangen b.O.
Wil
Kölliken
Rütihof
Bleien
Seon
Waltenschwil
Hilfikon
Hagendorf
Aarburg
Walterswil
Holziken
Muhen
Teufen-thal
Dürren-äsch
Hallwil
Seengen
Staffeln
Hermet-schwil-
Rotten-schwil
Kappel
Oftringen
Safenwil
Hirschthal
Büttikon
Waldhausern
Kallern
Boningen
Striegel
Uerkheim
Unter-kulm
Leutwil
Boniswil
Tennwil
Uezwil
Bünzen
Besen-büren
Gunzgen
Rothrist
Wiggertal
Zofingen
Mühlethal
Schöftland
Oberkulm
Alliswil
Meisterschwanden
Sarmenstorf
Boswil
Althäusern

Bachheim
Eschach
Wutachschlucht
Ewattingen
Aselfingen
Achdorf
Blumberg
Zollhaus
Münchingen
Wutach
Lausheim
Lembach
Blumegg
Fützen
Dillendorf
Schwaningen
Weizen
Grimmelshofen
Epfenhofen
Randen
Kommingen
Riedöschingen
Leipferdingen
Engen
Anselfingen
Neuhausen
Aach
Volkertshausen
Ehingen
Watterdingen
Welschingen
Tengen
Talheim
Blumenfeld
Weil
Beuren a.R.
Hohenstoffeln
Mühlhausen-Ehingen
Weiterdingen
Schlatt
Hegau
Beuren a.d.A.
Hausen a.d.A.
Friedingen
Steisslingen
Wiechs
Duchtlingen
Binningen
Storzeln
Hilzingen
Singen
Riedheim
Nordhalden
Uttenhofen
Büsslingen
Altdorf
Bargen
Wiechs a.R.
Hofen
Bibern
Opfertshofen
Schlatt a.R.
Merishausen
Beggingen
Lohn
Barzheim
Ebringen
Thayngen
Büttenhardt
Stetten
Bietingen
Gottmadingen
Rielasingen-Worblingen
Überlingen a.R.
Böhringen
Randegg
Buch
Arlen
Herblingen
Kesslerloch
Stühlingen
Mauchen
Schleitheim
Lang Randen
Hemmental
Eberfingen
Siblingen
Schaffhausen
Mutzentäli
Dörflingen
Murbach
Ramsen
Wiesholz
Oberhallau
Löhningen
Beringen
Gächlingen
Feuerthalen
Büsingen a.H.
Gailingen
Eggingen
Hallau
Neunkirch
Guntmadingen
Neuhausen a.R.
Rheinfall
Flurlingen
Diessenhofen
Schienen
Hemishofen
Stein a.Rh.
Öhningen
Schiener Berg
Trasadingen
Wilchingen
Uhwiesen
Paradies
Willisdorf
Rheinklingen
Wagenhausen
Dachsen
Schlatt
Unterschlatt
Basadingen-Schlattingen
Benken
Etzwilen
Kaltenbach
Eschenz
Kattenhorn
Mammern
Erzingen
Osterfingen
Jestetten
Altenburg
Rheinau
Oberwildensbuch
Rudolfingen
Dickihof
Unterstammheim
Oberstammheim
Rechberg
Weisweil
Klettgau
Balterswil
Balm
Trüllikon
Truttikon
Guntalingen
Nussbaumen
Bornhausen
Griessen
Dettighofen
Lottstetten
Marthalen
Waltalingen
Staanegg
Hörnli
Riedern
Berwangen
Oerlingen
Gisenhard
Uerschhausen
Geisslingen
Bühl
Wil
Rafz
Ossingen
Oberneunforn
Wilen b.N.
Hüttwilen
Herder
Hüntwangen
Nack
Ellikon a.Rh.
Alten
Kleinandelfingen
Dätwil
Neunforn
Trüttlikon
Buch
Bergöschingen
Wasterkingen
Andelfingen
Gütighausen
Niederneunforn
Weiningen
Stetten
Günzgen
Eglisau
Rüdlingen
Thur
Humlikon
Adlikon
Niederwil
Thalheim a.d.Th.
Uesslingen
Warth
Frauenfeld
Hohentengen a.H.
Herdern
Dorf
Oberwil
Altikon
Ellikon a.d.Th.
Horgenbach
Kaiserstuhl
Rhein
Seglingen
Buchberg
Berg a.I.
Flaach
Volken
Henggart
Eschlikon
Dägerlen
Dinhard
Rickenbach
Fisibach
Zweidlen
Glattfelden
Gräslikon
Wiler
Hünikon
Hettlingen
Rutschwil
Welsikon
Kefikon
Islikon
Gachnang
Niederwil
Weiach
Raat
Teufen
Buch a.I.
Sulz
Oberwil
Gerlikon
Windlach
Freienstein-Teufen
Aesch
Seuzach
Stadel
Attikon
Gundetswil
Häuslenen
Siglistorf
Stadel
Hochfelden
Bülach
Rorbas
Dättlikon
Neftenbach
Riedt
Ohringen
W.-Nord
W.-Ost
Bertschikon
Gündlikon
Bachs
Neerach
Eschenmoosen
Embrach
Pfungen
Forrenberg
Wiesendangen
Schneit
Zünikon
Hagenbuch
Aawangen
Wittenwil
Oberweningen
Riedt
Höri
Bachenbülach
Wülflingen
Oberwinterthur
Elsau
Räterschen
Dickbuch
Aadorf
Schleinikon
Schöfflisdorf
Steinmaur
Dielsdorf
Niederglatt
Winkel
Oberrüti
Lufingen
Oberembrach
Neuburg
Töss
WINTERTHUR
Elgg
Ettenhausen
Regensberg
Boppelsen
Niederhasli
Oberglatt
Augwil
Brütten
Seen
Waltenstein
Hofstetten
Gerlisberg
Oberwil
Eidberg
Sennhof
Schlatt
Schauenberg
Otelfingen
Buchs
Nassenwil
Oberhasli
Birchwil
Breite
Winterberg
Kollbrunn
Langenhard
Seelmatten
Adlikon
Rümlang
Kloten
Bassersdorf
Nürensdorf
Kemptthal
Kyburg
Rikon
Zell
Hutzikon
Turbenthal
Bichelsee
Dänikon
Dällikon
Hüttikon
Watt
Glattbrugg
Opfikon
Lindau
Weisslingen
First
Neubrunn
Regensdorf
Wallisellen
Dietlikon
Tagelswangen
Brüttisellen
Effretikon
Ottikon
Neschwil
Wildberg
Oberhofen
Geroldswil
Weiningen
Seebach
Agasul
Theilingen
Ehrikon
Wila
Unterengstringen
Oberengstringen
Affoltern
ZH-Nord
Wangen
Bisikon
Horben
Rumlikon
Schalchen
Tablat
Dietikon
Limmattal
Oerlikon
Kindhausen
Illnau
Madetswil
Gündisau
Hermatswil
Steinen
Kindhausen
Höngg
Schwamendingen
Volketswil
Russikon
Saland
Schlieren
ZÜRICH
Dübendorf
Schwerzenbach
Gutenswil
Fehraltdorf
Juckern
Sternenberg
Bergdietikon
Altstetten
Humbel
Rudolfstetten
Urdorf
Uitikon
Gockhausen
Glatt
Fällanden
Greifensee
Freudwil
Friedlisberg
Pfaffhausen
Nänikon
Wermatswil
Hittnau
Dürstelen
Birmensdorf
Ringlikon
Witikon
Binz
Pfäffikon
Bauma
Uetliberg
Ebmatingen
Pfäffikersee
Auslikon
Lieli
Sellenbüren
Zollikerberg
Waltikon
Zumikon
Maur
Uster
Seegräben
Adetswil
Bäretswil
Oberwil
Aesch
Wollishofen
Zollikon
Forch
Uessikon
Aathal
Kempten
Fischenthal
Wettswil a.A.
Islisberg
Stallikon
Kilchberg
Küsnacht
Riedikon
Sulzbach
Bertschikon
Wetzikon
Ettenhausen
Bettswil
Unterlunkhofen
Arni
Adliswil
Mönchaltorf
Gossau
Ringwil
Gibswil
Oberlunkhofen
Bonstetten
Hedingen
Hinteregg
Grüt
Hinwil
Wernetshausen
Jonen
Rüschlikon
Thalwil
Erlenbach
Wetzwil
Pfannenstiel
Egg
Ottikon
Berg
Hinwil
Hub
Reuss
Reppisch
Greifensee
E 41
E 60
300
280
260
240

Stockach
Nenzingen
Orsingen
Volkertshausen
Wahlwies
Espasingen
Ludwigshafen
Winterspüren
Seelfingen
Bonndorf
Billafingen
Sipplinger Berg
Sipplingen
Nesselwangen
Owingen
Hohenbodman
Bruckfelden
Ernatsreute
Lippertsreute
Bambergen
Schwende
Taisersdorf
Unterrehna
Wintersulgen
Heiligenberg
Betenbrunn
Altheim
Frickingen
Leustetten
Beuren
Deggenhausen
Deggenhausertal
Altenbeuren
Untersiggingen
Weildorf
Rickenbach
Stefansfeld
Tüfingen
Andelshofen
Hödingen
Goldbach
Überlingen
Deisendorf
Mimmenhausen
Neufrach
Salem
Oberstenweiler
Mittelstenweiler
Buggensegel
Bermatingen
Grasbeuren
Ahausen
Hegau
Wiechs
Beuren a.d.A.
Steisslingen
Stahringen
Friedingen
Singen
Bodman
Liggeringen
Güttingen
Möggingen
Langenrain
Marienschlucht
Wallhausen
Freudental
Böhringen
Überlingen a.R.
Radolfzell a.B.
Markelfingen
Mindelsee
Kaltbrunn
Dingelsdorf
Dettingen
Allensbach
Hegne
Litzelstetten
Nussdorf
Mühlhofen
Oberuhldingen
Seefelden
Uhldingen
Unteruhldingen
Gebhardsweiler
Schiggendorf
Daisendorf
Baitenhausen
Ittendorf
Riedetsweiler
Mainau
Blumeninsel
Egg
Meersburg
Stetten
Kippenhausen
Hagnau a.B.
Immenstaad a.B.
Rielasingen
Worblingen
Bohlingen
Moos
Iznang
Zeller See
Gnadensee
Gundholzem
Weiler
Bankholzen
Horn
Niederzell
Mittelzell
Reichenau
Oberzell
Wollmatingen
Allmannsdorf
Petershausen
KONSTANZ
Kreuzlingen
Schienen
Schiener Berg
Gaienhofen
Hemmenhofen
Hemishofen
Stein a.Rh.
Wangen
Untersee
Berlingen
Mannenbach
Ermatingen
Gottlieben
Salenstein
Triboltingen
Tägerwilen
Öhningen
Kattenhorn
Steckborn
Reutenen
Mammern
Kaltenbach
Eschenz
Gündelhart
Homburg
Büüre
Helsighausen
Fruthwilen
Raperswilen
Hattenhausen
Sonterswil
Wäldi
Neuwilen
Ellighausen
Bottighofen
Scherzingen
Lengwil
Münsterlingen
Landschlacht
Bornhausen
Hörhausen
Illhart
Lipperswil
Engwilen
Oberhofen
Schönenbaumgarten
Altnau
Güttingen
Langrickenbach
Kesswil
Uttwil
Dozwil
Romanshorn
Salmsach
Nussbaumen
Staanegg
Hörnli
Lanzenneunforn
Dettighofen
Hörstetten
Wagerswil
Kemmental
Alterswilen
Siegershausen
Altishausen
Illighausen
Zuben
Hüttwilen
Buch
Herdern
Müllheim
Wigoltingen
Engwang
Hugelshofen
Dotnacht
Graltshausen
Klarsreuti
Dünnershaus
Sommeri
Hefenhofen
Weiningen
Pfyn
Märstetten
Ottoberg
Ottebärg
Berg
Birwinken
Happerswil
Kümmertshausen
Oberaach
Amriswil
Hatswil
Warth
Thur
Felben
Wellhausen
Mettendorf
Hüttlingen
Eschikofen
Bonau
Amlikon
Griesenberg
Bissegg
Weinfelden
Weerswilen
Mauren
Guntershausen
Mattwil
Andwil
Engishofen
Horgenbach
Frauenfeld
Chirchberg
Niederwil
Islikon
Gachnang
Oberwil
Gerlikon
Fimmelsberg
Lustdorf
Wolfikon
Bänikon
Bussnang
Rothenhausen
Bürglen
Opfershofen
Donzhausen
Leimbach
Riedt
Sulgen
Erlen
Biessenhofen
Buchackern
Rauchlisberg
Steinebrunn
Thundorf
Wetzikon
Zezikon
Oppikon
Friltschen
Reuti
Istighofen
Buhwil
Kradolf
Schochers-wil
Heldswil
Neukirch
Hagenwil
Häuslenen
Gündlikon
Stettfurt
Matzingen
Weingarten
Lommis
Affeltrangen
Buch b.M.
Märwil
Mettlen
Tobel
Tägerschen
Braunau
Lanterswil
Schönholzerswilen
Schönenberg
Hohentannen
Sitterdorf
Zihlschlacht
Muolen
Hegi
Schneit
Zünikon
Hagenbuch
Aawangen
Wittenwil
Aadorf
Wängi
Bettwiesen
Wuppenau
Hagenwil
Neukirch
Halden
Heiligkreuz
Bischofszell
Sittertal
Gottshaus
Häggenschwil
Lömmenschwil
Dickbuch
Elgg
Ettenhausen
Tuttwil
Margarethen
St.
Münchwilen
Bronschhofen
Hosenruck
Zuckenriet
Niederhelfenschwil
Wilen
Hauptwil
Pelagiberg
Bernhardzell
Hofstetten
Schauenberg
Seelmatten
Guntershausen
Iffwil
Eschlikon
Wil
Züberwangen
Zuzwil
Lenggenwil
Niederbüren
Ronwil
Waldkirch
Edlischwil
Niederwil
Mutwil
Wallenwil
Balterswil
Sirnach
Horben
Wiezikon
Wilen
Thurau
Henau
Niederuzwil
Oberbüren
Arnegg
Hohfirst
Engelburg
Fürstenland
Zell
Hutzikon
Turbenthal
Bichelsee
Neubrunn
Rickenbach
Schwarzenbach
Littenheid
Algetshausen
Uzwil
Niederwil
Andwil
St. Josefen
Gaiserwald
Oberhofen
Dussnang
Oberwangen
Dietschwil
Wolfikon
Jonschwil
Oberuzwil
Bichwil
Riggenschwil
Abtwil
Wila
Tablat
Fischingen
Kirchberg
Schalkhusen
Bazenheid
Unterrindal
Oberrindal
Lütisburg
Flawil
Gossau
Oberdorf
Winkeln
Bruggen
Niederteufen
Saland
Steinen
Au
Öttwil
Gähwil
Müselbach
Tufertschwil
Wolfertswil
Alterswil
Egg
Herisau
Stein
Hasle
Juckern
Sternenberg
Hörnli
Mühlrüti
Dreien
Mosnang
Ganterschwil
Nassen
Degersheim
Hundwil
Dürstelen
Bauma
Hulftegg
Bütschwil
Hoffeld
Mogelsberg
Waldstatt
Steg
Oberhelfenschwil
Dietfurt
Necker
Schwellbrunn
Adetswil
Bäretswil
Bettswil
Fischenthal
Schnebelhorn
Libingen
Kengelbach
St. Loretto
Brunnadern
Wilket
Furth
Dicken
Wald
Schönengrund
Hochhamm
Zürchersmühle
Gonten
Jakobsbad
Ringwil
Gibswil
Krinau
Lichtensteig
St. Peterzell
Hemberg
Bächli
Urnäsch
Hinwil
Wernetshausen
Hub
Wattwil
Hemberg
Helfenswil
Kronberg
Überlinger See
Bodanrück
Bodensee
Deutschland
D
E
CH

Zussdorf
Illwangen
Dankets-weiler
Hasenweiler
Zogenweiler
Glashütten
Ringgen-weiler
Betten-weiler
Horgenzell
Wahlweiler
Limpach
Ober-siggingen
Winterbach
Schmalegg
Wittenhofen
Sattelbach
Kappel
Wolketsweiler
Wilhelms-kirch
Roggen-beuren
Urnau
Albers-kirch
Baven-dorf
Oberzell
Wendlingen
Gehrenberg
754
Bitzenhofen
Hefigkofen
Dürnast
Adelsreute
Taldorf
Markdorf
Oberteuringen
Hepbach
Unter-teuringen
Ettenkirch
Brochenzell
Riedheim
Raderach
Waltenweiler
Hirschlatt
Mecken-beuren
Kluftern
Efrizweiler
Berg
Ailingen
Kehlen
Reute
Schnetzen-hausen
Fischbach
Kau
St. Georgen
FRIEDRICHS-HAFEN
Schussen
Mariabrunn
Eriskirch
Schlatt
Oberdorf
Langenargen
Weiler
Schachen
Baienfurt
Baindt
Ettishofen
Berg
Köpfingen
Weingarten
Erbisreute
Anken-reute
Ravensburg
450
Wetzis-reute
Schlier
Weissenau
Staig
Siebearts-reute
Torken-weiler
Grünkraut
Eschach
Oberhofen
Gornhofen
Liebenau
Siggenweiler
Eisenbach
Tettnang
Krumbach
Tannau
Laimnau
Langnau
Apflau
Hiltens-weiler
Betznau
Gattnau
Kressbronn a.B.
Unter reitnau
Oberreit-nau
Hege
Bodolz
Nonnenhorn
Wasserburg
Schönau
Hoyren
Schachen
Lindau
Zech
Bodnegg
Prestenberg
Essach
Haslach
Neukirch
Wildpoltsweiler
Achberg
Esseratsweiler
Doberats-weiler
Weissens-berg
Bösen-reutin
Reutin
Bergat-reute
Alttann
Altdorfer Wald
Wolfegg
Grund
Heissen
Vogt
Waldburg
Karsee
Leupolz
Amtzell
Schomburg
Primis-weiler
Weitprechts
Eintürnen-berg
Immenried
Remperts-hofen
Reiperts-hofen
Wiggen-reute
Rötenbach
Emmelhofen
Kisslegg
Bärenweiler
Zaisen-hofen
Walters-hofen
Meggen
Herfatz
Ratzenried
Argenbühl
Deuchelried
Wangen i.A.
556
Giessen
Nieder-wangen
Untere Argen
Obere Argen
Eglofs
Hergatz
Wohm-brechts
Maria-Thann
Neuravensburg
Opfen-bach
Meckatz
Heimenkirch
Mellatz
Roggenzell
Riedhirsch
Hergens-weiler
Nieder-staufen
Lindenberg i.A.
761
Scheidegg
Weiler i. A.
Hohen-weiler
Weienried
Böser-scheidegg
Sigmars-zell
Leuten-hofen
Möggers
Hörbranz
Eichen-berg
Lindenau
Scheffau
Schweinhöf
Thal
Lochau
Pfänder-tunnel 6,7 km
Pfänder
1064
Hirschberg
1095
Fischanger
Langen b.B.
Sulzberg
Doren
Bregenz
Fluh
Bregenzer Ach
Weissach
Kennelbach
Buch
Langenegg
Wolfurt
Rickenbach
Alber-schwende
Bildstein
Schwarzach
Brüggelekopf
1182
Lingenau
Grossdorf
Egg
Hasel-stauden
Dornbirn
Bödele
Schwarzen-berg
Unterbach
Andels-buch
Kehlegg
Hochälpele
1464
Bersbuch
Bregenzer-
Bezau
Hatlerdorf
Mühlebach
Gütle
Rappenloch-schl.
Alploch-schl.
1465
Staufenspitz
Klausberg
Hof
Ellenbogen
Wald
Reuthe
Hirschau
Mellau
Hohenems
Reute
Ebnit
Mörzelspitze
1830
1645
Hohe Kugel
Götznerberg
Götzis
Fraxern
Hoher Freschen
2004
Mellenbach
Klipperen
2066
Dornbirner Ach
Klaus
Weiler
Viktorsberg
Röthis
Dafins
Zwischenwasser
Batschuns
Furx
Damüls
Faschinajoch
1487
Sulz
Brederis
Meiningen
Rüthi
Büchel
Koblach
Mäder
Neuburg
Mont-lingen
Altach
Au
Oberriet
Kobel-wald
Eichberg
Kriessern
Alter Rhein
Diepolds-au
Widnau
Rebstein
Marbach
Balgach
Berneck
Heerbrugg
Lustenau
Au
St. Margrethen
Höchst
Gaissau
Fussach
Hard
Lauterach
Rohr-spitz
Rheinspitz
Alter Rhein
Altenrhein
Staad
Buechen
Thal
Rheineck
Walzen-hausen
Lutzen-berg
Wolfhalden
Heiden
791
Lachen
Schachen
Wald
Reute
Oberegg
St. Anton
Rorschach
Rorschacherberg
Wienacht
Tübach
Goldach
Horn
Steinach
Arbon
Egnach
Frasnacht
Steineloh
Roggwil
Obersteinach
Freidorf
Berg
Hueb
Wittenbach
Mörsch-wil
Meggenhus
Untereggen
Grub
Eggersriet
Kronbühl
Speicher-schwendi
Rehetobel
St. Fiden
St. Georgen
Speicher
ST. GALLEN
670
Trogen
Goldach
Ruppen
Teufen
Bühler
Gäbris
1251
Altstätten
Stoss
Gais
Brand
943
Schlatt
Hirschberg
1174
Sammelplatz
Gontenbad
764
Hard
Appenzell
Steinegg
Eggerstanden
Rüte
Weissbad
Freienbach
Hirschensprung
Brülisau
Schwende
Wasserauen
Hoher Kasten
1794
D E U T S C H
B O D E N S E E
396

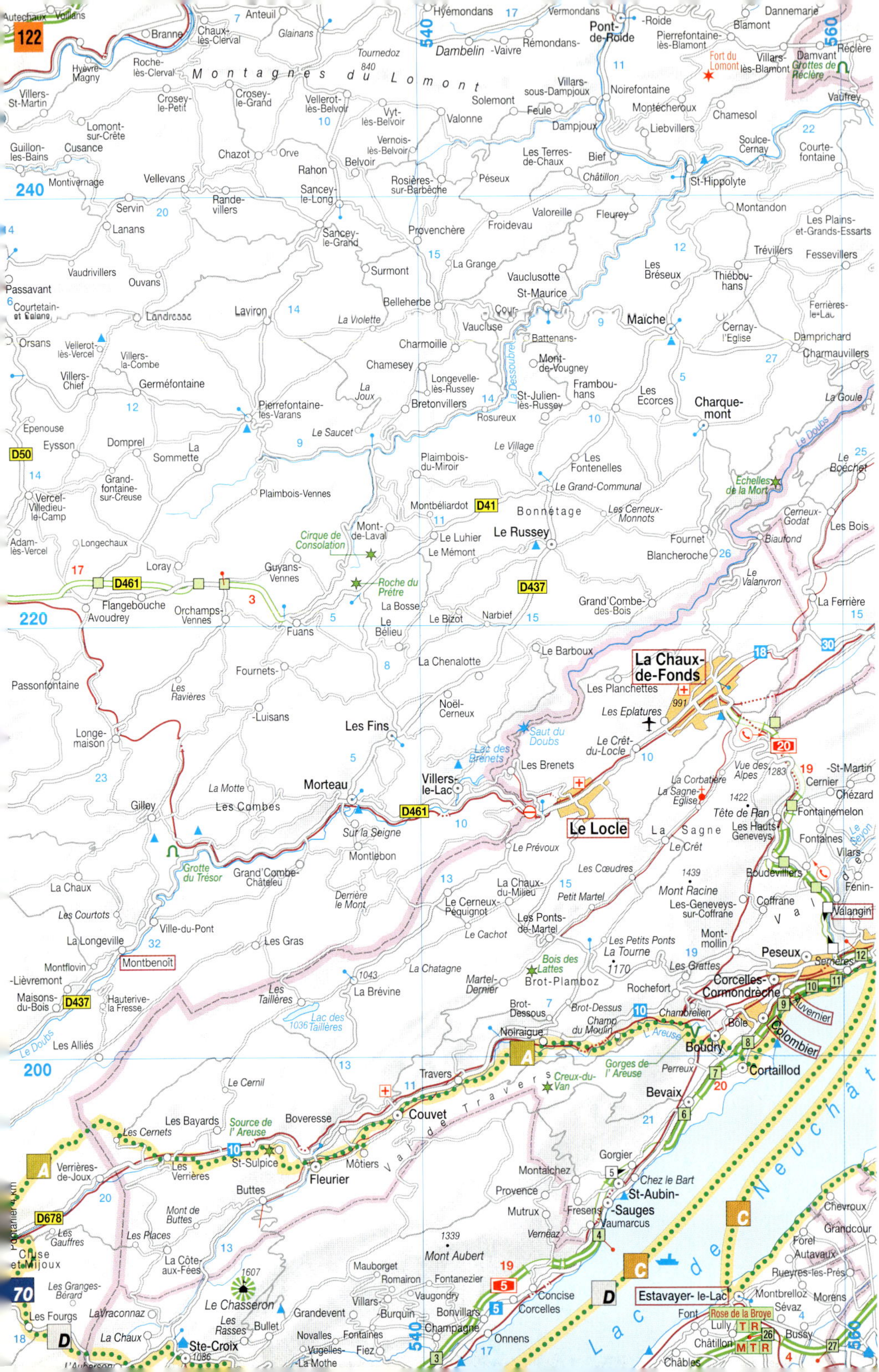

Autechaux
Voillans
Branne
Chaux-lès-Clerval
Anteuil
Glainans
Hyémondans
Vermondans
Pont-de-Roide
-Roide
Dannemarie
Blamont
Pierrefontaine-lès-Blamont
Réclère
Damvant
Grottes de Réclère
Fort du Lomont
Villars-lès-Blamont
Tournedoz
840
Dambelin
-Vaivre
Rémondans-
Roche-lès-Clerval
Hyèvre-Magny
Montagnes du Lomont
Villars-St-Martin
Crosey-le-Petit
Crosey-le-Grand
Vellerot-lès-Belvoir
Vyt-lès-Belvoir
Valonne
Solemont
Villars-sous-Dampjoux
Noirefontaine
Feule
Dampjoux
Montécheroux
Liebvillers
Chamesol
Vaufrey
Lomont-sur-Crête
Guillon-les-Bains
Cusance
Chazot
Orve
Rahon
Belvoir
Vernois-lès-Belvoir
Les Terres-de-Chaux
Bief
Soulce-Cernay
Courte-fontaine
Montivernage
Vellevans
Sancey-le-Long
Rosières-sur-Barbèche
Péseux
Châtillon
St-Hippolyte
Servin
Rande-villers
Lanans
Sancey-le-Grand
Provenchère
Froidevau
Valoreille
Fleurey
Montandon
Les Plains-et-Grands-Essarts
Trévillers
Fessevillers
La Grange
Surmont
Vauclusotte
Les Bréseux
Thiébou-hans
Vaudrivillers
Ouvans
Passavant
Courtetain-et-Salans
Landresse
Laviron
Belleherbe
La Violette
St-Maurice
Cour-
Vaucluse
Maîche
Ferrières-le-Lac
Cernay-l'Eglise
Damprichard
Charmauvillers
Orsans
Vellerot-lès-Vercel
Villers-la-Combe
Villers-Chief
Germéfontaine
Charmoille
Chamesey
Battenans-
Mont-de-Vougney
Longevelle-lès-Russey
La Joux
Bretonvillers
La Dessoubre
St-Julien-lès-Russey
Frambou-hans
Les Ecorces
Charque-mont
La Goule
Le Doubs
Pierrefontaine-les-Varans
Le Saucet
Rosureux
Epenouse
Eysson
Domprel
La Sommette
Plaimbois-du-Miroir
Le Village
Les Fontenelles
Le Grand-Communal
Echelles de la Mort
Le Boéchet
D50
Grand-fontaine-sur-Creuse
Plaimbois-Vennes
Vercel-Villedieu-le-Camp
Montbéliardot
D41
Bonnétage
Les Cerneux-Monnots
Cerneux-Godat
Les Bois
Adam-lès-Vercel
Longechaux
Cirque de Consolation
Mont-de-Laval
Le Luhier
Le Russey
Fournet
Biaufond
Le Mémont
Blancheroche
Loray
Guyans-Vennes
Roche du Prêtre
D437
Le Valanvron
D461
Flangebouche
Avoudrey
Orchamps-Vennes
La Bosse
Grand'Combe-des-Bois
La Ferrière
Fuans
Le Bélieu
Le Bizot
Narbief
Le Barboux
La Chaux-de-Fonds
Passonfontaine
Fournets-
La Chenalotte
Les Planchettes
Les Ravières
Noël-Cerneux
991
Les Eplatures
-Luisans
Les Fins
Saut du Doubs
Longe-maison
Lac des Brenets
Le Crêt-du-Locle
Les Brenets
Vue des Alpes
1283
-St-Martin
Cernier
Chézard
Villers-le-Lac
La Corbatière
La Sagne Eglise
1422
Tête de Ran
Fontainemelon
La Motte
Morteau
Les Combes
Gilley
Sur la Seigne
Le Locle
La Sagne
Les Hauts-Geneveys
Fontaines
Le Seyon
Vilars
Le Prévoux
Le Crêt
Montlebon
Grotte du Trésor
Grand'Combe-Châteleu
Les Cœudres
Boudevilliers
La Chaux
Derrière le Mont
La Chaux-du-Milieu
1439
Mont Racine
Fenin-
Petit Martel
Coffrane
Les Courtois
Le Cerneux-Péquignot
Les Ponts-de-Martel
Les-Geneveys-sur-Coffrane
Val de Ruz
Valangin
Ville-du-Pont
Le Cachot
Les Petits Ponts
Mont-mollin
La Longeville
Les Gras
La Tourne
1170
Peseux
Serrières
Montbenoît
Montflovin
La Chatagne
Bois des Lattes
Les Grattes
-Lièvremont
1043
Martel-Dernier
Brot-Plamboz
Rochefort
Corcelles-Cormondrèche
Maisons-du-Bois
Hauterive-la Fresse
Les Taillères
La Brévine
Brot-Dessous
Brot-Dessus
Chambrelien
Auvernier
Lac des Taillères
1036
Champ du Moulin
Bôle
Colombier
Les Alliés
Noiraigue
L'Areuse
Boudry
Gorges de l'Areuse
Perreux
Cortaillod
Le Cernil
Travers
Creux-du-Van
Bevaix
Val de Travers
Les Bayards
Les Cernets
Source de l'Areuse
Boveresse
Couvet
Verrières-de-Joux
Les Verrières
St-Sulpice
Fleurier
Môtiers
Gorgier
Montalchez
Chez le Bart
St-Aubin-Sauges
D678
Buttes
Provence
Mutrux
Fresens
Vaumarcus
Mont de Buttes
Pontarlier 4 km
Les Gauffres
Les Places
Cluse et Mijoux
La Côte-aux-Fées
1339
Mont Aubert
Vernéaz
Chevroux
Grandcour
Lac de Neuchâtel
Forel
Autavaux
1607
Mauborget
Romairon
Fontanezier
Rueyres-les-Prés
Les Granges-Bérard
Le Chasseron
Villars-Burquin
Vaugondry
Concise
Corcelles
Estavayer-le-Lac
Montbrelloz
Morens
Sévaz
Les Fourgs
La Vraconnaz
Grandevent
Bonvillars
Font
Rose de la Broye
Lully
Bussy
Les Rasses
Bullet
Champagne
La Chaux
Novalles
Fontaines
Onnens
Châtillon
Ste-Croix
1086
Vugelles-La Mothe
Fiez
Châbles
L'Auberson

Delémont
Bärschwil
Courtemautruy
St-Ursanne
Montavon
Séprais
Develier-Dessus
Courcelon
Grandfontaine
Rocourt
Chevenez
Creux Genat
Bressaucourt
Villars
Roche-d'Or
Seleute
Mont-melon
Vernois-le-Fol
Ocourt
Montenol
Boécourt
Develier
Courroux
Courchapoix
Glère
-Brémoncourt
Clos du Doubs
Epauvillers
Rossemaison
Vicques
Le Doubs
Burnevillers
Epiquerez
Glovelier
Bassecourt
Courfaivre
Courtételle
Courrendlin
Berlincourt
Châtillon
Choindez
Rebeuvelier
Indevillers
Mont-favergier
Sccut
Vellerat
Gorges de la Birse
Soubey
St-Brais
Saulcy
Undervelier
Gorges du Pichoux
Soulce
Roches
Hautes Roches
Mont Raimeux
Raimeux de Crémines
Crémines
Les Enfers
Montfaucon
La Combe
Fornet
Rebévelier
Moutier
Belprahon
Grandval
Corcelles
Vautenaivre
Les Pommerats
Pré Petitjean
Lajoux
Monible
Châtelat
Sornetan
Souboz
Perrefitte
Eschert
Goumois
Le Bémont
Bellelay
Moron
Champoz
Gänsbrunnen
Saignelégier
Le Prédame
Les Genevez
Saules
Loveresse
Pontenet
Gorges de Court
Nidleloch
Muriaux
Les Cerlatez
Etang de la Gruère
Le Fuet
Saicourt
Vallée de Tavannes
Malleray
Bévilard
Sorvilier
Court
Hasenmatt
Le Noirmont
Les Emibois
Le Cernil
Tramelan
Reconvilier
Grenchenberg
Lommiswil
Le Roselet
Les Reussilles
La Chaux-des-Breuleux
Tavannes
Montoz
Selzach
Les Breuleux
Le Creux-des-Biches
Les Vacheries
Mont-Tramelan
Montagne du Droit
-Sombeval
Corgémont
Péry
Bettlach
Grenchen
Le Peuchapatte
Cortébert
La Heutte
Plagne
Romont
Lengnau
Altreu
Courtelary
Sonceboz
Reuchenette
Vauffelin
Pieterlen
Staad
La Suze
Cormoret
Frinvillier
Leuzige
Arch
Villeret
Orvin
Evilard
Safnern
Meinisberg
Les Prés-d'Orvin
BIEL/BIENNE
Bözingen
Orpund
Rüti b. B.
Bibern
St-Imier
Combe Grède
Vallon de Saint-Imier
Sonvilier
Chasseral
Magglingen
Mett
Nidau-Büren-Kanal
Hessigkofen
Mont Sujet
Vingelz
Meienried
Gossliwil
Büren a.A.
Renan
Nidau
Brügg
Schwadernau
Oberwil b.B.
Lamboing
Alfermée
Aegerten
Bucheggberg
Gächliwil
Aetigkofen
Diesse
Tüscherz-Gaicht
Dotzigen
Lüterswil
Oberramsern
Nods
Ipsach
Port
Studen
Büetigen
Biezwil
Twannbachschlucht
Twann
Bellmund
Jens
Diessbach b.B.
Schnottwil
Le Pâquier
Wingreis
Sutz-Lattrigen
Worben
Busswil b.B.
Balm b.M.
Mülchi
Châtillon
Prêles
Scheunenberg
Messen
Merzligen
Mörigen
Hermrigen
Werdthof
Wengi
Ruppoldsried
Brunnenthal
Villiers
Lignières
Ligerz
Gerolfingen
Hardern
Ottiswil
Bittwil
Lyss
Ammerzwil
Dombresson
La Neuveville
St. Petersinsel
Bielersee
Epsach
Bühl
Fräuchwil
Scheunen
Enges
Täuffelen
Walperswil
Suberg
Grossaffoltern
Vogelsang
Iffwil
Savagnier
Le Landeron
Hagneck
Gimmiz
Kappelen
Kosthofen
Rapperswil
Bangerten
Zuzwil
Cressier
Lüscherz
Hagneck-Kanal
Wiler
Wierezwil
Dieterswil
Cornaux
Aare
Spins
Seewil
Saules
Chaumont
Gals
Erlach
Siselen
Bargen
Aarberg
Seedorf
Ziegelried
Bundkofen
Moosaffoltern
Ballmoos
Zihlkanal
Tschugg
Vinelz
Lobsigen
Schüpfen
Wavre
Thielle
Brüttelen
Kallnach
Frienisberg
Diemerswil
Moosseedorf
St-Blaise
Hauterive
Gampelen
Finsterhennen
Radelfingen
Ruchwil
Baggwil
Grachwil
Münchenbuchsee
Marin-Epagnier
Ins
Treiten
Niederried
Wahlendorf
Meikirch
Oberlindach
Grauholz
Neuchâtel
Müntschemier
Detligen
Innerberg
Uettligen
Zollikofen
Kirchlindach
Witzwil
Fräschels
Ostermanigen
Frieswil
Säriswil
Möriswil
Ortschwaben
Grosses Moos
Kerzers
Golaten
Oltigen
Wohlen b.B.
Bremgarten b.B.
Worblaufen
Bellechasse
Wileroltigen
Murzelen
Hinterkappelen
Bas-Vully
Gurbrü
Buttenried
Wohlensee
BERN
Cudrefin
Mont Vully
Sugiez
Haut-Vully
Agriswil
Mühleberg
Frauenkappelen
Praz
Nant
Ried
Ferenbalm
Buech
Riedbach
Champmartin
Lugnorre
Montet
Mur
Môtier
Muntelier
Büchslen
Gümmenen
Mauss
Oberbottigen
Bümpliz
Vallamand
Guévaux
Galmiz
Gempenach
Altavilla
Ulmiz
Biberen
Spengelried
Matzenried
Köniz
Chabrey
Montmagny
Lac de Morat
Murten
Meyriez
Lurtigen
Burg
Wallenbuch
Niederwangen
Wabern
-Portalban
Bellerive
Constantine
Salavaux
Greng
Faoug
Salvenach
Gammen
Süri
Oberwangen
Herzwil
Gurten
Kehrsatz
Delley-Villars-le-Grand
Münchenwiler
Courgevaux
Liebistorf
Kriechenwil
Laupen
Bramberg
Liebewil
Schliern
Gletterens
St-Aubin
La Broye
Clavaleyres
Courlevon
Cressier
Jeuss
Kleinbösingen
Neuenegg
Gasel
Englisberg
Villarepos
Gurmels
Kleingurmels
Bösingen
Thörishaus
Schlatt
Missy
Vallon
Avenches
Donatyre
Wallenried
Guschelmuth
Cordast
Saane
Fendringen
-Flamatt
Niederscherli
Oberscherli
Zimmerwald
Ressudens
Corméród
Courtaman
Courtepin
Vivy
Schiffenen
Schiffenensee
Wünnewil-Ueberstorf
Niedermettlen
Mittelhäusern
Oberbalm
Obermuhlern
Niedermuhlern
Domdidier
Courtion
Fillistorf
Dietisberg
Obermettlen
Schwarzwasser-graben
Oleyres
Dompierre
Barberêche
Schmitten
Albligen
Ackermatt
Misery
Cournillens
Pensier
Heitiwil
Corcelles-près-Payerne
Chandon
Russy
Grolley
La Sonnaz
Düdingen
Lanthen
Niedermuhren
Wiler vor Holz
Lanzenhäusern
Vorderfultigen
Oberbütschel
Cormagens
Jetschwil
Heitenried
Wahlern
Hinterfultigen
Niederbütschel
Payerne
Cousset
Léchelles
Belfaux
Lossy
Granges-Paccot
St. Wolfgang
Mariahilf
Rohr
St. Antoni
Rüeggisberg

Büsserach
Meltingen
Zullwil
Nunningen
Lauwil
Liedertswil
Oberdorf
Waldenburg
Bärschwil
Grindel
Erschwil
Beinwil
Wasserfallen
Eptingen
Hauenstein
Wisen
Mahren
Hauenstein-
Ifenthal
Trimbach
Olten
Courroux
Courcelon
Montsevelier
Passwang
Ober Hauenstein
Belchenflue
Allerheiligenberg
Teufelsschlucht
Rickenbach
Courchapoix
Mümliswil-
Langenbruck
Corban
Mervelier
Ramiswil
Bärenwil
Wangen b.O.
Vicques
Courrendlin
Holderbank
Schelten BE
Scheltenpass
Sunnenberg
Balsthal
Egerkingen
Hägendorf
Aarburg
Choindez
Rebeuvelier
Vermes
Laupersdorf
Kappel
Gunzgen
Envelier
Matzendorf
Oberbuchsiten
Härkingen
Boningen
Raimeux
Aedermannsdorf
Dünnern
Oensinger Klus
Roches
Raimeux de Crémines
Seehof
Müli
Klus
Oensingen
Härkingen
Neuendorf
Rothrist
Gunzgen
Herbetswil
Läberen
Niederbuchsiten
Belprahon
Crémines
Gländ
Corcelles
Welschenrohr
Kestenholz
Riken
Grandval
Moutier
Eschert
Chamben
Wolfisberg
Rumisberg
Niederbipp
Oberbipp
Wolfwil
Fulenbach
Vordemwald
Balmberg
Farnern
Wynau
Murgenthal
Günsberg
Kammersrohr
Wiedlisbach
Holzhäusern
Schwarzhäusern
Glashütten
Jura Garten
Nidleloch
Balm b.G.
Niederwil
Attiswil
Hubersdorf
Mumenthal
Aegerten
Balzenwil
Hasenmatt
Weissenstein
Flumenthal
Deitingen
Walliswil b. N.
Stalten
Bannwil
Aarwangen
Roggwil
Sagen
Oberdorf
Rüttenen
Riedholz
Feldbrunnen
Wangen a. A.
Aare
St. Urban
Pfaffnau
Grenchenberg
Lommiswil
Langendorf
St. Niklaus
Luterbach
Deitingen
Walliswil b. W.
Berken
Bützberg
Langenthal
Untersteckholz
Bellach
Wangenried
Heimenhausen
Graben
Bettlach
Selzach
Solothurn
Luterbach
Deitingen
Röthenbach b.H.
Wanzwil
Obersteckholz
Roggliswil
Grenchen
Zuchwil
Derendingen
Subingen
Inkwil
Thunstetten
Chlyrot
Altreu
Lüsslingen
Oekingen
Hüniken
Etziken
Bolken
Herzogenbuchsee
Lotzwil
Gutenburg
Busswil b.M.
Altbüron
Nennigkofen
Biberist
Kriegstetten
Niederönz
Bettenhausen
Bleienbach
Melchnau
Staad
Ammannsegg
Lohn-
Horriwil
Aeschi
Oberönz
Rütschelen
Leuzigen
Lüterkofen-Ichertswil
Halten
Burgäschi
Thörigen
Madiswil
Reisiswil
Grossdietwil
Arch
Gerlafingen
Hersiwil
Bollodingen
Mättenbach
Rüti b. B.
Küttigkofen
Kräiligen
Zielebach
Recherswil
Heinrichswil-Winistorf
Steinhof
Seeberg
Hermiswil
Fischbach
Bibern
Tscheppach
Buchegg
Wiler b.U.
Willadingen
Riedtwil
Ochlenberg
Leimiswil
Kleindietwil
Gondiswil
Büren a.A.
Gossliwil
Hessigkofen
Brügglen
Kyburg
Koppigen
Hellsau
Höchstetten
Grasswil
Oschwand
Auswil
Ärbolligen
Oberwil b.B.
Gächliwil
Mühledorf
Aetingen
Bätterkinden
Utzenstorf
St. Niklaus
Ursenbach
Rohrbach
Hüswil
Aetigkofen
Oberramsern
Unterramsern
Alchenstorf
Breitenegg
Wäckerschwend
Walterswil
Huttwil
Uefhusen
Lüterswil-
Biezwil
Schalunen
Niederösch
Rumendingen
Wynigen
Rohrbachgraben
Schnottwil
Balm b.M.
Limpach
Oberösch
Ferrenberg
Mülchi
Büren zum Hof
Oeschenbach
Aefligen
Ersigen
Wengi
Messen
Brunnenthal
Fraubrunnen
Rüdtligen-Alchenflüh
Kirchberg
Häusernmoos
Dürrenroth
Eriswil
Hofstatt
Ruppoldsried
Etzelkofen
Bütikofen
Guetisberg
Lueg
Wyssachen
Bittwil
Grafenried
Zauggenried
Lyssach
Frauchwil
Scheunen
Kernenried
Heimiswil
Affoltern i. E.
Weier
Vogelsang
Iffwil
Rüti b.L.
Fritzeflue
Rapperswil
Bangerten
Jegenstorf
Burgdorf
Vorder Rinderbach
Wierezwil
Dieterswil
Zuzwil
Mötschwil
Seewil
Moosaffoltern
Ballmoos
Münchringen
Hindelbank
Schleumen
Oberburg
Busswil
Rüegsbach
Wasen i.E.
Hornbach
Schüpfen
Urtenen-
Diemerswil
Mattstetten
Hettiswil
Rüegsau
Sumiswald
Moosseedorf
Bäriswil
Hasle b.B.
Rüegsauschachen
Grünen
Thal
Churzenei
Riedbad
Grächwil
Münchenbuchsee
Schönbühl
Krauchthal
Lützelflüh
Trachselwald
Dieterswald
Grünenmatt
Lüderenalp
Höchänzi
Oberlindach
Grauholz
Hueb
Ramsei
Zollikofen
Kirchlindach
Ortschwaben
Habstetten
Lindental
Schafhausen i.E.
Goldbach
Geissgratflue
Schynen
Ranflüh
Uettligen
Bremgarten b.B.
Worblaufen
Bantiger
Ittigen
Bolligen
Schwanden
Zollbrück
Gmünden
Hinterkappelen
Ferenberg
Utzigen
Rüderswil
Brandösch
BERN
Stettlen
Boll
Mützlenberg
Emme
Fankh
Obergoldbach
Bigenthal
Lauperswil
Ostermundigen
Radelfingen
Landiswil
Emmenmatt
Gohl
Langnau i.E.
Vechigen
Wikartswil
Walkringen
Hämlismatt
Trub
Bümpliz
Gümligen
Rüfenacht
Wattenwil
Arni
Moosegg
Bärau
Trubschachen
Köniz
Muri
Worb
Enggistein
Biglen
Arnisäge
Blasenflue
Schüpbach
Hohwacht
Niederwangen
Waberen
Allmendingen
Richigen
Ried
Oberthal
Signau
Äschau
Gurten
Vielbringen
Trimstein
Grosshöchstetten
Oberhofen
Steinen
Neuenschwand
Kröschenbrunnen
Herzwil
Schliern
Kehrsatz
Schlosswil
Zäziwil
Gasel
Englisberg
Rubigen
Herolfingen
Gysenstein
Mirchel
Bowil
Runkhofen
Blappach
Wiggen
Niederscherli
Schlatt
Oberscherli
Wald
Belp
Konolfingen
Rütene
Oberhünigen
Eggiwil
Schärlig
Münsingen
Tägertschi
Niederhünigen
Chuderhüsi
Zilmatt
Pfyffer
Oberbalm
Obermuhlern
Zimmerwald
Ursellen
Stalden
Freimettigen
Schwarzwassergraben
Niedermuhlern
Belpberg
Häutligen
Niederwichtrach
Wichtrach
Toffen
Linden
Röthenbach i.E
Marbach
Gürbe
Gelterfingen
Gerzensee
Oberdiessbach
Jassbach
Siehen
Vorderfultigen
Oberbütschel
Rümligen
Kaufdorf
Mühledorf
Oberwichtrach
Herbligen
Heimenschwand
Schallenberg
Schangnau
Marbachegg
Hinterfultigen
Niederbütschel
Hasli
Kirchenthurnen
Kirchdorf
Kiesen
Oppligen
Aeschen
Wachseldorn
Oberei
Räbloch
Rüeggisberg

Aarau
Buchs
Suhr
Lenzburg
Hunzenschwil
Staufen
Schafisheim
Hendschiken
Dottikon
Hägglingen
Nesselnbach
Künten
Bergdietikon
Schlieren
Urdorf
Rudolfstetten-Friedlisberg
Eggenwil
Niederwil
Anglikon
Göslikon
Fischbach-Göslikon
Wohlen
Bremgarten
Widen
Mutschellen
Berikon
Zufikon
Birmensdorf
Ringlikon
Lostorf
Niedergösgen
Winznau
Obergösgen
Stüsslingen
Wöschnau
Eppenberg-Wöschnau
Schönenwerd
Unterentfelden
Oberentfelden
Gränichen
Ammerswil
Dintikon
Villmergen
Egliswil
Starrkirch
Däniken
Gretzenbach
Dulliken
Wil
Kölliken
Muhen
Rütihof
Seon
Bleien
Teufenthal
Dürrenäsch
Hallwil
Seengen
Hilfikon
Waltenschwil
Staffeln
Hermetschwil
Oberwil-Lieli
Unterlunkhofen
Islisberg
Walterswil
Holziken
Oftringen
Safenwil
Uerkheim
Hirschthal
Unterkulm
Leutwil
Boniswil
Tennwil
Sarmenstorf
Büttikon
Waldhäusern
Kallern
Uezwil
Bünzen
Besenbüren
Rottenschwil
Oberlunkhofen
Jonen
Arni
Bonstetten
Striegel
Zofingen
Mühlethal
Wiggertal
Schöftland
Schlossrued
Oberkulm
Zetzwil
Alliswil
Meisterschwanden
Boswil
Althäusern
Aristau
Ottenbach
Hedingen
Zwillikon
Affoltern a.A.
Bottenwil
Staffelbach
Kirchrued
Kirchleerau
Schmiedrued
Moosleerau
Gontenschwil
Birrwil
Leimbach
Beinwil a.S.
Hallwilersee
Fahrwangen
Bettwil
Niederschongau
Oberschongau
Wissenbach
Muri
Birri
Rickenbach
Obfelden
Strengelbach
Adelboden
Wiliberg
Attelwil
Walde
Mettmen
Rüediken
Buttwil
Geltwil
Merenschwand
Mettmenstetten
Brittnau
Wikon
Reidermoos
Reitnau
Kulmerau
Pfeffikon
Reinach
Menziken
Aesch
Altwis
Müswangen
Lindenberg
Beinwil (Freiamt)
Benzenschwil
Reiden
Winikon
Triengen
Etzelwil
Burg
Mosen
Ermensee
Hämikon
Hitzkirch
Brunnwil
Rüstenschwil
Mühlau
Maschwanden
Knonau
Langnau b.R.
Richenthal
Wilihof
Büron
Schlierbach
Rickenbach
Gunzwil
Schwarzenbach
Sulz
Wiggwil
Auw
Niederwil
Rumentikon
Dagmersellen
Uffikon
Wetzwil
Gelfingen
Lieli
Alikon
Hagendorn
Baldeggersee
Altishofen
Buchs
Knutwil
Geuensee
Beromünster
Herlisberg
Kleinwangen
Sins
Hünenberg
Cham
Nebikon
Kaltbach
Tann
Waldi
Retschwil
Ferren
Baldegg
Hohenrain
Aettenschwil
Ebersecken
Egolzwil
Wauwil
Schenkon
Neudorf
Abtwil
Oberrüti
Schötz
St. Erhard
Mauensee
Sursee
Bäch
Nunwil
Oberebersol
Ottenhusen
Ballwil
Rütihof
Ohmstal
Mauensee
Kottwil
Leidenberg
Oberkirch
Vogelsgang
Eich
Hildisrieden
Römerswil
Hochdorf
Fenkrieden
Rotkreuz
Alberswil
Ettiswil
Sigerswil
Sempachersee
Traselingen
Urswil
Gibelflüe
Dietwil
Buonas
Zell
Gettnau
Grosswangen
Büel
Nottwil
Mättiwil
Rain
Eschenbach
Risch
Briseck
Sempach
Sandblatten
Honau
Meierskappel
Gisikon
Willisau Stadt
Willisau Land
Buttisholz
Sempach Station
Neuenkirch
Bärtiswil
Inwil
Perlen
Root
Ruefswil
Stäfebach
Etzenerle
Lipperüti
Rothenburg
Dierikon
Haltikon
Immensee
Hergiswil b.W.
Daiwil
Geiss
St. Ottilien
Ruediswil
Windblose
Emmen
Buchrain
Udligenswil
Ebikon
Küssnacht
Rohrmatt
Menznau
Buholz
Ruswil
Hellbühl
Emmenbrücke
Rotsee
LUZERN
Adligenswil
Merlischachen
Hübeli
Soppensee
Wolhusen
Sigigen
Littau
Meggen
Greppen
Luthern
Werthenstein
Weggis
Menzberg
Schachen
Blatten
Malters
Hergiswald
Kriens
Hertenstein
Lutherbad
Fontanne
St. Niklausen
Horw
Kastanienbaum
Vierwaldstättersee
Romoos
Doppleschwand
Ebnet
Schwarzenberg
Rümlig
Eigental
Hergiswil
Napf
Mettlen
Rengg
Bürgenstock
Kehrsiten
Ennetbürgen
Fankhaus
Habschwanden
Entlebuch
Pilatus
Lopper
Stansstad
Buchs
Bramboden
Hasle
Entlen
Finsterwald
Mittaggüpfi
Alpnachersee
Rotzloch
Allweg
Stans
Kl. Emme
Gfelle
Lütoldsmatt
Alpnachstad
Ennetmoos
Buochserhorn
Schüpfheim
Heiligkreuz
Schimbrig
Alpnach
Rohren
Oberdorf
Büren nid dem Bach
Stanserhorn
St. Jakob
Dallenwil
Niederrickenbach
Lehn
Gross Schliere
Schoried
Kägiswil
Biosphäre-Reservat Entlebuch
Escholzmatt
Steinibach
Ächerlipass
Wolfenschiessen
Schwändi Kaltbad
Sarnen
Kerns
Brisen
Fürstein
Kirchhofen
Oberrickenbach
Schwendi
Wilen
St. Niklausen
Altzellen
Flühli
Rotguet
Oberwilen
Flüeli
Sarnersee
Sachseln
Gräfimattstand
Grafenort
Edisried
Ewil
Grossteil
Melchtal
Melchaa
Engelbergeraa
Brunni
Schwand
Schrattenflue
Hengst
Karrenfelder
Waldemme
Sörenberg
Glaubenbielen
Kleinteil
Giswil
Diechtersmatt
Engelbergertal
Engelberg

Altstetten
Urdorf
Uitikon
Birmensdorf
Ringlikon
Uetliberg
871
Lieli
Oberwil
Sellenbüren
Aesch
Wettswil a.A.
Islisberg
Stallikon
Arni
Bonstetten
Oberlunkhofen
240
Jonen
Zwillikon
Hedingen
Ottenbach
Obfelden
Affoltern a.A.
Aeugstertal
Aeugst a.A.
Türlersee
Rickenbach
Knonauer Amt
Maschwanden
Mettmenstetten
Rifferswil
Mühlau
Knonau
Rossau
Reuss
Lorze
Niederwil
Rumentikon
Hagendorn
Steinhausen
Blegi
Sins
Hünenberg
Cham
Zug
Oberrüti
Rütihof
Dietwil
Rotkreuz
Honau
220
Meierskappel
Gisikon
Root
Buonas
Risch
Oberwil
Zugerberg
1039
Zuger-see
Walchwil
Immensee
Hohle Gasse
Küssnacht
Haltikon
Merlischachen
Greppen
Rigi-Kulm
1798
Rigi Kaltbad
Rigi
Rigi-Scheidegg
Weggis
Hertenstein
Vitznau
Vierwaldstätter-see
Ennetbürgen
Buchs
Gersau
Treib
Beckenried
Seelisberg
Rütli
Emmetten
Oberdorf
Buochserhorn
200
1807
Büren nid dem Bach
Stadtli
Dallenwil
Niederrickenbach
Schwalmis
2246
Brisen
Klewen
Stockhütte
Seelisbergtunnel 9,3 km
Wolfenschiessen
Brisen
2404
Oberrickenbach
Altzellen
Isenthal
Grosstal
Bauen
Urnersee
Isleten
Bolzbach
Flüelen
Altdorf
458
Seedorf
Uri-Rotstock
2928
Engelberger Rotstock
2818
Gitschenhöreli
2952
Brunnistock
Surenenpass
2291
Brüsti
Attinghausen
Schattdorf
Bürglen
Erstfeld
Gotthard
Brunni
Schwand
Rugghubel
Engelberg
680
ZÜRICH
Gockhausen
Schwerzenbach
Fällanden
Greifensee
Pfaffhausen
Binz
Witikon
Ebmatingen
Zollikerberg
Waltikon
Zumikon
Zollikon
Küsnacht
Maur
Forch
Uessikon
Wollishofen
Kilchberg
Adliswil
Rüschlikon
Erlenbach
Thalwil
Langnau a.A.
Gattikon
Oberrieden
Albishorn
791
Horgen
915
Heisch
Hausen a.A.
Ebertswil
Sihlbrugg
Kappel a.A.
Uerzlikon
Blickensdorf
Baar
Höllgrotten
Edlibach
Allenwinden
Neuägeri
Menzingen
Neuheim
Hirzel
Schönenberg
Finstersee
Oberägeri
Unterägeri
Alosen
Ägerisee
724
Nas
Hauptsee
Sa./So.
Rossberg
1580
Sattel
Ecce Homo
Steinerberg
Goldau
Arth
Steinen
Lauerz
Lauerzersee
447
Seewen
Schwyz
516
Rickenbach
Ibach
Hochflue
1698
Ingenbohl
Brunnen
Schönenbuch
Morschach
Stoos
1922
Fronalpstock
Riemenstalden
Sisikon
Tellsplatte
Rophaien
2078
Lidernen
Chaiserstock
2515
Rossstock
2461
Zürichsee
Au
Wädenswil
Richterswil
Bäch
Stäfa
Kehlhof
Männedorf
Uetikon a.S.
Meilen
Herrliberg
Wetzwil
Pfannenstiel
853
Egg
Esslingen
Hinteregg
Herrlisberg
Spitzen
Samstagern
Wollerau
Feusisberg
Fuchsberg
Schindellegi
Hütten
Höhronen
1229
Biberbrugg
Bennau
Einsiedeln
882
Dritte Altmatt
Rothenthurm
Trachslau
Alpthal
Hochstuckli
1566
Haggenegg
Brunni
Gross Mythen
1899
Fuggelenstock
1656
Illgau
Ried
Muotathal
Schachen
624
Hinterthal
Hölloch
Bisistal
Bisisthal
Glattalp
Glattalpsee
Schächentaler Windgällen
2764
Spiringen
Schächental
Unterschächen
Asch
Stäubifall
Klausenpass
1948
Urner Boden
Ennetmärcht
Clariden
3267
Schärhorn
3295
2944
Chli Ruchen
Planura
Brunni
Uster
Greifensee
Nänikon
Wermatswil
Freudwil
Gutenswil
Pfäffikon
Pfäffikersee
537
Seegräben
Aathal
Sulzbach
Riedikon
Mönchaltorf
Gossau
Bertschikon
Oetwil a.S.
Grüningen
Bubikon
Ottikon
Binzikon
Itzikon
Berg
Grüt
Wetzikon
Kempten
Auslikon
Adetswil
Hittnau
Humbel
Dürstelen
Sternenberg
Hörnli
1133
Bauma
Steg
Bäretswil
Bettswil
Ettenhausen
Ringwil
Hinwil
Wernetshausen
Hadlikon
Hub
1115
Bachtel
Gibswil
Fischenthal
Dürnten
Oberdürnten
Wald
Laupen
Jona
Lützelsee
Wolfhausen
Hombrechtikon
Uerikon
Feldbach
Rüti
Ermenswil
Eschenbach
Rapperswil
Jona
Wagen
Ufenau
Freienbach
Hurden
Pfäffikon
Obersee
Bollingen
Nuolen
Lachen
Wangen
Altendorf
Galgenen
Siebnen
Schübelbach
1217
Stockberg
Schwändelen
Egg
Sihlsee
889
Birchli
Gross
Willerzell
Euthal
Pfifegg
1277
Sattelegg
1190
Vorderthal
Wägital
Innerthal
Wägitalersee
900
Studen
Unteriberg
Stöcken
Gschwändstock
1616
Waag
Oberiberg
Weglosen
Hoch Ybrig
Fluebrig
2093
Druesberg
2282
Richisau
Pragel
1550
Silberen
2319
700

Mühlrüti
Ganterschwil
Degersheim
Herisau
771
740
Stein
Hundwil
Bühler
Gais
953
Hulftegg
Dreien
720
Mosnang
Bütschwil
Mogelsberg
Nassen
Hoffeld
Oberhelfenschwil
Waldstatt
Haslen
Schlatt
Hirschberg
Schwellbrunn
Sammelplatz 1174
Dietfurt
Necker
Wilket 1170
Brunnadern
St. Loretto
640
Dicken
Wald
Schönengrund
Hochhamm
1275
Zürchersmühle
Gontenbad
Gonten
Appenzell
Eggerstanden
Steinegg
Rüte
Jakobsbad
Weissbad
Urnäsch
Schnebelhorn
1292
Kengelbach
Libingen
Krinau
Lichtensteig
Furth
St. Peterzell
Hemberg
Bächli
Brülisau
Schwende
240
Wattwil
Heiterswil
Necker
11
1663
Kronberg
Hoher Kasten
1794
Wasserauen
Schäfler
1912
Seealpsee
Hintergoldingen
1332
Tweralpspitz
Walde
Schönenberg
Kappel
Bendel
1530
Hochalp
Hinterfallenchopf
1532
Ofenloch
Passhöhe
1278
2502
Säntis
Alpstein
Hundstein
1860
Stauberenchanzlen
Frümsen
Altmann
2435
Roslenalp
2065
Kreuzberge
Sax
Rüeterswil
Gebertingen
Goldingen
Bürg
Ebnat-Kappel
Ricken
Ennetbühl
Üetliburg
St. Gallenkappel
Neuhaus
Brugg
Ernetschwil
Gommiswald
Uznach
Krummenau
Neu St. Johann
Nesslau
759
Stockberg
1781
Thurwis
Zwinglipass
Rofisbach
1443
Tanzboden
Steintal
Rieden
Kaltbrunn
Starrberg
Steinenbrücke
Unterwasser
Wildhaus
1090
Gasenzen
Gams
Tuggen
Benken
Stein
Alt St. Johann
Thur
Schwendi
Grabs
Speer
1950
Maseltrangen
Rufi
Giessen
Reichenburg
Starkenbach
Werdenberg
Buchs
451
Buttikon
Reichenburg
Linthkanal
Federispitz
1865
Churfirsten
Voralp
Voralpsee
Schänis
Amden
Leistchamm
2101
Hinterrugg
2306
Malbun
Räfis
Bilten
935
Arvenbüel
Betlis
Walenstadtberg
Lüsis
Gamsberg
2385
Fulfirst
2384
Ziegelbrücke
Weesen
Fly
Quinten
Glarnerland
Walensee
Niederurnen
419
Walensee
Mühlehorn
Murg
Unterterzen
Walenstadt
Tscherlach
220
Chöpfenberg
1879
Oberurnen
Filzbach
Obstalden
Kerenzer Berg
Quarten
Oberterzen
Berschis
Alvier
2343
Oberschan
Flums
Wartau
Malans
Näfels
Mollis
Tannenbodenalp
Seeben
Portels
Azmoos
Trübbach
Brünnelistock
2133
Oberseetal
Sulzboden
2259
Schijen
Fronalpstock
2124
Mürtschenstock
2441
Murgtal
2019
Maschgenkamm
Seez
Heiligkreuz
Netstal
Wildenberg
Plons
Mels
483
Sargans
Riedern
Linth
Ennetbühls
472
Murgsee
Sarganserland
Wangs
Glarus
Ennenda
Magerrain
Spitzmeilen
2501
Spitzmeilen
Vilters
Klöntalersee
848
Hinter Klöntal
Klöntal
Ruchen
2901
2904
Vrenelisgärtli
Mitlödi
Schwändi
Ennetlinth
Sool
2355
Guli
Schwendi
Seez
Glärnisch
Glärnisch
2914
Bächistock
Schwanden
Nidfurn
2520
Gulderstock
Weisstannen
1004
Weisstannental
Pardiel
Sernf
Sernftal
Engi
Pizol
Leuggelbach
Luchsingen
Haslen
2189
Risetenpass
2844
Pizol
Bös Fulen
2802
Hätzingen
Diesbach
Matt
2611
Ruchen
2422
Charenstock
Braunwald
1256
Betschwanden
200
Rüti
Ortsstock
2717
Legler
2794
Kärpf
Elm
977
Surenstock
3056
Sardona
St. Martin
Gigerwaldsee
Calfeisen
Drachenloch
Vättis
2805
Haldensteiner Calanda
Linthal
662
Piz Segnas
3099
2627
Pass dil Segnas
Ringelspitz
3247
Martinsmad
Glarner Vorab
3018
Piz Grisch
2898
Fil de Cassons
2634
Tierfed
Linthschlucht
Hausstock
3158
3028
Bündner Vorab
Ringelspitz
Kunkels
Muttsee
2446
Muttsee
Clariden
Panixerpass
2407
Bargis
Felsberg
Limmerensee
2216
Crap Sogn Gion
Fidaz
Flims
1081
Flims-Waldhaus
Trin
Tamins
Trin Mulin
Digg
Reichenau
Domat/Ems
Selbsanft
3029
Kistenpass
Kistenpass
2640
Fridolins
Biferten
Pigniu
Laax
Rheinschlucht
Vorderrhein
Bonaduz

130
Courvières
Dompierre-les-Tilleuls
La Rivière-Drugeon
Ste-Colombe
Granges-Narboz
Pontarlier 4 km
Les Gauffres
Mont de Buttes
Cluse et Mijoux
Les Places
La Côte-aux-Fées
Frasne
Bouverans
Oye-et-Pallet
Le Frambourg
D
Les Granges-Bérard
Cuvier
Etang de Frasne
L'Entonnoir
La Planée
Les Grangettes
Malpas
Les Fourgs
La Vraconnaz
La Chaux
Ste-Croix
70
Plénise
Censeau
Bief-du-Fourg
Vaux-et-Chantegrue
St-Point-Lac
Montperreux
L'Auberson
Esserval-Tartre
D471
Onglières
Bonnevaux
Le Drugeon
Lac de Saint-Point
Chaudron
E 23
N57
Parc de Loisirs
La Gîte
La Sagne
Petit-Villard
Communailles-en-Montagne
Malbuisson
Les Nans
L'Ain
Mièges
Molpré
Mignovillard
Les Hôpitaux-Vieux
Touillon-et-Loutelet
Granges-Ste-Marie
St-Antoine
Froidefontaine
-Charbonny
Longcochon
Lac de Remoray
Les Hôpitaux-Neufs
Nozeroy
Doye
Labergement-Ste-Marie
Remoray
Charency
J U R A
Métabief
1588
Le Suchet
Jougne
180
Conte
Billecul
La Latette
-Boujeons
Longevilles-Hautes
Entre les Fourgs
L'Abergement
La Favière
1419
Le Morond
Rochejean
Longevilles Mont-d'Or
Sirod
Gillois
Fraroz
19
10
La Ferrière
Lignerolle
La Russille
Gellin
1461
Le Mont d'Or
Ballaigues
Les Clées
Montcherand
Treffay
Cernié-baud
1237
St-Sorlin
Les Pontets
Sarrageois
Les Villedieu
Le Doubs
Le Day
Vallorbe
Bretonnières
Agiez
Arsure-Arsurette
Mouthe
L'Orbe
21
Bief-des-Maisons
Le Crouzet
Reculfoz
Source de l'Orbe
Premier
Bofflens
Grand Chalesme
Les Chalesmes
Petite-Chaux
Grotte de l'Orbe
Dent de Vaulion
Romainmôtier-
Juriens
-Envy
Croy
Arnex-sur-Orbe
Vaulion
Sous Chalamet
Chaux-Neuve
Les Charbonnières
Lac Brenet
1483
La Perrena
Foncine-le-Haut
D437
Châtelblanc
Le Séchey
La Praz
Pompaples
Les Planches-en-Montagne
Les Ruines
Le Cernois
Le Pont
Col du Mollendruz
Ferreyres
Moiry
La Sarraz
Le Lieu
L'Abbaye
1441
1180
Haut du Mollendruz
1274
Le Mont Noir
12
Mont-la-Ville
La Venoge
Chevilly
Foncine-le-Bas
Lac de Joux
La Coudre
Dizy
La Chaux (Cossonay)
Fort-du-Plasne
1378
Le Solliat
Vers chez Grosjean
Cuarnens
1004
Lac-des-
Les Thévenins
-Rouges-Truites
Forêt du Mont Noir
La Golisse
Les Bioux
L'Isle
Le Sentier
Le Chenit
Grand Risoux
Mauraz
Cossonay
Chapelle-des-Bois
L'Orient
Montricher
Villars-Bozon
Chavannes-le-Veyron
1679
Mont Tendre
Senarclens
Allens
Les Mortes
1036
Le Brassus
Grancy
Gollion
160
Forêt
Col de la Savine
984
Combe de Morbier
Pampigny
Sévery
Vullierens
Mollens
Cottens
Les Marais
Vallée de Joux
Col du Marchairux
1447
Berolle
Aclens
Belle-fontaine
Ballens
Apples
Colombier
Romanel-sur-Morges
Clarmont
Brembles
Morbier
Bois-d'Amont
Forêt du Risoux
Reverolle
St-Saphorin-sur-Morges
Bussy-Chardonney
Vaux-sur-Morges
Lonay
Morez
Bière
Vufflens-le-Château
Echichens
Lac des Rousses
Yens
Denens
St-George
Gimel
Saubraz
L'Aubonne
St-Livres
Villars-sous-Yens
Lully
Tolochenaz
E 21
1532
Mont Pelé
St-Oyens
Montherod
Lavigny
Lussy
Longirod
Aubonne
Etoy
Morges
Les Rousses
Marchissy
Essertines-sur-Rolle
Pizy
Féchy
Bougy-Villars
Mont-sur-Rolle
St-Prex
Le Vaud
Burtigny
Tartegnin
Allaman
Buchillon
Prémanon
Mont Fier
1300
La Cure
1228
Arzier
Bassins
Gilly
Perroy
Rolle
Col de la Givrine
St-Cergue
Le Muids
Bursins
Vinzel
La Côte
Luins
Genolier
Begnins
Bursinel
372
1677
Givrins
Coinsins
Dully
La Dôle
Vich
Gland
L E
Forêt du Massacre
Gingins
Trélex
Duillier
140
N5
Chéserex
Prangins
Grens
La Valserine
La Rippe
Signy-Av.
Promenthoux
Thonon-les-Bains
Borex
Eysins
Crassy
Crassier
Nyon
Yvoire
Mijoux
1320
Col de la Faucille
Villard
Bogis-Bossey
Nernier
Excenevex
Anthy-sur-Léman
Divonne-les-Bains
Vesancy
Céligny
Crans-près-Céligny
Messery
Essert
Armoy
Arbère
Chavannes-de-Bogis
Chevilly
Séchex
Margencel
Gex
Mourex
Bonnatrait
Lyaud
Tougin
Grilly
Founex
Chens-sur-Léman
Filly
Allinges
1688
Sous Etraz
Mésinges
Trossy
Cessy
Chavannes-des-Bois
Jouvernex
Colomby de Gex
Commugny
Sciez
Coppet
Véreître
Massongy
Prailles
Orcier
Le Villard
Echenevex
E 21
Sauverny
E 25
Tannay
Douvaine
Chavannex
Mies

Le Chasseron
Mont Aubert
Vaumarcus
Concise
Corcelles
Estavayer-le-Lac
Autavaux
Forel
Grandcour
Missy
Domdidier
Ressudens
Rueyres-les-Prés
Montbrelloz
Morens
Sévaz
Font
Rose de la Broye
Lully
Châtillon
Bussy
Grandson
Yverdon-les-Bains
Yvonand
Cheyres
Payerne
Corcelles-près-Payerne
Cousset
Montagny-la-Ville
Montagny-les-Monts
Noréaz
Avry
Orbe
Essert-Pittet
Chavornay
Baulmes
Champvent
Mathod
Valeyres-sous-Rances
Montet
Cugy
Vesin
Fétigny
Ménières
Murist
Aumont
Nuvilly
Sassel
Granges-Marnand
Villarzel
Trey
Torny
Middes
Lentigny
Cottens
Chénens
Autigny
Lucens
Curtilles
Dompierre
Prévonloup
Romont
Billens
Hennens
Moudon
Chesalles-sur-Moudon
Brenles
Villaraboud
Mézières
Grangettes
Le Châtelard
Estévenens
Sorens
Marsens
Riaz
Bulle
La Tour-de-Trême
Vuadens
Les Ponts
Sâles
Maules
Vaulruz
Echallens
Penthalaz
Bettens
Cheseaux-s.-L.
Cugy
Romanel-s.-L.
Le Mont-s.-L.
Epalinges
Crissier
Renens
Prilly
Ecublens
Bussigny
Villars-Ste-Croix
Pully
Lutry
Lausanne
Ouchy
Paudex
St-Sulpice
Chavannes p.R.
Préverenges
Savigny
Belmont-s.-L.
La Croix
Lavaux
Villette
Grandvaux
Cully
Epesses
Riex
Puidoux
Chexbres
Rivaz
St-Saphorin
Corseaux
Vevey
La Tour-de-Peilz
Clarens
Montreux
Territet
Veytaux
Glion
Rochers de Naye
Jardin alpin
Les Avants
Chernex
Blonay
Brent
St-Légier-La Chiésaz
Jongny
Chardonne
Mont Pèlerin
Attalens
Bossonnens
Granges (Veveyse)
Remaufens
Châtel-St-Denis
Fruence
Les Paccots
Les Pléiades
Semsales
Le Moléson
Moléson-Village
Neirivue
Albeuve
Dent de Lys
Les Sciernes
Lessoc
Montbovon
La Tine
Oron-la-Ville
Oron-le-Châtel
Palézieux
Maracon
Ecoteaux
Forel (Lavaux)
Mollie-Margot
Servion
Les Cullayes
Carrouge
Ropraz
Vucherens
Mézières
Ferlens
Auboranges
Chapelle
St-Martin
Progens
Porsel
Le Flon
Bouloz
Grattavache
La Verrerie
Château de Chillon
Villeneuve
Lac de l'Hongrin
Noville
Rennaz
Roche
Aigle
Yvorne
Leysin
Le Sépey
Tour d'Aï
Mont d'Or
Le Chablais
Evian-les-Bains
Amphion-les-Bains
Neuvecelle
Maxilly-sur-Léman
Lugrin
Meillerie
Thollon
Locum
St-Gingolph
Lajoux
Le Bouveret
Port-Valais
Les Evouettes
Chessel
Vouvry
Le Grammont
Cornettes de Bise
Pic Boré
Novel
Publier
Marin
Champanges
Larringes
Féternes
Thièze
Vinzier
Châteauvieux
Chevenoz
Bernex
Trossy
St-Paul-en-Chablais
Praubert
St-Thomas
Reyvroz
La Vernaz
Le Fion
Forclaz
Gorges du P. du Diable
Ecotex
Vacheresse
Fontany
Ubine
Le Linleu
Torgon
Revereulaz
Vionnaz
Plambuit
Panex
UNESCO Naturwelterbe Lavaux
Lac de Bret
Lac de Neuchâtel
Léman

132
Avenches
Donatyre
Domdidier
Wallenried
Guschelmuth
Cordast
Courtaman
Courtepin
Schiffenen
Fendringen
Wünnewil-Ueberstorf
Flamatt
Nieder-mettlen
Mittel-häusern
Oberbalm
Zimmerwald
Schwarzwasser-graben
Obermuhlern
Niedermuhlern
Toffen
Cormérod
Vivy
Courtion
Barberêche
Schiffensee
Fillistorf
Dietisburg
Schmitten
Obermettlen
Ackermatt
Gelter-fingen
Kaufdorf
Oleyres
Dompierre
Misery
Cournillens
Pensier
Düdingen
Heitiwil
Albligen
Lanthen
Vorder-fultigen
Nieder-bütschel
Russy
Chandon
La Sonnaz
Jetschwil
Nieder-muhren
Wiler vor Holz
Lanzenhäusern
Hinterfultigen
Ober-bütschel
Rümligen
Cormagens
Granges-Paccot
St. Wolfgang
Mariahilf
Rohr
Heitenried
Wahlern
Kirchenthurnen
Lossy
Grolley
Givisiez
Rüeggisberg
Hasli
Cousset
Léchelles
Ponthaux
Belfaux
Corminboeuf
Tafers
St.Antoni
Schwarzenburg
Riggisberg
Mühlethurnen
-la Ville
Noréaz
Autafond
Chésopelloz
Fribourg/Freiburg
Obermonten
Mamishaus
Rohrbach
Lohnstorf
Montagny-les-Monts
Villars-s.G.
Bourguillon
St. Ursen
Schwenl
Milken
Rüschegg-Graben
Gibelegg
Prez-vers-Noréaz
Avry
Rosé
Matran
Pierrafortscha
Alterswil
Sense-graben
Sense
Heubach
Burgistein
Mannens-Grandsivaz
Avry-sur-Matran
Onnens
Marly
Wengliswil
Kalchstätten
Gambach
Rüti b.R.
Lovens
Tentlingen
Corserey
La Brillaz
Neyruz
Ecuvillens
Chésalles
Giffers
Rechthalten
Guggisberg
Riffenmatt
Rüschegg
Grundbach
Wattenwil
entigny
Cottens
Posieux
Ependes
Villarsel-sur-Marly
Brünisried
Eywald
Mottlon
Hauterive
Praroman
Zumholz
Schwarzenbühl
Chénens
Magnedens
Ferpicloz
St.Silvester
Oberschrot
Plaffeien
Pfyffe
Selibüel
Blumenstein
Autigny
Arconciel
Le Mouret
Chavannes-s.-O.
Estavayer-le-Gibloux
Posat
Corpataux
Senèdes
Essert
Bonnefontaine
Plasselb
Ottenleuebad
Gurnigel
Grenilles
Farvagny
Oberried
Orsonnens
Le Glèbe
Rossens
Treyvaux
Montévraz
Sangernboden
Rueyres-St-Laurent
Zollhaus
Kalte Sense
Schwefelbergbad
Villarsel-le-Gibloux
Villorsonnens
Gantrisch
Villarlod
Vuisternens-en-Ogoz
Le Bry
Pont-la-Ville
Schwyberg
Ochsen
Villargiroud
Villarsiviriaux
Pont-en-Ogoz
La Roche
Avry-devant-Pont
Le Gibloux
Gumefens
La Gruyère
Warme Sense
Le Châtelard
Sorens
La Berra
Mären
Malessert
Vuippens
Hauteville
Schwarzsee
Oberwil i.S.
Weissenburg
Därstetten
Marsens
Corbières
Bad
Kaiseregg
Waldried
La Valsainte
Echarlens
Villarvolard
Les Molards
Adlemsried
Pfaffenried
Maules
Cerniat
Vounetse
Schopfenspitz
Boltigen
Niedersimmental
Turnen
Riaz
Villarbeney
Lac de la Gruyère
La Sionge
Vaulruz
Morlon
Botterens
Crésuz
Charmey
Schwarzenmatt
Reidenbach
Jaun
Zwischenflüh
Vuadens
Bulle
Châtel-sur-Montsalvens
La Tsintre
Weibelsried
Weissenbach
Menigrund
La Tour-de-Trême
La Jogne
Im Fang
Littisbach
Broc
Le Pâquier
Epagny
Gastlosen
Jaunpass
Schwenden
Pringy
Gruyères
Hochmatt
Abländschen
Grubenwald
La Trême
Moléson-Village
Enney
Dent de Ruth
Mannried
Grimmialp
Estavannens
Grubenberg
Sparenmoos
Zweisimmen
Le Moléson
Bas-Intyamon
Villars-sous-Mont
Grandvillard
Vanil Noir
Rychestei
Blankenburg
Spillgerte
Neirivue
Ciernes Picat
Oeschseite
Ried
St.Stephan
Färmel
Albeuve
Haut-Intyamon
Saanenmöser
Hüsere
Grodey
Gsür
Dent de Lys
La Sarine
Schönried
Lessoc
Rinderberg
Albristhorn
Les Sciernes
Rougemont
Matten
Montbovon
Flendruz
Turbach
Château-d'Oex
Saanen
Gstaad
La Tine
Rossinière
Le Rubli
Les Granges
L'Hongrin
Pays d'Enhaut
Lenk
Les Moulins
Bühlberg
Geilsbüel
Gorges du Pissot
Lauenental
Hahnenmoos
Gummfluh
Giferspitz
Jardin alpin
Lac de l'Hongrin
La Tornaresse
Grund
Engi
Meielsgrund
Höhi Wispile
Oberried
Simmenfall
Pöschenried
Siebenbrunnen
La Lécherette
L'Etivaz
Lauenen
Feutersoey
Col des Mosses
Iffigenalp
Louwenesee
Les Mosses
Arnensee
Saane
Iffigsee
Mittaghorn
Wildstrubel
Glacier de la Plaine Morte
Mont d'Or
La Para
Gsteig
Spitzhorn
Wildhorn
Rawilpass
Tour d'Aï
La Comballaz
Schnidehorn
Rohrbachstein
Ormont-Dessous
Gelten
Le Sépey
Reusch
Lac de Sénin
Le Rosex
Wildhorn
Bella Lui
Leysin
La Forclaz
Vers-l'Eglise
Ormont-Dessus
Les Diablerets
Col du Pillon
Diablerets
Sanetschhorn
Lac de Tseuzier
Audannes
Violettes
Grande Eau
Le Chamossaire
Sex Rouge
Col du Sanetsch
Plambuit
Col de la Croix
Oldenhorn
Sex Rouge
Pra Combère
Bretaye
Pierredar
Prarochet
Vermala
Les Diablerets
Grillesse

Münsingen
Tägertschi
Ursellen
Stalden
Niederhünigen
Oberhünigen
Freimettigen
Chuderhüsi
Eggiwil
Zilmatt
Schärlig
Rotguet
Flühli
1315
Pfyffer
620
640
Belp-berg
Häutligen
Nieder-Wichtrach
Ober-
Oberdiessbach
Linden
Jassbach
Röthenbach i.E
Siehen
Marbach
Gerzensee
Opplingen
Herbligen
Aeschlen
Heimen-schwand
Wachsel-dorn
Schallenberg
1168
Räb-loch
Schangnau
1484
Marbachegg
2092
Hengst
Schrattenfluе
Karrenfelder
Sören-berg
Mühle-dorf
Kirch-dorf
Noflen
Jaberg
Kiesen
Brenzi-kofen
Buchholterberg
Oberei
Oberlangenegg
Bumbach
Salwidili
Bleiken b.O
Rotache
Unterlangenegg
Kemmeribodenbad
Brienzer Rothorn
2350
Seftigen
Uttigen
Heimberg
Fahrni
Schwarzenegg
Aussereriz
Eriz
Zulg
Innereriz
2197
Hohgant
180
Gurzelen
Steffisburg
Homberg
-Buchen
Horrenbach-
Forst
Uetendorf
Thier-achern
Thun
Schwendibach
560
Goldiwil
Teuffenthal
Heiligenschwendi
1952
Sieben Hengste
Schwanden b.B.
Längen-bühl
Allmendingen
Hünibach
Ringoldswil
Schwanden
Sigriswilgrat
2051
Justistal
Gemmenalphorn
2061
2137
Oberried a.B.
Angstmatt-horn
Ebligen
Brienz
Kienholz
546
Uebeschi
Höfen
Amsol-dingen
Pohlern
Oberstocken
Hilter-fingen
Gwatt
Ober-hofen
Aeschlen
Sigriswil
Niederhorn
1950
Habkern
Niederried b.I.
Brienzersee
Giess-bach
Giessbachfall
Axalp
Einigen
Gunten
Thunersee
558
Merligen
Beatenberg
Waldegg
1585
Harder
Goldswil
Ringgen-berg
Iseltwald
Zwieselberg
Stockhorn
2190
Nieder-stocken
Reutigen
Lattigen
Spiez
Unter-seen
Interlaken
563
Bönigen
Matten b.I.
Faulhorn
2681
Beatushöhle
Faulen-see
Krattigen
Leissigen
Därligen
Wilders-wil
Schynige Platte
2100
Alpengarten
Bussalp
First 2166
Erlenbach i.S.
Latter-bach
Wimmis
Hondrich
Aeschi b.S.
Gsteig-wiler
Gündli-schwand
Lütschen-tal
Burglauenen
Grindelwald
1034
Oey
Ringoldingen
Diemtigen
2362
Heustrich
Niesen
Kander
Aeschiried
Lütschine
Saxeten
Schwarze Lütschine
Zweilüt-schinen
Männlichen
2343
Simmental
Horboden
Mülenen
Faltsche
Suld
Suldtal
2249
Morgenberg-horn
Suls-Lobhorn
Isenfluh
Wengen
1275
Reichenbach i.K.
Scharnachtal
Kien
Entschwil
Wengi
Gletscher-schlucht
Alpiglen
160
Dreispitz
2520
2777
Schwalmere
Lauterbrunnen
795
Kl. Scheidegg
2061
Eiger
3970
Mittellegi
Station Eismeer
Frutigen
803
Kanderbrück
Kiental
Staubbachfall
Lauterbrunnental
Trümmelbachfall
Guggi
4107
Mönch
Mönchs-joch
2454
Hohniesen
Reinisch
2970
Schilthorn
1638
Mürren
Gimmelwald
Rotstock
Stechelberg
Station Jungfraujoch
Ewigschneefäld
17
2652
Männliflue
Engstligetal
Kandergrund
NEAT
Kandertal
2742
Ärmighorn
Griesalp
4158
Jungfrau
Rottal
Jungfraufirn
2341
Elsighorn
Blausee
Mitholz
Achseten
Choleren-schlucht
Elsigen-alp
Gspaltenhorn 3436
Gspaltenhorn
Gletscherhorn
3983
Blümlisalp
Oeschinensee
1578
3892
Mittaghorn
Konkordia-platz
Adelboden
1348
Gilbach
Kandersteg
1176
Doldenhorn
Blüemlisalp
3661
Mutthorn
3562
Tschingelhorn
3780
Breithorn
Grosser Aletschfirn
Hollandia
Lohner
Gross Lohner
3049
Fründen
3638
Doldenhorn
Kanderfirn
Petersgrat
3203
UNESCO Naturwelterbe
Jungfrau - Aletsch - Bietschhorn
Aletschhorn
4193
Sunnbüel
Gasteretal
Gastere
Anen
Langgletscher
Engstligenfall
Balmhorn
Geisshorn
3740
3629
3698
Altels
Balmhorn
Schwarenbach
Hockenhorn
3293
Lötschepass
Lauchernalp
Hockenalp
1540
Blatten
Fafleralp
3785
Breithorn
3822
Nesthorn
Oberaletsch
140
3243
Wildstrubel
Daubensee
3448
Rinderhorn
2690
Kippel
Ried
Lötschental
Lämmeren
Flüealp
2314
Gemmipass
Daubenhorn
2942
Wiler
Ferden
Bietschhorn
3934
Baltschieder
Bettmeralp
Aletsch-wald
Massa
1402
Leukerbad
2998
Torrenthorn
Lötschbergtunnel
Wilerhorn
3307
Riederalp
1925
Egga
Belalp
Greich
2998
Trubelstock
Torrentalp
Goppenstein
3144
Alpjuhorn
Ried-Mörel
Bodmen
Bachalp
3001
Wiwannihorn
Wiwanni
Ball
Blatten
Dala
Inden
Dalaschlucht
Albinen
2785
Chistehorn
Mörel
Cordona
Feschel
Guttet-
Jeizinen
Lonza
Ladu
Brischeru
Naters
Bitsch
Termen
Mollens
Varen
Leuk
Erschmatt
Bratsch
Steg
Gampel
Hohtenn
Niedergesteln
Raron
St. German
Ausserberg
Finnu
Mund
Birgisch
Brig
90
Miège
Salgesch
684

Flühli
Oberwilen
Sarnersee
Flüeli
St. Niklausen
2050
Gräfimattstand
Altzellen
Engelbergertal
Grafenort
680
2818
Sachseln
Edisried
10
660
Melchaa
13
Grossteil
Ewil
Rugghubel
Engelberger Rotstock
Brunni
Schwand
Kleinteil
Diechtersmatt
Melchtal
Engelberg
Waldemme
Karrenfelder
Sörenberg
Glaubenbielen
1611
Giswilerstock
Giswil
15
Kaiserstuhl
Klein Melchtal
Melchtal
1004
Täschbachfall
Salwidili
2011
Lungerersee
15
2676
Huetstock
7
Brienzer Rothorn
Dundel
Älggi
Stöckalp
Spannort
2012
Schönbüel
Obsee
Lungern
Tannen
Engstlenalp
1834
Trübsee
2350
Frutt
1902
2207
Jochpass
Titlis
3238
Melchsee
Engstlensee
180
Schwanden b.B.
Hofstetten b.B.
Brienzwiler
Brünigpass
1008
Hasliberg
Käserstatt
Hohfluh
2994
Fünffingerstöck
Sustli
Brienz
Ebligen
Kienholz
Aare
Wasserwendi
Goldern
Hüsen
Tälli
Gadmen
18
Mei
546
Giessbach
29
30
Unterbach
Ballenberg
Unterheid
Meiringen
595
Reuti
Gental
Furen
Gadmertal
15
2224
Steigletscher
Sustenpass
Giessbachfall
21
Axalp
Balm
Reichenbachfall
Schattenhalb
Aareschlucht
Wiler
Innertkirchen
12
Nessental
Tierbergli
3416
Fleckistock
2326
Tschingel
Wildgärst
2891
2928
Schwarzhorn
2292
Engelhorn
Rosenlaui
Engelhörner
Rosenlauischlucht
Hasli
Mährenhorn
2923
Windegg
Triftbrücke
Trift
3447
Hinter Tierberg
3503
Sustenhorn
Voralp
Faulhorn
2681
Gr.Scheidegg
1962
Wellhorn
3191
2855
Dossen
9
Boden
Triftgletscher
Chelenalp
Bergsee
First
2166
Bussalp
Guttannen
3389
Diechterhorn
Göscheneralpsee
1792
3630
Dammastock
Damma
Gösch
Burglauenen
Grindelwald
1034
3692
Wetterhorn
2745
Gelmerhörner
Gelmer
3282
Ritzlihorn
12
Gleckstein
3292
Hangendgletscherhorn
Gauli
Gelmersee
1849
Ob. Grindelwaldgl.
3656
Bärglistock
Handegg
Rhonegletscher
3586
Galenstock
Albert-Heim
Gletscherschlucht
Grueben
18
Sidelen
Tiefenbach
Realp
13
Ewigschneehorn
Schreckhorn
3329
3247
Bächlital
Räterichsbodensee
Alpiglen
Lauteraargletscher
Bächlistock
160
Eiger
Mittellegi
3970
Schreckhorn
4078
4042
Lauteraarhorn
Grimsel-Hospiz
Belvédère
2429
Furkapass
Unt. Grindelwaldgletscher
Lauteraar
1909
5
1757
Gletsch
Station Eismeer
Unteraargletscher
Grimselsee
10
Guggi
Mönch
4107
4049
2164
Grimselpass
2764
Sidelhorn
3099
Mönchsjoch
Fiescherhörner
Finsteraarhorn
Finsteraargletscher
Oberaarsee
2303
6
Muttenhörner
Rotondo
Ewigschneefäld
Station Jungfraujoch
Grünhorn
4044
4274
Oberaarhorn
3631
5
Oberwald
1368
Unterwassern
Furkatunnel
Pizzo Rotondo
Jungfraufirn
UNESCO Naturwelterbe
Jungfrau - Aletsch - Bietschhorn
Finsteraarhorn
Obergesteln
3192
Fieschergletscher
Galmihorn
3517
Ulrichen
Konkordiaplatz
Konkordia
-Geschinen
14
Piansecco
Ronco
3906
Gross Wannenhorn
Münster-
Nufenenpass
All'Acqua
22
Grosser Aletschfirn
Reckingen-
19
2478
Val B
Aletschhorn
4193
-Gluringen
Corno-Gries
Passo S. Giacomo
Ritzingen
Biel
Griessee
2313
Selkingen
2479
Griespass
Lago Toggia
Geisshorn
3740
Grosser Aletschgletscher
Richinen
Blitzingen
Grafschaft
Griesgletscher
Eggishorn
2927
20
-Niederwald
40
3374
Fieschertal
Bellwald
Blinnenhorn
Riale
Goms
Steinhaus
Lago del Sabbione
3272
Basòdino
140
Fiescheralp
Cascata del Toce
Val Formazza
Fiesch
1049
Mühlebach
Canza
Piano delle Creste
Massa
Aletschwald
Bettmeralp
Lax
Ernen
3235
Martisberg
Ofenhorn
Riederalp
Rotten
Ausserbinn
Binntal
Ponte
1925
Betten
Binntal
Belalp
Egga
Binna
Albrunpass
Valdo
Greich
2409
Grengiols
Formazza
19
15
Fäld
Bäll
Ried-Mörel
Bister
Binn
3009
Monte Giove
Chiesa
Mörel
Blatten
Fondovalle
Heiligkreuz
2863
Bitsch
Bättlihorn
2951
1856
Lago di Dèvero
Wandfluhhorn
680
Naters
90
Termen
Alpe Devero
Pizzo Pojala
2773
Brig-
Alpe Dèvero
660
20
Rivasco
Grossalp
Bosco/Gurin
-Glis
Ried-Brig
C.d.Inferno

Liebe Leserin,

Lieber Leser,

Sie haben mit diesem Wanderführer ein Werk vor sich, zu dem alle Beteiligten ihr Bestes beigetragen haben. 160 Seiten zählt es und ist damit so umfangreich, dass sich auf einer Seite ganz unbemerkt das Druckfehlerteufelchen einnisten konnte. Im Kartenteil, auf Seite 135, wo ein grosser Teil der Beschriftungen, obschon im Original vorhanden, auf «magische» Weise bei der Reproduktion verschwunden ist. Gewiss, das «wurmt» ein bisschen. Aber sollen wir wegen 0,62% uns die Freude am wirklich gelungenen Gesamtwerk trüben lassen?

Nehmen wir es mit Schmunzeln. Dass auch der hochentwickelten modernen Technik ab und zu einmal ein Fehler passieren kann, macht sie fast ein wenig menschlich. Der ältesten Reiseart tut dies indessen keinen Abbruch. Denn wer im betreffenden Gebiet, der Gotthardregion, auf Wanderschaft geht, nimmt einfach diese nachgedruckte Seite mit.

Wir danken für Ihr Verständnis und wünschen Ihnen faszinierende Exkursionen auf historischen Wegen.

Coop Presse

Fink Medien AG

Uri-Rotstock
2928
2952
Brunnistock
Brüsti
2291
Surenenpass
Reuss
Attinghausen
Bürglen
Schattdorf
Spiringen
Schächental
Schächen
Unterschächen
Asch
Stäubifall
Klausenpass
1948
17
700
Linthschlucht
Muttsee
720
Muttsee
Clariden
Limmerersee
Kistenp
3267
Clariden
Selbsanft
3029
Gotthard
37
Erstfeld
Brunni
Gross Windgällen
3187
2944
Chli Ruchen
3138
Gross Ruchen
3295
Schärhorn
Planura
Fridolins
3614
Tödi
Bifertenstock
3419
Biferten
Krönten
Gross Spannort
3198
3108
Krönten
Leutschach
E 35
Tägerlohn
Sunniggrat
Silenen
Windgällen
Hüfi
Hüfifirn
3256
Düssi
Punteglias
Maderanertal
Amsteg
38
Bristen
Intschi
Ried
19
180
Schlans
Sewen
Färnigen
Gurtnellen
3073
Bristen
Oberalpstock
3328
Cavardiras
Trun
Zignau
Rabius
Sumvitg
Cumpadials
Surrein
Laus
Val
Meien
Meiental
11
Wassen
916
Wiler
Felliltal
Tresch
Etzli
3027
Piz Ault
Disentis/Mustér
1142
Acletta
Segnas
Mompé Tujetsch
Cavardiras
39
4
Piz Giuv
3096
Tujetsch
Sedrun
Rueras
Mompé Medel
Medelserschlucht
Tenigerbad
2789
Piz Nadéls
Val Sumvitg
Rienzenstock
2957
Salbit
Göschenen
40
Schöllenen
11
Göschenertal
Schöllenenschlucht
2
12
2044
Oberalppass
Milez
19
Selva
Tschamut
23
Surrein
Rein Anteriur
Medel (Lucmagn)
Curaglia
2897
Piz Muraun
Platta
2946
Piz Cave
Badus
Rheinquelle
Maighels
Badus
2928
1447
Andermatt
Hospental
6
Urserental
3
Gotthardtunnel
1908
Lai da Nalvs
Val Nalps
Lai da Curnera
1956
Val Medel
Acla
S. Gion
20
Medel
3168
Piz Vial
Terri
Pass Di
2428
Piz Medel
3210
2357
Scaletta
Passo della Greina
3040
Piz Gannaretsch
2961
Gemsstock
Vermigel
Gotthardtunnel 16,9 km
18
Motterascio
Piz
2999
Pizzo Centrale
Passo del S. Gottardo
2106
3019
Piz Blas
Cadlimo
Lai da Sontga Maria
1908
1915
Passo del Lucomagno
Scopi
3190
2398
Pass Cristallina
Daigra
Ghirone
Cozzera
1606
Lago di Luzzone
Bovarina
Campo (Blenio)
NEAT im Bau
8
1850
Cadagno
Lago Ritòm
1141
Airolo
Madrano
41
Stalvedro
Altanca
Acquacalda
16
Dötra
Dötra
889
Olivone
Fontana
Villa
Ticino
6
Ossasco
Bedretto
Val Bedretto
Nante
S. Gottardo-Sud
Piotta
9
Ambri
975
13
Poncione di Vespero
2717
Deggio
Quinto
Lurengo
2773
Pizzo del Sole
Pizzo di Campello
2660
Valle Santa Maria
Aquila
Dangio
Torre
Adula
Rheinwald
42
Catto
Freggio
5
Osco
Prodör
Cari
Mairengo
Calpiogna
Campello
Faido
Rossura
Tengia
Molare
2585
Pizzo Molare
Gorda
Largario
Ponte-Valentino
L. dei Naret
Fiesso
Rodi
Prato (Leventina)
5
Dalpe
9
Passo di Cristallina
2568
Cristallina
2912
Cristallina
Lago del Sambuco
1461
Leit
2714
Pizzo Campolungo
43
Chiggiogna
12
Castro
Prugiasco
Acquarossa
Leontica
Comprovasco
Lottigna
2842
Cima di Gana Bianca
Quarn
2699
Pizzo di Röd
Fusio
Campo Tencia
Gribbio
Calonico
Lavorgo
Pizzo Erra
2416
Corzoneso
Dongio
Anzonico
Prou
Basodino
Poncione di Braga
Val Lavizzara
Mogno
3072
Pizzo Campo Tencia
Pizzo Forno
2907
Nivo
Chironico
Cala
Sponda
Gola Biaschina
Motto
Dagro
Brenno
Ludiano
Cavagnago
Semione
Malvaglia
Val Malvaglia
Pizzo Castello
2808
S. Carlo
Piano di Peccia
Sovèltra
2864
Pizzo Barone
Val Chironico
Giornico
391
Sobrio
Val Ravona
S. Carlo
Peccia
Sornico
Prato-
Lavizzara
17
Leventina
Pian d'Alpe
Sonlèrt
Pizzo Malora
2640
Carona di Redorta
2804
E 35
Bodio
10
Pollegio
9
Val Pontir
Foroglio
Broglio
Maggia
Secada
2741
Madom Gröss
Personico
Biasca
303
Ticino
44
Fontana
Menzonio
Brontallo
2736
Monte Zucchero
Sonogno
Frasco
664
Pizzo d'Orsalia
Cavergno
443
Bignasco
2684
Rasiva
Iragna
2381
Pizzo delle Pecore
Gerra (Verzasca)
Cevio
Corino
Visletto
700
720

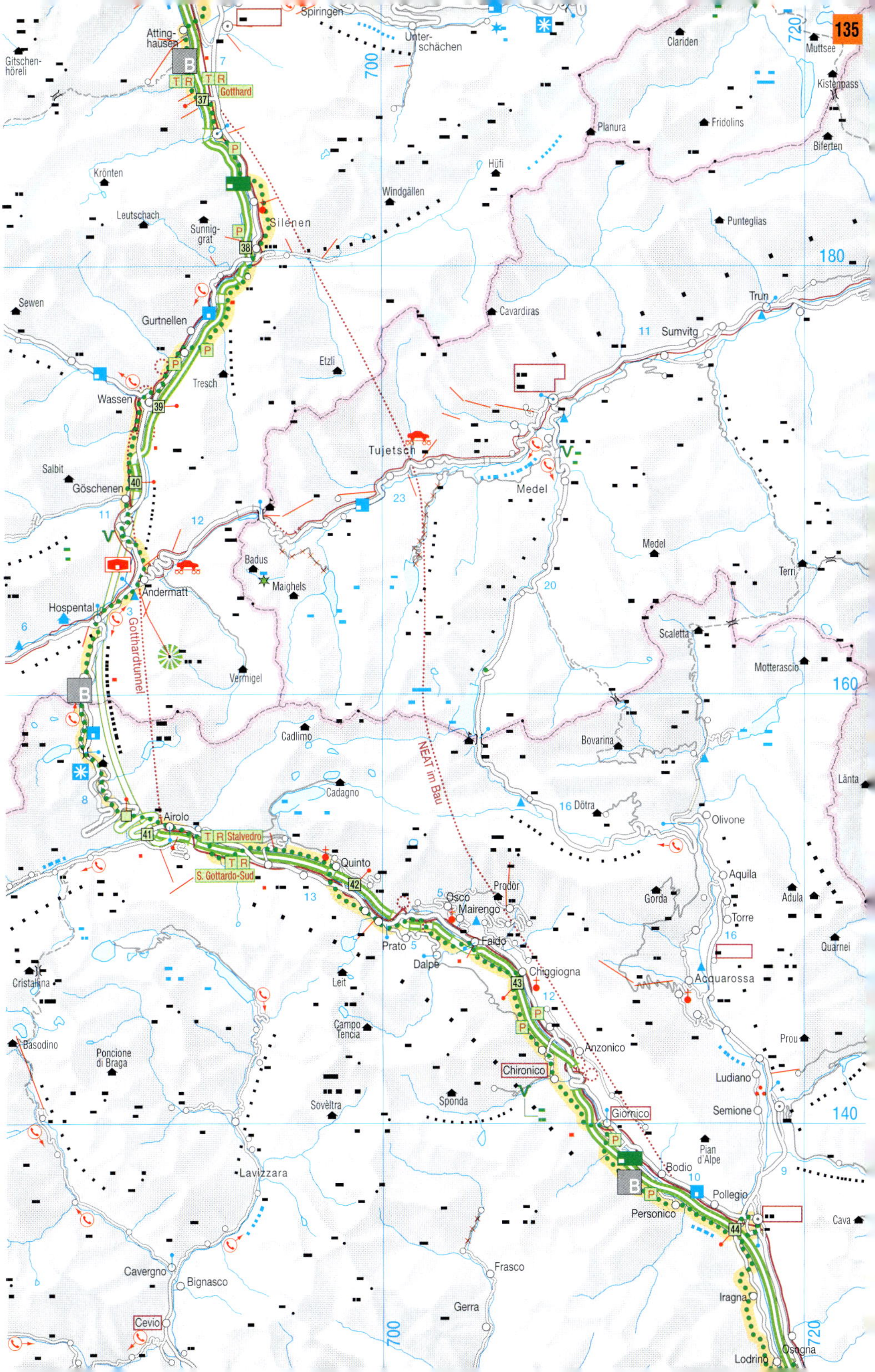
Spiringen
Unter-
schächen
Atting-
hausen
Gitschen-
höreli
Gotthard
Clariden
Muttsee
Kistenpass
Planura
Fridolins
Biferten
Krönten
Hüfi
Windgällen
Leutschach
Sunnig-
grat
Silenen
Punteglias
Sewen
Gurtnellen
Cavardiras
Trun
Sumvitg
Etzli
Tresch
Wassen
Tujetsch
Salbit
Göschenen
Medel
Badus
Maighels
Andermatt
Hospental
Gotthardtunnel
Vermigel
Scaletta
Terri
Motterascio
Cadlimo
NEAT im Bau
Bovarina
Länta
Cadagno
Dötra
Olivone
Airolo
Stalvedro
S. Gottardo-Sud
Quinto
Prodör
Osco
Mairengo
Aquila
Gorda
Adula
Torre
Faido
Prato
Dalpe
Chiggiogna
Quarnei
Cristallina
Leit
Acquarossa
Campo
Tencia
Basodino
Poncione
di Braga
Anzonico
Prou
Chironico
Ludiano
Sponda
Semione
Sovèltra
Giornico
Pian
d'Alpe
Lavizzara
Bodio
Pollegio
Personico
Cava
Cavergno
Bignasco
Frasco
Iragna
Gerra
Cevio
Lodrino
Osogna

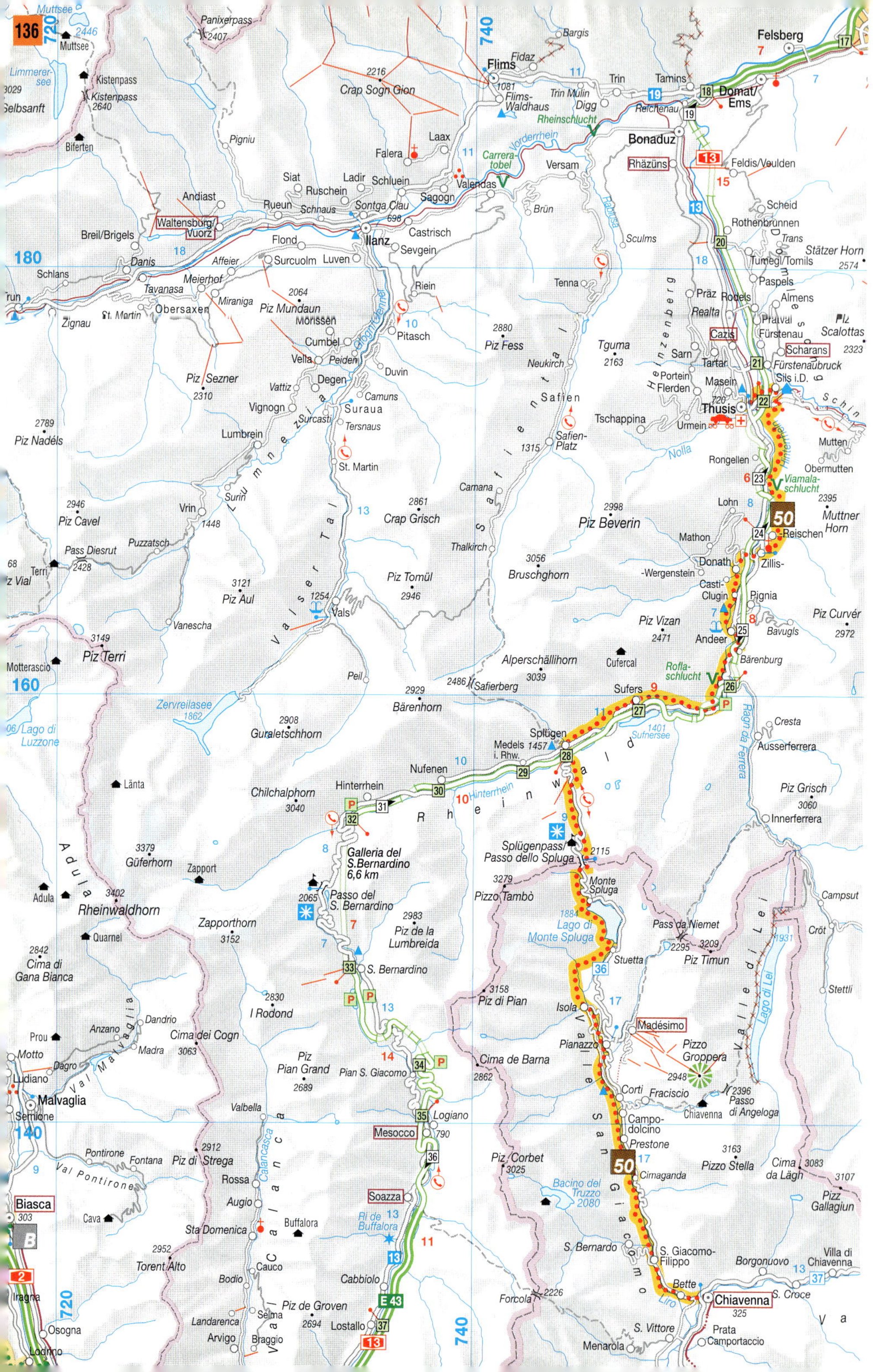

Muttsee
Muttsee 2446
Panixerpass 2407
Bargis
Felsberg
Limmerersee
Kistenpass
Kistenpass 2640
Selbsanft
Crap Sogn Gion 2216
Flims
Fidaz
Flims-Waldhaus 1081
Trin
Tamins
Trin Mulin
Digg
Reichenau
Domat/Ems
Rheinschlucht
Bonaduz
Rhäzüns
Feldis/Veulden
Pigniu
Biferten
Laax
Falera
Carrera-tobel
Vorderrhein
Versam
Siat
Ladir
Ruschein
Schluein
Valendas
Andiast
Sagogn
Songta Clau 698
Brün
Scheid
Rothenbrunnen
Waltensburg/Vuorz
Rueun
Schnaus
Ilanz
Castrisch
Breil/Brigels
Flond
Sevgein
Sculms
Trans
Stätzer Horn 2574
Danis
Affeier
Surcuolm
Luven
Tumegl/Tomils
Schlans
Meierhof
Paspels
Trun
Tavanasa
Riein
Tenna
Almens
Rodels
Präz
Zignau
St. Martin
Obersaxen
Miraniga
Piz Mundaun 2064
Morissen
Pitasch
Realta
Pratval
Piz Scalottas 2323
Fürstenau
Cazis
Scharans
Cumbel
Peiden
Piz Fess 2880
Tguma 2163
Sarn
Tartar
Fürstenaubruck
Vella
Glogn/Glenner
Neukirch
Heinzenberg
Duvin
Portein
Flerden
Masein
Sils i.D.
Piz Sezner 2310
Vattiz
Degen
Camuns
Safien
Safiental
Schin
Thusis 720
Vignogn
Suraua
Tschappina
Urmein
Piz Nadéls 2789
Surcasti
Tersnaus
Lumbrein
Safien-Platz 1315
Mutten
Nolla
Rongellen
Obermutten
Lumnezia
St. Martin
Viamala-schlucht
Surin
Camana
Muttner Horn 2395
Piz Cavel 2946
Vrin 1448
Crap Grisch 2861
Piz Beverin 2998
Lohn
Puzzatsch
Mathon
Reischen
Pass Diesrut 2428
Thalkirch
Bruschghorn 3056
Donath
Zillis-
Terri
Valser Tal
Piz Tomül 2946
-Wergenstein
Z Vial
Piz Aul 3121
Casti-
Clugin
Pignia
Vals 1254
Piz Vizan 2471
Piz Curvér 2972
Vanescha
Andeer
Bavugls
Piz Terri 3149
Bärenburg
Alperschällihorn 3039
Cufercal
Motterascio
Peil
Safierberg 2486
Roflaschlucht
Zervreilasee 1862
Bärenhorn 2929
Sufers
Lago di Luzzone
Guraletschhorn 2908
Splügen
Sufnersee 1401
Cresta
Medels i. Rhw. 1457
Ausserferrera
Valle di Lei
Ragn da Ferrera
Nufenen
Lanta
Chilchalphorn 3040
Hinterhein
Hinterrhein
Rheinwald
Piz Grisch 3060
Innerferrera
Galleria del S.Bernardino 6,6 km
Splügenpass/Passo dello Spluga 2115
Güferhorn 3379
Zapport
Adula
Pizzo Tambò 3279
Monte Spluga
Campsut
Passo del S. Bernardino 2065
Piz de la Lumbreida 2983
Lago di Monte Spluga 1884
Adula
Rheinwaldhorn 3402
Pass da Niemet 2295
Cröt
Quarnei
Zapporthorn 3152
Piz Timun 3209
Lago di Lei 1931
Cima di Gana Bianca 2842
S. Bernardino
Stuetta
Stettli
Piz di Pian 3158
I Rodond 2830
Isola
Dandrio
Madésimo
Anzano
Cima dei Cogn 3063
Pizzo Groppera
Prou
Madra
Pianazzo
Motto
Dagro
Val Malvaglia
Piz Pian Grand 2689
Pian S. Giacomo
Cima de Barna 2862
Ludiano
Corti
Fraciscio
Passo di Angeloga 2396
Malvaglia
Semione
Valbella
Logiano
Campodolcino
Chiavenna
Mesocco 790
Prestone
Pontirone
Fontana
Piz di Strega 2912
Val Calanca
Calancasca
Piz Corbet 3025
Cimaganda
Pizzo Stella 3163
Cima da Lägh 3083
Val Pontirone
Rossa
Bacino del Truzzo 2080
Valle San Giacomo
Pizz Gallagiun 3107
Biasca 303
Augio
Soazza
Cava
Sta Domenica
Buffalora
Ri de Buffalora
S. Bernardo
S. Giacomo-Filippo
Borgonuovo
Villa di Chiavenna
Torent Alto 2952
Cauco
Cabbiolo
Forcola 2226
Bette
S. Croce
Bodio
Selma
Piz de Groven 2694
Chiavenna 325
Liro
Landarenca
Iragna
Arvigo
Braggio
Lostallo
S. Vittore
Prata Camportaccio
Osogna
Menarola
Lodrino

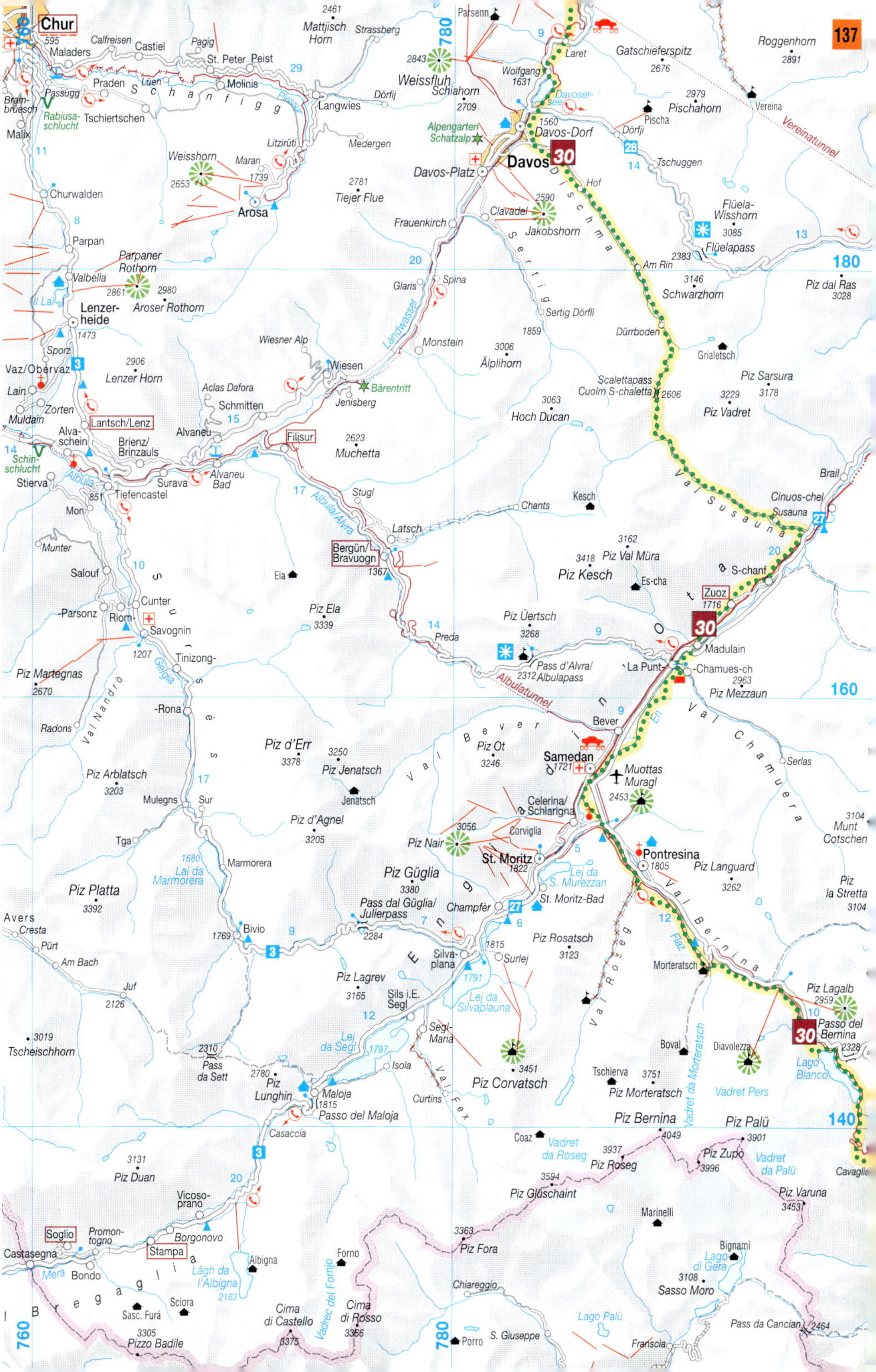
Chur
595
Maladers
Calfreisen
Castiel
Pagig
St. Peter
Peist
2461
Mattjisch Horn
Strassberg
780
Parsenn
Laret
Gatschieferspitz
2676
Roggenhorn
2891
Bram-brüesch
Passugg
Praden
Lüen
Molinis
Schanfigg
Plessur
Langwies
Dörfji
2843
Weissfluh
Schiahorn
2709
Wolfgang
1631
Davoser-see
2979
Pischahorn
Pischa
Vereina
Vereinatunnel
Malix
Rabiusa-schlucht
Tschiertschen
Litzirüti
Medergen
Alpengarten Schatzalp
1560
Davos-Dorf
Dörfji
28
Tschuggen
11
Weisshorn
Maran
1739
2653
Arosa
2781
Tiejer Flue
Davos-Platz
Davos
30
14
Hof
Churwalden
Clavadel
2590
Jakobshorn
Dischma
Flüela-Wisshorn
3085
Flüelapass
13
8
Parpan
Frauenkirch
Sertig
Am Rin
2383
180
Parpaner Rothorn
Valbella
Il Lai
2861
2980
Aroser Rothorn
Lenzer-heide
1473
20
Glaris
Spina
3146
Schwarzhorn
Piz dal Ras
3028
Sertig Dörfli
1859
Landwasser
Monstein
Dürrboden
Grialetsch
Sporz
Vaz/Obervaz
Lain
Muldain
Zorten
2906
Lenzer Horn
Wiesner Alp
Wiesen
Bärentritt
Jenisberg
3006
Älplihorn
Scalettapass
Cuolm S-chaletta
2606
Piz Sarsura
3178
3229
Piz Vadret
3063
Hoch Ducan
Aclas Dafora
Schmitten
15
Lantsch/Lenz
Alva-schein
Brienz/Brinzauls
Alvaneu
Filisur
2623
Muchetta
Schin-schlucht
Stierva
Albula
851
Tiefencastel
Surava
Alvaneu Bad
Stugl
17
Albula/Alvra
Val Susauna
Brail
Cinuos-chel
Susauna
27
Mon
Chants
Kesch
Latsch
Munter
Salouf
10
Bergün/Bravuogn
1367
Ela
3162
Piz Val Müra
3418
Piz Kesch
Es-cha
S-chanf
Zuoz
1716
Parsonz
Riom
Cunter
Savognin
1207
Piz Ela
3339
Piz Üertsch
3268
Preda
Pass d'Alvra/Albulapass
2312
Albulatunnel
La Punt
Chamues-ch
Madulain
2963
Piz Mezzaun
160
Piz Martegnas
2670
Tinizong
Gelgia
Surses
-Rona
Val Nandrò
Radons
Piz d'Err
3378
3250
Piz Jenatsch
Jenatsch
Val Bever
Piz Ot
3246
Bever
Samedan
1721
En
Val Chamuera
Serlas
Muottas Muragl
2453
Piz Arblatsch
3203
Mulegns
Sur
Piz d'Agnel
3205
Celerina/Schlarigna
Corviglia
3056
Piz Nair
Tga
1680
Lai da Marmorera
Marmorera
Piz Güglia
3380
St. Moritz
1822
Lej da S. Murezzan
St. Moritz-Bad
Pontresina
1805
Piz Languard
3262
3104
Munt Cotschen
Piz la Stretta
3104
Piz Platta
3392
Avers
Cresta
Pürt
Am Bach
1769
Bivio
9
Pass dal Güglia/Julierpass
2284
Champfèr
Engiadina
Piz Rosatsch
3123
Val Bernina
12
Flaz
Silva-plana
1815
Surlej
1791
Lej da Silvaplauna
Morteratsch
Val Roseg
Juf
2126
Piz Lagrev
3165
Sils i.E. Segl
Piz Lagalb
2959
Passo del Bernina
2328
3019
Tscheischhorn
2310
Pass da Sett
Lej da Segl
1797
Segl-Maria
Val Fex
3451
Piz Corvatsch
Boval
Diavolezza
Lago Bianco
2780
Piz Lunghin
Maloja
1815
Passo del Maloja
Isola
Curtins
Tschierva
3751
Piz Morteratsch
Vadret da Morteratsch
Vadret Pers
Piz Bernina
Piz Palü
140
Casaccia
Coaz
Vadret da Roseg
3937
Piz Roseg
4049
3901
Piz Zupò
3996
Vadret da Palü
Cavaglia
3131
Piz Duan
3594
Piz Glüschaint
Piz Varuna
3453
Vicoso-prano
Marinelli
Soglio
Promon-togno
Borgonovo
Stampa
Castasegna
Mera
Bondo
Bregaglia
Albigna
Lägh da l'Albigna
2163
3363
Piz Fora
Forno
Vadrec del Fornio
Bignami
Lago di Gera
3108
Sasso Moro
Sasc. Furä
Sciora
Chiareggio
Cima di Castello
Cima di Rosso
3366
Lago Palü
Pass da Cancian
2464
760
3305
Pizzo Badile
3375
780
Porro
S. Giuseppe
Franscia

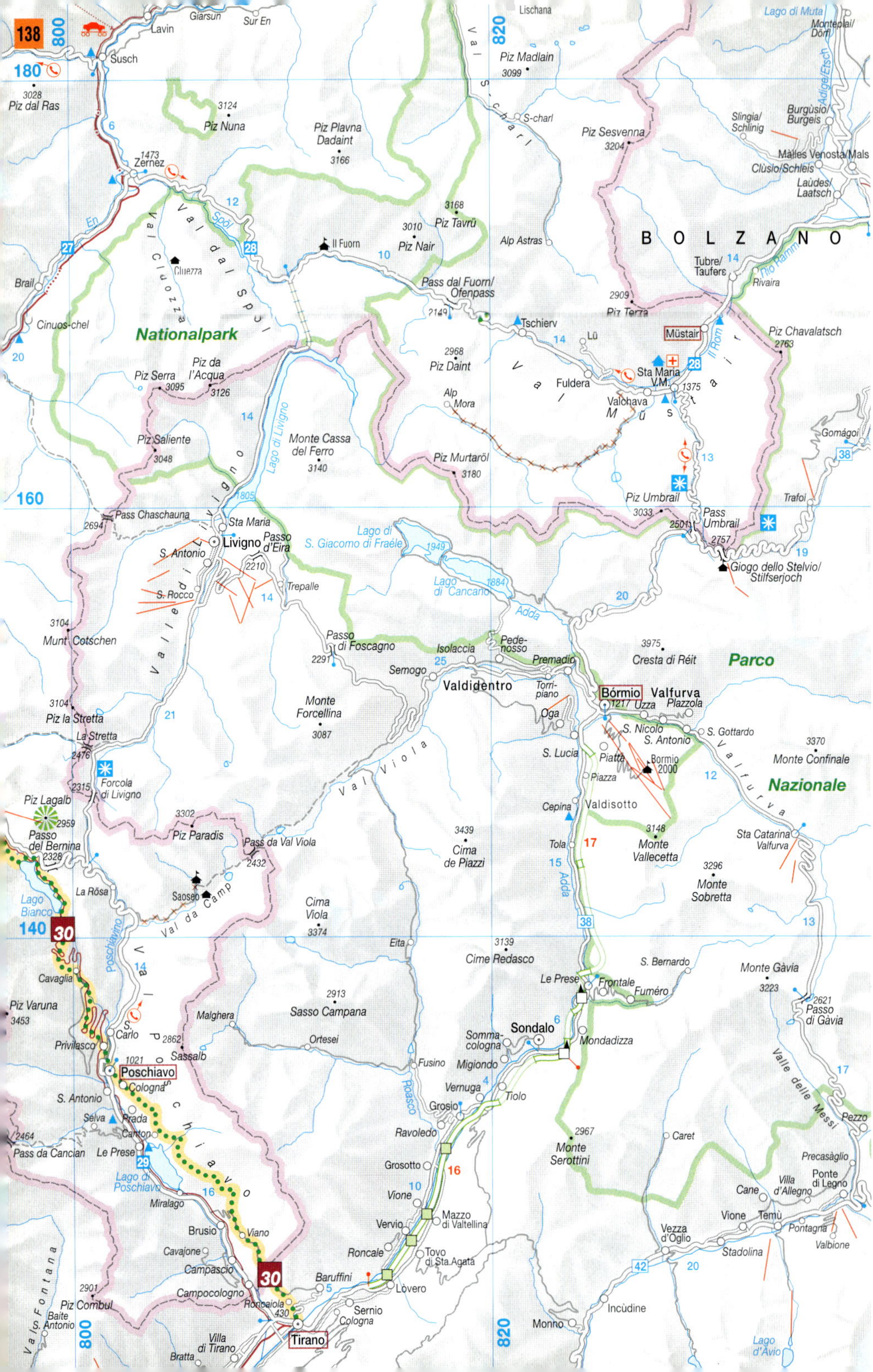
800
820
180
160
140
Lavin
Giarsun
Sur En
Lischana
Lago di Muta
Monteplair/ Dorf
Susch
3028
Piz dal Ras
Piz Madlain
3099
Val S-charl
S-charl
Adige/Etsch
3124
Piz Nuna
Piz Plavna Dadaint
3166
Piz Sesvenna
3204
Slingia/ Schlinig
Burgùsio/ Burgeis
1473
Zernez
Màlles Venosta/Mals
Clùsio/Schleis
Laùdes/ Laatsch
En
Spöl
Val Cluozza
Val dal Spöl
3168
Piz Tavrü
3010
Piz Nair
Alp Astras
B O L Z A N O
Il Fuorn
Cluozza
Pass dal Fuorn/ Ofenpass
Tubre/ Taufers
Rio Ramm
Rivaira
Brail
2909
Piz Terza
2149
Tschierv
Müstair
Piz Chavalatsch
2763
Cinuos-chel
Nationalpark
Lü
Il Rom
2968
Piz Daint
Val Müstair
Sta Maria V.M.
Piz Serra
3095
Piz da l'Acqua
3126
Fuldera
Valchava
1375
Alp Mora
Lago di Livigno
Monte Cassa del Ferro
3140
Gomàgoi
Piz Saliente
3048
Piz Murtaröl
3180
Livigno
1805
Piz Umbrail
3033
Trafoi
Pass Chaschauna
2694
Sta Maria
Passo d'Eira
Lago di S. Giacomo di Fraéle
1949
Pass Umbrail
2501
2757
S. Antonio
2210
Giogo dello Stelvio/ Stilfserjoch
S. Rocco
Trepalle
Lago di Cancano
1884
Adda
3104
Munt Cotschen
Passo di Foscagno
2291
Isolaccia
Pedenosso
3975
Cresta di Réit
Parco
Semogo
Premadio
Valdidentro
Torripiano
Bórmio
1217
Valfurva
Uzza
Plazzola
3104
Piz la Stretta
Monte Forcellina
3087
Oga
S. Nicolò
S. Antonio
S. Gottardo
La Stretta
2476
S. Lucia
Piattà
Bormio 2000
3370
Monte Confinale
Forcola di Livigno
2315
Val Viola
Piazza
Nazionale
Piz Lagalb
2959
Cepina
Valdisotto
Passo del Bernina
2328
3302
Piz Paradis
Pass da Val Viola
2432
3439
Cima de Piazzi
3148
Monte Vallecetta
Sta Catarina Valfurva
Tola
3296
Monte Sobretta
Lago Bianco
La Rösa
Saoseo
Val da Camp
Cima Viola
3374
Poschiavino
Eita
3139
Cime Redasco
S. Bernardo
Monte Gàvia
3223
Cavaglia
Le Prese
Frontale
Fumèro
2621
Passo di Gàvia
Piz Varuna
3453
2913
Sasso Campana
Malghera
Sondalo
S. Carlo
Sommacologna
Mondadizza
Privilasco
2862
Sassalb
Ortesei
Val Poschiavo
Migiondo
Fusino
1021
Poschiavo
Cologna
Vernuga
Tiolo
Valle delle Messi
S. Antonio
Roasco
Grosio
Selva
Prada
Ravoledo
2967
Monte Serottini
Caret
Pezzo
2464
Pass da Cancian
Canton
Le Prese
Grosotto
Precasàglio
Lago di Poschiavo
Vione
Villa d'Allegno
Ponte di Legno
Cane
Miralago
Vione
Temù
Brusio
Viano
Mazzo di Valtellina
Vervio
Vezza d'Oglio
Pontagna
Cavajone
Roncale
Tovo di Sta.Agata
Stadolina
Valbione
Campascio
Val Fontana
2901
Piz Combul
Baite S. Antonio
Campocologno
Baruffini
Lòvero
Roncaiola
430
Sernio
Cologna
Incùdine
Tirano
Villa di Tirano
Monno
Bratta
Lago d'Avio

140
120
100
500
520
Haut-Crêt
La Dôle
1677
Forêt du Massacre
La Main-Morte
Lamoura
Septmoncel
Lajoux
Combe de Mijoux
La Valserine
Mijoux
1320
Col de la Faucille
1534
Petit Montrond
Gex
Tougin
1688
Colomby de Gex
Lélex
Col de Crozet
1485
Echenevex
Naz-Dessous
Avouzon
Crozet
1718
Crêt de la Neige
Villeneuve
Sergy
Allemogne
Thoiry
Fénieres
St-Jean-de-Gonville
Feigère
Péron
Logras
Challex
Dardagny
La Plaine
Farges
Asserans
Ecorans
Collonges
Pougny
La Joux
Chevrier
Vulbens
Valleiry
Dingy-en-Vuache
Le Vuache
1101
Savigny
Jonzier
Epagny
Vigny
Chaumont
Frangy
Musièges
Marlioz
Contamine-Sarzin
Chilly
Sallenôves
Mésigny
Menthonnex-sous-Clermont
La Côte
La Combe
Thusy
Thusel
Sallongy
Versonnex
Sion
St-Eusèbe
Bellossy
Vaulx
Vallières
Hauteville-sur-Fier
Moye
Sales
Rumilly
Etercy
Marcellaz-Albanais
Chavanod
Gorges du Fier
Fontanelles
Ripaille
Le Fier
Chéserex
Gingins
Givrins
Coinsins
Vich
Gland
Dully
Bursinel
Trélex
Duillier
Prangins
Promenthoux
Nyon
Grens
Signy-Av.
Eysins
Borex
La Rippe
Crassy
Crassier
Crans-près-Céligny
Céligny
Villard
Divonne-les-Bains
Arbère
Vesancy
Bogis-Bossey
Chavannes-de-Bogis
Mourex
Grilly
Cessy
Chavannes-des-Bois
Commugny
Founex
Sauverny
Versonnex
Tannay
Mies
Coppet
Ségny
Versoix
Chevry
Bretigny
Bossy
Ornex
Collex
Genthod
Prégnin
Moëns
Prévessin-
Ferney-Voltaire
Le Vengeron
Bellevue
Pouilly
St-Genis-
Pays de Gex
Meyrin
Gd-Saconnex
Pregny
Chambésy
L'Allondon
Chouilly
Malval
Peissy
Satigny
Peney
Russin
Aire-la-Ville
Vernier
GENÈVE
Lancy
Onex
Bernex
Confignon
Plan-les-Ouates
Perly
Cartigny
Avully
Le Rhône
Chancy
Laconnex
Avusy
Sézegnin
Thairy
Soral
Certoux
Bar-donnex
St-Julien
Carouge
Veyrier
Troinex
Croix-de-Rozon
Bossey
Collonges-sous-Salève
Humilly
Neydens
Archamps
La Croisette
Viry
Chênex
L'Eluiset
Feigères
Beaumont
1375
Le Grand Piton
Le Châble
Vers
Présilly
Andilly
Charly
La Motte
Cernex
Jussy
St-Blaise
Minzier
Chavannaz
Copponex
Les Usses
Cruseilles
Chozal
Le Flon
Cercier
Véry
Choisy
Rossy
Allonzier-la-Caille
Villy-le-Pelloux
Groisy
Plot
Crêts Blancs
Cuvat
Charvonnex
La Filière
Les Ollières
La Balme-de-Sillingy
Proméry
Chaumontet
St-Martin-Bellevue
Pringy
Argonay
Tessy
Epagny
Sillingy
Poisy
Nonglard
Lovagny
Meythet
Cran-Gevrier
448
Annecy-le-Vieux
ANNECY
Seynod
Létra
Lac d'Annecy
Veyrier-du-Lac
Alex
Bluffy
Villaz
Nâves-Parmelan
Dingy-St-Clair
LÉMAN
Yvoire
372
Nernier
Excenevex
Anthy-sur-Léman
Messery
Essert
Chevilly
Séchex
Bonnatrait
Margencel
Chens-sur-Léman
Sous Etraz
Filly
Massongy
Prailles
Sciez
Jouvernex
Véreitre
Douvaine
Chavannex
Ballaison
Brécorens
Hermance
Chevrens
Loisin
Les Crapons
Marcorens
Lully
Anières
Les Cabrettes
Tholomaz
Loyer
Fessy
Veigy-
Brens
St-Didier
Brenthonne
Corsier
Foncenex
Bons-en-Chablais
Collonge-Bellerive
Gy
Langin
Vésenaz
Meinier
Monniaz
Machilly
Saxel
La Capite
Choulex
Jussy
Lullier
St-Cergues
Presinge
1480
Les Voirons
Burdignin
Vandœuvres
Cologny
Puplinge
Juvigny
Chêne-Bourg
Chêne-Bougeries
Ville-la-Grand
Lossy
Boëge
St-André-de-Boëge
Bogève
Thônex
Annemasse
Cranves-Sales
Lucinges
Etrembières
Monthoux
Vétraz-
La Bergue
Juffly
Loëx
Bonne
Mornex
Nangy
Sevraz
Fillinges
Viuz-en-Sallaz
Monnetier-
Essert-Salève
Arthaz-Pont N.D.
Boringes
Marcellaz
Pouilly
Ville-en-Sallaz
Esery
Reignier
Contamine-sur-Arve
Peillonnex
La Tour
La Muraz
Faucigny
Pers-Jussy
Porte
Arenthon
St-Jean-de-Tholome
Bovère
St-Etienne
Mont Salève
Arbusigny
Cornier
Moussy
Le Sappey
Amancy
Bonneville
Ayse
Passeirier
La Chapelle-Rambaud
St-Maurice-de-Rumilly
Vovray-en-Bornes
La Roche-sur-Foron
Menthonnex-en-Bornes
St-Sixt
St-Pierre-en-Faucigny
Le Chaumet
St-Laurent
Solaizon
Villy-le-Bouveret
Evires
Orange
Le Borne
FRANCE
Les Chappes
Mont Piton
Beffay
2004
Sous Dine
Le Petit-Bornand-les-Glières
Thorens-Glières
Usillon
HAUTE-SAVOIE
Aviernoz
Disonche
La Verrerie
Les Contamines
Entremont
Tête du Parmelan
1832
La Blonnière
Le Grand-Bornand
Villeneuve
Mont Lacha
2020
Le Sapey
Les Villards-sur-Thônes
St-Jean-de-Sixt
La Balme-de-Thuy
Thuy
La Vacherie
La Clusaz
Chapelle de Lorette
Gotty
Col de la Croix Fry
1467
Thônes
N5
D436
D484c
E 21
E 25
E 62
N206
D907
D18
N201
N205
N503
N203
D910
N508
N203
D216
D909
Valleiry
Bonneville

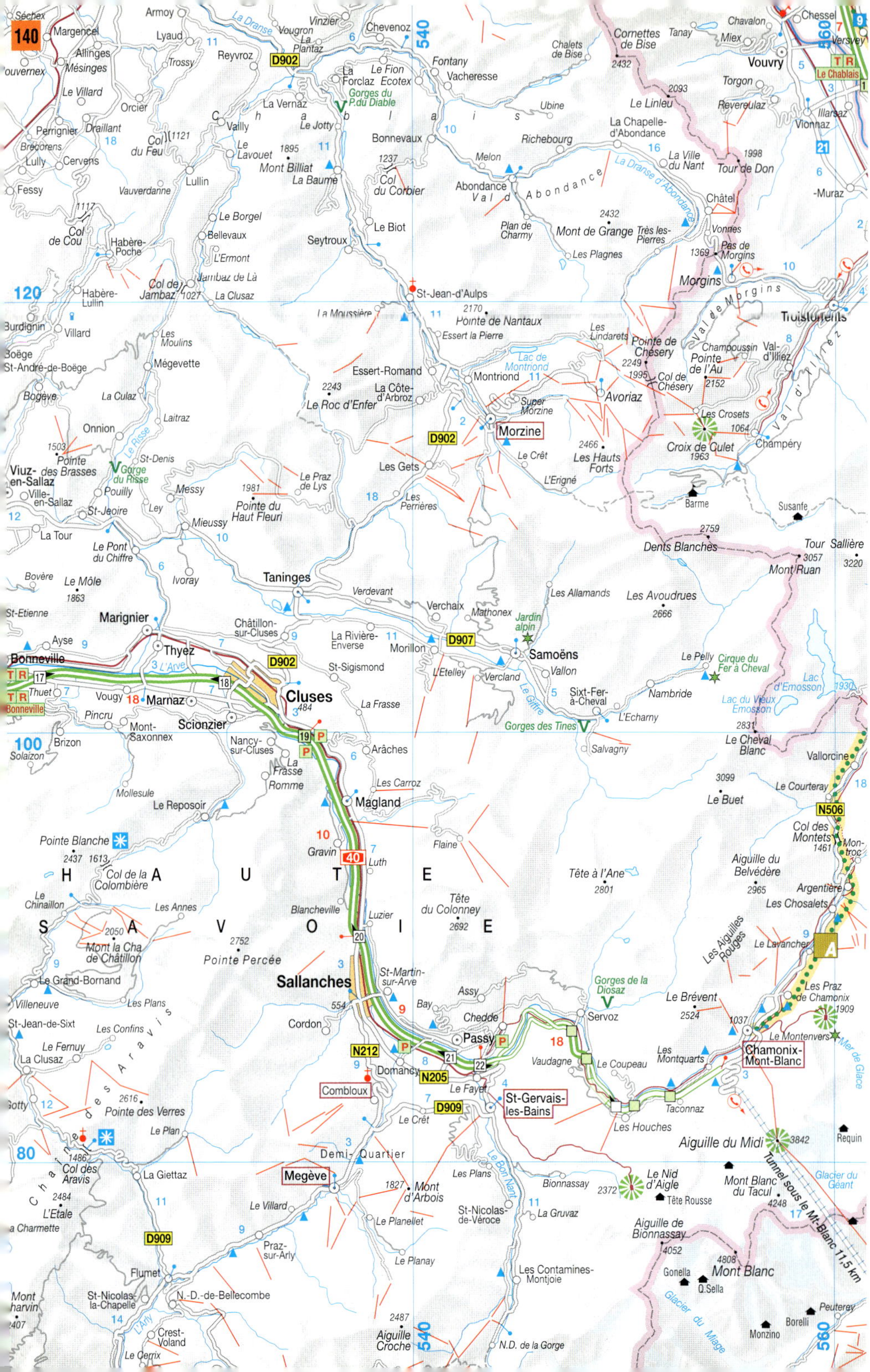
Séchex
Margencel
Armoy
Lyaud
La Dranse
Vongy
Vinzier
Vougron
La Plantaz
Chevenoz
540
Allinges
Mésinges
Trossy
Reyvroz
D902
Le Fion
La Forclaz
Ecotex
Fontany
Vacheresse
Chalets de Bise
Cornettes de Bise
2432
Tanay
Miex
Chavalon
Chessel
Vouvry
Le Chablais
Le Villard
Orcier
La Vernaz
Gorges du P.du Diable
Ubine
Le Linleu
2093
Torgon
Reverculaz
Vionnaz
Perrignier
Draillant
Vailly
Le Jotty
Bonnevaux
Richebourg
La Chapelle-d'Abondance
Col du Feu
1121
Le Lavouet
1895
Mont Billiat
La Baume
Melon
Abondance
Val d'Abondance
La Dranse d'Abondance
La Ville du Nant
1998
Tour de Don
Brecorens
Lully
Cervens
1237
Col du Corbier
-Muraz
Fessy
Vauverdanne
Lullin
Châtel
1117
Col de Cou
Habère-Poche
Le Borgel
Bellevaux
L'Ermont
Seytroux
Le Biot
Plan de Charmy
2432
Mont de Grange
Très les-Pierres
Vonnes
Les Plagnes
1369
Pas de Morgins
Morgins
Col de Jambaz
1027
Jambaz de Là
La Clusaz
120
Habère-Lullin
St-Jean-d'Aulps
2170
Pointe de Nantaux
La Moussière
Val de Morgins
Troistorrents
Burdignin
Villard
Les Moulins
Essert la Pierre
Les Lindarets
Pointe de Chésery
Champoussin
Val-d'Illiez
Boëge
St-André-de-Boëge
Mégevette
Essert-Romand
Lac de Montriond
Montriond
2249
1995
Col de Chésery
Pointe de l'Au
2152
Bogève
La Culaz
2243
Le Roc d'Enfer
La Côte-d'Arbroz
Avoriaz
Super Morzine
Val d'Illiez
Onnion
Laitraz
Morzine
Les Crosets
1064
Champéry
1503
Pointe des Brasses
Le Risse
St-Denis
D902
2466
Les Hauts Forts
Croix de Culet
1963
Viuz-en-Sallaz
Ville-en-Sallaz
Gorge du Risse
Le Praz de Lys
Les Gets
Le Crêt
L'Erigné
Pouilly
Messy
1981
Pointe du Haut Fleuri
18
Les Perrières
Barme
Susanfe
St-Jeoire
Ley
Mieussy
La Tour
2759
Dents Blanches
Tour Sallière
3057
3220
Mont Ruan
Le Pont du Chiffre
Bovère
Le Môle
1863
Ivoray
Taninges
Les Allamands
Les Avoudrues
2666
St-Etienne
Marignier
Verdevant
Verchaix
Mathonex
Jardin alpin
Ayse
Châtillon-sur-Cluses
La Rivière-Enverse
Morillon
D907
Samoëns
Le Pelly
Cirque du Fer à Cheval
Bonneville
Thyez
L'Arve
D902
St-Sigismond
L'Etelley
Vercland
Vallon
Lac d'Emosson
Thuet
Vougy
Marnaz
Cluses
484
La Frasse
Le Giffre
Sixt-Fer-à-Cheval
Nambride
L'Echarny
Lac du Vieux Emosson
1930
Pincru
Mont-Saxonnex
Scionzier
Gorges des Tines
2831
Le Cheval Blanc
100
Solaizon
Brizon
Nancy-sur-Cluses
Arâches
Salvagny
Vallorcine
La Frasse
Romme
3099
Le Buet
Le Courteray
Les Carroz
Mollesule
Le Reposoir
Magland
N506
Col des Montets
1461
Montroc
Pointe Blanche
Gravin
Flaine
Luth
2437
1613
Col de la Colombière
Tête à l'Ane
2801
Aiguille du Belvédère
2965
Argentière
HAUTE SAVOIE
Le Chinaillon
Les Annes
Blancheville
Luzier
Tête du Colonney
2692
Les Chosalets
2050
Mont la Cha de Châtillon
2752
Pointe Percée
Les Aiguilles Rouges
Le Lavancher
Le Grand-Bornand
Sallanches
St-Martin-sur-Arve
Gorges de la Diosaz
Les Praz de Chamonix
1909
Villeneuve
Les Plans
554
Assy
Bay
Le Brévent
2524
1037
Chedde
Servoz
St-Jean-de-Sixt
Les Confins
Cordon
Passy
Le Montenvers
Mer de Glace
Le Fernuy
La Clusaz
Chaîne des Aravis
N212
Domancy
Vaudagne
Le Coupeau
Les Montquarts
Chamonix-Mont-Blanc
N205
Le Fayet
St-Gervais-les-Bains
Combloux
Les Houches
Taconnaz
2616
Pointe des Verres
D909
Le Crêt
Aiguille du Midi
3842
Requin
Le Plan
80
1486
Col des Aravis
Demi-Quartier
Le Bon Nant
Megève
Les Plans
Bionnassay
1827
Mont d'Arbois
2372
Le Nid d'Aigle
Tête Rousse
Mont Blanc du Tacul
4248
Glacier du Géant
Tunnel sous le Mt-Blanc 11,5 km
La Giettaz
2484
L'Etale
La Charmette
Le Villard
St-Nicolas-de-Véroce
La Gruvaz
Le Planellet
Aiguille de Bionnassay
4052
D909
Praz-sur-Arly
Le Planay
4808
Mont Blanc
Gonella
Q.Sella
Flumet
Les Contamines-Montjoie
Mont Charvin
2407
St-Nicolas-la-Chapelle
N.-D.-de-Bellecombe
Glacier du Miage
Peuterey
Borelli
Monzino
L'Arly
Crest-Voland
2487
Aiguille Croche
Le Cerrix
N.D. de la Gorge
560

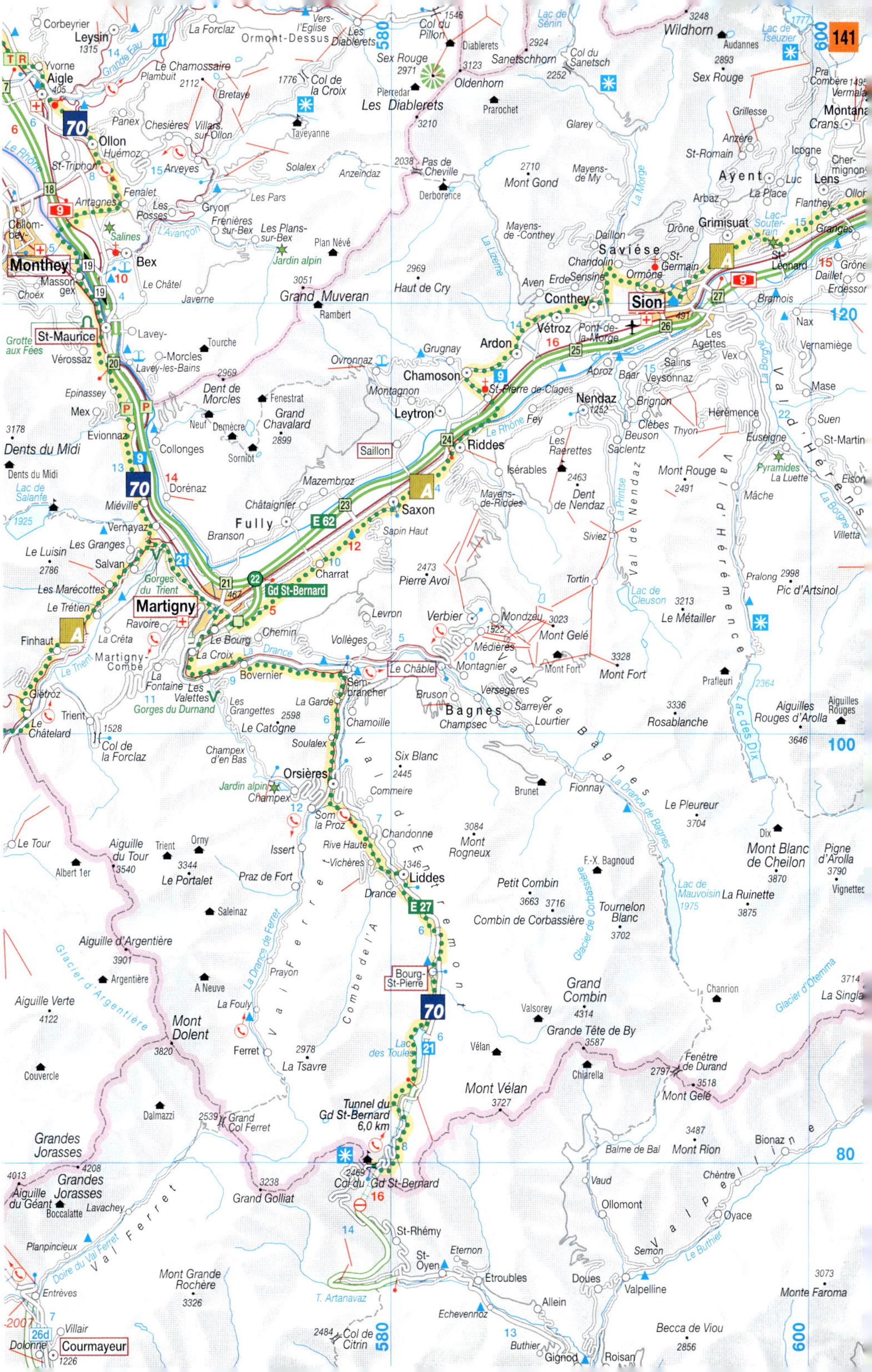
Corbeyrier
Leysin
La Forclaz
Ormont-Dessus
Vers-l'Eglise
Les Diablerets
Col du Pillon
Diablerets
Sanetschhorn
Lac de Sénin
Col du Sanetsch
Wildhorn
Audannes
Lac de Tseuzier
Yvorne
Aigle
Le Chamossaire
Plambuit
Bretaye
Col de la Croix
Sex Rouge
Oldenhorn
Prarochet
Pierredar
Les Diablerets
Sex Rouge
Crans
Montana
Panex
Chesières
Villars-sur-Ollon
Taveyanne
Glarey
Grillesse
Anzère
Ollon
Huémoz
St-Triphon
Arveyes
Solalex
Anzeindaz
Pas de Cheville
Derborence
Mont Gond
Mayens-de My
St-Romain
Icogne
Ayent
Luc
Lens
Fenalet
Antagnes
Les Posses
Gryon
Les Pars
Arbaz
La Place
Flanthey
Frenières-sur-Bex
Les Plans-sur-Bex
Plan Névé
Mayens-de-Conthey
Dillon
Drône
Grimisuat
Granges
Collombey
Salines
Jardin alpin
La Lizerne
Savièse
St-Germain
St-Léonard
Monthey
Bex
Haut de Cry
Chandolin
Ormône
Grône
Masson-gex
Choëx
Le Châtel
Javerne
Grand Muveran
Rambert
Aven
Erde
Sensine
Conthey
Sion
Bramois
Daillet
Eréssor
St-Maurice
Lavey-
Tourche
Ardon
Vétroz
Pont-de-la-Morge
Nax
Vernamiège
Grotte aux Fées
Vérossaz
Morcles
Lavey-les-Bains
Ovronnaz
Grugnay
Chamoson
Aproz
Baar
Salins
Veysonnaz
Les Agettes
Vex
Mase
Epinassey
Dent de Morcles
Fenestrat
Grand Chavalard
Montagnon
St-Pierre-de-Clages
Nendaz
Brignon
Hérémence
Suen
Mex
Neuf
Demècre
Leytron
Fey
Clèbes
Thyon
Euseigne
St-Martin
Evionnaz
Sorniot
Collonges
Saillon
Riddes
Les Raerettes
Beuson
Saclentz
Dents du Midi
Isérables
Mont Rouge
Pyramides
La Luette
Eison
Lac de Salanfe
Dorénaz
Mazembroz
Saxon
Mayens-de-Riddes
Dent de Nendaz
Mâche
Miéville
Châtaignier
Fully
E 62
Sapin Haut
Siviez
Vernayaz
Branson
Villetta
Le Luisin
Les Granges
Salvan
Charrat
Pierre Avoi
Tortin
Val de Nendaz
Val d'Hérémence
Val d'Hérens
Pralong
Pic d'Artsinol
Les Marécottes
Gorges du Trient
Gd St-Bernard
Lac de Cleuson
Le Trétien
Martigny
Levron
Verbier
Mondzeu
Le Métailler
Finhaut
Ravoire
La Crêta
Le Bourg
Chemin
Vollèges
Médières
Mont Gelé
Martigny-Combe
La Croix
La Dranse
Le Châble
Montagnier
Mont Fort
Mont Fort
Prafleuri
Gîetroz
La Fontaine
Les Valettes
Bovernier
Sembrancher
Bruson
Versegères
Sarreyer
Trient
Gorges du Durnand
Les Grangettes
La Garde
Bagnes
Champsec
Lourtier
Rosablanche
Aiguilles Rouges d'Arolla
Aiguilles Rouges
Le Châtelard
Col de la Forclaz
Le Catogne
Chamoille
Val de Bagnes
Lac des Dix
Champex d'en Bas
Soulalex
Six Blanc
Orsières
Jardin alpin
Champex
Commeire
Brunet
Fionnay
La Drance de Bagnes
Le Tour
Aiguille du Tour
Trient
Orny
Som la Proz
Chandonne
Mont Rogneux
Le Pleureur
Albert 1er
Le Portalet
Issert
Rive Haute
Vichères
F.-X. Bagnoud
Dix
Mont Blanc de Cheilon
Pigne d'Arolla
Praz de Fort
Liddes
Petit Combin
Drance
Combin de Corbassière
Lac de Mauvoisin
La Ruinette
Vignettes
Saleinaz
E 27
Tournelon Blanc
Aiguille d'Argentière
Glacier de Corbassière
Val d'Entremont
Prayon
Argentière
A Neuve
Bourg-St-Pierre
Chanrion
Glacier d'Argentière
Val Ferret
Combe de l'A
Grand Combin
La Singla
Aiguille Verte
La Fouly
Valsorey
Glacier d'Otemma
Mont Dolent
Grande Tête de By
Ferret
La Tsavre
Lac des Toules
Vélan
Fenêtre de Durand
Couvercle
Chiarella
Mont Gelé
Mont Vélan
Tunnel du Gd St-Bernard 6,0 km
Dalmazzi
Grand Col Ferret
Mont Rion
Grandes Jorasses
Balme de Bal
Bionaz
Chèntre
Aiguille du Géant
Grandes Jorasses
Grand Golliat
Col du Gd St-Bernard
Vaud
Ollomont
Oyace
Boccalatte
Lavachey
Valpelline
Val Ferret
St-Rhémy
Planpincieux
Doire du Val Ferret
Eternon
Semon
Le Buthier
St-Oyen
Mont Grande Rochère
Etroubles
Doues
Valpelline
Monte Faroma
Entrèves
T. Artanavaz
Allein
Echevennoz
Villair
Dolonne
Courmayeur
Col de Citrin
Buthier
Gignod
Roisan
Becca de Viou
120
100
80
580
600

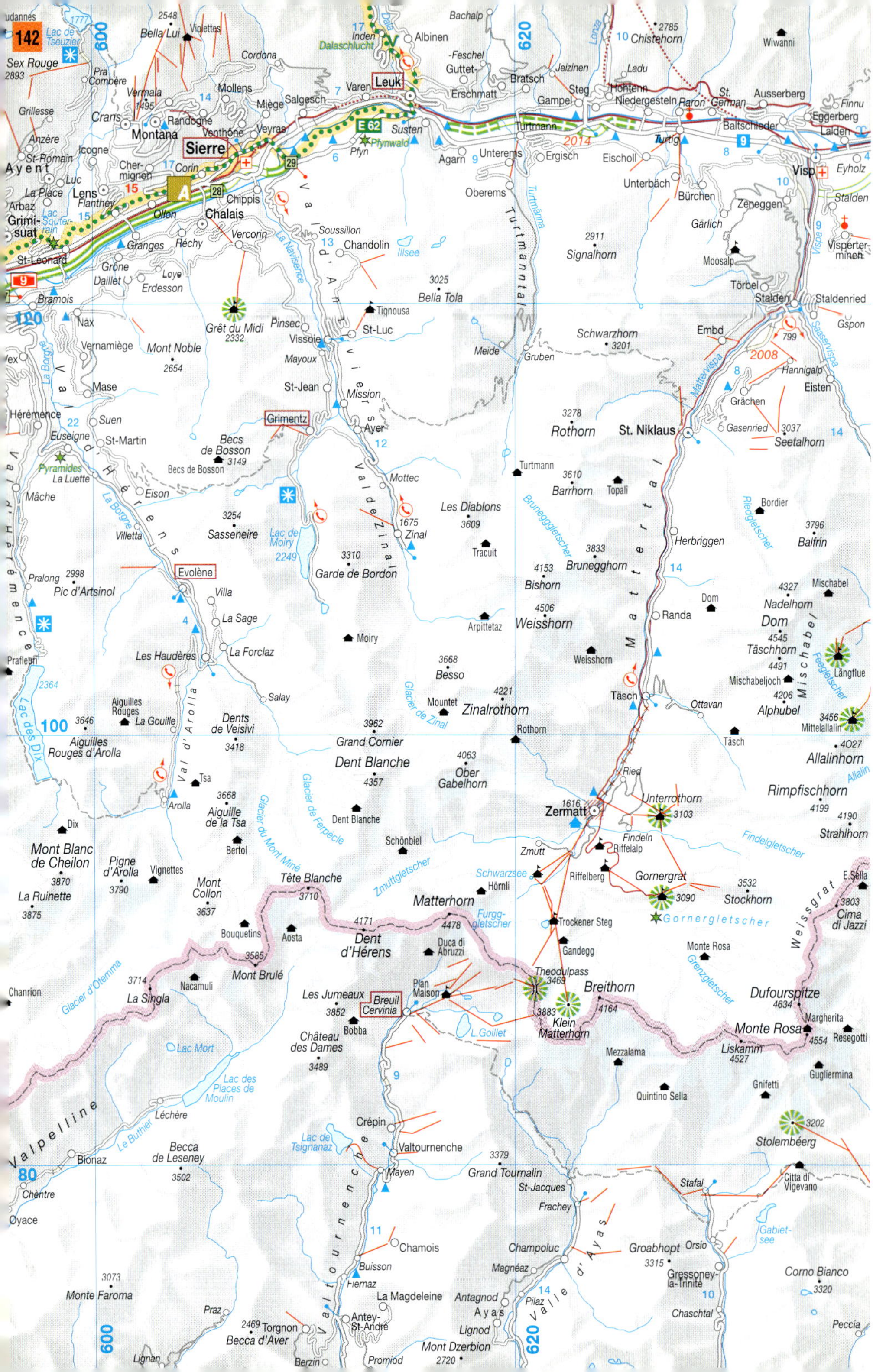
udannes
1777
Lac de Tseuzier
600
2548
Bella Lui
Violettes
17
Inden
Dala
Albinen
Dalaschlucht
Bachalp
620
Lonza
2785
10 Chistehorn
Wiwanni
Sex Rouge
2893
Pra Combère
Cordona
-Feschel
Guttet-
Jeizinen
Ladu
Leuk
Varen
7
Bratsch
Erschmatt
Steg
Hohtenn
St. German
Ausserberg
Finnu
Grillesse
Vermala
1495
14
Mollens
Salgesch
Miège
Gampel
Niedergesteln
Raron
Eggerberg
Crans
Montana
Randogne
Venthône
Veyras
E 62
Susten
Pfynwald
Turtmann
2014
Baltschieder
Lalden
Anzère
Icogne
Sierre
Pfyn
Agarn
9
Unterems
Ergisch
Eischoll
Turtig
9
8
St-Romain
Ayent
Cher-mignon
17
Corin
29
6
Visp
Eyholz
4
Luc
La Place
Lens
Flanthey
15
A
28
Oberems
Unterbäch
10
Bürchen
Zeneggen
Stalden
Arbaz
Grimi-suat
Lac Souterrain
15
Ollon
Chippis
Chalais
Turtmänna
Gärlich
Vispa
9
St-Léonard
Granges
Réchy
Vercorin
Soussillon
13
Chandolin
Illsee
2911
Signalhorn
Moosalp
Visperterminen
9
Grône
Daillet
Loye
Erdesson
La Navisence
Val d'Anniviers
Turtmanntal
3025
Bella Tola
Törbel
Bramois
Stalden
Staldenried
120
Nax
Grêt du Midi
2332
Tignousa
Pinsec
Vissoie
St-Luc
Embd
Gspon
Vernamiège
Mont Noble
2654
Meide
Gruben
Schwarzhorn
3201
799
Saaservispa
Vex
Mayoux
2008
La Borgne
Mase
St-Jean
Mission
8
Mattervispa
Hannigalp
Eisten
Val d'Hérens
Hérémence
22
Suen
Grimentz
Ayer
3278
Rothorn
St. Niklaus
Grächen
Gasenried
3037
Seetalhorn
14
Euseigne
St-Martin
Becs de Bosson
3149
Becs de Bosson
12
Pyramides
La Luette
Turtmann
3610
Barrhorn
Topali
Mattertal
Mottec
Val de Zinal
Mâche
Eison
Bruneggletscher
Bordier
Riedgletscher
Les Diablons
3609
La Borgne
3254
Sasseneire
Lac de Moiry
2249
1675
Zinal
3796
Balfrin
Villetta
Herbriggen
Tracuit
3310
Garde de Bordon
3833
Brunegghorn
Val d'Hérémence
Pralong
2998
Pic d'Artsinol
Evolène
4153
Bishorn
14
4327
Nadelhorn
Mischabel
Villa
4506
Weisshorn
Dom
Randa
Dom
La Sage
4
Arpittetaz
Moiry
4545
Täschhorn
Mischabel
Weisshorn
Les Haudères
La Forclaz
Feegletscher
Längflue
Prafleuri
2364
Lac des Dix
3668
Besso
4491
Mischabeljoch
Salay
Glacier de Zinal
Täsch
Ottavan
4206
Alphubel
Aiguilles Rouges
La Gouille
Val d'Arolla
Dents de Veisivi
3418
Mountet
4221
Zinalrothorn
3456
Mittelallalin
100
3646
3962
Grand Cornier
Rothorn
Täsch
4027
Aiguilles Rouges d'Arolla
Allalinhorn
Dent Blanche
4357
4063
Ober Gabelhorn
Ried
Allalin
Tsa
Glacier de Ferpècle
Rimpfischhorn
3668
Aiguille de la Tsa
Unterrothorn
4199
Arolla
1616
Zermatt
3103
4190
Dix
Dent Blanche
Strahlhorn
Glacier du Mont Miné
Findeln
Riffelalp
Mont Blanc de Cheilon
Pigne d'Arolla
Bertol
Schönbiel
Zmutt
Findelgletscher
3870
3790
Vignettes
Mont Collon
Zmuttgletscher
Schwarzsee
Riffelberg
Gornergrat
3532
E. Sella
La Ruinette
3637
Tête Blanche
Hörnli
Stockhorn
3875
3710
Matterhorn
3090
3803
Weissgrat
Cima di Jazzi
4171
Furgg-gletscher
Gornergletscher
Bouquetins
Aosta
Dent d'Hérens
4478
Trockener Steg
3714
Glacier d'Otemma
3585
Mont Brulé
Duca di Abruzzi
Gandegg
Monte Rosa
Chanrion
La Singla
Nacamuli
Theodulpass
3469
Breithorn
Grenzgletscher
Dufourspitze
Les Jumeaux
Plan Maison
Breuil Cervinia
3883
4164
4634
3852
Bobba
L. Goillet
Klein Matterhorn
Margherita
Monte Rosa
Resegotti
Lac Mort
Château des Dames
3489
Mezzalama
Liskamm
4527
4554
Lac des Places de Moulin
9
Gugliermina
Valpelline
Léchère
Quintino Sella
Gnifetti
Le Buthier
Crépin
3202
Becca de Leseney
3502
Lac de Tsignanaz
Valtournenche
3379
Stolembèrg
80
Bionaz
Mayen
Grand Tournalin
Stafal
Citta di Vigevano
Chèntre
St-Jacques
Frachey
Oyace
Valtournenche
Gabiet-see
11
Chamois
Champoluc
Groabhopt
3315
Orsio
Val d'Ayas
Corno Bianco
3073
Monte Faroma
Buisson
Fiernaz
Magnéaz
14
Gressoney-la-Trinité
10
3320
La Magdeleine
Antagnod
Ayas
Pilaz
Praz
Antey-St-André
Chaschtal
2469
Torgnon
Becca d'Aver
Lignod
Peccia
600
Lignan
Berzin
Promiod
Mont Dzerbion
2720
620

Chiesa
Fondovalle
Bitsch
Bättlihorn
2951
Heiligkreuz
Lago di Dèvero
Alpe Dèvero
Brischeru
Naters
Termen
Pizzo Pojala
2773
Rivasco
Birgisch
Mund
Brig-
-Glis
Ried-Brig
Rosswald
Helsenhorn
3272
C.d. Inferno
Valle Dèvero
Brigerbad
Gamsen
Hillehorn
3181
Bortel
Gòglio
S. Rocco di Prèmia
Pizzo Quadro
Schallberg
Berisal
Simplontunnel
Saltinaschlucht
Rothwald
Alpe Veglia
Piedilago
2010
Nanztal
Spitzhorli
2737
Wasenhorn
3246
Pizzo Diei
2906
Cròveo
Prèmia
Valle Antigorio
Baceno
Pizzo del Forno
2695
Monte Leone
3553
Lago d'Avino
S. Domenico
2880
Monte Cistella
Crego
Simplonpass
2009
Cravegna
E 62
Breithorn
3366
120
Mozzio
Crodo
Agarina
Trasquera
Bertonio
Varzo
Bugliaga
Iselle
Chrummbach
Egga
Mattwaldhorn
3246
Simplon
1472
Gondo
Gabi
Val Divedro
F. Toce
Pioda di Crana
2430
Pontemaglio
Gondoschlucht
Oira
Grosses Wasser
Fletschhorn
3993
Passo di Monscera
2103
Altoggio
Crèvola-dossola
Montecrestese
Lagginhorn
4010
Saas-Balen
Zwischbergen
S. Bernardo
Pontetto
Weissmies
Hohsaas
Masera
Albogno
Buttogno
Tamatten
Triftalp
Pizzo Straciugo
2713
Bognanco
S. Lorenzo
Preglia
Mocogna
Coimo
Melezza
Druogno
Saas Grund
Weissmies
4017
Tällihorn
3448
Pizzanco
Fonti
Trontano
Saas Fee
Almageller
Portjengrat
3654
Andolla
Pizzo Montalto
2705
Domodossola
270
Cosasca
Monte Togano
2299
Saas-Almagell
1670
1803
Plattien
3143
Bacino Alpe d.Cavalli
Bèura-
Villadossola
Montescheno
Sasso
Ovesca
Felskinn
Sonnighorn
3487
Punta Turiggia
2811
Antronapiana
Valle d'Ossola
Chiesa
-Cardezza
Cuzzego
Britannia
Lago di Camposecco
Latelhorn
Antrona-Schieranco
Seppiana
100
Stausee Mattmark
Antronapass
3198
2838
Prabernardo
S. Pietro
Valle d'Antrona
Pallanzeno
Prata
S. Bernardino
Pizzo Proman
2098
Piedimulera
Spechhorn
3189
Pizzo S. Martino
2733
Vigino
Calasca-Castiglione
Antrogna
Colloro
Premosello-Chiovenda
Vogogna
Pieve-Vergonte
Cuzzago
Monte Moro
2985
Pontegrande
S. Carlo
Anzino
Bannio-
Valle Anzasca
Toce
Rumianca
Mègolo
Anzola d'Ossola
Gabbio
Albo
Candoglia
Pecetto
Macugnaga
Staffa
Borca
Pestarena
Ceppo Morello
Vanzone
Soi
NOVARA
Ornavasso
Mergozzo
Cima Capezzone
2421
Campello Monti
Monte Massone
2161
Forno
Pallone del Badile
2675
Pizzo Tignaga
2653
Pedemonte
Gravellona Toce
Casale-Corte Cerro
Strona
Massiola
Luzzogno
Chesio
Loreglia
Sta Maria
La Piana
Rimella
Carcoforo
Cima Colmetta
2458
Fobello
Massa del Turlo
1959
Granerolo
Montebùglio
Germagno
Omegna
Rima-
-S.Giuseppe
Ferrate
Monte Tagliaferro
2964
T. Sermenza
Cervatto
Quarna Sopra
Quarna Sotto
Cireggio
80
Ferrera
Sàbbia
Rimasco
Alagna-Valsesia
Brolo
Agrano
Cravagliana
Camasco
Cervarolo
Monte Novesso
1410
Nònio
Lago d'Orta
Fervento
Rossa
Vocca
Riva-Valdobbia
Bocciolletto
Balmuccia
Valmàggia
Morondo
Cèsara
Ronco
Crabbia
Armeno
Grassona
Pettenasco
Pisogno
Mòllia
Sesia
Varallo
Isola
Crèvola
-Civiasco
Arola
Madonna del Sasso
Pella
Orta S. Giulio
Isola S.Giulio
Miasino
Campertogno
Muro
Scopa
Salterana
Parone
Locarno
Roccapietra
Cavaglia
Boleto
Alzo
Ameno
Valle della Sesia
T. Artogna
640
660

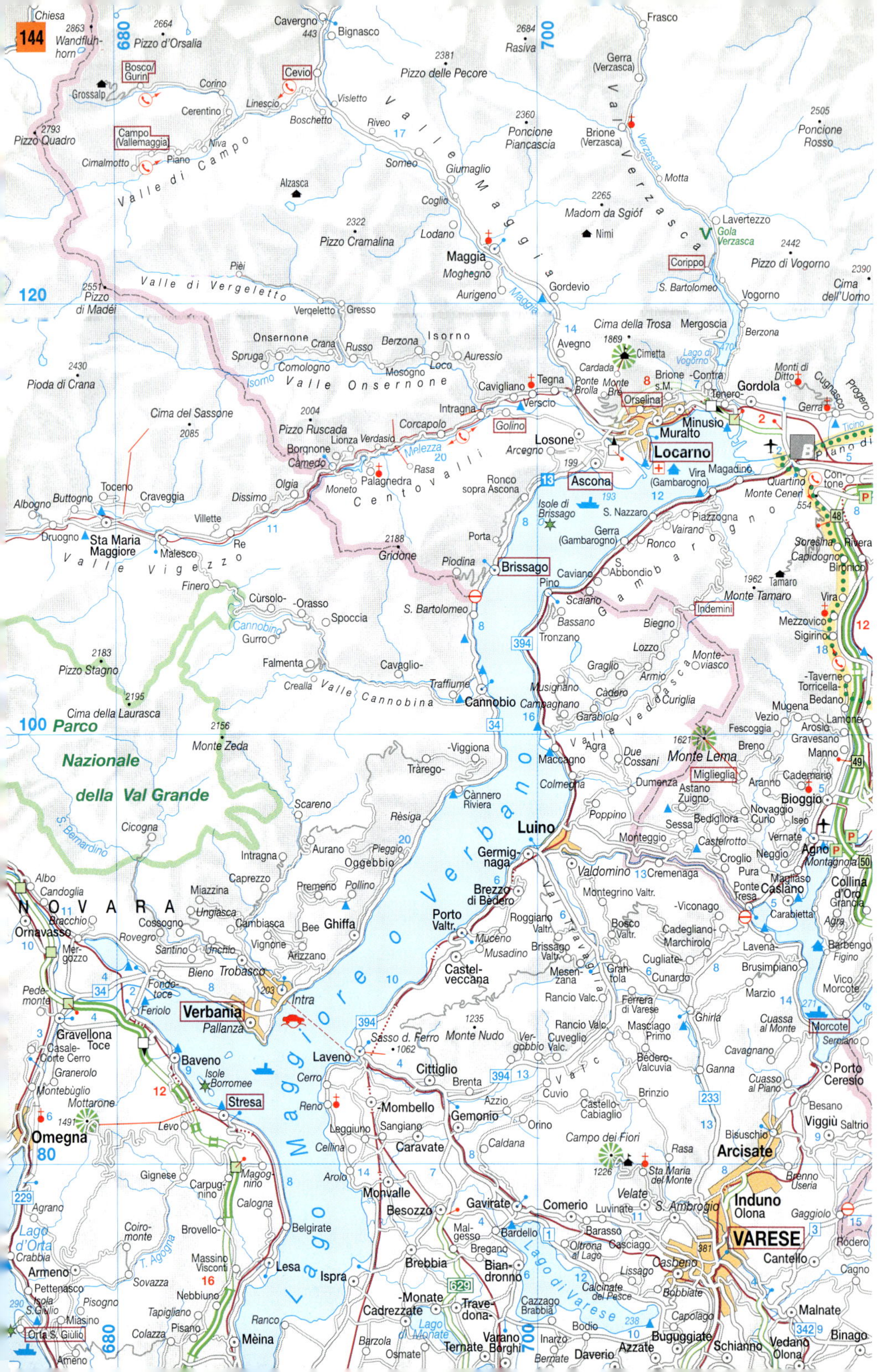
Chiesa
Wandfluhhorn
Pizzo d'Orsalia
Cavergno
Bignasco
Rasiva
Frasco
Bosco/Gurin
Cevio
Pizzo delle Pecore
Gerra (Verzasca)
Grossalp
Corino
Cerentino
Linescio
Visletto
Boschetto
Riveo
Valle Maggia
Pizzo Quadro
Campo (Vallemaggia)
Niva
Piano
Cimalmotto
Valle di Campo
Someo
Giumaglio
Poncione Piancascia
Brione (Verzasca)
Valle Verzasca
Poncione Rosso
Motta
Alzasca
Coglio
Madom da Sgióf
Lavertezzo
Gola Verzasca
Pizzo Cramalina
Lodano
Nimi
Maggia
Moghegno
Corippo
Pizzo di Vogorno
Piei
Aurigeno
Gordevio
S. Bartolomeo
Vogorno
Cima dell'Uomo
Valle di Vergeletto
Pizzo di Madéi
Vergeletto
Gresso
Cima della Trosa
Mergoscia
Berzona
Onsernone
Crana
Russo
Berzona
Isorno
Avegno
Cimetta
Lago di Vogorno
Spruga
Comologno
Mosogno
Loco
Aressio
Cardada
Brione s.M.
Contra
Monti di Ditto
Pioda di Crana
Valle Onsernone
Cavigliano
Tegna
Ponte Brolla
Monte Brè
Tenero
Gordola
Gerra
Cugnasco
Progero
Cima del Sassone
Intragna
Verscio
Orselina
Minusio
Pizzo Ruscada
Corcapolo
Golino
Muralto
Ticino
Piano di Magadino
Lionza
Verdasio
Losone
Locarno
Borgnone
Camedo
Melezza
Arcegno
Vira (Gambarogno)
Magadino
Quartino
Contone
Toceno
Palagnedra
Rasa
Ronco sopra Ascona
Ascona
Monte Ceneri
Albogno
Buttogno
Craveggia
Dissimo
Olgia
Moneto
Centovalli
Isole di Brissago
S. Nazzaro
Piazzogna
Vairano
Villette
Gerra (Gambarogno)
Ronco
Soresina
Rivera
Druogno
Sta Maria Maggiore
Malesco
Re
Gridone
Porta
Capidogno
Bironico
Valle Vigezzo
Piodina
Brissago
Caviano
S. Abbondio
Gambarogno
Tamaro
Finero
Pino
Monte Tamaro
Cùrsolo-Orasso
Scaiano
Indemini
Vira
Spoccia
S. Bartolomeo
Mezzovico
Cannobino
Gurro
Bassano
Biegno
Sigirino
Tronzano
Lozzo
Pizzo Stagno
Falmenta
Cavaglio
Graglia
Armio
Montevisco
Cadero
Taverne
Torricella
Crealla
Valle Cannobina
Traffiume
Musignano
Curiglia
Bedano
Cima della Laurasca
Cannobio
Campagnano
Mugena
Vezio
Garabiolo
Veddasca
Lamone
Parco
Monte Zeda
Fescoggia
Arosio
Viggiona
Valle Agra
Breno
Gravesano
Monte Lema
Manno
Nazionale
Trarego
Maccagno
Due Cossani
Colmegna
Miglieglia
Aranno
Cademario
della Val Grande
Dumenza
Astano
Bioggio
Cànnero Riviera
Zugno
Novaggio
Scareno
Bedigliora
Curio
Iseo
Poppino
S. Bernardino
Cicogna
Résiga
Luino
Sessa
Vernate
Castelrotto
Agno
Germignaga
Monteggio
Croglio
Neggio
Intragna
Aurano
Pieggio
Oggebbio
Pura
Magliaso
Montagnola
Valdomino
Cremenaga
Albo
Caprezzo
Ponte Tresa
Caslano
Collina d'Oro
Candoglia
Miazzina
Premeno
Pollino
Brezzo di Bèdero
Montegrino Valtr.
Grancia
NOVARA
Unghiasca
Viconago
Carabietta
Bracchio
Cossogno
Cambiasca
Ghiffa
Porto Valtr.
Roggiano Valtr.
Bosco Valtr.
Agra
Ornavasso
Rovegro
Bee
Cadegliano
Vignone
Marchirolo
Lavena
Barbengo
Mergozzo
Santino
Unchio
Arizzano
Muceno
Musadino
Brissago Valtr.
Figino
Cugliate
Brusimpiano
Bieno
Trobasco
Grantola
Cunardo
Castelveccana
Mesenzana
Vico Morcote
Pedemonte
Fondotoce
Intra
Marzio
Rancio Valc.
Ferrera di Varese
Feriolo
Verbania
Pallanza
Ghirla
Cuassa al Monte
Morcote
Gravellona Toce
Monte Nudo
Rancio Valc.
Masciago Primo
Casale-Corte Cerro
Sasso d. Ferro
Cuveglio
Vergobbio Valc.
Cavagnano
Serpiano
Baveno
Laveno
Bèdero-Valcuvia
Granerolo
Cittiglio
Ganna
Porto Ceresio
Isole Borromee
Cerro
Brenta
Cuasso al Piano
Montebùglio
Mottarone
Stresa
Reno
Valcuvia
Brinzio
Besano
Mombello
Azzio
Cuvio
Castello Cabiaglio
Viggiù
Saltrio
Levo
Gemonio
Orino
Omegna
Leggiuno
Sangiano
Campo dei Fiori
Bisuschio
Caravate
Cellina
Caldana
Rasa
Arcisate
Gignese
Magognino
Sta Maria del Monte
Brenno Useria
Carpugnino
Arolo
Monvalle
Velate
Comerio
Luvinate
S. Ambrogio
Induno Olona
Agrano
Calogna
Besozzo
Gavirate
Gaggiolo
Lago d'Orta
Coiromonte
Brovello
Belgirate
Malgesso
Bardello
Barasso
VARESE
Crabbia
Oltrona al Lago
Casciago
Rodero
T. Agogna
Bregano
Armeno
Massino Visconti
Lesa
Ispra
Brebbia
Biandronno
Lago di Varese
Lissago
Casbeno
Cantello
Cagno
Sovazza
Calcinate del Pesce
Pettenasco
Isola S. Giulio
Pisogno
Nebbiuno
Monate
Travedona
Cazzago Brabbia
Bobbiate
Tapigliano
Cadrezzate
Malnate
Miasino
Ranco
Lago di Monate
Bodio
Capolago
Orta S. Giulio
Colazza
Pisano
Mèina
Barzola
Varano Borghi
Inarzo
Buguggiate
Binago
Osmate
Ternate
Bernate
Daverio
Azzate
Schianno
Vedano Olona
Ameno
Lago Maggiore o Verbano

Iragna
Ticino
720
Riviera
Osogna
Lodrino
Prosito
Moleno
Preonzo
Cresciano
Claro
Gnosca
Gorduno
Bell.-Nord
Carasso
Monte Carasso
Sementina
Gudo
Magadino
S. Antonino
Cadenazzo
Robasacco
Bellinzona
Arbedo-Castione
Giubiasco
Bell.-Sud
Camorino
Pianezzo
Vellano
Paudo
S. Antonio
Carena
Valle Morobbia
Vigana
Isone
Torent Alto
2952
Bodio
Cauco
Selma
Landarenca
Braggio
Arvigo
Val Calanca
Piz de Groven
2694
Lostallo
Cabbiolo
Pizzo di Claro
2727
Buseno
Sta. Maria i. C.
Castaneda
Campagnola
Monticello
S.Vittore
Lumino
Brogoldone
Verdabbio
Cama
Norantola
Leggia
Grono
Roveredo
Moesa
Monte Laura
Miralago
Pizzo Paglia
2593
Valle Mesolcina
Gesero
S. Jorio
2012
Forcola
2226
740
S. Giacomo-Filippo
Bette
Borgonuovo
Chiavenna
325
S. Vittore
Menarola
Gordona
Prata Camportaccio
Piano di Chiavenna
S. Cassiano
Pizzo di Prata
2727
Corte Terza
Bodengo
Valle Bodengo
S. Pietro
Somaggia
Samòlaco
Era
Casenda
Codera
Mera
Pizzo Ledù
2503
Novate Mezzola
120
Monte Berlinghera
1930
Lago di Mezzola
Albonico
Campo
Dascio
Verceia
Monte Duria
2264
Montemezzo
Burano
Bugiallo
Sòrico
Dosso del Liro
Livo
Peglio
Domaso
Vercana
Gera Lario
Còlico-Nord
Nuova Olonio
Dubino
Liro
Adda
Gravedona
Stazzona-Germasino
Garzeno
Albano
Còlico
Piantedo
Delebio
Dongo
Musso
Olgiasca
Villatico
Calozzo
Dòrio
Lario
Lago di Como
Camoghè
2228
Pizzo di Gino
2245
Gazzirola
2116
Medeglia
Monte Bar
1816
Camignolo
Valcolla
Scareglia
Corticiasca
Cozzo
Cavargna
Val Cavargna
S. Nazzaro
Burena
Monte Bregagno
2107
Vignola
Bogno
Certara
Cimadera
Bidogno
Capriasca
Tesserete
Sala
Roveredo
Lugaggia
Ponte Capriasca
Origlio
Sonvico
Villa Luganese
Dino
Cadro
Pairolo
Cima di Fojorina
1810
Denti della Vecchia
1491
Val Rezzo
Vora
Cusino
S. Bartolomeo
Dèrvio
Sueglio
Introzzo
Vestreno
Tremenico
Avano
Monte Legnone
2609
Pizzo Alto
2512
Valle Varrone
Pagnona
Premana
Abbondio
Gàllio
Sta Maria-Rezzonico
Carcente
Breglia
Acquaseria
Corrido
Carlazzo
Gottro
Vesetto
Naggio
Grandola
Plesio
Barna
Monte Muggio
1799
Casargo
Indòvero
100
Cureglia
Comano
Davesco
Canobbio
Porza
Vezia
Pregassona
Viganello
Brè
Savosa
Massagno
Breganzona
Lugano
Valsoldo
Puria
Dàsio
Porlezza
S. Pietro
Cima
Albogasio
Lago di Piano
ed Uniti
Nobiallo
Menaggio
Bellano
Vendrogno
Taceno
Margno
Pian delle Betulle
Gittana
Varenna
Perledo
Parlasco
Bindo
Ceresio
S.Mamette
Osteno
Gandria
Sta Margherita-Verna
Claino-
Ramponio-
Bene Lario
Croce
Monte di Tremezzo
1700
Griante
Cadenabbia
Fiumelatte
Bellagio
Esino Lario
Cortenova
Prato S. Pietro
Cortabbio
Primaluna
Valsassina
Pioverna
Paradiso
Castagnola
Lanzo d'Intelvi
Ponna
Scaria
Laino
Pellio Intelvi
S. Fedele Intelvi
Mezzegra
Azzano
Tremezzo
Ossuccio
Lenno
Sala Comacina
Dosso di Lavedo
S. Giovanni
Visgnola
Lierna
Carabbia
Campione d'Italia
Caprino
Carona
Arogno
Bissone
Blessagno
Pigra
Colonno
Castiglione d'Intelvi
Cerano d'Intelvi
Casasco d'Intelvi
Dizzasco
Argegno
Lago di Como
Pescaù
Lèzzeno
Limonta
Civenna
Vassena
Olcio
Somana
Grigna Settentrionale
2409
Baiedo
Pasturo
Introbio
Barzio
Maggio
Melide
Maroggia
Rovio
Monte Generoso
1701
Erbonne
Occagno
Schignano
Brienno
Nesso
Véleso
Monte S. Primo
1686
Magreglio
Olivato Lario
Barni
Onno
Mandello del Lario
Grigna Meridionale
2184
Piani Resinelli
Brusino Arsizio
Scudellate
Melano
Bellavista
Riva S. Vitale
Monte S. Giorgio
1097
Meride
Capolago
Muggio
Cabbio
Casima
Zelbio
Careno
Colma del Piano
1124
COMO
Lasnigo
Abbadia Lariana
Ballabio
Tremona
Arzo
Besazio
Mendrisio
Monte
Bruzzella
Caneggio
Monte Bisbino
1235
Laglio
Carate-
Pognana Lario
Sormano
Maisano
Valbrona
Osigo
Visino
Laorca
Clivio
Rancate
Castel S. Pietro
Coldrerio
Morbio Sup.
Sagno
Rovenna
Moltrasio
Urio
Riva
Palanzo
Caglio
Rezzago
Asso
Corni di Canzo
1373
Lago di Lecco
80
Ligornetto
Genestrerio
Stabio
Balerna
Morbio Inf.
Vacallo
Torno
Molina
Lemna
Faggeto Lario
Caslino d'Erba
Canzo
Valmadrera
Malgrate
Lecco
Maggiánico
Bizzarone
Novazzano
Maslianico
Cernobbio
Blevio
Monte Boletto
1236
Ponte Lambro
Proserpio
Civate
Monte Barro
922
Sala al Barro
Lago di Garlate
Erve
Uggiate
Chiasso
Brunate
Longone
Cesana Brianza
Suello
Pusiano
Carella
Vercurago
Galbiate
Trévano
Drezzo
Cavallasca
Como
Tavernerio
Albese con Cassano
Albavilla
Erba
Bosisio Parini
Lago di Annone
Annone di Brianza
Garlate
Olginate
Vergano
Carenno
Calolzio-corte
Albiolo
Gaggino
Parè
S. Fermo della Battaglia
Cernobbio
Camerlata
Lago di Pusiano
Garbagnate Rota
Casletto
Ello
Villa
Olgiate Comasco
Montano-Lucino
Lipomo
Montorfano
Lago di Alserio
Monguzzo
Rogeno
Molteno
Oggiono
Monte Marenzo
Solbiate
Villa Guardia
Grandate
Albate
Capiago-Intimiano
Orsenigo
Alserio
Costa Masnaga
Sirone
Valgreghentino

Alphabetisches Ortsverzeichnis

Es sind nur die Namen in der Schweiz und im Fürstentum Liechtenstein aufgeführt.

Abkürzungen der Kantone

AG	Aarau	JU	Jura	SZ	Schwyz
AI	Appenzell-Innerrhoden	LU	Luzern	TG	Thurgau
AR	Appenzell-Ausserrhoden	NE	Neuchâtel/Neuenburg	TI	Ticino/Tessin
BE	Bern	NW	Nidwalden	UR	Uri
BL	Basel-Landschaft	GL	Glarus	VD	Vaud/Waadt
BS	Basel-Stadt	OW	Obwalden	VS	Valais/Wallis
FR	Fribourg/Freiburg	SG	St. Gallen	ZG	Zug
GE	Genève/Genf	SH	Schaffhausen	ZH	Zürich
GR	Graubünden	SO	Solothurn	FL	Fürstentum Liechtenstein

Suchnetz

Nach dem Ortsnamen und der Kantonszugehörigkeit folgt die Seitenzahl und seine geografische Lage (Landeskoordinaten)

Beispiel:
Luzern (LU) **125** *666/211*

→ Koordinate
→ Seitenzahl
→ Kanton
→ Ort

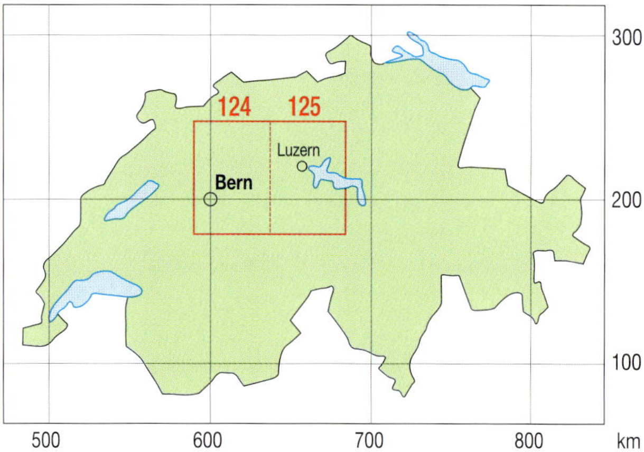

A
Aaadorf (TG) **120** *710/261*
Aarau (AG) **118** *645/249*
Aarberg (BE) **123** *587/210*
Aarburg (AG) **118** *634/241*
Aarwangen (BE) **124** *624/232*
Aathal (ZH) **126** *700/243*
Aawangen (TG) **120** *710/263*
Abbaye, L' (VD) **130** *514/167*
Abergement, L' (VD) **130** *527/178*
Abländschen (BE) **132** *588/158*
Abtwil (AG) **125** *669/225*
Abtwil (SG) **120** *742/254*
Achseten (BE) **133** *612/152*
Äckematt (BE) **123** *594/189*
Acla (GR) **135** *707/165*
Aclas Dafora (GR) **137** *528/157*
Aclens (VD) **130** *528/157*
Acletta (GR) **135** *706/173*
Acuacalda (TI) **135** *707/155*
Acquarossa (TI) **135** *715/145*
Adelboden (BE) **133** *609/149*
Adelboden bei Wikon (LU) **125** *639/235*
Adetswil (ZH) **126** *705/244*
Adlemsried (BE) **132** *596/165*
Adligenswil (LU) **125** *670/213*
Adlikon (ZH) **119** *677/256*
Adlikon bei Andelfingen (ZH) **119** *694/270*
Adliswil (ZH) **126** *681/240*
Aedermannsdorf (SO) **124** *612/239*
Aefligen (BE) **124** *609/215*
Aegerten (BE) **123** *588/218*
Aesch (BL) **117** *611/257*
Aesch (LU) **125** *660/234*
Aesch (ZH) **125** *675/243*
Aesch bei Neftenbach (ZH) **119** *693/266*
Aeschi (SO) **124** *616/225*
Aeschi bei Spiez (BE) **133** *619/167*
Aeschiried (BE) **133** *620/166*
Aeschlen (BE) **133** *615/187*
Aeschlen ob Gunten (BE) **133** *619/174*
Aetigkofen (SO) **124** *602/219*
Aetingen (SO) **124** *605/220*
Aettenschwil (AG) **125** *670/226*
Aeugst am Albis (ZH) **126** *679/235*
Aeugstertal (ZH) **126** *679/237*
Affeier (GR) **136** *728/179*
Affeltrangen (TG) **120** *720/265*
Affoltern am Albis (ZH) **126** *676/236*
Affoltern bei Zürich (ZH) **119** *680/252*
Affoltern im Emmental (BE) **124** *622/212*
Agarn (VS) **142** *617/127*
Agasul (ZH) **119** *698/253*
Ägerten (BE) **124** *628/234*
Agettes, Les (VS) **141** *595/117*
Agiez (VD) **130** *528/174*
Agno (TI) **144** *713/095*
Agra (TI) **144** *714/091*
Agriswil (FR) **123** *581/200*
Aigle (VD) **141** *563/129*
Aire-la-Ville (GE) **139** *492/116*
Airolo (TI) **135** *689/153*
Alberswil (LU) **125** *642/222*
Albeuve (FR) **132** *570/151*
Albinen (VS) **133** *615/132*
Albligen (BE) **123** *590/189*
Alchenflüh, Rüdtligen- (BE) **124** *610/214*
Alchenstorf (BE) **124** *614/219*
Alfermée, Tüscherz- (BE) **123** *582/218*
Algetshausen (SG) **120** *725/256*
Älggi (OW) **134** *660/183*
Alikon (AG) **125** *669/227*
All'Acqua (TI) **134** *679/148*
Allaman (VD) **130** *519/147*
Alle (JU) **116** *576/252*
Allens (VD) **130** *528/161*
Allenwinden (ZG) **126** *684/224*
Allerheiligenberg (SO) **124** *628/245*
Alliswil (AG) **125** *657/240*
Allmendingen (BE) **124** *606/195*
Allmendingen (Thun) (BE) **133** *612/177*
Allschwil (BL) **117** *607/267*
Allweg (NW) **125** *668/201*
Almens (GR) **136** *754/178*
Alosen (ZG) **126** *690/221*
Alp Astras (GR) **138** *822/172*
Alp Mora (GR) **138** *818/165*
Alpiglen (BE) **134** *643/161*
Alpnach (OW) **125** *663/199*
Alpnachstad (OW) **125** *663/200*
Alpthal (SZ) **126** *696/214*
Alt St.Johann (SG) **127** *739/228*
Altanca (TI) **135** *695/153*
Altavilla (FR) **123** *578/198*
Altbüron (LU) **124** *633/225*
Altdorf (SH) **119** *691/293*
Altdorf (UR) **126** *691/192*
Alten (ZH) **119** *690/272*
Altendorf (SZ) **126** *705/227*
Altenrhein (SG) **121** *759/262*
Alterswil (FR) **132** *586/182*
Alterswil (SG) **120** *733/250*
Alterswilen (TG) **120** *728/274*
Althäusern (AG) **125** *699/238*
Altikon (ZH) **119** *701/270*
Altishausen (TG) **120** *730/273*
Altishofen (LU) **125** *639/227*
Altnau (TG) **120** *736/274*
Altreu (SO) **124** *600/226*
Altstätten (SG) **121** *758/249*
Altstetten (ZH) **119** *678/248*
Altwis (LU) **125** *661/232*
Altzellen (NW) **125** *672/192*

Alvaneu (GR) **137** *768/172*
Alvaneu Bad (GR) **137** *769/171*
Alvaschein (GR) **137** *761/171*
Am Bach (GR) **137** *761/147*
Am Rin (GR) **137** *788/180*
Ambri (TI) **135** *696/151*
Amden (SG) **127** *729/223*
Amlikon-Bissegg (TG) **120** *721/270*
Ammannsegg, Lohn- (SO) **124** *607/225*
Ammerswil (AG) **118** *658/246*
Ammerzwil (BE) **123** *592/213*
Amriswil (TG) **120** *740/267*
Amsoldingen (BE) **133** *610/175*
Amsteg (UR) **135** *694/180*
Andeer (GR) **136** *752/163*
Andelfingen (ZH) **119** *693/272*
Andermatt (UR) **135** *688/165*
Andiast (GR) **136** *727/182*
Andwil (SG) **120** *738/255*
Andwil (TG) **120** *733/269*
Anglikon (AG) **118** *662/246*
Anières (GE) **139** *506/125*
Antagnes (VD) **141** *567/125*
Anwil (BL) **118** *637/255*
Anzano (TI) **136** *723/143*
Anzeindaz (VD) **141** *578/126*
Anzère (VS) **141** *597/127*
Anzonico (TI) **135** *709/143*
Appenzell (AI) **127** *748/244*
Apples (VD) **130** *522/156*
Aproz (VS) **141** *590/117*
Aquila (TI) **135** *716/151*
Aranno (TI) **144** *710/097*
Arbaz (VS) **141** *595/124*
Arbedo-Castione (TI) **145** *723/119*
Arboldswil (BL) **117** *621/251*
Ärbolligen (BE) **124** *630/221*
Arbon (TG) **121** *750/264*
Arcegno (TI) **144** *700/113*
Arch (BE) **124** *599/223*
Arconciel (FR) **132** *575/177*
Ardez (GR) **129** *810/184*
Ardon (VS) **141** *586/117*
Arisdorf (BL) **117** *624/262*
Aristau (AG) **125** *670/237*
Arlesheim (BL) **117** *614/260*
Arn (ZH) **126** *689/232*
Arnegg (SG) **120** *737/256*
Arnex-sur-Orbe (VD) **130** *529/171*
Arni (AG) **125** *674/241*
Arni (BE) **124** *617/198*
Arnisäge (BE) **124** *616/198*
Arogno (TI) **145** *720/090*
Arolla (VS) **142** *603/097*
Arosa (GR) **137** *770/183*
Arosio (TI) **144** *713/100*
Arrissoules (VD) **131** *549/183*
Arth (SZ) **126** *682/213*
Arvenbüel (SG) **127** *732/223*
Arveyes (VD) **141** *571/126*
Arvigo (GR) **145** *729/129*
Arzier (VD) **130** *505/146*
Arzo (TI) **145** *716/081*
Äsch (UR) **126** *705/191*
Ascharina, St. Antönien- (GR) **128** *780/203*
Äschau (BE) **124** *624/195*
Ascona (TI) **144** *702/112*
Asp (AG) **118** *646/254*
Assens (VD) **131** *537/162*
Astano (TI) **144** *706/096*
Asuel (JU) **116** *582/250*
Attalens (FR) **131** *554/151*
Attelwil (AG) **125** *645/234*
Attikon (ZH) **119** *702/265*
Attinghausen (UR) **126** *690/190*
Attiswil (BE) **124** *613/233*
Au (TG) **120** *714/250*
Au (ZH) **126** *691/233*
Au (SG) **121** *765/255*
Auberson, L' (VD) **130** *525/185*
Aubonne (VD) **130** *519/149*
Auboranges (FR) **131** *551/159*
Auenstein (AG) **118** *652/252*
Augio (GR) **136** *729/136*
Augst (BL) **117** *620/264*
Äugstisried (SG) **128** *755/235*
Augwil (ZH) **119** *687/258*
Aumont (FR) **131** *554/183*
Auressio (TI) **144** *696/117*
Aurigeno (TI) **144** *698/120*
Auslikon (ZH) **126** *703/244*
Ausserberg (VS) **142** *631/129*
Ausserbinn (VS) **134** *654/136*
Aussereriz (BE) **133** *622/181*
Ausserferrera (GR) **136** *753/158*
Auswil (BE) **124** *629/220*
Autafond (FR) **132** *572/184*
Autavaux (FR) **122** *557/190*
Autigny (FR) **132** *568/176*
Auw (AG) **125** *670/229*
Avants, Les (VD) **131** *561/144*
Avegno (TI) **144** *700/118*
Aven (VS) **141** *587/120*
Avenches (VD) **123** *569/192*
Avers (GR) **137** *757/149*
Avry (FR) **132** *570/181*
Avry-devant-Pont (FR) **132** *573/170*
Avry-sur-Matran (FR) **132** *571/181*
Avully (GE) **139** *489/114*
Avusy (GE) **139** *488/112*
Axalp (BE) **134** *646/174*
Ayent (VS) **141** *597/125*
Ayer (VS) **142** *612/114*
Azmoos (SG) **128** *754/216*

B
Baar (VS) **141** *591/117*
Baar (ZG) **126** *682/227*
Bäch (LU) **125** *655/224*
Bäch (SZ) **126** *697/228*
Bachalp (VS) **133** *618/133*
Bachenbülach (ZH) **119** *683/261*
Bächli (SG) **127** *732/240*
Bachs (ZH) **119** *675/264*
Bad (FR) **132** *587/168*
Bad Lostorf (SO) **118** *637/249*
Bad Ragaz (SG) **128** *756/207*
Baden (AG) **118** *665/258*
Baggwil (BE) **123** *590/208*
Bagnes (VS) **141** *582/102*
Baldegg (LU) **125** *663/226*
Baldingen (AG) **118** *665/267*
Balerna (TI) **145** *721/078*
Balgach (SG) **121** *763/252*
Bäll (VS) **133** *640/135*
Ballaigues (VD) **130** *521/175*
Ballens (VD) **130** *518/156*
Ballmoos (BE) **124** *602/209*
Ballwil (LU) **125** *666/222*
Balm bei Günsberg (SO) **124** *609/233*
Balm bei Meiringen (BE) **134** *655/175*
Balm bei Messen (SO) **124** *599/216*
Balmberg (SO) **124** *607/234*
Balsthal (SO) **124** *619/240*
Balterswil, Bichelsee- (TG) **120** *713/256*
Baltscheider (VS) **142** *632/128*
Balzenwil (AG) **124** *633/232*
Balzers (FL) **128** *757/215*
Bangerten (BE) **124** *600/211*
Bänikon (TG) **120** *720/268*
Bannwil (BE) **124** *622/231*
Bärau (BE) **124** *628/197*
Barbengo (TI) **144** *714/090*
Barberêche (FR) **123** *578/189*
Bardonnex (GE) **139** *496/111*
Bärenburg (GR) **136** *752/162*
Bärenwil (BL) **124** *626/243*
Bäretswil (ZH) **126** *707/243*
Bargen (BE) **123** *586/209*
Bargen (SH) **119** *687/294*
Bargis (GR) **136** *744/191*
Bäriswil (BE) **124** *606/207*
Bärschwil (SO) **117** *602/247*
Bärtiswil (LU) **125** *662/217*
Barzheim (SH) **119** *696/290*
Bas-Intyamon (FR) **132** *572/156*
Bas-Vully (FR) **123** *575/202*
Basadingen-Schlattingen (TG) **119** *698/280*
Basel (BS) **117** *611/267*
Bassecourt (JU) **123** *585/242*
Bassersdorf (ZH) **119** *689/255*
Bassins (VD) **130** *507/146*
Bätterkinden (BE) **124** *607/220*
Bättwil (SO) **117** *605/259*
Bauen (UR) **126** *686/198*
Baulmes (VD) **131** *530/182*
Bauma (ZH) **120** *708/247*
Bavois (VD) **131** *533/170*
Bavugls (GR) **136** *755/163*
Bayards, Les (NE) **122** *529/196*
Bazenheid (SG) **120** *722/252*
Beatenberg (BE) **133** *626/171*
Beckenried (NW) **126** *679/202*
Bedano (TI) **144** *714/101*
Bedigliora (TI) **144** *708/095*
Bedretto (TI) **135** *682/151*
Beggingen (SH) **119** *682/291*
Begnins (VD) **130** *508/143*
Beinwil (SO) **117** *611/245*
Beinwil (Freiamt) (AG) **125** *668/231*
Beinwil am See (AG) **125** *657/235*
Belalp (VS) **133** *641/135*
Belfaux (FR) **132** *574/185*
Bellach (SO) **124** *604/229*
Bellechasse (FR) **123** *577/203*
Bellelay (BE) **123** *579/234*
Bellerive (VD) **123** *568/197*
Bellerive, Collonge- (GE) **139** *504/123*
Bellevue (GE) **139** *501/123*
Bellikon (AG) **118** *668/249*
Bellinzona (TI) **145** *722/117*
Bellmund (BE) **123** *585/217*
Bellwald (VS) **134** *655/141*
Belmont-sur-Lausanne (VD) **131** *541/152*
Belmont-sur-Yvedon (VD) **131** *537/177*
Belp (BE) **124** *604/193*
Belpberg (BE) **124** *606/190*
Belprahon (BE) **123** *597/237*
Bémont, Le (JU) **123** *568/234*
Bendel (SG) **127** *730/236*
Bendern (FL) **128** *756/231*
Benken (AG) **118** *644/255*
Benken (SG) **127** *718/228*
Benken (ZH) **119** *691/278*
Benken, Biel- (BL) **117** *605/261*
Bennau (SZ) **126** *697/222*
Bennwil (BL) **117** *625/250*
Benzenschwil (AG) **125** *670/233*
Bercher (VD) **131** *544/171*
Berg (ZH) **126** *700/239*
Berg (SG) **121** *748/261*
Berg (TG) **120** *730/271*
Berg am Irchel (ZH) **119** *687/269*
Bergdietikon (AG) **119** *670/249*
Bergün/Bravuogn (GR) **137** *776/166*
Berikon (AG) **125** *670/244*
Beringen (SH) **119** *685/283*
Berisal (VS) **143** *648/127*
Berken (BE) **124** *620/230*
Berlens (FR) **131** *562/171*
Berlincourt (JU) **123** *583/241*
Berlingen (TG) **120** *718/281*
Bern (BE) **124** *600/200*
Berneck (SG) **121** *764/255*
Bernex (GE) **139** *494/115*
Bernhardzell (SG) **120** *743/259*
Berolle (VD) **130** *515/156*
Beromünster (LU) **125** *657/228*
Berschis (SG) **127** *744/219*
Bertschikon (Gossau) (ZH) **126** *699/241*
Bertschikon bei Attikon (ZH) **119** *703/264*
Berzona (TI) **144** *694/117*
Berzona (Verzasca) (TI) **144** *709/119*
Besazio (TI) **145** *717/081*
Besenbüren (AG) **125** *668/240*
Betlis (SG) **127** *730/222*
Betschwanden (GL) **127** *720/200*
Betten (VS) **134** *648/136*
Bettenhausen (BE) **124** *621/224*
Bettens (VD) **131** *534/164*
Bettingen (BS) **117** *617/268*
Bettlach (SO) **123** *599/228*
Bettmeralp (VS) **134** *647/137*
Bettswil (ZH) **126** *708/243*
Bettwiesen (TG) **120** *719/261*
Bettwil (AG) **125** *662/238*
Beurnevésin (JU) **116** *577/260*
Beuson (VS) **141** *591/114*
Bevaix (NE) **122** *552/197*
Bever (GR) **137** *787/158*
Bévilard (BE) **123** *588/231*
Bex (VD) **141** *567/122*
Biasca (TI) **135** *717/135*
Biaufond (JU) **122** *556/224*
Biberbrugg (SZ) **126** *697/223*
Biberen (BE) **123** *582/198*
Biberist (SO) **124** *608/225*
Bibern (SH) **119** *692/292*
Bibern (SO) **124** *601/221*
Biberstein (AG) **118** *648/251*
Bichelsee-Balterswil (TG) **120** *711/256*
Bichwil (SG) **120** *728/253*
Bidogno (TI) **145** *720/104*
Biel (VS) **134** *659/145*
Biel/Bienne (BE) **123** *585/220*
Biel-Benken (BL) **117** *606/261*
Bière (VD) **130** *515/154*
Biessenhofen (TG) **120** *737/267*
Biezwil (SO) **124** *598/218*
Bigenthal (BE) **124** *614/201*
Biglen (BE) **124** *614/197*
Bignasco (TI) **135** *690/132*
Billens-Hennens (FR) **131** *558/171*
Bilten (GL) **127** *720/223*
Binn (VS) **134** *657/135*
Binningen (BL) **117** *609/264*
Binz (ZH) **119** *690/246*
Binzikon (ZH) **126** *699/237*
Bioggio (TI) **144** *713/097*
Bioley-Magnoux (VD) **131** *544/175*
Bioley-Orjulaz (VD) **131** *535/163*
Bioux, Les (VD) **130** *510/164*
Birchli (SZ) **126** *700/220*
Birchwil (ZH) **119** *690/256*
Birgisch (VS) **143** *639/129*
Birmensdorf (ZH) **119** *675/245*
Birmenstorf (AG) **118** *660/257*
Bironico (TI) **144** *715/108*
Birr (AG) **118** *657/254*
Birrhard (AG) **118** *660/254*
Birri (AG) **125** *670/236*
Birrwil (AG) **125** *657/237*
Birsfelden (BL) **117** *615/266*
Birwinken (TG) **120** *732/271*
Bischofszell (TG) **120** *735/261*
Bisikon (ZH) **119** *694/251*
Bisisthal (SZ) **126** *706/200*
Bissegg, Amlikon- (TG) **120** *720/269*
Bissone (TI) **145** *718/089*
Bister (VS) **134** *648/134*
Bitsch (VS) **143** *644/131*
Bittwil (BE) **124** *599/213*
Bivio (GR) **137** *769/148*
Blankenburg (BE) **132** *596/154*
Blappach (BE) **124** *629/193*
Blatten (Lötschen) (VS) **133** *629/141*
Blatten (Malters) (LU) **125** *659/210*
Blatten bei Naters (VS) **133** *642/134*
Blauen (BL) **117** *606/255*
Bleien (AG) **125** *651/243*
Bleienbach (BE) **124** *624/266*
Bleiken bei Oberdiessbach (BE) **133** *615/184*
Blessens (FR) **131** *553/162*
Blickensdorf (ZG) **126** *681/228*
Blitzingen (VS) **134** *658/143*
Blonay (VD) **131** *558/146*
Blumenstein (BE) **132** *606/176*
Böbikon (AG) **118** *667/267*
Bochuz (VD) **131** *532/176*
Böckten (BL) **117** *629/256*
Boden-Aegerstein (BE) **134** *663/168*
Bodio (GR) **136** *729/132*
Bodio (TI) **135** *713/137*
Bodmen (VS) **133** *613/134*
Boéchet, Le (JU) **122** *560/227*
Boécourt (JU) **123** *583/244*
Bofflens (VD) **130** *528/173*
Bogis-Bossey (VD) **139** *501/134*
Bogno (TI) **145** *725/105*
Bois, Les (JU) **122** *559/225*
Bôle (NE) **122** *554/201*
Bolken (SO) **124** *617/226*

Boll (BE) **124** *608/200*
Bolligen (BE) **124** *604/202*
Bollingen (SG) **126** *710/230*
Bollion (FR) **131** *553/185*
Bollodingen (BE) **124** *620/224*
Boltigen (BE) **132** *596/164*
Bolzbach (UR) **126** *688/194*
Bonaduz (GR) **136** *749/186*
Bonau (TG) **120** *720/271*
Boncourt (JU) **116** *568/260*
Bondo (GR) **137** *762/133*
Bonfol (JU) **116** *578/258*
Bönigen (BE) **133** *635/170*
Boningen (SO) **124** *632/240*
Boniswil (AG) **125** *656/240*
Bonnefontaine (FR) **132** *581/176*
Bonstetten (ZH) **126** *677/240*
Bonvillars (VD) **131** *541/187*
Boppelsen (ZH) **119** *672/258*
Borex (VD) **139** *503/137*
Borgnone (TI) **144** *690/112*
Borgonovo (GR) **137** *766/135*
Bornhausen (TG) **119** *708/276*
Boschetto (TI) **144** *689/128*
Bosco/Gurin (TI) **144** *681/130*
Bösingen (FR) **123** *583/193*
Bossey, Bogis- (VD) **139** *503/133*
Bossonnens (FR) **131** *554/152*
Bossy, Collex- (GE) **139** *497/126*
Boswil (AG) **125** *666/239*
Bottens (VD) **131** *540/163*
Bottenwil (AG) **125** *642/237*
Botterens (FR) **132** *575/163*
Bottighofen (TG) **120** *732/277*
Bottmingen (BL) **117** *610/263*
Böttstein (AG) **118** *658/267*
Boudevilliers (NE) **122** *558/208*
Boudry (NE) **122** *554/200*
Bougy-Villars (VD) **130** *516/148*
Boulens (VD) **131** *545/170*
Bouloz (FR) **131** *557/162*
Bourg, Le (VS) **141** *571/104*
Bourg-St-Pierre (VS) **141** *582/088*
Bourguillon (FR) **132** *580/183*
Bournens (VD) **131** *533/161*
Bourrignon (JU) **116** *585/249*
Boussens (VD) **131** *534/162*
Bouveret (VS) **131** *555/137*
Boveresse (NE) **122** *536/196*
Bovernier (VS) **141** *572/103*
Bowil (BE) **124** *619/193*
Bözen (AG) **118** *648/260*
Bözingen (BE) **123** *587/222*
Braggio (GR) **145** *730/129*
Brail (GR) **137** *798/170*
Bramberg (BE) **123** *587/195*
Bramboden (LU) **125** *641/203*
Brambrüesch (GR) **128** *758/188*
Bramois (VS) **142** *597/120*
Brand (SG) **121** *757/247*
Brandösch (BE) **124** *634/202*
Branson (VS) **141** *573/108*
Brassus, Le (VD) **130** *505/159*
Bratsch (VS) **142** *620/129*
Braunau (TG) **120** *723/262*
Braunwald (GL) **127** *718/199*
Bravuogn (GR) **137** *776/166*
Brè sopra Locarno, Monte (TI) **144** *703/115*
Brè sopra Lugano (TI) **145** *720/096*
Breganzona (TI) **145** *715/096*
Breil/Brigels (GR) **136** *723/181*
Breite (ZH) **119** *692/257*
Breitenbach (SO) **117** *608/250*
Breitenegg (BE) **124** *619/219*
Bremblens (VD) **130** *529/155*
Bremgarten (AG) **118** *668/244*
Bremgarten bei Bern (BE) **124** *600/203*
Brenets, Les (NE) **122** *544/213*
Brenles (VD) **131** *555/168*
Breno (TI) **144** *710/098*
Brent (VD) **131** *558/145*
Brenzikofen (BE) **133** *613/185*
Bressaucourt (JU) **116** *569/248*
Bretaye (VD) **141** *572/130*
Bretigny-sur-Morrens (VD) **131** *538/161*
Bretonnières (VD) **130** *526/174*
Bretzwil (BL) **117** *616/249*
Breuleux, Les (JU) **123** *567/229*
Brévine, La (NE) **122** *536/203*
Brienz (BE) **134** *644/178*
Brienz/Brinzauls (GR) **137** *765/170*
Brienzwiler (BE) **134** *650/178*
Brig-Glis (VS) **143** *642/129*
Brigels (GR) **136** *723/181*
Brigerbad (VS) **143** *636/125*
Brignon (VS) **141** *591/115*
Brillaz, La (FR) **131** *567/179*
Brione (Verzasca) (TI) **144** *704/128*
Brione sopra Minusio (TI) **144** *706/115*
Brischeru (VS) **143** *636/130*
Briseck (LU) **125** *637/220*
Brislach (BL) **117** *607/251*
Brissago (TI) **144** *698/108*
Bristen (UR) **135** *695/180*
Brittnau (AG) **125** *638/234*
Broc (FR) **132** *574/161*
Broglio (TI) **135** *694/136*
Bronschhofen (SG) **120** *720/259*
Brontallo (TI) **135** *691/134*
Brot-Dessous (NE) **122** *547/200*
Brot-Dessus (NE) **122** *546/202*
Brot-Plamboz (NE) **122** *547/203*
Brugg (AG) **118** *657/259*
Brugg (SG) **127** *715/233*
Brügg bei Biel (BE) **123** *587/219*
Bruggen (SG) **120** *742/252*
Brügglen (SO) **124** *604/221*
Brülisau (AI) **127** *752/240*
Brün (GR) **136** *742/182*
Brunegg (AG) **118** *658/252*
Brünisried (FR) **132** *587/178*
Brunnadern (SG) **120** *727/244*
Brunnen (SZ) **126** *688/205*
Brunnenthal (SO) **124** *602/215*
Brunni (SZ) **126** *696/211*
Brunnwil (AG) **125** *667/231*
Brusino Arsizio (TI) **145** *716/087*
Brusio (GR) **138** *807/126*
Bruson (VS) **141** *582/101*
Brüsti (UR) **126** *689/188*
Brüttelen (BE) **123** *578/207*
Brütten (ZH) **119** *693/258*
Brüttisellen (ZH) **119** *689/253*
Bruzzella (TI) **145** *724/082*
Bry, Le (FR) **132** *572/172*
Bubendorf (BL) **117** *622/255*
Bubikon (ZH) **126** *704/236*
Buch (SH) **119** *700/286*
Buch am Irchel (ZH) **119** *689/267*
Buch, Uesslingen- (TG) **119** *705/273*
Buch bei Märwil (TG) **120** *721/266*
Buchackern (TG) **120** *735/266*
Buchberg (SH) **119** *684/269*
Buchegg, Kyburg- (SO) **124** *605/221*
Büchel (SG) **128** *759/239*
Buchen, Horrenbach- (BE) **133** *619/181*
Buchen im Prättigau (GR) **128** *773/201*
Buchholterberg (BE) **133** *618/185*
Buchillon (VD) **130** *522/147*
Buchrain (LU) **125** *668/216*
Buchs (AG) **118** *648/248*
Buchs (LU) **125** *645/228*
Buchs (SG) **128** *754/225*
Buchs (ZH) **119** *675/256*
Büchslen (FR) **123** *580/199*
Buckten (BL) **117** *630/251*
Buech (BE) **123** *587/199*
Buechen bei Staad (SG) **121** *758/260*
Büel (LU) **125** *651/220*
Bühlberg (BE) **132** *602/145*
Büetigen (BE) **123** *592/217*
Bühl (BE) **123** *585/213*
Bühler (AR) **121** *749/248*
Buholz (LU) **125** *649/214*
Buhwil (TG) **120** *730/265*
Buix (JU) **116** *569/258*
Bülach (ZH) **119** *683/263*
Bulle (FR) **132** *570/163*
Bullet (VD) **131** *532/187*
Bumbach (BE) **133** *635/184*
Bümpliz (BE) **123** *596/198*
Bundkofen (BE) **123** *594/210*
Bünzen (AG) **125** *666/240*
Buochs (NW) **125** *674/203*
Buonas (ZG) **126** *677/221*
Bürchen (VS) **142** *629/125*
Bure (JU) **116** *567/245*
Büren (SO) **117** *617/255*
Büren an der Aare (BE) **123** *594/220*
Büren nid dem Bach (NW) **125** *673/199*
Büren zum Hof (BE) **124** *605/216*
Burg (FR) **123** *577/197*
Bürg (SG) **127** *714/234*
Burg (AG) **125** *656/231*
Burg im Leimental (BL) **117** *600/256*
Burgäschi (SO) **124** *617/224*
Burgdorf (BE) **124** *614/211*
Burgistein (BE) **132** *604/181*
Burglauenen (BE) **133** *641/165*
Bürglen (TG) **120** *729/267*
Bürglen (UR) **126** *693/192*
Büron (LU) **125** *649/229*
Bursinel (VD) **130** *513/143*
Bursins (VD) **130** *511/145*
Burtigny (VD) **130** *509/146*
Buseno (GR) **145** *728/126*
Büsserach (SO) **117** *607/248*
Bussigny-près-Lausanne (VD) **131** *532/155*
Bussigny-sur-Oron (VD) **131** *556/157*
Bussnang (TG) **120** *723/268*
Busswil bei Büren (BE) **123** *591/216*
Busswil bei Heimiswil (BE) **124** *616/209*
Busswil bei Melchnau (BE) **124** *629/226*
Bussy (FR) **131** *558/187*
Bussy-Chardonney (VD) **130** *523/153*
Bussy-sur-Moudon (VD) **131** *551/170*
Bütikofen (BE) **124** *613/214*
Bütschwil (SG) **120** *723/246*
Büttenhardt (SH) **119** *691/290*
Buttes (NE) **122** *532/193*
Buttes, Mont de (NE) **122** *529/192*
Buttikon (SZ) **127** *714/225*
Büttikon (AG) **125** *662/242*
Buttisholz (LU) **125** *649/218*
Buttwil (AG) **125** *665/235*
Bützberg (BE) **124** *623/229*
Büüre (TG) **120** *720/278*
Buus (BL) **117** *632/261*

C

Cabbio (TI) **145** *724/083*
Cabbiolo (GR) **136** *735/132*
Cachot, Le (NE) **122** *542/206*
Cademario (TI) **144** *712/097*
Cadenazzo (TI) **145** *716/112*
Cadro (TI) **145** *719/100*
Cala (TI) **135** *705/141*
Calfreisen (GR) **128** *764/190*
Calonico (TI) **135** *707/145*
Calpiogna (TI) **135** *704/149*
Cama (GR) **145** *733/125*
Camana (GR) **136** *741/169*
Càmedo (TI) **144** *690/112*
Camignolo (TI) **145** *715/107*
Camorino (TI) **145** *721/113*
Campascio (GR) **138** *807/125*
Campello (TI) **135** *705/149*
Campo (Blenio) (TI) **135** *714/157*
Camop (Vallemaggia) (TI) **144** *681/126*
Campocologno (GR) **138** *808/123*
Campsut (GR) **136** *756/150*
Camuns (GR) **136** *734/174*
Caneggio (TI) **145** *723/081*
Canobbio (TI) **145** *718/099*
Canton (GR) **138** *803/130*
Capidogno (TI) **144** *714/108*
Capite, La (GE) **139** *504/121*
Capolago (TI) **145** *719/084*
Capriasca (TI) **145** *716/104*
Caprino (TI) **145** *719/094*
Carabbia (TI) **145** *716/092*
Carabietta (TI) **144** *713/091*
Carasso (TI) **145** *721/118*
Carasso, Monte (TI) **145** *720/116*
Cardada (TI) **144** *703/116*
Carena (TI) **145** *727/114*
Carì (TI) **135** *706/150*
Carona (TI) **145** *716/090*
Carouge (GE) **139** *499/115*
Carrouge (VD) **131** *549/161*
Cartigny (GE) **139** *490/114*
Casaccia (GR) **137** *771/140*
Casima (TI) **145** *724/083*
Caslano (TI) **144** *711/092*
Castagnola (TI) **145** *719/095*
Castaneda (GR) **145** *731/124*
Castasegna (GR) **137** *760/133*
Castel S.Pietro (TI) **145** *721/080*
Castelrotto (TI) **144** *708/094*
Casti-Wergenstein (GR) **136** *751/165*
Castiel (GR) **128** *765/189*
Castione, Arbedo- (TI) **145** *724/120*
Castrisch (GR) **136** *736/182*
Castro (TI) **135** *714/147*
Catto (TI) **135** *699/151*
Cauco (GR) **136** *729/132*
Caux (VD) **131** *561/142*
Cavadura (GR) **128** *767/203*
Cavaglia (GR) **138** *800/138*
Cavagnago (TI) **135** *710/141*
Cavajone (GR) **138** *806/125*
Cavardiras (GR) **135** *710/174*
Cavergno (TI) **135** *689/133*
Caviano (TI) **144** *702/107*
Cavigliano (TI) **144** *698/115*
Cazis (GR) **136** *752/176*
Celerina/Schlarigna (GR) **137** *785/154*
Céligny (GE) **139** *504/134*
Cerentino (TI) **144** *685/128*
Cerlatez, Les (JU) **123** *568/232*
Cernets, Les (NE) **122** *525/196*
Cerneux-Godat (JU) **122** *558/225*
Cerneux-Péquignot, Le (NE) **122** *541/207*
Cerniat (FR) **132** *578/164*
Cerniaz (VD) **131** *558/175*
Cernier (NE) **122** *559/212*
Cernil, Le (BE) **123** *572/231*
Cernil, Le (NE) **122** *530/198*
Certara (TI) **145** *725/105*
Certoux, Perly- (GE) **139** *495/112*
Cevio (TI) **144** *689/130*
Châble, Le (VS) **141** *582/103*
Châbles (FR) **131** *551/186*
Chabrey (VD) **123** *565/197*
Chalais (VS) **142** *605/123*
Chalet à Gobet (VD) **131** *542/157*
Cham (ZG) **126** *677/225*
Chambésy, Pregny- (GE) **139** *499/122*
Chamblon (VD) **131** *536/181*
Chambrelien (NE) **122** *552/202*
Chamoille (VS) **141** *578/101*
Chamoson (VS) **141** *583/116*
Champ du Moulin (NE) **122** *549/201*
Champagne (VD) **131** *540/186*
Champéry (VS) **140** *556/114*
Champex (VS) **141** *575/097*
Champex d'en Bas (VS) **141** *573/099*
Champfèr (GR) **137** *782/150*
Champmartin (VD) **123** *566/199*
Champoussin (VS) **140** *555/117*
Champoz (BE) **123** *589/234*
Champsec (VS) **141** *584/100*
Champtauroz (VD) **131** *550/179*
Champvent (VD) **131** *533/181*
Chamues-ch, La Punt (GR) **137** *791/161*
Chancy (GE) **139** *486/111*
Chandolin (VS) **142** *611/122*
Chandolin-près-Savièse (VS) **141** *590/121*
Chandon (FR) **132** *570/187*
Chandonne (VS) **141** *580/094*
Chanéaz (VD) **131** *546/175*
Chants (GR) **137** *782/168*
Chapelle (Broye) (FR) **131** *555/180*
Chapelle (Glâne) (FR) **131** *553/159*
Chapelle-sur-Moudon (VD) **131** *546/169*
Charbonnières, Les (VD) **130** *514/169*
Chardonne (VD) **131** *553/147*

Charmey (FR) **132** *579/163*
Charmoille (JU) **116** *582/252*
Charrat (VS) **141** *576/107*
Chatagne, La (NE) **122** *539/204*
Châtaignier (VS) **141** *575/110*
Château-d'Oex (VD) **132** *576/147*
Châtel, Le (VD) **141** *568/120*
Châtel-St-Denis (FR) **131** *558/153*
Châtel-sur-Montsalvens (FR) **132** *576/162*
Châtelard, Le (FR) **131** *564/169*
Châtelard, Le (VS) **141** *562/101*
Châtelat (BE) **123** *581/235*
Châtillens (VD) **131** *552/157*
Châtillon (BE) **123** *574/216*
Châtillon (FR) **131** *553/187*
Châtillon (JU) **123** *592/241*
Châtonnaye (FR) **131** *561/178*
Chaux (Cossonay), La (VD) **130** *526/163*
Chaux-de-Fonds, La (NE) **122** *553/216*
Chaux de Ste-Croix, La (VD) **130** *526/187*
Chaux-des-Breuleux, La (JU) **123** *568/230*
Chaux-du-Milieu, La (NE) **122** *544/207*
Chavalon (VS) **131** *556/133*
Chavannes-de-Bogis (VD) **139** *501/133*
Chavannes-des-Bois (VD) **139** *499/130*
Chavannes-le-Chêne (VD) **131** *549/180*
Chavannes-le-Veyron (VD) **130** *524/162*
Chavannes-les-Forts (FR) **131** *558/166*
Chavannes-sous-Orson. (FR) **131** *565/175*
Chavannes-sur-Moudon (VD) **131** *551/167*
Chavornay (VD) **131** *533/173*
Cheiry (FR) **131** *553/177*
Chemin (VS) **141** *573/104*
Chêne-Bourgeries (GE) **139** *503/117*
Chêne-Bourg (GE) **139** *503/116*
Chêne-Pâquier (VD) **131** *548/180*
Chénens (FR) **131** *566/176*
Chenit, Le (VD) **130** *507/162*
Chermignon (VS) **142** *602/126*
Chernex (VD) **131** *559/143*
Chésalles (FR) **132** *576/179*
Chesalles-sur-Moudon (VD) **131** *553/169*
Cheseaux-Noréaz (VD) **131** *541/181*
Cheseaux-sur-Lausanne (VD) **131** *536/159*
Chéserex (VD) **139** *502/139*
Chesières (VD) **141** *569/127*
Chésopelloz (FR) **132** *572/184*
Chessel (VD) **131** *558/133*
Chevenez (JU) **116** *566/249*
Chevilly (VD) **130** *526/166*
Chevrens (GE) **139** *507/126*
Chevroux (VD) **122** *559/193*
Chexbres (VD) **131** *549/148*
Cheyres (FR) **131** *550/185*
Chez le Bart (NE) **122** *550/194*
Chézard-St-Martin (NE) **122** *560/212*
Chiasso (TI) **145** *723/077*
Chiésaz, La, St-Légier- (VD) **131** *557/147*
Chiggiogna (TI) **135** *706/147*
Chippis (VS) **142** *607/125*
Chirchberg (TG) **120** *714/267*
Chironico (TI) **135** *708/142*
Chlyrot (BE) **124** *630/227*
Choëx (VS) **141** *562/121*
Choindez (JU) **123** *595/241*
Chornberg (AG) **118** *643/259*
Choulex (GE) **139** *506/119*
Choully (GE) **139** *491/120*
Chuderhüsi (BE) **124** *621/191*
Chur (GR) **128** *759/190*
Churwalden (GR) **137** *760/183*
Churzenei (BE) **124** *629/207*
Cimadera (TI) **145** *724/104*
Cimalmotto (TI) **144** *680/126*
Cinuos-chel (GR) **137** *797/168*
Clarens (VD) **131** *558/143*
Clarmont (VD) **130** *524/155*
Claro (TI) **145** *722/124*
Clavadätsch (GR) **128** *765/200*
Clavadel (GR) **137** *781/182*
Clavaleyres (BE) **123** *573/194*
Clèbes (VS) **141** *592/114*
Clées, Les (VD) **130** *525/176*
Clugin (GR) **136** *752/164*
Cœudres, Les (NE) **122** *550/208*
Cœuve (JU) **116** *574/255*
Coffrane (NE) **122** *556/206*
Coglio (TI) **144** *696/124*
Coinsins (VD) **130** *507/142*
Coldrerio (TI) **145** *720/079*
Collex-Bossy (GE) **139** *498/125*
Collina d'Oro (TI) **144** *714/092*
Collombey-Muraz (VS) **140** *561/124*
Collonge-Bellerive (GE) **139** *504/123*
Collonges (VS) **141** *568/113*
Cologna (GR) **138** *802/133*
Cologny (GE) **139** *503/119*
Colombier (NE) **122** *556/201*
Colombier (VD) **130** *525/156*
Comano (TI) **145** *717/099*
Comballaz, La (VD) **132** *572/136*
Combe, La (JU) **123** *574/237*
Combremont-le-Grand (VD) **131** *552/179*
Combremont-le-Petit (VD) **131** *551/177*
Commeire (VS) **141** *578/096*
Commugny (VD) **139** *502/130*
Comologno (TI) **144** *687/117*
Compatsch (GR) **129** *825/205*
Comprovasco (TI) **135** *715/145*
Concise (VD) **131** *545/189*
Confignon (GE) **139** *495/114*
Constantine (VD) **123** *567/196*
Conters im Prättigau (GR) **128** *779/197*
Conthey (VS) **141** *589/120*
Contone (TI) **144** *714/111*
Contra, Tenero- (TI) **144** *708/116*
Coppet (VD) **139** *504/130*
Corban (JU) **117** *602/244*
Corbatière, La (NE) **122** *554/212*
Corbeyrier (VD) **131** *562/133*
Corbières (FR) **132** *574/167*
Corcapolo (TI) **144** *695/113*
Corcelles (BE) **124** *601/237*
Corcelles-Cormondrèche (NE) **122** *557/203*
Corcelles-le-Jorat (VD) **131** *546/161*
Corcelles-près-Concise (VD) **131** *544/188*
Corcelles-près-Payerne (VD) **131** *563/186*
Corcelles-sur-Chavornay (VD) **131** *535/172*
Cordast (FR) **123** *578/191*
Cordona (VS) **142** *609/131*
Corgémont (BE) **123** *577/227*
Corin (VS) **142** *605/126*
Corino (TI) **144** *685/129*
Corippo (TI) **144** *708/121*
Cormagens (FR) **132** *576/187*
Cormérod (FR) **123** *573/190*
Corminbœuf (FR) **132** *574/184*
Cormondrèche, Corcelles- (NE) **122** *556/203*
Cormoret (BE) **123** *571/224*
Cornaux (NE) **123** *568/209*
Cornes de Cerf (VD) **131** *548/154*
Cornol (JU) **116** *579/250*
Corpataux-Magnedens (FR) **132** *574/177*
Corrençon (VD) **131** *548/170*
Correvon (VD) **131** *546/174*
Corseaux (VD) **131** *553/146*
Corserey (FR) **131** *565/180*
Corsier (GE) **139** *506/124*
Cortaillod (NE) **122** *554/199*
Cortébert (BE) **123** *574/226*
Corticiasca (TI) **145** *722/105*
Corzoneso (TI) **135** *714/144*
Cossonay (VD) **130** *528/163*
Côte-aux-Fées, La (NE) **122** *527/191*
Cottens (FR) **132** *568/178*
Cottens (VD) **130** *524/158*
Coudre, La (VD) **130** *520/165*
Courcelon (JU) **117** *596/245*
Courchapoix (JU) **117** *601/244*
Courchavon (JU) **116** *570/254*
Courfaivre (JU) **123** *588/242*
Courgenay (JU) **116** *576/250*
Courgevaux (FR) **123** *575/195*
Courlevon (FR) **123** *574/193*
Cournillens (FR) **123** *574/189*
Courrendlin (JU) **123** *595/243*
Courroux (JU) **117** *595/245*
Court (BE) **123** *592/232*
Courtaman (FR) **123** *576/191*
Courtedoux (JU) **116** *570/250*
Courtelary (BE) **123** *572/225*
Courtemaîche (JU) **116** *570/256*
Courtemautruy (JU) **116** *577/249*
Courtepin (FR) **123** *575/190*
Courtételle (JU) **123** *590/243*
Courtion, Misery- (FR) **123** *571/189*
Couvet (NE) **122** *538/197*
Cozzera (TI) **135** *715/158*
Cozzo (TI) **145** *725/106*
Crana (TI) **144** *690/117*
Crans-près-Céligny (VD) **139** *505/134*
Crans-sur-Sierre (VS) **142** *602/128*
Crassier (VD) **139** *501/136*
Crebelley (VD) **131** *558/134*
Cremin (VD) **131** *554/175*
Crémines (BE) **123** *600/236*
Cresciano (TI) **145** *720/126*
Cressier (FR) **123** *577/194*
Cressier (NE) **123** *569/211*
Cresta (GR) **137** *754/158*
Cresta (Avers) (GR) **137** *759/149*
Crésuz (FR) **132** *577/163*
Crêt, Le (FR) **131** *559/162*
Crêt, Le (NE) **122** *551/210*
Crêt-du-Locle, Le (NE) **122** *550/214*
Crêta, La (VS) **141** *566/104*
Creux-des-Biches, Le (JU) **123** *562/228*
Crissier (VD) **131** *533/156*
Croglio (TI) **144** *708/093*
Criox, La (VD) **131** *544/152*
Croix, La (Martigny) (VS) **141** *570/104*
Cronay (VD) **131** *543/178*
Crosetes, Les (VS) **140** *553/115*
Cröt (GR) **136** *757/149*
Croy (VD) **130** *526/171*
Crusch (GR) **129** *822/189*
Cuarnens (VD) **130** *523/164*
Cuarny (VD) **131** *542/180*
Cudrefin (VD) **123** *568/200*
Cugnasco (TI) **144** *714/114*
Cugy (FR) **131** *558/185*
Cugy (VD) **131** *538/159*
Cullayes, Les (VD) **131** *547/158*
Cully (VD) **131** *545/148*
Cumbel (GR) **136** *734/176*
Cumpadials (GR) **135** *713/175*
Cunter (GR) **137** *764/164*
Curaglia (GR) **135** *708/170*
Cure, La (VD) **130** *495/146*
Cureglia (TI) **145** *716/099*
Curio (TI) **144** *710/095*
Curtilles (VD) **131** *554/172*
Curtins (GR) **137** *780/141*

D

Dachsen (ZH) **119** *688/279*
Dägerlen (ZH) **119** *696/268*
Dagmersellen (LU) **125** *641/229*
Dagro (TI) **135** *720/142*
Daigra (TI) **135** *715/160*
Daillens (VD) **131** *531/163*
Daillet (VS) **142** *601/121*
Daillon (VS) **141** *589/122*
Daiwil (LU) **125** *643/216*
Dallenwil (NW) **125** *672/197*
Dällikon (ZH) **119** *675/254*
Dalpe (TI) **135** *702/147*
Damphreux (JU) **116** *574/258*
Damvant (JU) **116** *559/247*
Dandrio (TI) **136** *724/144*
Dangio (TI) **135** *716/150*
Däniken (SO) **118** *641/245*
Dänikon (ZH) **119** *672/255*
Danis (GR) **136** *723/179*
Dardagny (GE) **139** *488/117*
Därligen (BE) **133** *628/167*
Därstetten (BE) **133** *604/167*
Dättlikon (ZH) **119** *689/264*
Dättwil (AG) **118** *663/256*
Dätwil (ZH) **119** *695/272*
Davesco-Soragno (TI) **145** *719/099*
Davos Dorf (GR) **137** *782/186*
Davos Platz (GR) **137** *781/185*
Day, Le (VD) **130** *520/174*
Degen (GR) **136** *732/174*
Degermoos (AG) **118** *665/263*
Degersheim (SG) **120** *732/248*
Deggio (TI) **135** *697/152*
Deitingen (SO) **124** *613/229*
Delémont (JU) **116** *592/245*
Delley-Portalban (FR) **123** *564/195*
Démoret (VD) **131** *547/177*
Denens (VD) **130** *524/152*
Denezy (VD) **131** *549/174*
Denges (VD) **131** *531/152*
Densbüren (AG) **118** *646/256*
Derborence (VS) **141** *582/125*
Derendingen (SO) **124** *611/228*
Detligen (BE) **123** *587/205*
Dettighofen bei Lanzenneunforn (TG) **120** *713/275*
Develier (JU) **116** *589/245*
Develier-Dessus (JU) **116** *587/246*
Diablerets, Les (VD) **132** *578/133*
Dickbuch (ZH) **119** *704/261*
Dicken (SG) **127** *732/244*
Dickihof (TG) **119** *696/278*
Diechtersmatt (OW) **134** *657/187*
Diegten (BL) **117** *628/251*
Dielsdorf (ZH) **119** *676/259*
Diemerswil (BE) **124** *599/207*
Diemtigen (BE) **133** *609/166*
Diepflingen (BL) **117** *630/255*
Diepoldsau (SG) **121** *767/250*
Dierikon (LU) **125** *670/216*
Diesbach (GL) **127** *721/201*
Diessbach bei Büren (BE) **123** *594/217*
Diesse (BE) **123** *575/218*
Diessenhofen (TG) **119** *698/282*
Dieterswald (BE) **124** *611/206*
Dieterswil (BE) **124** *598/211*
Dietfurt (SG) **120** *723/245*
Dietikon (ZH) **119** *672/250*
Dietisberg (BL) **117** *629/249*
Dietisberg (FR) **123** *587/190*
Dietlikon (ZH) **119** *688/253*
Dietschwil (SG) **120** *719/253*
Dietwil (AG) **125** *672/222*
Digg (GR) **136** *746/187*
Dinhard (ZH) **119** *700/268*
Dino (TI) **145** *719/101*
Dintikon (AG) **118** *659/246*
Disentis/Mustér (GR) **135** *708/173*
Dittingen (BL) **117** *604/254*
Dizy (VD) **130** *527/165*
Domat/Ems (GR) **128** *752/189*
Dombresson (NE) **123** *563/213*
Domdidier (FR) **123** *567/190*
Dommartin (VD) **131** *543/166*
Dompierre (FR) **131** *565/189*
Dompierre (VD) **131** *557/173*
Donath (GR) **136** *752/166*
Donatyre (VD) **123** *571/191*
Dongio (TI) **135** *716/144*
Donneloye (VD) **131** *544/177*
Donzhausen (TG) **120** *732/268*
Doppleschwand (LU) **125** *646/207*
Dorénaz (VS) **141** *569/110*
Dorf (ZH) **119** *690/269*
Dörfij (GR) **128** *767/187*
Dörfij (GR) **137** *788/186*
Dörflingen (SH) **119** *696/284*
Dornach (SO) **117** *613/258*
Dotnacht (TG) **120** *728/273*
Dötra (TI) **135** *710/154*
Dottikon (AG) **118** *660/248*
Döttingen (AG) **118** *661/268*

Dotzigen (BE) **123** *592/218*
Dozwil (TG) **120** *741/271*
Drance (VS) **141** *580/093*
Dreien (SG) **120** *719/248*
Dritte Altmatt (SZ) **126** *695/220*
Drône (VS) **141** *594/123*
Dübendorf (ZH) **119** *689/250*
Düdingen (FR) **132** *581/188*
Duggingen (BL) **117** *612/255*
Duillier (VD) **130** *507/140*
Dulliken (SO) **118** *638/244*
Dully (VD) **130** *512/142*
Dundel (OW) **134** *652/182*
Dünnershaus (TG) **120** *737/271*
Dürnten (ZH) **126** *706/237*
Dürrboden (GR) **137** *789/177*
Dürrenäsch (AG) **125** *654/241*
Dürrenroth (BE) **124** *626/215*
Dürstelen (ZH) **119** *706/247*
Dussnang (TG) **120** *714/254*
Duvin (GR) **136** *735/175*

E
Ebersecken (LU) **125** *637/225*
Ebertswil (ZH) **126** *684/231*
Ebikon (LU) **125** *668/214*
Ebligen (BE) **133** *642/178*
Ebmatingen (ZH) **119** *690/245*
Ebnat-Kappel (SG) **127** *727/235*
Ebnet (LU) **125** *648/208*
Ecasseys, Les (FR) **131** *559/163*
Ecce Homo (SZ) **126** *689/213*
Echallens (VD) **131** *538/165*
Echandens (VD) **131** *531/154*
Echarlens (FR) **132** *572/166*
Echichens (VD) **130** *527/153*
Eclagnens (VD) **131** *535/167*
Eclépens (VD) **131** *530/167*
Ecoteaux (VD) **131** *555/155*
Ecublens (FR) **131** *551/162*
Ecublens (VD) **131** *532/153*
Ecuvillens (FR) **132** *572/178*
Ederswiler (JU) **116** *592/252*
Edisried (OW) **125** *660/190*
Edlibach (ZG) **126** *685/226*
Edlischwil (SG) **120** *740/259*
Effingen (AG) **118** *650/260*
Effretikon, Illnau- (ZH) **119** *694/253*
Egerkingen (SO) **124** *627/241*
Egg (SG) **120** *734/250*
Egg (SZ) **126** *701/224*
Egg (ZH) **126** *694/239*
Egga (VS) **134** *642/135*
Egga (VS) **143** *646/117*
Eggenwil (AG) **118** *668/246*
Eggerberg (VS) **142** *633/128*
Eggersriet (SG) **121** *753/256*
Eggerstanden (AI) **127** *753/244*
Eggiwil (BE) **124** *627/191*
Eglisau (ZH) **119** *681/270*
Egliswil (AG) **118** *656/244*
Egnach (TG) **121** *746/267*
Egolzwil (LU) **125** *643/226*
Ehrikon (ZH) **119** *703/252*
Eich (LU) **125** *655/222*
Eichberg (SG) **121** *757/245*
Eidberg (ZH) **119** *702/259*
Eigental (LU) **125** *658/206*
Eiken (AG) **118** *641/264*
Einigen (BE) **133** *616/173*
Einsiedeln (SZ) **126** *699/220*
Eischoll (VS) **142** *626/127*
Eison (VS) **142** *602/111*
Eisten (VS) **142** *635/116*
Elfingen (AG) **118** *649/262*
Elgg (ZH) **120** *707/260*
Ellighausen (TG) **120** *727/275*
Ellikon am Rhein (ZH) **119** *687/273*
Ellikon an der Thur (ZH) **119** *704/269*
Elm (GL) **127** *732/197*
Elsigenalp (BE) **133** *614/152*
Embd (VS) **142** *630/118*
Embrach (ZH) **119** *687/262*
Emibois, Les (JU) **123** *565/231*
Emmen (LU) **125** *665/214*
Emmenbrücke (LU) **125** *664/213*
Emmenmatt (BE) **124** *623/199*
Emmetten (NW) **126** *682/201*
Ems (GR) **128** *752/189*
Endingen (AG) **118** *664/265*
Enfers, Les (JU) **123** *570/237*
Engelberg (OW) **134** *673/185*
Engelburg (SG) **120** *743/256*
Enges (NE) **123** *567/211*
Enggistein (BE) **124** *612/197*
Engi (BE) **132** *590/143*
Engi (GL) **127** *730/204*
Engi (SO) **117** *612/250*
Engishofen (TG) **120** *736/269*
Englisberg (BE) **124** *602/194*
Engstlenalp (BE) **134** *669/180*
Engwang (TG) **120** *721/273*
Engwilen (TG) **120** *724/275*
Ennenda (GL) **127** *724/210*
Ennetbaden (AG) **118** *666/258*
Ennetbühl (SG) **127** *734/233*
Ennetbühls (GL) **127** *724/211*
Ennetbürgen (NW) **125** *674/204*
Ennetlinth (GL) **127** *725/208*
Ennetmärcht (UR) **126** *712/194*
Ennetmoss (NW) **125** *667/200*
Enney (FR) **132** *572/157*
Entlebuch (LU) **125** *647/204*
Entschwil (BE) **133** *608/163*
Envelier (JU) **124** *603/240*
Envy, Romainmôtier- (VD) **130** *525/171*
Epagnier, Marin- (NE) **123** *568/206*
Epagny (FR) **132** *572/159*
Epalinges (VD) **131** *540/156*
Epautheyres (VD) **131** *539/176*
Epauvillers (JU) **123** *575/242*
Ependes (FR) **132** *577/178*
Ependes (VD) **131** *536/177*
Epesses (VD) **131** *546/149*
Epinassey (VS) **141** *566/115*
Epiquerez (JU) **123** *571/242*
Eplatures, Les (NE) **122** *551/215*
Eppenberg-Wöschnau (SO) **118** *643/247*
Epsach (BE) **123** *583/213*
Eptingen (BL) **117** *628/248*
Erde (VS) **141** *588/120*
Erdesson (VS) **142** *602/121*
Ergisch (VS) **142** *621/126*
Eriswil (BE) **124** *631/214*
Eriz (BE) **133** *625/182*
Erlach (BE) **123** *574/210*
Erlen (TG) **120** *735/267*
Erlenbach (ZH) **126** *687/239*
Erlenbach im Simmental (BE) **133** *608/167*
Erlinsbach (AG) **118** *643/250*
Ermatingen (TG) **120** *723/281*
Ermensee (LU) **125** *660/231*
Ermenswil (SG) **126** *709/233*
Ernen (VS) **134** *654/138*
Ernetschwil (SG) **127** *718/233*
Erschmatt (VS) **142** *619/130*
Erschwil (SO) **117** *607/246*
Ersigen (BE) **124** *611/215*
Erstfeld (UR) **135** *692/186*
Eschen (FL) **128** *757/231*
Eschenbach (LU) **125** *666/220*
Eschenbach (SG) **126** *712/233*
Eschenmosen (ZH) **119** *584/263*
Eschenz (TG) **119** *707/278*
Eschert (BE) **123** *597/236*
Eschikofen (TG) **120** *717/271*
Eschlikon (TG) **120** *715/258*
Eschlikon (ZH) **119** *698/269*
Escholzmatt (LU) **125** *637/195*
Esmonts (FR) **131** *554/166*
Essert (FR) **132** *578/176*
Essert-Pittet (VD) **131** *534/175*
Essert-Villars (VD) **131** *534/182*
Essertes (VD) **131** *550/156*
Essertines-sur-Rolle (VD) **130** *513/149*
Essertines-sur-Yverdon (VD) **131** *538/174*
Esslingen (ZH) **126** *696/238*
Estavannens (FR) **132** *574/156*
Estavayer-le-Gibloux (FR) **132** *568/174*
Estavayer-le-Lac (FR) **131** *554/188*
Estévenens (FR) **131** *562/168*
Etagnières (VD) **131** *536/161*
Etivaz, L' (VD) **132** *577/141*
Etoy (VD) **130** *521/148*
Ettenhausen (TG) **120** *710/259*
Ettenhausen bei Wetzikon (ZH) **126** *704/242*
Ettingen (BL) **117** *607/259*
Ettiswil (LU) **125** *643/222*
Etzelkofen (BE) **124** *603/214*
Etzelwil (LU) **125** *651/231*
Etzenerle (LU) **125** *653/216*
Etzgen (AG) **118** *650/269*
Etziken (SO) **124** *615/226*
Etzwilen (TG) **119** *703/279*
Euseigne (VS) **142** *598/113*
Euthal (SZ) **126** *704/217*
Evilard (BE) **123** *584/222*
Evionnaz (VS) **141** *567/114*
Evolène (VS) **142** *604/106*
Evouettes, Les (VS) **131** *556/134*
Ewil (OW) **125** *659/189*
Eyholz (VS) **143** *636/127*
Eysins (VD) **139** *505/137*
Eywald (BE) **132** *598/179*

F
Fafleralp (VS) **133** *631/142*
Fahrni (BE) **133** *617/182*
Fahrwangen (AG) **125** *660/238*
Fahy (JU) **116** *563/252*
Faido (TI) **135** *704/148*
Fäld (VS) **134** *659/135*
Falera (GR) **136** *736/184*
Fällanden (ZH) **119** *690/247*
Faltsche (BE) **133** *620/164*
Fanas (GR) **128** *769/206*
Fankhaus (BE) **125** *636/202*
Faoug (VD) **123** *572/195*
Farfagny (FR) **132** *571/174*
Färmel (BE) **132** *601/152*
Farnern (BE) **124** *613/235*
Färnigen (UR) **135** *682/176*
Faulensee (BE) **133** *620/169*
Féchy (VD) **130** *517/148*
Fehraltorf (ZH) **119** *699/249*
Fehren (SO) **117** *610/249*
Felben-Wellhausen (TG) **120** *713/271*
Feldbach (ZH) **126** *702/232*
Feldbrunnen-St. Niklaus (SO) **124** *608/230*
Feldis/Veulden (GR) **136** *752/184*
Felsberg (GR) **128** *755/190*
Fenalet (VD) **141** *568/124*
Fendringen (FR) **123** *584/192*
Fenin-Vilars-Saules (NE) **122** *560/208*
Fenkrieden (AG) **125** *670/223*
Ferden (VS) **133** *624/138*
Ferenbalm (BE) **123** *582/199*
Ferenberg (BE) **124** *607/202*
Ferlens (VD) **131** *549/159*
Ferpicloz (FR) **132** *579/177*
Ferren (LU) **125** *664/227*
Ferrenberg (BE) **124** *620/217*
Ferret (VS) **141** *574/084*
Ferreyres (VD) **130** *527/167*
Ferrière, La (BE) **122** *558/221*
Feschel, Guttet- (VS) **142** *618/130*
Fescoggia (TI) **144** *711/099*
Fétigny (FR) **131** *560/183*
Feuerthalen (ZH) **119** *690/282*
Feusisberg (SZ) **126** *699/227*
Feutersoey (BE) **132** *587/140*
Fey (VD) **131** *542/169*
Fey (Nendaz) (VS) **141** *587/115*
Fiaugères (FR) **131** *558/159*
Fidaz (GR) **136** *742/189*
Fideris (GR) **128** *775/198*
Fiesch (VS) **134** *653/139*
Fiescheralp (VS) **134** *651/140*
Fieschertal (VS) **134** *654/141*
Fiesso (TI) **135** *699/149*
Fiez (VD) **131** *537/186*
Figino (TI) **144** *713/089*
Filisur (GR) **136** *771/171*
Fillistorf (FR) **123** *583/190*
Filzbach (GL) **127** *728/220*
Fimmelsberg (TG) **120** *719/269*
Findeln (VS) **142** *625/095*
Finhaut (VS) **141** *564/103*
Finnu (VS) **142** *635/129*
Finsterhennen (BE) **123** *580/208*
Finstersee (ZG) **126** *690/224*
Finsterwald (LU) **125** *650/202*
Fionnay (VS) **141** *589/097*
First (ZH) **119** *697/254*
Fischbach (LU) **124** *635/222*
Fischbach-Göslikon (AG) **118** *665/246*
Fischenthal (ZH) **126** *712/243*
Fischingen (TG) **120** *715/252*
Fisibach (AG) **119** *672/268*
Fislisbach (AG) **118** *664/254*
Flaach (ZH) **119** *687/270*
Flamatt, Wünnewil- (FR) **123** *590/193*
Flanthey (VS) **142** *601/124*
Fläsch (GR) **128** *757/210*
Flawil (SG) **120** *731/252*
Flendruz (VD) **132** *580/148*
Flerden (GR) **136** *750/174*
Fleurier (NE) **122** *534/195*
Flims (GR) **136** *740/188*
Flims Waldhaus (GR) **136** *741/187*
Flon, Le (FR) **131** *557/162*
Flond (GR) **136** *731/181*
Flüealp (VS) **133** *617/138*
Flüelen (UR) **126** *690/195*
Flüeli (OW) **125** *663/191*
Flüh, Hofstetten- (SO) **117** *604/259*
Flühli (LU) **125** *644/192*
Flumenthal (SO) **124** *612/231*
Flums (SG) **127** *744/217*
Flurlingen (ZH) **119** *689/282*
Fly (SG) **127** *727/222*
Font (FR) **131** *552/187*
Fontaine, La (VS) **141** *569/103*
Fontainemelon (NE) **122** *558/211*
Fontaines (NE) **122** *559/210*
Fontaines-sur-Grandson (VD) **131** *537/187*
Fontana (GR) **129** *815/184*
Fontana (TI) **136** *724/138*
Fontana (Bedretto) (TI) **135** *686/152*
Fontana (Val Bavona) (TI) **135** *687/135*
Fontanezier (VD) **131** *540/189*
Fontenais (JU) **116** *573/250*
Forch (ZH) **126** *691/242*
Forclaz, La (VD) **132** *571/133*
Forclaz, La (VS) **142** *606/103*
Forel (FR) **122** *558/191*
Forel (Lavaux) (VD) **131** *547/154*
Forel-sur-Lucens (VD) **131** *552/175*
Fornet (BE, JU) **123** *579/236*
Foroglio (TI) **135** *685/136*
Forst (BE) **133** *606/179*
Fouly, La (VS) **141** *573/086*
Founex (VD) **139** *504/132*
Fräschels (FR) **123** *582/205*
Frasco (TI) **135** *705/132*
Frasnacht (TG) **121** *748/265*
Fraubrunnen (BE) **124** *606/214*
Frauchwil (BE) **123** *596/212*
Frauenfeld (TG) **120** *709/268*
Frauenkappelen (BE) **123** *592/200*
Frauenkirch (GR) **137** *780/182*
Freggio (TI) **135** *701/150*
Fregiécourt (JU) **116** *581/251*
Freidorf (TG) **121** *747/261*
Freienbach (SG) **128** *758/241*
Freienbach (SZ) **126** *699/229*
Freienstein-Teufen (ZH) **119** *686/265*
Freienwil (AG) **118** *667/261*
Freimettigen (BE) **124** *614/190*
Frenières-sur-Bex (VD) **141** *571/123*
Frenkendorf (BL) **117** *620/261*
Fresens (NE) **122** *547/193*
Freudwil (ZH) **119** *697/247*
Fribourg/Freiburg (FR) **132** *578/183*
Frick (AG) **118** *643/261*
Friedlisberg, Rudolfstetten- (AG) **119** *671/246*
Frienisberg (BE) **123** *591/208*
Frieswil (BE) **123** *588/204*
Friltschen (TG) **120** *723/266*
Frinvillier (BE) **123** *586/224*
Froideville (VD) **131** *519/155*

Fruence (FR) **131** *559/152*
Frümsen (SG) **128** *753/234*
Fruthwilen (TG) **120** *722/280*
Frutigen (BE) **133** *616/159*
Frutt (OW) **134** *663/180*
Ftan (GR) **129** *814/186*
Fuet, Le (BE) **123** *580/232*
Fuldera (GR) **138** *824/166*
Fulenbach (SO) **124** *629/236*
Full-Reuenthal (AG) **118** *657/274*
Füllinsdorf (BL) **117** *622/261*
Fully (VS) **141** *574/109*
Furen (BE) **134** *668/175*
Furna (GR) **128** *770/200*
Fürstenau (GR) **136** *753/176*
Fürstenaubruck (GR) **136** *754/175*
Furth (SG) **127** *729/243*
Fusio (TI) **135** *693/144*

G

Gabi (VS) **143** *649/115*
Gächlingen (SH) **119** *679/284*
Gächliwil, Lüterswil-(SO) **124** *600/219*
Gachnang (TG) **119** *706/266*
Gadmen (BE) **134** *669/176*
Gähwil (SG) **120** *718/250*
Gaicht (BE) **123** *579/217*
Gais (AR) **121** *752/247*
Gaiserwald (SG) **120** *743/255*
Galgenen (SZ) **126** *708/226*
Gallenkirch (AG) **118** *651/259*
Galmiz (FR) **123** *578/199*
Gals (BE) **123** *570/208*
Galten (AG) **118** *651/265*
Gambach (BE) **132** *595/180*
Gammen (BE) **123** *583/196*
Gampel (VS) **142** *623/129*
Gampelen (BE) **123** *571/207*
Gamprin (FL) **128** *756/231*
Gams (SG) **127** *751/230*
Gamsen (VS) **143** *639/128*
Gandria (TI) **145** *721/096*
Gänsbrunnen (SO) **124** *602/234*
Gansingen (AG) **118** *652/266*
Ganterschwil (SG) **120** *724/249*
Garde, La (VS) **141** *577/101*
Gärlich (VS) **142** *630/124*
Gasel (BE) **123** *597/194*
Gasenried (VS) **142** *629/114*
Gasenzen (SG) **127** *752/230*
Gastere (BE) **133** *621/143*
Gattikon (ZH) **126** *683/237*
Gebenstorf (AG) **118** *660/258*
Gebertingen (SG) **127** *718/234*
Geilsbüel (BE) **132** *605/145*
Geiss (LU) **125** *646/215*
Gelfingen (LU) **125** *662/229*
Gelterfingen (BE) **132** *606/187*
Gelterkinden (BL) **117** *631/257*
Geltwil (AG) **125** *666/233*
Gempen (SO) **117** *616/258*
Gempenach (FR) **123** *581/198*
Genestrerio (TI) **145** *718/079*
Genève (GE) **139** *500/117*
Geneveys-sur-Coffrane, Les (NE) **122** *555/207*
Genevez, Les (JU) **123** *576/234*
Genolier (VD) **130** *506/143*
Genthod (GE) **139** *501/124*
Gerlafingen (SO) **124** *610/224*
Gerlikon (TG) **120** *708/266*
Gerlisberg (ZH) **119** *688/257*
Geroldswil (ZH) **119** *673/252*
Gerolfingen (BE) **123** *581/213*
Gerra (Gambarogno) (TI) **144** *703/108*
Gerra (Verzasca) (TI) **144** *704/130*
Gerra Piano (TI) **144** *713/114*
Gersau (SZ) **126** *682/204*
Gerzensee (BE) **133** *608/187*
Geschinen, Münster-(VS) **134** *664/149*
Gettnau (LU) **125** *640/221*
Geuensee (LU) **125** *650/227*
Gfelle (LU) **125** *651/202*
Ghirone (TI) **135** *715/158*
Giarsun (GR) **129** *806/183*
Gibelflüe (LU) **125** *669/222*
Gibswil (ZH) **126** *711/241*
Giebenach (BL) **117** *623/263*
Giessbach (BE) **134** *644/176*
Giessen (SG) **127** *718/227*
Giétroz (VS) **141** *562/101*
Giez (VD) **131** *537/184*
Giffers (FR) **132** *582/178*
Gilbach (BE) **133** *607/147*
Gillarens (FR) **131** *553/159*
Gilly (VD) **130** *512/145*
Gimel (VD) **130** *513/151*
Gimmelwald (BE) **133** *634/155*
Gimmiz (BE) **123** *584/211*
Gingins (VD) **130** *503/140*
Giornico (TI) **135** *710/140*
Gipf-Oberfrick (AG) **118** *642/261*
Gippingen (AG) **118** *659/271*
Gisenhard (ZH) **119** *697/275*
Gisikon (LU) **125** *672/219*
Giswil (OW) **134** *657/187*
Gîte, La (VD) **130** *526/184*
Giubiasco (TI) **145** *721/114*
Giumaglio (TI) **144** *695/125*
Givisiez (FR) **132** *576/184*
Givrins (VD) **130** *504/142*
Gländ (AG) **124** *635/238*
Gland (VD) **130** *509/142*
Glarey (VS) **141** *589/128*
Glaris (GR) **137** *778/179*
Glarus (GL) **127** *723/211*
Glashütten (AG) **124** *630/234*
Glattbrugg (ZH) **119** *685/254*
Glattfelden (ZH) **119** *680/268*
Glèbe, Le (FR) **132** *568/175*
Gletsch (VS) **134** *670/157*
Gletterens (FR) **122** *561/193*
Glion (VD) **131** *560/142*
Glis, Brig- (VS) **143** *641/128*
Glovelier (JU) **123** *582/242*
Gluringen, Reckingen-(VS) **134** *660/146*
Gmünden (BE) **124** *629/203*
Gnosca (TI) **145** *722/121*
Gockhausen (ZH) **119** *687/248*
Gohl (BE) **124** *628/200*
Golaten (BE) **123** *585/203*
Goldach (SG) **121** *752/260*
Goldau (SZ) **126** *684/211*
Goldbach (BE) **124** *617/205*
Goldern (BE) **134** *658/176*
Goldingen (SG) **127** *715/235*
Goldiwil (BE) **133** *617/178*
Goldswil (BE) **133** *633/171*
Golino (TI) **144** *698/114*
Golisse, La (VD) **130** *508/163*
Gollion (VD) **130** *528/159*
Gommiswald (SG) **127** *720/232*
Gondiswil (BE) **124** *632/221*
Gondo (VS) **143** *653/116*
Gonten (AI) **127** *744/243*
Gontenbad (AI) **127** *746/244*
Gontenschwil (AG) **125** *653/236*
Goppenstein (VS) **133** *624/135*
Gordevio (TI) **144** *700/120*
Gordola (TI) **144** *709/115*
Gorduno (TI) **145** *722/119*
Gorgier (NE) **122** *549/194*
Göschenen (UR) **135** *687/169*
Göslikon, Fischbach-(AG) **118** *665/247*
Gossau (SG) **120** *736/253*
Gossau (ZH) **126** *699/240*
Gossens (VD) **131** *543/176*
Gossliwil (SO) **124** *599/220*
Gottlieben (TG) **120** *727/280*
Gottshaus, Hauptwil-(TG) **120** *738/261*
Gouille, La (VS) **142** *603/100*
Goule, La (JU) **122** *561/230*
Goumoens-la-Ville (VD) **131** *536/167*
Goumoens-le-Jux (VD) **131** *534/168*
Goumois (JU) **123** *563/234*
Graben (BE) **124** *621/229*
Grabs (SG) **127** *751/227*
Grächen (VS) **142** *630/116*
Grächwil (BE) **123** *595/207*
Grafenort (OW) **125** *671/191*
Grafenried (BE) **124** *605/214*
Grafschaft (VS) **134** *659/145*
Graltshausen (TG) **120** *731/273*
Grancia (TI) **144** *715/091*
Grancy (VD) **130** *525/160*
Grand-Saconnex, Le (GE) **139** *498/121*
Grandcour (VD) **122** *561/191*
Grandevent (VD) **131** *536/187*
Grandfontaine (JU) **116** *562/249*
Grandsivaz, Mannens-(FR) **131** *565/181*
Grandson (VD) **131** *539/184*
Grandval (BE) **123** *599/236*
Grandvaux (VD) **131** *544/149*
Grandvillard (FR) **132** *572/154*
Granges (VS) **142** *602/123*
Granges, Les (VD) **132** *579/146*
Granges (Salvan), Les (VS) **141** *567/108*
Granges (Veveyse) (FR) **131** *553/152*
Granges-de-Vesin (FR) **131** *554/184*
Granges-Marnand (VD) **131** *558/179*
Granges-Paccot (FR) **132** *577/186*
Grangettes (FR) **131** *563/169*
Grangettes, Les (VS) **141** *572/100*
Gränichen (AG) **118** *649/245*
Gräslikon (ZH) **119** *687/268*
Grasswil (BE) **124** *617/221*
Grattavache (FR) **131** *560/160*
Grattes, Les (NE) **122** *552/203*
Gravesano (TI) **144** *714/100*
Greich (VS) **134** *646/135*
Greifensee (ZH) **119** *693/246*
Grellingen (BL) **117** *611/254*
Grenchen (SO) **123** *596/226*
Grenchenberg (SO) **123** *596/231*
Greng (FR) **123** *573/195*
Grengiols (VS) **134** *650/135*
Grenilles (FR) **132** *570/175*
Grens (VD) **139** *504/138*
Greppen (LU) **126** *675/212*
Gresso (TI) **144** *690/119*
Gressy (VD) **131** *538/177*
Gretschins (SG) **128** *755/218*
Gretzenbach (SO) **118** *642/245*
Gribbio (TI) **135** *705/145*
Griesalp (BE) **133** *624/155*
Griesenberg (TG) **120** *718/269*
Grillesse (VS) **141** *597/128*
Grimentz (VS) **142** *610/114*
Grimisuat (VS) **141** *595/123*
Grimmialp (BE) **132** *603/157*
Grindel (SO) **117** *604/247*
Grindelwald (BE) **134** *645/163*
Grodey (BE) **132** *596/150*
Grolley (FR) **132** *572/187*
Grône (VS) **142** *601/122*
Grono (GR) **145** *731/123*
Gross (SZ) **126** *701/219*
Grossaffoltern (BE) **123** *594/212*
Grossdietwil (LU) **124** *634/224*
Grossguschelmuth (FR) **123** *576/192*
Grosshöchstetten (BE) **124** *615/195*
Grossteil (OW) **125** *655/188*
Grosswangen (LU) **125** *646/220*
Grub (AR) **121** *756/257*
Gruben (VS) **142** *620/117*
Grubenwald (BE) **132** *596/158*
Grugnay (VS) **141** *582/117*
Grundbach (BE) **132** *604/180*
Grund bei Gstaad (BE) **132** *587/142*
Grünen (BE) **124** *623/208*
Grünenmatt (BE) **124** *621/206*
Grüningen (ZH) **126** *700/237*
Grüsch (GR) **128** *768/205*
Grüt (ZH) **126** *701/240*
Gruyères (FR) **132** *572/159*
Gryon (VD) **141** *571/124*
Gspon (VS) **142** *635/119*
Gstaad (BE) **132** *588/146*
Gsteig (BE) **132** *586/137*
Gsteigwiler (BE) **133** *633/167*
Guarda (GR) **129** *807/184*
Gudo (TI) **145** *716/114*
Guetisberg (BE) **124** *617/214*
Guévaux (FR, VD) **123** *570/198*
Guggisberg (BE) **132** *591/179*
Gumefens (FR) **132** *572/169*
Gümligen (BE) **124** *605/198*
Gümmenen (BE) **123** *585/199*
Gündelhart (TG) **120** *713/277*
Gundetswil (ZH) **119** *704/266*
Gündisau (ZH) **119** *703/250*
Gündlikon (ZH) **119** *705/264*
Gündlischwand (BE) **133** *636/164*
Günsberg (SO) **124** *610/234*
Guntalingen (ZH) **119** *700/276*
Gunten (BE) **133** *620/173*
Guntershausen bei Aadorf (TG) **120** *711/259*
Guntershausen bei Birwinken (TG) **120** *731/270*
Guntmadingen (SH) **119** *684/282*
Gunzgen (SO) **124** *629/240*
Gunzwil (LU) **125** *656/229*
Gurbrü (BE) **123** *583/201*
Gurmels (FR) **123** *579/193*
Gurtnellen (UR) **135** *690/177*
Gurzelen (BE) **133** *607/180*
Gutenburg (BE) **124** *627/225*
Gutenswil (ZH) **119** *696/249*
Gütighausen (ZH) **119** *697/271*
Guttannen (BE) **134** *665/167*
Guttet-Feschel (VS) **142** *617/130*
Güttingen (TG) **120** *739/274*
Gwatt (BE) **133** *614/174*
Gy (GE) **139** *509/123*
Gysenstein (BE) **124** *611/193*

H

Haag (SG) **128** *755/230*
Habkern (BE) **133** *632/175*
Habsburg (AG) **118** *656/257*
Habschwanden (LU) **125** *646/204*
Habstetten (BE) **124** *604/203*
Hadlikon (ZH) **126** *707/238*
Häfelfingen (BL) **117** *632/251*
Hagenbuch (ZH) **120** *709/264*
Hägendorf (SO) **124** *630/242*
Hagendorn (ZG) **126** *675/228*
Hagenwil am Nollen (TG) **120** *726/263*
Hagenwil bei Amriswil (TG) **120** *740/265*
Haggenegg (SZ) **126** *694/211*
Häggenschwil (SG) **120** *743/262*
Hägglingen (AG) **118** *661/248*
Hagneck (BE) **123** *580/211*
Halden (TG) **120** *733/263*
Haldenstein (GR) **128** *759/194*
Hallau (SH) **119** *676/283*
Hallwil (AG) **125** *655/242*
Halten (SO) **124** *613/224*
Haltikon (SZ) **125** *674/215*
Hämikon (LU) **125** *663/232*
Hämlismatt (BE) **124** *616/198*
Handegg (BE) **134** *666/162*
Hannigalp (VS) **142** *633/117*
Happerswil (TG) **120** *734/271*
Hard (AG) **118** *643/252*
Hard (SG) **121** *757/244*
Hardern (BE) **123** *591/215*
Härkingen (SO) **124** *628/239*
Hasle (LU) **125** *646/203*
Hasle bei Burgdorf (BE) **124** *615/207*
Haslen (GL) **127** *723/204*
Haslen (AI) **120** *745/248*
Hasli (BE) **132** *602/185*
Hasli (TG) **120** *718/272*
Hasliberg (BE) **134** *657/177*
Hatswil (TG) **120** *742/278*
Hattenhausen (TG) **120** *722/276*
Hätzingen (GL) **127** *721/202*
Haudères, Les (VS) **142** *605/103*
Hauenstein-Ifenthal (SO) **118** *632/247*
Hauptsee (ZG) **126** *690/218*
Hauptwil-Gottshaus (TG) **120** *736/260*
Hausen am Albis (ZH) **126** *683/233*
Hausen (AG) **118** *658/257*
Häusernmoos (BE) **124** *623/214*
Häuslenen (TG) **120** *710/264*
Haut-Intyamon (FR) **132** *572/151*
Haut-Vully (FR) **123** *572/201*
Hauterive (FR) **132** *574/178*
Hauterive (NE) **123** *564/207*
Hautes Roches (BE) **123** *594/239*
Hauteville (FR) **132** *574/168*

Häutligen (BE) **124** *612/189*
Hauts-Geneveys, Les (NE) **122** *557/211*
Hedingen (ZH) **126** *676/239*
Heerbrugg (SG) **121** *765/253*
Hefenhofen (TG) **120** *740/269*
Hegi (TG) **120** *744/264*
Heiden (AG) **121** *757/256*
Heiligenschwendi (BE) **133** *618/177*
Heiligkreuz (LU) **125** *646/200*
Heiligkreuz (SG) **127** *750/213*
Heiligkreuz (TG) **120** *729/262*
Heiligkreuz (VS) **134** *656/132*
Heimberg (BE) **133** *612/182*
Heimenhausen (BE) **124** *619/228*
Heimenschwand (BE) **133** *619/186*
Heimiswil (BE) **124** *616/212*
Heinrichswil-Winistorf (SO) **124** *614/222*
Heisch (ZH) **126** *682/233*
Heitenried (FR) **132** *589/186*
Heiterswil (SG) **127** *728/240*
Heitiwil (FR) **132** *582/188*
Heldswil (TG) **120** *734/265*
Hellbühl (LU) **125** *657/213*
Hellikon (AG) **118** *636/262*
Hellsau (BE) **124** *615/221*
Helsighausen (TG) **120** *722/278*
Hemberg (SG) **127** *731/240*
Hemishofen (SH) **119** *704/281*
Hemmental (SH) **119** *685/287*
Hemmiken (BL) **118** *634/259*
Henau (SG) **120** *726/257*
Hendschiken (AG) **118** *658/248*
Henggart (ZH) **119** *693/268*
Hennens, Billens- (FR) **131** *557/170*
Henniez (VD) **131** *557/176*
Herbetswil (SO) **124** *611/238*
Herbligen (BE) **133** *612/186*
Herblingen (SH) **119** *691/286*
Herbriggen (VS) **142** *627/109*
Herdern (TG) **120** *710/273*
Hérémence (VS) **141** *597/114*
Hergiswald (LU) **125** *660/208*
Hergiswil (NW) **125** *666/203*
Hergiswil bei Willisau (LU) **125** *639/214*
Herisau (AR) **120** *738/250*
Herlisberg (LU) **125** *660/227*
Hermance (GE) **139** *507/128*
Hermatswil (ZH) **119** *704/250*
Hermenches (VD) **131** *548/165*
Hermetschwil-Staffeln (AG) **125** *668/242*
Hermiswil (BE) **124** *619/222*
Hermrigen (BE) **123** *585/214*
Herolfingen (BE) **124** *611/194*
Herrliberg (ZH) **126** *688/237*
Hersberg (BL) **117** *626/260*
Hersiwil (SO) **124** *614/223*
Hertenstein (LU) **125** *673/208*
Herznach (AG) **118** *646/258*
Herzogenbuchsee (BE) **124** *620/226*
Herzwil (BE) **123** *595/196*
Hessigkofen (SO) **124** *602/221*
Hettenschwil (AG) **118** *657/269*
Hettiswil (BE) **124** *608/208*
Hettlingen (ZH) **119** *695/266*
Heubach (BE) **132** *597/181*
Heuberg (GR) **128** *774/193*
Heustrich (BE) **133** *618/166*
Heutte, La (BE) **123** *583/226*
Hildisrieden (LU) **125** *659/222*
Hilfikon (AG) **125** *661/242*
Hilterfingen (BE) **133** *616/175*
Himmelried (SO) **117** *612/252*
Hindelbank (BE) **124** *607/210*
Hinter Klöntal (GL) **127** *713/209*
Hinterberg (GR) **128** *769/199*
Hinteregg (ZH) **126** *694/240*
Hinterfultigen (BE) **132** *597/187*
Hintergoldingen (SG) **127** *716/238*
Hinterkappelen (BE) **123** *595/202*
Hinterrhein (GR) **136** *735/154*
Hinterthal (SZ) **126** *701/203*
Hinwil (ZH) **126** *706/239*
Hirschensprung (SG) **128** *759/241*
Hirschthal (AG) **125** *646/241*
Hirzel (ZH) **126** *688/230*
Hittnau (ZH) **119** *704/247*
Hitzkirch (LU) **125** *662/230*
Hochdorf (LU) **125** *664/224*
Hochfelden (ZH) **119** *681/264*
Höchstetten (BE) **124** *614/221*
Hockenalp (VS) **133** *625/140*
Hof (GR) **137** *786/183*
Höfen (BE) **133** *609/174*
Hofen (SH) **119** *692/293*
Hoffeld (SG) **120** *730/247*
Hofstatt (LU) **124** *636/214*
Hofstetten-Flüh (SO) **117** *605/258*
Hofstetten bei Brienz (BE) **134** *648/178*
Hofstetten (ZH) **119** *706/258*
Hohenrain (LU) **125** *666/225*
Hohentannen (TG) **120** *734/263*
Hohfirst (SG) **120** *740/256*
Hohfluh (BE) **134** *656/177*
Hohtenn (VS) **142** *624/129*
Holderbank (AG) **118** *654/253*
Holderbank (SO) **124** *623/242*
Hölstein (BL) **117** *625/252*
Holzhäusern (BE) **124** *620/234*
Holziken (AG) **125** *645/241*
Homberg (BE) **133** *618/180*
Hombrechtikon (ZH) **126** *700/234*
Homburg (TG) **120** *717/277*
Honau (LU) **125** *673/220*
Hondrich (BE) **133** *618/169*
Hongg (ZH) **119** *680/250*
Horben (TG) **120** *716/256*
Horben (ZH) **119** *698/252*
Horboden (BE) **133** *609/164*
Horgen (ZH) **126** *687/235*
Horgenbach (TG) **119** *705/269*
Hörhausen (TG) **120** *715/276*
Höri (ZH) **119** *680/262*
Horn (TG) **121** *752/262*
Hornussen (AG) **118** *647/261*
Horrenbach-Buchen (BE) **133** *624/180*
Horriwil (SO) **124** *613/225*
Hörstetten (TG) **120** *715/275*
Horw (LU) **125** *666/207*
Hosenruck (TG) **120** *726/261*
Hospental (UR) **135** *686/163*
Hottwil (AG) **118** *654/266*
Hub (ZH) **126** *711/239*
Hübeli (LU) **125** *639/212*
Hubersdorf (SO) **124** *611/232*
Hueb (SG) **121** *749/259*
Hueb bei Krauchthal (BE) **124** *607/205*
Huémoz (VD) **141** *568/126*
Hugelshofen (TG) **120** *726/273*
Huggerwald (SO) **117** *599/252*
Humbel (ZH) **119** *702/248*
Humlikon (ZH) **119** *692/270*
Hundwil (AR) **120** *742/247*
Hünenberg (ZG) **125** *674/225*
Hünibach (BE) **133** *616/177*
Hüniken (SO) **124** *615/226*
Hünikon (ZH) **119** *692/267*
Hüntwangen (ZH) **119** *679/272*
Hunzenschwil (AG) **118** *651/248*
Hurden (SZ) **126** *703/230*
Hüsen (BE) **134** *655/176*
Hüsere (BE) **132** *596/151*
Hüswil (LU) **124** *635/219*
Hütten (ZH) **126** *692/225*
Hüttikon (ZH) **119** *671/255*
Hüttlingen (TG) **120** *716/270*
Huttwil (BE) **124** *630/218*
Hüttwilen (TG) **119** *707/273*
Hutzikon (ZH) **119** *706/256*

I

Ibach (SZ) **126** *692/208*
Ichertswil, Lüterkofen- (SO) **124** *604/223*
Icogne (VS) **142** *600/126*
Ifenthal, Hauenstein- (SO) **118** *631/246*
Iffigenalp (BE) **132** *600/138*
Iffwil (BE) **124** *603/212*
Ifwil (TG) **120** *713/258*
Igis (GR) **128** *762/201*
Ilanz (GR) **136** *734/181*
Illarsaz (VS) **140** *560/129*
Illgau (SZ) **126** *697/204*
Illhart (TG) **120** *720/275*
Illighausen (TG) **120** *733/274*
Illnau-Effretikon (ZH) **119** *696/251*
Im Fang (FR) **132** *584/160*
Immensee (SZ) **126** *677/216*
Indemini (TI) **144** *707/105*
Inden (VS) **133** *613/132*
Ingenbohl (SZ) **126** *689/206*
Inkwil (BE) **124** *617/227*
Innerberg (BE) **123** *590/204*
Innereriz (BE) **133** *629/181*
Innerferrera (GR) **136** *753/154*
Innerthal (SZ) **126** *712/218*
Innertkirchen (BE) **134** *660/172*
Ins (BE) **123** *574/206*
Interlaken (BE) **133** *631/170*
Intragna (TI) **144** *697/114*
Intschi (UR) **135** *692/179*
Inwil (LU) **125** *669/219*
Ipsach (BE) **123** *584/218*
Iragna (TI) **145** *717/132*
Iseltwald (BE) **133** *640/173*
Isenfluh (BE) **133** *635/163*
Isenthal (UR) **126** *685/196*
Iseo (TI) **144** *711/095*
Isérables (VS) **141** *585/112*
Isle, L' (VD) **130** *521/163*
Isleten (UR) **126** *688/197*
Islikon (TG) **119** *705/267*
Islisberg (AG) **125** *675/241*
Isola (GR) **137** *776/142*
Isone (TI) **145** *719/109*
Isorno (TI) **144** *696/118*
Issert (VS) **141** *575/094*
Istighofen (TG) **120** *728/267*
Itingen (BL) **117** *626/257*
Ittenthal (AG) **118** *646/263*
Ittigen (BE) **124** *603/202*
Itzikon (ZH) **126** *700/237*

J

Jaberg (BE) **133** *609/185*
Jakobsbad (AI) **127** *742/242*
Jassbach (BE) **133** *619/188*
Jaun (FR) **132** *587/162*
Javerne (VD) **141** *570/120*
Jegenstorf (BE) **124** *605/210*
Jeizinen (VS) **142** *621/130*
Jenaz (GR) **128** *773/200*
Jenins (GR) **128** *761/207*
Jenisberg (GR) **137** *775/174*
Jens (BE) **123** *586/216*
Jetschwil (FR) **132** *581/187*
Jeuss (FR) **123** *579/194*
Jona (SG) **126** *705/231*
Jonen (AG) **125** *672/238*
Jongny (VD) **131** *554/147*
Jonschwil (SG) **120** *724/253*
Joux, La (FR) **131** *562/164*
Jouxtens-Mézery (VD) **131** *535/155*
Juckern (ZH) **119** *707/249*
Juf (GR) **137** *764/146*
Juriens (VD) **130** *524/171*
Jussy (GE) **139** *509/121*

K

Kägiswil (OW) **125** *662/196*
Kaiseraugst (AG) **117** *621/265*
Kaiserstuhl (AG) **119** *673/269*
Kaiserstuhl (OW) **134** *656/184*
Kaisten (AG) **118** *645/265*
Kalchstätten (BE) **132** *590/180*
Kallern (AG) **125** *664/241*
Kallnach (BE) **123** *584/207*
Kaltbach (LU) **125** *647/226*
Kaltbrunn (SG) **127** *720/230*
Kaltenbach (TG) **119** *705/279*
Kammersrohr (SO) **124** *611/234*
Kanderbrück (BE) **133** *616/158*
Kandergrund (BE) **133** *617/155*
Kandersteg (BE) **133** *618/149*
Känerkinden (BL) **117** *629/251*
Kappel, Ebnat- (SG) **127** *727/236*
Kappel am Albis (ZH) **126** *682/231*
Kappelen (BE) **123** *587/212*
Käserstatt (BE) **134** *659/178*
Kastanienbaum (LU) **125** *668/206*
Kaufdorf (BE) **132** *604/187*
Kefikon (TG) **119** *705/267*
Kehlhof (ZH) **126** *698/232*
Kehrsatz (BE) **124** *602/195*
Kehrsiten (NW) **125** *670/205*
Kemmental (TG) **120** *727/274*
Kemmeribodenbad (BE) **133** *637/183*
Kempten (ZH) **126** *703/243*
Kemptthal (ZH) **119** *695/256*
Kengelbach (SG) **120** *723/244*
Kernenried (BE) **124** *608/213*
Kerns (OW) **125** *663/194*
Kerzers (FR) **123** *581/202*
Kesswil (TG) **120** *741/273*
Kestenholz (SO) **124** *623/236*
Kein (BE) **133** *619/162*
Kienberg (SO) **118** *639/254*
Kienholz (BE) **134** *646/177*
Kiental (BE) **133** *621/159*
Kiesen (BE) **133** *611/185*
Kilchberg (BL) **118** *634/252*
Kilchberg (ZH) **126** *684/241*
Killwangen (AG) **118** *668/253*
Kindhausen (AG) **119** *670/249*
Kindhausen (ZH) **119** *693/251*
Kippel (VS) **133** *625/138*
Kirchberg (BE) **124** *611/215*
Kirchberg (SG) **120** *720/252*
Kirchdorf (AG) **118** *663/260*
Kirchdorf (BE) **133** *608/185*
Kirchenthurnen (BE) **132** *604/185*
Kirchhofen (OW) **125** *660/193*
Kirchleerau (AG) **125** *647/236*
Kirchlindach (BE) **124** *598/205*
Kirchrued (AG) **125** *649/237*
Klarsreuti (TG) **120** *733/272*
Kleinandelfingen (ZH) **119** *693/272*
Kleinbösingen (FR) **123** *582/193*
Kleindietwil (BE) **124** *626/221*
Kleine Scheidegg (BE) **133** *640/159*
Kleingurmels (FR) **123** *581/193*
Kleinguschelmuth (FR) **123** *577/193*
Kleinlützel (SO) **117** *598/252*
Kleinteil (OW) **134** *654/187*
Kleinwangen (LU) **125** *664/227*
Klewen (NW) **126** *678/199*
Klingnau (AG) **118** *660/270*
Klosters Dorf (GR) **128** *785/195*
Klosters Platz (GR) **128** *786/193*
Klosters-Serneus (GR) **128** *784/195*
Kloten (ZH) **119** *686/256*
Klus (SO) **124** *619/239*
Knonau (ZH) **126** *677/230*
Knutwil (LU) **125** *648/227*
Knobelwald (SG) **121** *759/242*
Koblenz (AG) **118** *660/273*
Kollbrunn (ZH) **119** *700/257*
Kölliken (AG) **118** *644/243*
Köniz (BE) **124** *598/196*
Konolfingen (BE) **124** *614/192*
Koppigen (BE) **124** *612/220*
Kosthofen (BE) **123** *592/211*
Kottwil (LU) **125** *645/223*
Kradolf-Schönenberg (TG) **120** *732/265*
Kräiligen (BE) **124** *607/221*
Krattigen (BE) **133** *621/167*
Krauchthal (BE) **124** *609/206*
Kreuzlingen (TG) **120** *730/279*
Kriechenwil (BE) **123** *583/195*
Kriegstetten (SO) **124** *612/224*
Kriens (LU) **125** *663/209*
Kriessern (SG) **121** *763/248*
Krinau (SG) **127** *721/241*
Kronbühl (SG) **121** *747/258*
Kröschenbrunnen (BE) **124** *633/195*
Krummenau, Nesslau- (SG) **127** *731/234*
Küblis (GR) **128** *778/198*
Kulmerau (LU) **125** *649/233*
Kümmertshausen (TG) **120** *735/269*
Kunkels (GR) **127** *750/193*
Künten (AG) **118** *667/249*
Küsnacht (ZH) **126** *686/241*
Küssnacht (SZ) **126** *676/215*
Küttigen (AG) **118** *646/251*

Küttigkofen (SO) **124** *605/222*
Kyburg (ZH) **119** *698/257*
Kyburg-Buchegg (SO) **124** *606/220*

L
Laax (GR) **136** *738/185*
Lachen (AR) **121** *761/256*
Lachen (SZ) **126** *707/227*
Laconnex (GE) **139** *491/112*
Ladir (GR) **136** *734/183*
Ladu (VS) **142** *625/130*
Lain (GR) **137** *759/174*
Lajoux (JU) **123** *577/236*
Lalden (VS) **142** *635/127*
Lamboing (BE) **123** *577/218*
Lamone (TI) **144** *715/100*
Lampenberg (BL) **117** *624/252*
Lancy (GE) **139** *497/115*
Landarenca (GR) **145** *728/130*
Landeron, Le (NE) **123** *571/211*
Landiswil (BE) **124** *618/200*
Landquart (GR) **128** *761/203*
Landschlacht (TG) **120** *735/276*
Langenbruck (BL) **124** *624/244*
Längenbühl (BE) **133** *607/178*
Langendorf (SO) **124** *605/230*
Langenhard (ZH) **119** *703/257*
Langenthal (BE) **124** *626/229*
Langnau am Albis (ZH) **126** *683/238*
Langnau bei Reiden (LU) **125** *639/231*
Langnau im Emmental (BE) **124** *626/198*
Langrickenbach (TG) **120** *736/273*
Langwies (GR) **128** *773/188*
Lanterswil (TG) **120** *724/264*
Lanthen (FR) **132** *585/188*
Lantsch/Lenz (GR) **137** *762/172*
Lanzenhäusern (BE) **132** *593/188*
Lanzenneunforn (TG) **120** *712/275*
Laret (Davos) (GR) **128** *785/190*
Laret (Samnaun) (GR) **129** *825/205*
Largario (TI) **135** *715/150*
Latsch (GR) **137** *777/167*
Latterbach (BE) **133** *610/168*
Lattrigen, Sutz- (BE) **123** *582/216*
Lauchernalp (VS) **133** *625/140*
Lauenen (BE) **132** *590/141*
Lauerz (SZ) **126** *686/209*
Läufelfingen (BL) **117** *631/249*
Laufen (BL) **117** *604/252*
Laufenburg (AG) **118** *647/267*
Laupen (BE) **123** *584/194*
Laupen (ZH) **126** *712/235*
Laupersdorf (SO) **124** *616/240*
Lauperswil (BE) **124** *622/201*
Laus (GR) **135** *713/174*
Lausanne (VD) **131** *538/152*
Lausen (BL) **117** *624/258*
Lauterbrunnen (BE) **133** *635/160*
Lauwil (BL) **117** *617/248*
Lavadina (FL) **128** *760/220*
Lavertezzo (TI) **144** *707/123*
Lavey-les-Bains (VD) **141** *567/117*
Lavey-Morcles (VD) **141** *567/118*
Lavigny (VD) **130** *520/150*
Lavin (GR) **129** *804/183*
Lavizzara (TI) **135** *694/137*
Lavorgo (TI) **135** *706/144*
Lax (VS) **134** *652/137*
Léchelles (FR) **132** *568/186*
Lécherette, La (VD) **132** *574/141*
Leggia (GR) **145** *732/124*
Lehn (LU) **125** *640/197*
Leibstadt (AG) **118** *655/271*
Leidenberg (LU) **125** *648/222*
Leimbach (AG) **125** *655/235*
Leimbach (TG) **120** *731/269*
Leimiswil (BE) **124** *624/222*
Leissigen (BE) **133** *625/167*
Lenggenwil (SG) **120** *728/259*
Lengnau (AG) **118** *666/263*
Lengnau (BE) **123** *594/225*
Lengwil (TG) **120** *732/276*
Lenk (BE) **132** *600/145*
Lens (VS) **142** *600/125*
Lentigny (FR) **131** *566/178*
Lenz (GR) **137** *762/172*
Lenzburg (AG) **118** *655/248*
Lenzerheide (GR) **137** *761/177*
Leontica (TI) **135** *713/146*
Lessoc (FR) **132** *571/150*
Leuggelbach (GL) **127** *722/204*
Leuggern (AG) **118** *658/270*
Leuk (VS) **142** *615/129*
Leukerbad (VS) **133** *614/136*
Leutwil (AG) **125** *655/240*
Leuzigen (BE) **124** *601/224*
Levron (VS) **141** *578/105*
Leysin (VD) **131** *567/132*
Leytron (VS) **141** *582/115*
Libingen (SG) **127** *719/243*
Lichtensteig (SG) **127** *724/242*
Liddes (VS) **141** *580/093*
Liebewil (BE) **123** *594/194*
Liebistorf (FR) **123** *581/195*
Liedertswil (BL) **117** *621/248*
Lieli (LU) **125** *665/228*
Lieli, Oberwil- (AG) **125** *672/243*
Lienz (SG) **128** *757/238*
Liesberg (BL) **117** *599/250*
Liestal (BL) **117** *622/259*
Lieu, Le (VD) **130** *511/166*
Ligerz (BE) **123** *577/214*
Lignerolle (VD) **130** *524/177*
Lignières (NE) **123** *571/214*
Ligornetto (TI) **145** *717/080*
Limpach (BE) **124** *604/217*
Lindau (ZH) **119** *693/255*
Linden (BE) **133** *618/188*
Lindental (BE) **124** *608/203*
Linescio (TI) **144** *688/129*
Linn (AG) **118** *651/257*
Linthal (GL) **127** *718/197*
Lionza (TI) **144** *691/113*
Lipperswil (TG) **120** *721/275*
Lipperüti (LU) **125** *657/217*
Littau (LU) **125** *662/211*
Littenheid (TG) **120** *718/255*
Littisbach (BE) **132** *594/160*
Litziriiti (GR) **137** *772/185*
Lobsigen (BE) **123** *588/208*
Locarno (TI) **144** *705/113*
Locle, Le (NE) **122** *547/212*
Loco (TI) **144** *695/117*
Lodano (TI) **144** *696/123*
Lodrino (TI) **145** *718/128*
Logiano (GR) **136** *738/139*
Lohn (GR) **136** *752/168*
Lohn (SH) **119** *692/290*
Lohn-Ammannsegg (SO) **124** *606/224*
Löhningen (SH) **119** *683/283*
Lohnstorf (BE) **132** *605/183*
Lömmenschwil (SG) **120** *744/262*
Lommis (TG) **120** *717/264*
Lommiswil (SO) **124** *602/230*
Lonay (VD) **130** *529/153*
Longirod (VD) **130** *509/149*
Losone (TI) **144** *702/113*
Lossy (FR) **132** *574/187*
Lostallo (GR) **145** *735/130*
Lostorf (SO) **118** *638/248*
Lostorf, Bad (SO) **118** *637/249*
Lottigna (TI) **135** *715/147*
Lotzwil (BE) **124** *626/226*
Lourtier (VS) **141** *586/099*
Lovatens (VD) **131** *556/171*
Lovens (FR) **131** *568/180*
Loveresse (BE) **123** *584/232*
Löwenburg (JU) **116** *590/253*
Loye (VS) **142** *603/121*
Lü (GR) **138** *824/167*
Luc (VS) **141** *598/125*
Lucelle (JU) **116** *585/252*
Lucens (VD) **131** *554/173*
Luchsingen (GL) **127** *721/203*
Lüderenalp (BE) **124** *629/205*
Ludiano (TI) **135** *717/142*
Lüen (GR) **128** *765/189*
Luette, La (VS) **142** *600/112*
Lufingen (ZH) **119** *687/260*
Lugaggia (TI) **145** *718/102*
Lugano (TI) **145** *717/095*
Lugnez (JU) **116** *574/259*
Lugnorre (FR) **123** *571/199*
Luins (VD) **130** *510/144*
Lullier (GE) **139** *508/120*
Lully (FR) **131** *554/187*
Lully (VD) **130** *525/150*
Lumbrein (GR) **136** *729/171*
Lumino (TI) **145** *725/121*
Lungern (OW) **134** *655/181*
Lupfig (AG) **118** *657/254*
Lupsingen (BL) **117** *619/255*
Lurengo (TI) **135** *699/151*
Lurtigen (FR) **123** *579/197*
Lüscherz (BE) **123** *578/210*
Lüsis (SG) **127** *743/222*
Lussery-Villars (VD) **131** *530/164*
Lüsslingen (SO) **124** *604/226*
Lussy (FR) **131** *562/173*
Lussy-sur-Morges (VD) **130** *524/150*
Lustdorf (TG) **120** *716/267*
Luterbach (SO) **124** *611/229*
Lüterkofen-Ichertswil (SO) **124** *605/223*
Lüterswil-Gächliwil (SO) **124** *599/218*
Luthern (LU) **125** *636/212*
Luthernbad (LU) **125** *637/208*
Lütisburg (SG) **120** *724/250*
Lütoldsmatt (OW) **125** *659/200*
Lutry (VD) **131** *542/150*
Lütschental (BE) **133** *638/165*
Lützelflüh (BE) **124** *618/206*
Lutzenberg (AR) **121** *760/258*
Luven (GR) **136** *734/180*
Luzein (GR) **128** *777/199*
Luzern (LU) **125** *666/211*
Lyss (BE) **123** *590/213*
Lyssach (BE) **124** *610/212*

M
Mâche (VS) **141** *596/111*
Madetswil (ZH) **119** *702/252*
Madiswil (BE) **124** *627/223*
Madra (TI) **136** *723/143*
Madrano (TI) **135** *691/153*
Madulain (GR) **137** *791/162*
Magadino (TI) **144** *709/111*
Magden (AG) **117** *628/264*
Mägenwil (AG) **118** *659/251*
Maggia (TI) **144** *697/122*
Magglingen (BE) **123** *582/221*
Magliaso (TI) **144** *712/093*
Magne, La (FR) **131** *561/165*
Magnedens, Corpataux- (FR) **132** *572/176*
Mahren (SO) **118** *636/247*
Maienfeld (GR) **128** *759/208*
Maira, Le (JU) **116** *567/257*
Mairengo (TI) **135** *703/149*
Maisprach (BL) **117** *630/263*
Maladers (GR) **128** *761/189*
Malans (GR) **128** *762/205*
Malans (SG) **128** *754/217*
Malapalud (VD) **131** *538/163*
Malbun (SG) **127** *750/223*
Malbun (FL) **128** *764/218*
Malcôte, La (JU) **116** *581/250*
Malessert (FR) **132** *569/168*
Malix (GR) **128** *759/186*
Malleray (BE) **123** *587/231*
Maloja (GR) **137** *773/141*
Mäls (FL) **128** *756/214*
Malters (LU) **125** *656/209*
Malvaglia (TI) **135** *718/141*
Malval (GE) **139** *488/118*
Mamishaus (BE) **132** *595/184*
Mammern (TG) **120** *711/278*
Mandach (AG) **118** *656/266*
Männedorf (ZH) **126** *694/234*
Mannenbach (TG) **120** *721/281*
Mannens-Grandsivaz (FR) **131** *564/182*
Manno (TI) **144** *714/099*
Mannried (BE) **132** *596/157*
Maracon (VD) **131** *556/155*
Maran (GR) **137** *771/184*
Marbach (LU) **124** *635/189*
Marbach (SG) **121** *760/251*
Marchissy (VD) **130** *508/149*
Marécottes, Les (VS) **141** *566/106*
Mariahilf (FR) **132** *582/186*
Mariastein-Metzerlen (SO) **117** *603/258*
Marin-Epagnier (NE) **123** *566/206*
Marly (FR) **132** *578/180*
Marmorera (GR) **137** *769/152*
Marnand, Granges- (VD) **131** *558/178*
Maroggia (TI) **145** *718/088*
Marsens (FR) **132** *571/167*
Märstetten (TG) **120** *722/272*
Martel Dernier (NE) **122** *544/203*
Marthalen (ZH) **119** *690/275*
Martherenges (VD) **131** *547/168*
Martigny (VS) **141** *571/105*
Martigny-Combe (VS) **141** *569/104*
Martina/Martinsbruck (GR) **129** *830/196*
Martisberg (VS) **134** *650/137*
Märwil (TG) **120** *722/265*
Maschwanden (ZH) **125** *674/231*
Mase (VS) **142** *599/115*
Masein (GR) **136** *752/174*
Maseltrangen (SG) **127** *722/227*
Massagno (TI) **145** *716/096*
Massongex (VS) **141** *565/121*
Massonnens (FR) **131** *564/172*
Mastrils (GR) **128** *760/203*
Mathod (VD) **131** *533/179*
Mathon (GR) **136** *751/166*
Matran (FR) **132** *573/181*
Matt (GL) **127** *731/202*
Matten (St.Stephan) (BE) **132** *598/149*
Matten bei Interlaken (BE) **133** *632/170*
Mättenbach (BE) **124** *629/223*
Mättiwil (LU) **125** *660/220*
Mattstetten (BE) **124** *605/208*
Mattwil (TG) **120** *733/271*
Matzendorf (SO) **124** *614/239*
Matzenried (BE) **123** *592/198*
Matzingen (TG) **120** *712/264*
Mauborget (VD) **131** *537/189*
Mauensee (LU) **125** *647/224*
Maules (FR) **131** *565/165*
Maur (ZH) **126** *693/244*
Mauraz (VD) **130** *522/162*
Mauren (TG) **120** *729/269*
Mauren (FL) **128** *759/231*
Mauss (BE) **123** *586/198*
Mayens-de-My (VS) **141** *590/126*
Mayens-de-Riddes (VS) **141** *584/110*
Mayoux (VS) **142** *611/117*
Mazembroz (VS) **141** *576/111*
Medeglia (TI) **145** *718/108*
Medel (Lucmagn) (GR) **135** *708/168*
Medels im Rheinwald (GR) **136** *742/156*
Medergen (GR) **137** *775/186*
Médières (VS) **141** *583/104*
Meggen (LU) **125** *671/211*
Meide (VS) **142** *619/118*
Meielsgrund (BE) **132** *584/143*
Meien (UR) **135** *684/175*
Meienried (BE) **123** *592/220*
Meierhof (GR) **136** *726/178*
Meierskappel (LU) **125** *676/219*
Meikirch (BE) **123** *594/206*
Meilen (ZH) **126** *691/236*
Meinier (GE) **139** *507/122*
Meinisberg (BE) **123** *593/223*
Meiringen (BE) **134** *657/175*
Meisterschwanden (AG) **125** *659/238*
Melano (TI) **145** *720/086*
Melchnau (BE) **124** *631/225*
Melchtal (OW) **134** *665/187*
Melide (TI) **145** *717/090*
Mellikon (AG) **118** *668/268*
Mellingen (AG) **118** *662/252*
Mellstorf (AG) **118** *670/267*
Mels (SG) **127** *750/212*
Meltingen (SO) **117** *611/248*
Mendrisio (TI) **145** *720/080*
Ménières (FR) **131** *557/181*
Meniggrund (BE) **132** *603/162*
Menzberg (LU) **125** *642/210*
Menziken (AG) **125** *656/232*
Menzingen (ZG) **126** *687/225*
Menznau (LU) **125** *645/215*
Menzonio (TI) **135** *692/135*
Merenschwand (AG) **125** *670/234*

Mergoscia (TI) 144 708/118
Meride (TI) 145 717/083
Merishausen (SH) 119 687/290
Merligen (BE) 133 622/171
Merlischachen (SZ) 125 673/213
Mervelier (JU) 117 604/243
Merzligen (BE) 123 585/215
Mesocco (GR) 136 738/139
Messen (SO) 124 600/215
Mett (BE) 123 588/221
Mettau (AG) 118 651/268
Mettembert (JU) 116 591/249
Mettendorf (TG) 120 715/270
Mettlen (BE) 132 605/178
Mettlen (BE) 125 638/205
Mettlen (TG) 120 726/265
Mettmen (LU) 125 662/235
Mettmenstetten (ZH) 126 677/233
Metzerlen, Mariastein (SO) 117 602/257
Mex (VD) 131 532/158
Mex (VS) 141 565/114
Meyriez (FR) 123 574/197
Meyrin (GE) 139 494/120
Mézery, Jouxtens- (VD) 131 535/156
Mézery-près-Donneloye (VD) 131 545/177
Mézières (FR) 131 560/169
Mézières (VD) 131 548/160
Mezzovico (TI) 144 714/105
Middes (FR) 131 562/179
Miécourt (JU) 116 580/252
Miège (VS) 142 608/128
Mies (VD) 139 502/129
Miéville (VS) 141 568/110
Miex (VS) 131 555/131
Miglieglia (TI) 144 709/098
Milez (GR) 135 697/169
Milken (BE) 132 593/182
Minusio (TI) 144 706/114
Miralago (GR) 138 805/128
Miraniga (GR) 136 727/178
Mirchel (BE) 124 616/193
Misery-Courtion (FR) 123 571/189
Mission (VS) 142 611/115
Missy (VD) 123 564/192
Mitholz (BE) 133 618/152
Mitlödi (GL) 127 724/207
Mittelhäusern (BE) 123 594/191
Mogelsberg (SG) 120 728/247
Moghegno (TI) 144 697/121
Mogno (TI) 135 694/142
Möhlin (AG) 117 630/267
Moiry (VD) 130 524/166
Molards, Les (FR) 132 578/166
Molare (TI) 135 706/149
Moleno (TI) 145 719/125
Moléson-Village (FR) 132 569/156
Molinis (GR) 128 769/188
Mollens (VD) 130 517/159
Mollens (VS) 142 606/129
Mollie-Margot (VD) 131 547/156
Mollis (GL) 127 724/217
Molondin (VD) 131 547/179
Mompé Medel (GR) 135 707/171
Mompé Tujetsch (GR) 135 706/171
Mon (GR) 137 762/168
Monbiel (GR) 128 789/193
Mönchaltorf (ZH) 126 697/240
Mondzeu (VS) 141 584/105
Moneto (TI) 144 691/112
Monible (BE) 123 582/236
Monniaz (GE) 139 512/121
Monstein (GR) 137 778/176
Mont-la-Ville (VD) 130 521/166
Mont-sur-Lausanne, Le (VD) 131 538/156
Mont-sur-Rolle (VD) 130 515/147
Mont-Tramelan (BE) 123 571/228
Montagnier (VS) 141 583/102
Montagnola (TI) 144 714/093
Montagnon (VS) 141 581/115
Montagny (FR) 131 566/185
Montagny-près-Yverdon (VD) 131 536/182
Montalchez (NE) 122 547/194
Montana (VS) 142 603/128
Montavon (JU) 116 584/246
Montborget (FR) 131 550/182
Montbovon (FR) 132 569/148
Montbrelloz (FR) 131 557/189
Montcherand (VD) 130 529/176
Monte (TI) 145 723/082
Monte Brè sopra Locarno (TI) 144 703/115
Monte Carasso (TI) 145 720/116
Monte Laura (GR) 145 728/119
Monteggio (TI) 144 706/094
Montenol (JU) 123 578/244
Montet (Broye) (FR) 131 556/185
Montet (Glâne) (FR) 131 552/166
Montet (Vully) (VD) 123 568/199
Montets, Les (FR) 131 555/184
Montévraz (FR) 132 580/175
Montfavergier (JU) 123 573/239
Mönthal (AG) 118 653/263
Montherod (VD) 130 517/150
Monthey (VS) 141 561/122
Monticello (GR) 145 726/121
Montignez (JU) 116 571/259
Montlingen (SG) 121 762/244
Montmagny (VD) 123 567/197
Montmelon (JU) 123 580/244
Montmollin (NE) 122 555/204
Montpreveyres (VD) 131 546/159
Montreux (VD) 131 559/142
Montricher (VD) 130 518/161
Montsevelier (JU) 117 605/245
Moosaffoltern (BE) 124 600/210
Moosegg (BE) 124 620/199
Moosleerau (AG) 125 647/235
Moosseedorf (BE) 124 603/207
Morbio Inferiore (TI) 145 722/079
Morbio Superiore (TI) 145 722/080
Morcles, Lavey- (VD) 141 568/117
Morcote (TI) 144 714/086
Mörel (VS) 134 646/134
Morens (FR) 131 559/188
Morges (VD) 130 527/151
Morgins (VS) 140 554/121
Mörigen (BE) 123 582/214
Möriken-Wildegg (AG) 118 656/251
Morissen (GR) 136 733/176
Möriswil (BE) 123 593/204
Morlon (FR) 132 573/163
Mormont (JU) 116 569/254
Morrens (VD) 131 537/160
Morschach (SZ) 126 689/203
Mörschwil (SG) 121 749/259
Morteratsch (GR) 137 792/147
Mosen (LU) 125 659/232
Mosnang (SG) 120 720/246
Mosogno (TI) 144 692/117
Mossel (FR) 131 554/161
Mosses, Les (VD) 132 574/138
Mostel (SZ) 126 692/214
Mothe, La, Vugelles- (VD) 131 533/185
Môtier (FR) 123 573/199
Môtiers (NE) 122 537/195
Mötschwil (BE) 124 609/210
Motta (TI) 144 705/125
Mottec (VS) 142 614/111
Motto (Blenio) (TI) 135 717/143
Moudon (VD) 131 551/168
Moulins, Les (VD) 132 574/145
Mouret, Le (FR) 132 580/177
Moutier (BE) 123 594/236
Movelier (JU) 116 590/251
Mugena (TI) 144 712/100
Muggio (TI) 145 724/084
Muhen (AG) 125 646/242
Mühlau (AG) 125 672/231
Mühlebach (VS) 134 655/139
Mühleberg (BE) 123 586/200
Mühledorf (BE) 133 607/186
Mühledorf (SO) 124 603/220
Mühlehorn (GL) 127 731/219
Mühlethal (AG) 125 640/238
Mühlethurnen (BE) 133 605/184
Mühlrüti (SG) 120 716/247
Muids, Le (VD) 130 506/145
Mülchi (BE) 124 602/216
Muldain (GR) 137 759/173
Mulegns (GR) 137 767/154
Mülenen (BE) 133 619/165
Müli (SO) 124 614/238
Müllheim (TG) 120 717/273
Mülligen (AG) 118 660/256
Mumenthal (BE) 124 626/232
Mümliswil-Ramiswil (SO) 124 619/243
Mumpf (AG) 118 636/266
Münchenbuchsee (BE) 124 600/207
Münchenstein (BL) 117 613/262
Münchenwiler (BE) 123 576/195
Münchringen (BE) 124 606/210
Münchwilen (AG) 118 639/265
Münchwilen (TG) 120 717/259
Mund (VS) 143 638/129
Münsingen (BE) 124 609/191
Münster-Geschinen (VS) 134 663/148
Münsterlingen (TG) 120 734/277
Muntelier (FR) 123 575/198
Munter (GR) 137 760/167
Müntschemier (BE) 123 577/205
Muolen (SG) 120 742/265
Muotathal (SZ) 126 700/203
Mur (VD) 123 571/199
Muralto (TI) 144 705/114
Muraz, Collombey- (VS) 140 560/125
Murg (SG) 127 734/219
Murgenthal (AG) 124 629/235
Muri (AG) 125 668/236
Muri bei Bern (BE) 124 603/197
Muriaux (JU) 123 565/232
Murist (FR) 131 551/182
Mürren (BE) 133 634/156
Murten (FR) 123 575/197
Murzelen (BE) 123 590/203
Müselbach (SG) 120 721/250
Müstair (GR) 138 830/168
Mustér (GR) 135 708/173
Müswangen (LU) 125 664/232
Mutrux (VD) 122 545/192
Mutschellen (AG) 118 670/245
Mutten (GR) 136 757/171
Muttenz (BL) 117 615/263
Mutwil (SG) 120 734/257
Mützlenberg (BE) 124 621/202

N

Näfels (GL) 127 723/217
Nänikon (ZH) 119 694/247
Nant (FR) 123 574/200
Nante (TI) 135 690/152
Nas (ZG) 126 690/219
Nassen (SG) 120 728/248
Nassenwil (ZH) 119 677/257
Naters (VS) 143 642/130
Nax (VS) 142 599/119
Naz (VD) 131 543/167
Nebikon (LU) 125 640/226
Necker (SG) 120 727/245
Neerach (ZH) 119 677/262
Neftenbach (ZH) 119 692/264
Neggio (TI) 144 711/093
Neirigue, La (FR) 131 563/170
Neirivue (FR) 132 570/152
Nendaz (VS) 141 589/115
Nendeln (FL) 128 759/229
Nennigkofen (SO) 124 604/226
Nenzlingen (BL) 117 609/255
Neschwil (ZH) 119 701/254
Nesselnbach (AG) 118 664/248
Nessental (BE) 134 665/174
Nesslau-Krummenau (SG) 127 733/231
Netstal (GL) 127 722/213
Neu St.Johann (SG) 127 732/232
Neuägeri (ZG) 126 685/222
Neubrunn (ZH) 120 709/255
Neuburg (ZH) 119 693/261
Neuchâtel (NE) 123 561/204
Neudorf (LU) 125 658/225
Neuendorf (SO) 124 627/239
Neuenegg (BE) 123 589/193
Neuenhof (AG) 118 666/255
Neuenkirch (LU) 125 658/216
Neuenschwand (BE) 124 626/195
Neuhaus (SG) 127 714/233
Neuhausen am Rheinfall (SH) 119 688/281
Neuheim (ZG) 126 686/228
Neukirch (Egnach) (TG) 120 745/266
Neukirch (Safien) (GR) 136 744/175
Neukirch an der Thur (TG) 120 730/263
Neumühle (BL) 116 591/254
Neunforn (TG) 119 701/272
Neunkirch (SH) 119 679/282
Neuveville, La (BE) 123 573/212
Neuwilen (TG) 120 727/275
Neyruz (FR) 132 571/179
Neyruz-sur-Moudon (VD) 131 550/172
Nidau (BE) 123 584/219
Nidermettlen (FR) 123 591/191
Nidfurn (GL) 127 722/205
Niederbipp (BE) 124 619/234
Niederbuchsiten (SO) 124 624/238
Niederbüren (SG) 120 733/250
Niederbütschel (BE) 132 600/187
Niederdorf (BL) 117 623/250
Niedererlinsbach (SO) 118 642/249
Niedergesteln (VS) 142 626/129
Niederglatt (ZH) 119 680/260
Niedergösgen (SO) 118 641/247
Niederhasli (ZH) 119 678/259
Niederhelfenschwil (SG) 120 731/259
Niederhünigen (BE) 124 615/191
Niederlenz (AG) 118 655/250
Niedermuhlern (BE) 124 602/190
Niedermuhren (FR) 132 587/187
Niederneunforn (TG) 119 700/272
Niederönz (BE) 124 619/226
Niederösch (BE) 124 613/218
Niederrickenbach (NW) 125 675/197
Niederried bei Interlaken (BE) 133 637/174
Niederried bei Kallnach (BE) 123 585/206
Niederrohrdorf (AG) 118 665/252
Niederscherli (BE) 123 596/192
Niederschongau (LU) 125 661/236
Niederstocken (BE) 133 610/173
Niederteufen (AR) 120 745/251
Niederurnen (GL) 127 722/220
Niederuzwil (SG) 120 728/256
Niederwald (VS) 134 657/143
Niederwangen (BE) 123 595/197
Niederweningen (ZH) 118 670/262
Niederwichtrach (BE) 133 610/188
Niederwil (LU) 126 655/230
Niederwil (SG) 120 732/255
Niederwil (SG) 120 740/258
Niederwil (TG) 120 707/267
Niederwil (AG) 118 664/247
Niederwil (SO) 124 610/233
Niederwil (ZH) 119 696/270
Niva (TI) 144 684/127
Nivo (TI) 135 707/143
Nods (BE) 123 572/218
Noflen (BE) 133 608/183
Noflen (FR) 123 585/193
Noiraigue (NE) 122 545/200
Noirmont, Le (JU) 123 563/230
Nonfoux (VD) 131 540/174
Norantola (GR) 145 733/127
Noréaz (FR) 132 568/183
Noréaz, Cheseaux- (VD) 131 541/181
Nottwil (LU) 125 653/220
Novaggio (TI) 144 709/096
Novalles (VD) 131 535/186
Novazzano (TI) 145 719/077
Noville (VD) 131 558/136
Nufenen (GR) 136 738/155
Nuglar-St.Pantaleon (SO) 117 619/257
Nunningen (SO) 117 613/249
Nunwil (LU) 125 662/225
Nuolen (SZ) 126 709/229
Nürensdorf (ZH) 119 691/255
Nussbaumen (TG) 119 704/275
Nusshof (BL) 117 627/260
Nuvilly (FR) 131 553/181
Nyon (VD) 130 507/137

O

Oberaach (TG) 120 737/269
Oberägeri (ZG) 126 689/221
Oberbalm (BE) 123 597/191
Oberbipp (BE) 124 616/234

Oberbottigen (BE) **123** *593/198*
Oberbözberg (AG) **118** *654/261*
Oberbuchsiten (SO) **124** *624/239*
Oberbüren (SG) **120** *729/257*
Oberburg (BE) **124** *614/209*
Oberbütschel (BE) **132** *601/187*
Oberdiessbach (BE) **133** *613/187*
Oberdorf (SG) **120** *738/252*
Oberdorf (BL) **117** *623/249*
Oberdorf (NW) **125** *671/200*
Oberdorf (SO) **124** *604/231*
Oberdürnten (ZH) **126** *707/237*
Oberebersol (LU) **125** *667/225*
Oberegg (AI) **121** *759/254*
Oberehrendingen (AG) **118** *668/260*
Oberei bei Süderen (BE) **133** *624/185*
Oberembrach (ZH) **119** *688/260*
Oberems (VS) **142** *619/125*
Oberengstringen (ZH) **119** *677/251*
Oberentfelden (AG) **118** *645/245*
Obererlinsbach (SO) **118** *642/250*
Oberflachs (AG) **118** *652/254*
Oberfrick, Gipf- (AG) **118** *642/260*
Obergesteln (VS) **134** *668/151*
Oberglatt (ZH) **119** *681/258*
Obergoldbach (BE) **124** *617/201*
Obergösgen (SO) **118** *638/246*
Oberhallau (SH) **119** *677/284*
Oberhasli (ZH) **119** *679/257*
Oberhelfenschwil (SG) **120** *726/246*
Oberhof (AG) **118** *642/255*
Oberhofen (ZH) **119** *708/254*
Oberhofen (AG) **118** *652/267*
Oberhofen am Thunersee (BE) **133** *617/175*
Oberhofen bei Kreuzlingen (TG) **120** *731/275*
Oberhofen im Emmental (BE) **124** *619/194*
Oberhünigen (BE) **124** *617/192*
Oberiberg (SZ) **126** *702/210*
Oberkirch (LU) **125** *651/222*
Oberkulm (AG) **125** *651/238*
Oberlangenegg (BE) **133** *622/183*
Oberlindach (BE) **124** *599/205*
Oberlunkhofen (AG) **125** *671/240*
Obermettlen (FR) **123** *592/190*
Obermonten (FR) **132** *588/184*
Obermuhlern (BE) **124** *601/190*
Obermumpf (AG) **118** *637/264*
Obermutten (GR) **136** *756/171*
Oberneunforn (TG) **119** *700/273*
Oberösch (BE) **124** *612/217*
Oberramsern (SO) **124** *601/218*
Oberrickenbach (NW) **125** *674/193*
Oberried (FR) **132** *580/176*
Oberried (Lenk) (BE) **132** *601/143*
Oberried am Brienzersee (BE) **133** *640/176*
Oberrieden (ZH) **126** *686/236*
Oberriet (SG) **121** *760/243*
Oberrindal (SG) **120** *726/252*
Oberrohrdorf (AG) **118** *666/252*
Oberrüti (AG) **125** *672/224*
Oberrüti (BL) **117** *598/249*
Oberrüti (ZH) **119** *684/259*
Obersaxen (GR) **136** *726/177*
Oberschan (SG) **128** *754/218*
Oberscherli (BE) **124** *598/192*
Oberschlatt (TG) **119** *694/279*
Oberschongau (LU) **125** *663/236*
Oberschrot (FR) **132** *587/176*
Obersiggenthal (AG) **118** *664/260*
Oberstammheim (ZH) **119** *702/276*
Obersteckholz (BE) **124** *629/228*
Obersteinach (SG) **121** *750/262*
Oberstocken (BE) **133** *608/173*
Oberterzen (SG) **127** *737/218*
Oberthal (BE) **124** *617/196*
Oberurnen (GL) **127** *722/219*
Oberuzwil (SG) **120** *727/254*
Obervaz (GR) **137** *760/175*
Oberwald (VS) **134** *669/154*
Oberwangen (BE) **123** *594/196*
Oberwangen (TG) **120** *715/254*
Oberweningen (ZH) **119** *673/261*
Oberwichtrach (BE) **133** *610/187*
Oberwil (BL) **117** *608/262*
Oberwil (TG) **120** *707/267*
Oberwil bei Büren (BE) **123** *597/219*
Oberwil bei Dägerlen (ZH) **119** *696/269*
Oberwil bei Nürensdorf (ZH) **119** *690/257*
Oberwil bei Zug (ZG) **126** *681/222*
Oberwil im Simmental (BE) **132** *599/167*
Oberwil-Lieli (AG) **125** *671/243*
Oberwilen (OW) **125** *658/191*
Oberwinterthur (ZH) **119** *699/262*
Ober Zeihen (AG) **118** *648/257*
Obfelden (ZH) **125** *674/235*
Obsee (OW) **134** *654/181*
Obstalden (GL) **127** *729/219*
Ochlenberg (BE) **124** *622/222*
Ocourt (JU) **123** *572/244*
Ödenholz (AG) **118** *655/269*
Oekingen (SO) **124** *612/225*
Oensingen (SO) **124** *621/237*
Oerlikon (ZH) **119** *684/251*
Oerlingen (ZH) **119** *692/275*
Oeschenbach (BE) **124** *623/216*
Oeschgen (AG) **118** *643/263*
Oeschseite (BE) **132** *593/153*
Oetwil am See (ZH) **126** *696/236*
Oetwil an der Limmat (ZH) **118** *672/253*
Oey (BE) **133** *610/167*
Oftringen (AG) **118** *636/240*
Ogens (VD) **131** *545/173*
Ohmstal (LU) **125** *638/223*
Ohringen (ZH) **119** *695/264*
Oleyres (VD) **132** *569/189*
Olivone (TI) **135** *715/154*
Ollon (VD) **141** *565/127*
Ollon (VS) **142** *602/124*
Olsberg (AG) **117** *625/263*
Olten (SO) **118** *635/244*
Oltigen (BE) **123** *586/204*
Oltingen (BL) **118** *637/253*
Onex (GE) **139** *496/115*
Onnens (FR) **131** *569/180*
Onnens (VD) **131** *542/187*
Onsernone (TI) **144** *687/118*
Opfershofen (TG) **120** *730/269*
Opfertshofen (SH) **119** *691/292*
Opfikon (ZH) **119** *685/254*
Oppens (VD) **131** *542/173*
Oppikon (TG) **120** *722/267*
Oppligen (BE) **133** *612/185*
Orbe (VD) **131** *530/175*
Orges (VD) **131** *535/184*
Orient, L' (VD) **130** *508/161*
Origlio (TI) **145** *716/101*
Ormalingen (BL) **117** *632/257*
Ormône (VS) **141** *592/121*
Ormont-Dessous (VD) **132** *571/135*
Ormont-Dessus (VD) **132** *577/132*
Orny (VD) **131** *530/168*
Oron-la-Ville (VD) **131** *553/157*
Oron-le-Châtel (VD) **131** *554/158*
Orpund (BE) **123** *589/220*
Orselina (TI) **144** *705/115*
Orsières (VS) **141** *577/097*
Orsonnens (FR) **131** *566/174*
Ortschwaben (BE) **124** *597/204*
Orvin (BE) **123** *582/223*
Orzens (VD) **131** *542/174*
Oschwand (BE) **124** *620/221*
Osco (TI) **135** *703/150*
Osogna (TI) **145** *719/130*
Ossasco (TI) **135** *684/151*
Ossingen (ZH) **119** *696/274*
Osterfingen (SH) **119** *678/279*
Ostermanigen (BE) **123** *586/205*
Ostermundigen (BE) **124** *603/200*
Otelfingen (ZH) **118** *671/257*
Othmarsingen (AG) **118** *658/250*
Ottavan (VS) **142** *629/101*
Ottenbach (ZH) **125** *673/237*
Ottenhusen (LU) **125** *667/224*
Ottenleuebad (BE) **132** *594/175*
Ottikon (ZH) **126** *701/239*
Ottikon (ZH) **119** *696/254*
Ottiswil (BE) **123** *593/214*
Ottoberg (TG) **120** *723/272*
Ötwil (SG) **120** *717/252*
Ouchy (VD) **131** *537/151*
Oulens-sous-Echallens (VD) **131** *534/166*
Oulens-sur-Lucens (VD) **131** *551/172*
Ovronnaz (VS) **141** *579/116*

P

Paccots, Les (FR) **131** *562/152*
Pagig (GR) **128** *767/189*
Pailly (VD) **131** *541/172*
Palagnedra (TI) **144** *692/112*
Palézieux (VD) **131** *553/155*
Pampigny (VD) **130** *522/159*
Panex (VD) **141** *567/128*
Pany (GR) **128** *777/200*
Pâquier, Le (FR) **132** *570/160*
Pâquier, Le (NE) **123** *565/216*
Paradies (TG) **119** *693/282*
Paradiso (TI) **145** *717/094*
Pardiel (SG) **128** *754/206*
Pardisla (GR) **128** *766/205*
Parpan (GR) **137** *761/181*
Pars, Les (VD) **141** *573/125*
Parsonz, Riom- (GR) **137** *763/164*
Partnun (GR) **128** *783/207*
Paspels (GR) **136** *753/179*
Passugg (GR) **128** *760/188*
Paudex (VD) **131** *541/150*
Paudo (TI) **145** *724/115*
Payerne (VD) **131** *561/185*
Peccia (TI) **135** *692/140*
Peiden, Uors- (GR) **134** *734/175*
Peil (GR) **136** *734/161*
Peissy (GE) **139** *490/118*
Peist (GR) **128** *770/189*
Pelagibärg (TG) **120** *740/261*
Peney (GE) **139** *492/117*
Peney-le-Jorat (VD) **131** *545/164*
Pensier (FR) **132** *576/188*
Penthalaz (VD) **131** *530/162*
Penthaz (VD) **131** *531/161*
Penthéréaz (VD) **131** *536/170*
Perlen (LU) **125** *669/217*
Perly-Certoux (GE) **139** *496/112*
Perrefitte (BE) **123** *592/236*
Perreux (NE) **122** *552/199*
Perroy (VD) **130** *517/146*
Personico (TI) **135** *713/136*
Péry (BE) **123** *585/226*
Peseux (NE) **122** *558/204*
Petit Martel (NE) **122** *547/206*
Petits Ponts, Les (NE) **122** *547/204*
Peuchapatte, Le (JU) **123** *564/227*
Peyres-Possens (VD) **131** *544/168*
Pfäfers (SG) **128** *756/206*
Pfaffenried (BE) **132** *598/165*
Pfaffhausen (ZH) **119** *689/246*
Pfäffikon (SZ) **126** *701/228*
Pfäffikon (ZH) **119** *701/246*
Pfaffnau (LU) **124** *634/230*
Pfeffikon (LU) **125** *655/233*
Pfeffingen (BL) **117** *611/256*
Pfungen (ZH) **119** *690/263*
Pfyn (TG) **120** *714/273*
Pfyn (VS) **142** *612/127*
Pian S.Giacomo (GR) **136** *737/142*
Pianezzo (TI) **145** *722/114*
Piano di Campo (TI) **144** *682/127*
Piano di Peccia (TI) **135** *689/140*
Piazzogna (TI) **144** *707/110*
Pièi (TI) **144** *685/121*
Pierrafortscha (FR) **132** *580/181*
Pieterlen (BE) **123** *592/224*
Pigeon, Le (VD) **131** *548/153*
Pignia (GR) **136** *753/164*
Pigniu (GR) **136** *728/185*
Pinsec (VS) **142** *610/118*
Piodina (TI) **144** *697/107*
Piotta (TI) **135** *694/152*
Pitasch (GR) **136** *735/177*
Pizy (VD) **130** *517/149*
Place, La (VS) **141** *597/124*
Places, Les (NE) **122** *526/191*
Plaffeien (FR) **132** *588/176*
Plagne (BE) **123** *588/226*
Plaine, La (GE) **139** *489/115*
Plambuit (VD) **141** *568/130*
Plan-les-Ouates (GE) **139** *498/113*
Planchettes, Les (NE) **122** *549/217*
Planken (FL) **128** *759/228*
Plans-sur-Bex, Les (VD) **141** *573/122*
Plasselb (FR) **132** *585/176*
Platta (GR) **135** *708/168*
Pleigne (JU) **116** *588/250*
Pleujouse (JU) **116** *582/251*
Plons (SG) **127** *748/213*
Pohlern (BE) **133** *607/174*
Poliez-le-Grand (VD) **131** *540/165*
Poliez-Pittet (VD) **131** *542/164*
Pollegio (TI) **135** *715/135*
Pommerats, Les (JU) **123** *565/235*
Pompaples (VD) **130** *529/168*
Pomy (VD) **131** *541/179*
Pont, Le (VD) **130** *515/169*
Pont-de-la-Morge (VS) **141** *591/119*
Pont-en-Ogoz (FR) **132** *572/172*
Pont-la-Ville (FR) **132** *574/172*
Ponte Brolla (TI) **144** *701/115*
Ponte Capriasca (TI) **145** *716/102*
Ponte Tresa (TI) **144** *710/091*
Pontenet (BE) **123** *585/232*
Ponthaux (FR) **132** *569/185*
Pontirone (TI) **136** *721/138*
Ponto-Valentino (TI) **135** *714/149*
Pontresina (GR) **137** *789/152*
Ponts, Les (FR) **131** *564/162*
Ponts-de-Martel, Les (NE) **122** *546/205*
Porrentruy (JU) **116** *572/251*
Porsel (FR) **131** *556/161*
Port (BE) **123** *586/218*
Port-Valais (VS) **131** *556/135*
Porta (TI) **144** *698/109*
Portalban, Delley- (FR) **123** *563/196*
Portein (GR) **136** *750/175*
Portels (SG) **127** *743/216*
Porza (TI) **145** *717/098*
Posat (FR) **132** *570/176*
Pöschenried (BE) **132** *599/141*
Poschiavo (GR) **138** *801/133*
Posieux (FR) **132** *573/178*
Possens, Peyres- (VD) **131** *543/168*
Posses, Les (VD) **141** *569/124*
Pra Combère (VS) **142** *599/130*
Prada (GR) **138** *802/131*
Pradella (GR) **129** *820/187*
Praden (GR) **128** *763/188*
Prahins (VD) **131** *546/176*
Pralong (VS) **141** *596/106*
Prangins (VD) **130** *508/138*
Paratoud (FR) **131** *554/176*
Praroman (FR) **132** *580/177*
Prato (Leventina) (TI) **135** *701/148*
Prato-Sornico (TI) **135** *693/138*
Pratteln (BL) **117** *618/263*
Pratval (GR) **136** *753/177*
Prayon (VS) **141** *574/089*
Praz (FR) **123** *574/200*
Präz (GR) **136** *750/178*
Praz, La (VD) **130** *522/168*
Praz de Fort (VS) **141** *575/093*
Pré Petitjean (JU) **123** *571/236*
Preda (GR) **137** *779/162*
Prédame, Le (JU) **123** *575/234*
Pregassona (TI) **145** *719/097*
Pregny-Chambésy (GE) **139** *488/121*
Prêles (BE) **123** *576/216*
Premier (VD) **130** *524/173*
Preonzo (TI) **145** *720/124*
Prés-d'Orvin, Les (BE) **123** *580/222*
Prese, Le (GR) **138** *803/130*
Presinge (GE) **139** *508/119*
Préverenges (VD) **131** *530/152*
Prévondavaux (FR) **131** *550/175*
Prévonloup (VD) **131** *557/172*
Prévoux, Le (NE) **122** *544/209*
Prez-vers-Noréaz (FR) **131** *567/181*
Prez-vers-Siviriez (FR) **131** *556/165*
Prilly (VD) **131** *535/154*
Pringy (FR) **132** *571/158*
Privilasco (GR) **138** *801/135*
Progens (FR) **131** *559/159*
Progero (TI) **144** *715/114*
Promasens (FR) **131** *552/161*
Promenthoux (VD) **130** *509/138*

Promontogno (GR) **137** *763/134*
Prosito (TI) **145** *719/126*
Provence (VD) **122** *545/193*
Prugiasco (TI) **135** *714/146*
Puidoux (VD) **131** *549/150*
Pully (VD) **131** *540/151*
Punt-Chamues-ch, La (GR) **137** *790/161*
Puplinge (GE) **139** *506/118*
Pura (TI) **144** *710/093*
Pürt (GR) **137** *760/148*
Putz (GR) **128** *775/199*
Puzzatsch (GR) **136** *724/166*

Q
Quarten (SG) **127** *736/218*
Quartino (TI) **144** *712/112*
Quinten (SG) **127** *734/221*
Quinto (TI) **135** *697/151*

R
Raat (ZH) **119** *676/266*
Rabius (GR) **135** *716/177*
Radelfingen bei Aarberg (BE) **123** *587/207*
Radelfingen bei Utzigen (BE) **124** *610/200*
Radons (GR) **137** *762/158*
Raerettes, Les (VS) **141** *587/113*
Räfis (SG) **128** *754/224*
Rafz (ZH) **119** *682/274*
Ragaz, Bad (SG) **128** *756/207*
Raimeux de Crémines (BE) **124** *601/238*
Rain (LU) **125** *662/220*
Ramiswil, Mümliswil- (SO) **124** *616/243*
Ramlinsburg (BL) **117** *624/255*
Ramosch (GR) **129** *824/191*
Ramsei (BE) **124** *620/205*
Ramsen (SH) **119** *703/285*
Rancate (TI) **145** *718/081*
Rances (VD) **131** *530/179*
Randa (VS) **142** *626/105*
Randogne (VS) **142** *605/129*
Ranflüh (BE) **124** *622/204*
Rans (SG) **128** *754/222*
Raperswilen (TG) **120** *720/277*
Rapperswil (BE) **124** *597/212*
Rapperswil (SG) **126** *704/231*
Raron (VS) **142** *627/128*
Rasa (TI) **144** *693/112*
Rasses, Les (VD) **131** *531/186*
Räterschen (ZH) **119** *702/261*
Räuchlisberg (TG) **120** *739/266*
Ravaisch (GR) **129** *823/204*
Ravoire (VS) **141** *569/105*
Realp (UR) **134** *681/161*
Realta (GR) **136** *752/177*
Rebeuvelier (JU) **123** *598/241*
Rebévelier (BE) **123** *581/237*
Rebstein (SG) **121** *762/252*
Rechthalten (FR) **132** *584/179*
Réchy (VS) **142** *604/123*
Reckingen-Gluringen (VS) **134** *661/146*
Réclère (JU) **116** *561/247*
Reconvilier (BE) **123** *583/231*
Regensberg (ZH) **119** *675/259*
Regensdorf (ZH) **119** *677/253*
Rehetobel (AR) **121** *754/254*
Reichenau (GR) **136** *750/187*
Reichenbach im Kandertal (BE) **133** *619/163*
Reichenburg (SZ) **127** *716/225*
Reiden (LU) **125** *640/232*
Reidenbach (BE) **132** *595/163*
Reidermoos (LU) **125** *641/233*
Reigoldswil (BL) **117** *619/249*
Reinach (AG) **125** *656/234*
Reinach (BL) **117** *611/260*
Reinisch (BE) **133** *615/158*
Reischen, Zillis- (GR) **136** *754/167*
Reisiswil (BE) **124** *630/223*
Reitnau (AG) **125** *645/233*
Rekingen (AG) **118** *666/269*
Remaufens (FR) **131** *557/153*
Remetschwil (AG) **118** *667/251*
Remigen (AG) **118** *656/262*
Renens (VD) **131** *534/154*
Rengg (LU) **125** *649/206*
Rennaz (VD) **131** *559/136*
Ressudens (VD) **123** *562/191*
Retschwil (LU) **125** *661/227*
Reuchenette (BE) **123** *585/226*
Reuenthal, Full- (AG) **118** *657/272*
Reusch (BE) **132** *584/134*
Reussilles, Les (BE) **123** *573/230*
Reute (AR) **121** *761/254*
Reutenen (TG) **120** *719/279*
Reuti (BE) **134** *658/175*
Reuti (TG) **120** *726/267*
Reutigen (BE) **133** *613/171*
Revereulaz (VS) **140** *556/129*
Reverolle (VD) **130** *523/156*
Rhäzüns (GR) **136** *749/184*
Rheinau (ZH) **119** *687/277*
Rheineck (SG) **121** *762/259*
Rheinfelden (AG) **117** *626/267*
Rheinklingen (TG) **119** *702/281*
Rheinsulz (AG) **118** *648/267*
Riaz (FR) **132** *571/165*
Riburg (AG) **117** *630/268*
Richenthal (LU) **125** *638/229*
Richigen (BE) **124** *611/196*
Richinen (VS) **134** *655/143*
Richisau (GL) **126** *711/209*
Richterswil (ZH) **126** *696/229*
Ricken (SG) **127** *721/236*
Rickenbach (AG) **125** *672/235*
Rickenbach (SZ) **126** *693/207*
Rickenbach (BL) **117** *631/259*
Rickenbach (LU) **125** *654/230*
Rickenbach (SO) **124** *631/243*
Rickenbach (ZH) **119** *702/267*
Rickenbach bei Wil (TG) **120** *721/256*
Riddes (VS) **141** *583/113*
Ried (BE) **132** *576/152*
Ried (UR) **135** *693/179*
Ried (VS) **142** *625/097*
Ried (Lötschen) (VS) **133** *628/140*
Ried (Muotathal) (SZ) **126** *696/204*
Ried bei Kerzers (FR) **123** *580/200*
Ried bei Worb (BE) **124** *613/196*
Ried-Brig (VS) **143** *644/129*
Ried-Mörel (VS) **134** *645/134*
Riedbach (BE) **123** *592/199*
Riedbad (BE) **124** *634/207*
Rieden (SG) **127** *722/231*
Riederalp (VS) **134** *645/136*
Riedern (GL) **127** *722/212*
Riedholz (SO) **124** *609/231*
Riedikon (ZH) **126** *696/243*
Riedt bei Erlen (TG) **120** *733/267*
Riedt bei Neerach (ZH) **119** *677/261*
Riedt bei Neftenbach (ZH) **119** *694/265*
Riedtwil (BE) **124** *619/221*
Riehen (BS) **117** *615/270*
Riein (GR) **136** *737/178*
Riemenstalden (SZ) **126** *693/200*
Rietheim (AG) **118** *663/272*
Riex (VD) **131** *546/149*
Riffelalp (VS) **142** *624/094*
Riffenmatt (BE) **132** *593/179*
Rifferswil (ZH) **126** *680/233*
Riggenschwil (SG) **120** *729/253*
Riggisberg (BE) **132** *603/184*
Rigi Kaltbad (LU) **126** *678/210*
Rigi Kulm (SZ) **126** *679/212*
Rigi Scheidegg (SZ) **126** *682/209*
Riken (AG) **124** *631/236*
Rikon im Tösstal (ZH) **119** *702/255*
Ringgenberg (BE) **133** *635/172*
Ringlikon (ZH) **119** *678/245*
Ringoldingen (BE) **132** *603/167*
Ringoldswil (BE) **133** *619/175*
Ringwil (ZH) **126** *707/241*
Riniken (AG) **118** *656/260*
Riom-Parsonz (GR) **137** *764/164*
Rippe, La (VD) **139** *500/137*
Risch (ZG) **126** *677/220*
Ritzingen (VS) **134** *660/145*
Riva San Vitale (TI) **145** *718/084*
Rivaz (VD) **131** *549/147*
Rive Haute (VS) **141** *579/095*
Riveo (TI) **144** *691/128*
Rivera (TI) **144** *714/108*
Robasacco (TI) **145** *716/111*
Roche, La (FR) **132** *577/171*
Roche (VD) **131** *560/134*
Roche-d'Or (JU) **116** *563/246*
Rochefort (NE) **122** *552/203*
Roches (BE) **123** *595/238*
Rocourt (JU) **116** *563/248*
Rodels (GR) **136** *753/178*
Rodersdorf (SO) **117** *601/258*
Rodi (TI) **135** *699/149*
Roggenburg (BL) **116** *592/253*
Roggliswil (LU) **124** *633/229*
Roggwil (BE) **124** *629/232*
Roggwil (TG) **121** *747/262*
Rogivue, La (VD) **131** *550/157*
Rohr (FR) **132** *584/185*
Rohr (AG) **118** *648/250*
Rohr (SO) **118** *638/251*
Rohrbach bei Huttwil (BE) **124** *628/220*
Rohrbach bei Riggisberg (BE) **132** *598/184*
Rohrbachgraben (BE) **124** *627/218*
Rohren (NW) **125** *667/199*
Rohrmatt (LU) **125** *641/214*
Rolle (VD) **130** *515/145*
Romainmôtier-Envy (VD) **130** *525/171*
Romairon (VD) **131** *539/189*
Romanel-sur-Lausanne (VD) **131** *536/157*
Romanel sur- Morges (VD) **130** *528/156*
Romanens (FR) **131** *564/166*
Romanshorn (TG) **120** *746/270*
Römerswil (LU) **125** *661/224*
Romont (BE) **123** *592/226*
Romont (FR) **131** *560/171*
Romoos (LU) **125** *644/206*
Rona, Tinizong- (GR) **137** *767/159*
Ronco (Bedretto) (TI) **134** *681/150*
Ronco (Gambarogno) (TI) **144** *704/108*
Ronco sopra Ascona (TI) **144** *699/111*
Rongellen (GR) **136** *753/171*
Ronwil (SG) **120** *737/258*
Root (LU) **125** *672/218*
Ropraz (VD) **131** *547/162*
Rorbas (ZH) **119** *685/264*
Rorschach (SG) **121** *754/260*
Rorschacherberg (SG) **121** *754/259*
Rösa, La (GR) **138** *802/142*
Rosalys, Les (FR) **131** *563/151*
Röschenz (BL) **117** *602/252*
Rosé (FR) **132** *570/181*
Roselet, Le (JU) **123** *567/230*
Rosenlaui (BE) **134** *654/170*
Rosex, Le (VD) **132** *574/133*
Rossa (GR) **136** *729/137*
Rossau (ZH) **126** *679/231*
Rossemaison (JU) **123** *592/243*
Rossenges (VD) **131** *549/167*
Rossens (FR) **132** *574/174*
Rossens (VD) **131** *560/176*
Rossinière (VD) **132** *572/146*
Rossura (TI) **135** *706/148*
Rosswald (VS) **143** *646/128*
Rotguet (LU) **125** *635/191*
Röthenbach bei Herzogenbu. (BE) **124** *618/228*
Röthenbach im Emmental (BE) **133** *623/189*
Rothenbrunnen (GR) **136** *751/181*
Rothenburg (LU) **125** *663/216*
Rothenfluh (BL) **118** *635/256*
Rothenhausen (TG) **120** *725/267*
Rothenthurm (SZ) **126** *693/217*
Rothrist (AG) **124** *634/239*
Rothwald (VS) **143** *646/125*
Rotkreuz (ZG) **125** *675/221*
Rottenschwil (AG) **125** *669/240*
Rotzloch (NW) **125** *668/202*
Rougemont (VD) **132** *582/148*
Roveredo (GR) **145** *730/121*
Roveredo (TI) **145** *719/104*
Rovio (TI) **145** *720/088*
Rovray (VD) **131** *548/181*
Rubigen (BE) **124** *608/194*
Ruchwil (BE) **123** *590/207*
Rüderswil (BE) **124** *621/203*
Rüdlingen (SH) **119** *685/270*
Rudolfingen (ZH) **119** *692/277*
Rudolfstetten-Friedlisberg (AG) **119** *670/246*
Rüdtligen-Alchenflüh (BE) **124** *610/215*
Rue (FR) **131** *553/163*
Rüediken (LU) **125** *662/235*
Rüediswil (LU) **125** *651/215*
Rüefswil (LU) **125** *636/217*
Rüeggisberg (BE) **132** *600/185*
Rüegsau (BE) **124** *617/208*
Rüegsauschachen (BE) **124** *616/207*
Rüegsbach (BE) **124** *619/209*
Rueras (GR) **135** *700/170*
Rüeterswil (SG) **127** *717/235*
Rueun (GR) **136** *730/182*
Rueyres (VD) **131** *542/171*
Rueyres-les-Prés (FR) **122** *560/189*
Rueyres-St-Laurent (FR) **132** *569/173*
Rueyres-Treyfayes (FR) **131** *563/166*
Rüfenach (AG) **118** *657/262*
Rüfenacht (BE) **124** *607/197*
Rufi (SG) **127** *722/226*
Ruggell (FL) **128** *758/234*
Rumendingen (BE) **124** *615/217*
Rumentikon (ZG) **126** *675/228*
Rümikon (AG) **118** *670/268*
Rumisberg (BE) **124** *615/234*
Rümlang (ZH) **119** *682/256*
Rümligen (BE) **132** *604/186*
Rumlikon (ZH) **119** *699/251*
Rümlingen (BL) **117** *630/252*
Rünenberg (BL) **117** *633/253*
Rünkhofen (BE) **124** *618/194*
Ruppen (SG) **121** *756/250*
Rupperswil (AG) **118** *652/250*
Ruppoldsried (BE **124** *599/215*
Rüschegg (BE) **132** *596/179*
Rüschegg-Graben (BE) **132** *597/182*
Ruschein (GR) **136** *733/183*
Rüschlikon (ZH) **126** *684/240*
Russikon (ZH) **119** *701/250*
Russille, La (VD) **130** *526/176*
Russin (GE) **139** *490/116*
Russo (TI) **144** *691/117*
Russy (FR) **131** *566/188*
Rüstenschwil (AG) **125** *670/231*
Ruswil (LU) **125** *652/215*
Rüte (AI) **127** *752/242*
Rütene (BE) **124** *618/192*
Rüthi (SG) **128** *758/240*
Rüti (GL) **127** *720/199*
Rüti (ZH) **126** *707/235*
Rüti bei Büren (BE) **123** *597/222*
Rüti bei Lyssach (BE) **124** *610/211*
Rüti bei Riggisberg (BE) **132** *600/181*
Rütihof (Baden) (AG) **118** *662/254*
Rütihof bei Gränichen (AG) **125** *648/243*
Rütschelen (BE) **124** *625/224*
Rutschwil (ZH) **119** *697/268*
Rüttenen (SO) **124** *606/231*
Rychestei (BE) **132** *592/153*

S
S. Abbondio (TI) **144** *703/107*
St. Anton (AI) **121** *758/253*
St. Antoni (FR) **132** *586/185*
St. Antönien-Ascharina (GR) **128** *780/203*
S. Antonino (TI) **145** *718/112*
S. Antonio (Poschiavo) (GR) **138** *801/132*
S. Antonio (Val Morobbia) (TI) **145** *726/114*
St-Aubin (FR) **123** *565/193*
St-Aubin-Sauges (NE) **122** *549/193*
St-Barthélemy (VD) **131** *535/165*
S. Bartolomeo (TI) **144** *708/121*
S. Bernardino (GR) **136** *734/147*
St-Blaise (NE) **123** *565/207*
St-Brais (JU) **123** *575/239*
S. Carlo (Poschiavo) (GR) **138** *801/135*
S. Carlo (Val Bavona) (TI) **135** *683/140*

S. Carlo (Val Peccia) (TI) **135** *690/140*
St-Cergue (VD) **130** *501/144*
St. Chrischona (BS) **117** *618/269*
St-Cierges (VD) **131** *546/171*
Ste-Croix (VD) **130** *528/186*
Sta Domenica (GR) **136** *729/134*
St. Erhard (LU) **125** *648/225*
St. Fiden (SG) **121** *747/255*
S. Gion (GR) **135** *706/165*
St. Gallen (SG) **121** *746/254*
St. Gallenkappel (SG) **127** *716/233*
St-George (VD) **130** *509/152*
St- Georgen (SG) **121** *746/253*
St-Germain (VS) **141** *593/122*
St- German (VS) **142** *629/129*
St-Gingolph (VS) **131** *551/138*
St-Imier (BE) **123** *566/222*
St. Jakob (NW) **125** *666/198*
St-Jean (VS) **142** *611/116*
St. Josefen (SG) **120** *743/254*
St-Légier-La Chiésaz (VD) **131** *556/147*
St-Léonard (VS) **142** *598/122*
St-Livres (VD) **130** *519/151*
St. Loretto (SG) **120** *724/243*
St-Luc (VS) **142** *612/118*
St- Luzisteig (GR) **128** *758/210*
St. Margarethen (TG) **120** *717/260*
St. Margrethen (SG) **121** *765/258*
Sta Maria in Calanca (GR) **145** *731/124*
Sta Maria Val Müstair (GR) **138** *828/165*
St. Martin (SG) **127** *746/198*
St-Martin (FR) **131** *556/158*
St-Martin (VS) **142** *600/113*
St-Martin, Chézard- (NE) **122** *561/212*
St. Martin (Lugnez) (GR) **136** *733/170*
St. Martin (Obersaxen) (GR) **136** *724/178*
St-Maurice (VS) **141** *566/118*
St. Moritz GR) **137** *784/152*
St. Moritz Bad (GR) **137** *784/151*
S. Nazzaro (TI) **144** *705/109*
St. Niklaus (BE) **124** *613/220*
St. Niklaus (VS) **142** *628/114*
St. Niklaus, Feldbrunnen- (SO) **124** *608/230*
St. Niklausen (LU) **125** *668/207*
St. Niklausen (OW) **125** *664/192*
St. Ottilien (LU) **125** *650/216*
St-Oyens (VD) **130** *513/150*
St. Pantaleon, Nuglar- (SO) **117** *619/256*
St. Peter (GR) **128** *768/189*
St. Peterzell (SG) **127** *731/242*
St-Pierre-de-Clages (VS) **141** *584/115*
St-Prex (VD) **130** *524/148*
St-Romain (VS) **141** *597/127*
St-Saphorin (Lavaux) (VD) **131** *550/147*
St-Saphorin-sur-Morges (VD) **130** *527/155*
St. Silvester (FR) **132** *583/176*
St. Stephan (BE) **132** *596/151*
St-Sulpice (NE) **122** *533/195*
St-Sulpice (VD) **131** *532/151*
St-Triphon (VD) **141** *564/126*
St. Urban (LU) **124** *630/231*
St-Ursanne (JU) **123** *578/245*
St. Ursen (FR) **132** *583/182*
S. Vittore (GR) **145** *728/122*
St. Wolfgang (FR) **132** *580/186*
Saanen (BE) **132** *586/148*
Saanenmöser (BE) **132** *589/151*
Saas Almagell (VS) **143** *640/104*
Saas Balen (VS) **143** *637/111*
Saas Fee (VS) **143** *637/106*
Saas Grund (VS) **143** *638/108*
Saas im Prättigau (GR) **128** *780/198*
Sachseln (OW) **125** *660/191*
Saclentz (VS) **141** *590/113*
Safenwil (AG) **125** *641/241*
Safien (GR) **136** *743/174*
Safien Platz (GR) **136** *743/171*
Safnern (BE) **123** *591/222*
Sage, La (VS) **142** *605/105*
Sagen (LU) **124** *634/231*
Sagne, La (NE) **122** *551/210*
Sagne, La (VD) **130** *528/185*
Sagne-Eglise, La (NE) **122** *552/211*
Sagno (TI) **145** *724/079*
Sagogn (GR) **136** *738/186*
Saicourt (BE) **123** *582/232*
Saignelégier (JU) **123** *566/234*
Saillon (VS) **141** *580/113*
Sala Capriasca (TI) **145** *717/102*
Saland (ZH) **119** *706/249*
Salavaux (VD) **123** *568/196*
Salay (VS) **142** *608/101*
Salenstein (TG) **120** *721/281*
Sâles (FR) **131** *564/165*
Salez (SG) **128** *756/233*
Salgesch (VS) **142** *610/128*
Salins (VS) **141** *593/117*
Sallaz, La (VD) **131** *539/153*
Salmsach (TG) **120** *745/268*
Salorino (TI) **145** *720/081*
Salouf (GR) **137** *763/165*
Salvan (VS) **141** *567/107*
Salvenach (FR) **123** *578/195*
Salwidili (LU) **134** *642/184*
Samedan (GR) **137** *786/156*
Sammelplatz (AI) **121** *750/246*
Samnaun (GR) **129** *822/203*
Samstagern (ZH) **126** *694/227*
Sandblatten (LU) **125** *661/219*
Sangernboden (BE) **132** *593/173*
Sapin Haut (VS) **141** *579/109*
Sargans (SG) **127** *752/212*
Säriswil (BE) **123** *592/204*
Sarmenstorf (AG) **125** *661/240*
Sarn (GR) **136** *750/176*
Sarnen (OW) **125** *661/194*
Sarraz, La (VD) **130** *529/167*
Sarreyer (VS) **141** *585/101*
Sarzens (VD) **131** *554/170*
Sassel (VD) **131** *555/180*
Satigny (GE) **139** *491/119*
Sattel (SZ) **126** *690/215*
Saubraz (VD) **130** *514/152*
Sauges, St-Aubin- (NE) **122** *548/193*
Saulcy (JU) **123** *578/239*
Saules (BE) **123** *583/232*
Saules, Fenin-Vilars- (NE) **123** *562/209*
Saulgy, Le (FR) **131** *555/166*
Savagnier (NE) **123** *563/210*
Savièse (VS) **141** *592/122*
Savigny (VD) **131** *545/154*
Savognin (GR) **137** *765/162*
Savosa (TI) **145** *717/097*
Sax (SG) **128** *752/233*
Saxeten (BE) **133** *630/165*
Saxon (VS) **141** *580/110*
Says (GR) **128** *763/197*
Scaiano (TI) **144** *702/106*
Scareglia (TI) **145** *723/105*
Sceut (JU) **123** *578/240*
Schaan (FL) **128** *756/225*
Schaanwald (FL) **128** *760/231*
Schachen (AR) **121** *736/249*
Schachen (LU) **125** *653/209*
Schachen (SZ) **126** *700/203*
Schaffhausen (SH) **119** *689/283*
Schafhausen im Emmental (BE) **124** *616/204*
Schafisheim (AG) **118** *653/247*
Schalchen (ZH) **119** *704/251*
Schalkhusen (SG) **120** *719/252*
Schallberg (VS) **143** *645/127*
Schalunen (BE) **124** *606/217*
S-chanf (GR) **137** *794/165*
Schangnau (BE) **133** *632/186*
Schänis (SG) **127** *721/224*
Scharans (GR) **136** *754/176*
S-charl (GR) **138** *821/177*
Schärlig (LU) **124** *634/192*
Scharnachtal (BE) **133** *619/162*
Schattdorf (UR) **126** *692/191*
Schattenhalb (BE) **134** *657/174*
Schauenburg Bad (BL) **117** *618/260*
Scheid (GR) **136** *753/182*
Scheidegg, Kleine (BE) **133** *640/159*
Schellenberg (FL) **128** *759/233*
Schelten (BE) **124** *608/242*
Schenkon (LU) **125** *653/224*
Scherz (AG) **118** *656/255*
Scherzingen (TG) **120** *734/276*
Scheunen (BE) **124** *601/212*
Scheunenberg (BE) **123** *595/215*
Scheuren (BE) **123** *590/220*
Schiers (GR) **128** *771/204*
Schiffenen (FR) **123** *581/191*
Schindellegi (SZ) **126** *696/225*
Schinznach Bad (AG) **118** *655/255*
Schinznach Dorf (AG) **118** *652/255*
Schlans (GR) **136** *720/179*
Schlappin (GR) **128** *787/198*
Schlarigna (GR) **137** *785/154*
Schlatt (TG) **119** *695/280*
Schlatt bei Gasel (BE) **124** *598/193*
Schlatt (ZH) **119** *705/258*
Schlatt (AI) **121** *747/246*
Schlattingen, Basadingen- (TG) **119** *699/280*
Schleinikon (ZH) **119** *672/261*
Schleitheim (SH) **119** *678/289*
Schleumen (BE) **124** *610/209*
Schlierbach (LU) **125** *650/230*
Schlieren (ZH) **119** *676/250*
Schliern (BE) **124** *598/195*
Schlossrued (AG) **125** *649/238*
Schlosswil (BE) **124** *612/195*
Schluein (GR) **136** *736/183*
Schmerikon (SG) **127** *713/231*
Schmiedrued (AG) **125** *650/235*
Schmitten (FR) **123** *585/189*
Schmitten (GR) **137** *770/173*
Schnaus (GR) **136** *732/182*
Schneisingen (AG) **118** *669/263*
Schneit (ZH) **119** *707/264*
Schnottwil (SO) **123** *596/217*
Schocherswil (TG) **120** *737/266*
Schöfflisdorf (ZH) **119** *673/261*
Schöftland (AG) **125** *646/239*
Schönbüel (OW) **134** *650/182*
Schönbühl, Urtenen- (BE) **124** *604/207*
Schönenbaumgarten (TG) **120** *734/275*
Schönenberg (SG) **127** *723/237*
Schönenberg (ZH) **126** *691/227*
Schönenberg, Kradolf- (TG) **120** *732/264*
Schönenbuch (SZ) **126** *690/205*
Schönengrund (AR) **127** *735/243*
Schönenwerd (SO) **118** *642/246*
Schongau (LU) **125** *662/236*
Schönholzerswilen (TG) **120** *728/264*
Schönried (BE) **132** *588/150*
Schoried (OW) **125** *662/198*
Schötz (LU) **125** *641/224*
Schübelbach (SZ) **126** *712/225*
Schuders (GR) **128** *774/207*
Schüpbach (BE) **124** *622/197*
Schupfart (AG) **118** *639/262*
Schüpfen (BE) **123** *595/209*
Schüpfheim (LU) **125** *644/200*
Schwaderloch (AG) **118** *653/270*
Schwadernau (BE) **123** *590/219*
Schwamendingen (ZH) **119** *685/250*
Schwand (OW) **134** *672/187*
Schwändelen (SZ) **126** *711/222*
Schwanden (GL) **127** *724/206*
Schwanden (Sigriswil) (BE) **133** *621/176*
Schwanden bei Brienz (BE) **134** *647/178*
Schwanden im Emmental (BE) **124** *619/203*
Schwändi (GL) **127** *723/207*
Schwändi Kaltbad (OW) **125** *652/194*
Schwarzenbach (LU) **125** *658/231*
Schwarzenbach (SG) **120** *723/255*
Schwarzenberg (LU) **125** *655/207*
Schwarzenbühl (BE) **132** *595/177*
Schwarzenburg (BE) **132** *592/185*
Schwarzenegg (BE) **133** *621/182*
Schwarzenmatt (BE) **132** *594/163*
Schwarzhäusern (BE) **124** *624/233*
Schwarzsee (FR) **132** *588/168*
Schwefelbergbad (BE) **132** *598/173*
Schwellbrunn (AR) **120** *736/246*
Schwende (AI) **127** *750/240*
Schwenden (BE) **132** *603/158*
Schwendi (OW) **125** *657/192*
Schwendi (SG) **127** *743/228*
Schwendi im Weisstannental (SG) **127** *746/208*
Schwendibach (BE) **133** *616/179*
Schweni (FR) **132** *589/183*
Schwerzenbach (ZH) **119** *691/248*
Schwyz (SZ) **126** *692/208*
Schynen (BE) **124** *631/204*
Sciernes d'Albeuve, Les (FR) **132** *569/149*
Scudellate (TI) **145** *724/086*
Sculms (GR) **136** *746/182*
Scuol (GR) **129** *818/186*
Secada (TI) **135** *704/136*
Séchey, Le (VD) **130** *512/168*
Sédeilles (VD) **131** *561/177*
Sedrun (GR) **135** *702/170*
Seebach (ZH) **119** *683/252*
Seeberg (BE) **124** *617/222*
Seedorf (BE) **123** *590/209*
Seedorf (UR) **126** *689/193*
Seegräben (ZH) **126** *700/244*
Seehof (BE) **124** *605/239*
Seelisberg (UR) **126** *687/203*
Seelmatten (ZH) **120** *709/256*
Seen (ZH) **119** *699/259*
Seengen (AG) **125** *657/242*
Seewen (SO) **117** *616/253*
Seewen (SZ) **126** *690/209*
Seewil (BE) **124** *597/210*
Seewis im Prättigau (GR) **128** *767/206*
Seftigen (BE) **133** *607/181*
Selg-Maria (GR) **137** *778/144*
Seglingen (ZH) **119** *681/269*
Segnas (GR) **135** *706/172*
Seigneux (VD) **131** *557/175*
Seiry (FR) **131** *553/184*
Seleute (JU) **123** *575/246*
Selfranga (GR) **128** *786/192*
Selkingen (VS) **134** *659/145*
Sellenbüren (ZH) **126** *678/244*
Selma (GR) **145** *729/131*
Seltisberg (BL) **117** *620/256*
Selva (GR) **138** *801/131*
Selva (Tujetsch) (GR) **135** *698/168*
Selzach (SO) **124** *601/228*
Sembrancher (VS) **141** *577/103*
Sementina (TI) **145** *719/116*
Semione (TI) **135** *717/140*
Sempach (LU) **125** *657/220*
Sempach-Station (LU) **125** *657/218*
Semsales (FR) **131** *560/158*
Senarclens (VD) **130** *527/161*
Senèdes (FR) **132** *577/176*
Sennhof (ZH) **119** *699/258*
Sennwald (SG) **128** *756/236*
Sensine (VS) **141** *589/120*
Sent (GR) **129** *821/189*
Sentier, Le (VD) **130** *507/162*
Seon (AG) **125** *654/244*
Sépey, Le (VD) **132** *570/134*
Séprais (JU) **123** *584/246*
Seraplana (GR) **129** *827/193*
Sergey (VD) **130** *528/178*
Serlas (GR) **137** *795/157*
Serneus, Klosters- (GR) **128** *782/195*
Serpiano (TI) **144** *715/086*
Serrières (NE) **122** *558/203*
Sertig Dörfli (GR) **137** *784/177*
Servion (VD) **131** *549/158*
Sessa (TI) **144** *706/095*
Seuzach (ZH) **119** *697/265*
Sévaz (FR) **131** *557/187*
Sevelen (SG) **128** *755/220*
Sévery (VD) **130** *523/158*
Sevgein (GR) **136** *736/180*
Sèzegnin (GE) **139** *489/111*
Siat (GR) **136** *731/183*
Siblingen (SH) **119** *681/285*
Siebnen (SZ) **126** *710/225*
Siegershausen (TG) **120** *730/274*
Siehen (BE) **133** *627/187*
Sierre (VS) **142** *607/126*
Sigerswil (LU) **125** *649/221*

Sigigon (LU) **125** *652/212*
Sigirino (TI) **144** *714/104*
Siglistorf (AG) **119** *670/266*
Signau (BE) **124** *621/196*
Signy-Avenex (VD) **139** *504/138*
Sigriswil (BE) **133** *621/174*
Sihlbrugg (ZG) **126** *686/230*
Silenen (UR) **135** *694/182*
Sils im Domleschg (GR) **136** *754/174*
Sils im Engadin/Selg (GR) **137** *778/144*
Silvaplana (GR) **137** *781/148*
Simplon (VS) **143** *647/116*
Sins (AG) **125** *672/227*
Sion (VS) **141** *593/119*
Sirnach (TG) **120** *717/257*
Siselen (BE) **123** *581/209*
Sisikon (UR) **126** *690/200*
Sissach (BL) **117** *628/257*
Sisseln (AG) **118** *641/267*
Sitterdorf, Zihlschlacht- (TG) **120** *736/263*
Sittertal (TG) **120** *735/262*
Siviez (VS) **141** *590/109*
Siviriez (FR) **131** *557/167*
Soazza (GR) **136** *737/136*
Sobrio (TI) **135** *712/139*
Soglio (GR) **137** *761/134*
Solalex (VD) **141** *576/126*
Solliat, Le (VD) **130** *507/163*
Solothurn (SO) **124** *607/228*
Som la Proz (VS) **141** *576/096*
Sombeval, Sonceboz- (BE) **123** *579/227*
Someo (TI) **144** *694/126*
Sommentier (FR) **131** *559/165*
Sommeri (TG) **120** *739/270*
Sonceboz-Sombeval (BE) **123** *580/227*
Sonlèrt (TI) **135** *684/138*
Sonnaz, La (FR) **132** *574/186*
Sonogno (TI) **135** *703/134*
Sonterswil (TG) **120** *723/275*
Sontga Clau (GR) **136** *735/182*
Sonvico (TI) **145** *720/101*
Sonvilier (BE) **123** *564/220*
Sool (GL) **127** *725/206*
Soral (GE) **139** *492/111*
Sörenberg (LU) **134** *645/185*
Sorens (FR) **132** *570/168*
Soresina (TI) **144** *714/108*
Sornetan (BE) **123** *583/235*
Sornico, Prato- (TI) **135** *693/139*
Sorvilier (BE) **123** *589/231*
Sottens (VD) **131** *546/167*
Soubey (JU) **123** *570/239*
Souboz (BE) **123** *585/235*
Soulalex (VS) **141** *577/099*
Soulce (JU) **123** *587/239*
Soussillon (VS) **142** *610/123*
Soyhières (JU) **116** *594/249*
Sparenmoss (BE) **132** *592/155*
Speicher (AR) **121** *751/253*
Speicherschwendi (AR) **121** *751/254*
Spengelried (BE) **123** *586/197*
Spiez (BE) **133** *619/170*
Spina (GR) **137** *779/179*
Spins (BE) **123** *589/211*
Spiringen (UR) **126** *698/192*
Spitzen (ZH) **126** *689/229*
Splügen (GR) **136** *744/157*
Sporz (GR) **137** *760/175*
Spreitenbach (AG) **118** *669/252*
Spruga (TI) **144** *687/117*
Staad (SG) **121** *757/260*
Staad (SO) **123** *597/223*
Staanegg (TG) **119** *707/275*
Stabio (TI) **145** *716/078*
Stadel (ZH) **119** *700/266*
Stadel bei Niederglatt (ZH) **119** *677/264*
Städtli (NW) **125** *672/198*
Stäfa (ZH) **126** *697/232*
Staffelbach (AG) **125** *646/237*
Staffeln, Hermetschwil- (AG) **125** *668/242*
Stalden (VS) **142** *634/124*
Stalden (VS) **142** *633/120*
Stalden im Emmental (BE) **124** *613/191*
Staldenried (VS) **142** *634/120*
Stallikon (ZH) **126** *679/242*
Stalten (BE) **124** *622/232*
Stampa (GR) **137** *765/134*
Stans (NW) **125** *670/201*
Stansstad (NW) **125** *668/203*
Starkenbach (SG) **127** *737/227*
Starrberg (SG) **127** *718/229*
Starrkirch-Wil (SO) **118** *637/245*
Stätebach (LU) **125** *646/217*
Staufen (AG) **118** *654/248*
Stechelberg (BE) **133** *635/154*
Steckborn (TG) **120** *715/280*
Steffen (SO) **117** *610/252*
Steffisburg (BE) **133** *614/180*
Steg (VS) **142** *623/129*
Steg (ZH) **120** *713/245*
Steg (FL) **128** *762/220*
Stein (AG) **118** *638/265*
Stein (AR) **120** *743/248*
Stein (SG) **127** *735/229*
Stein am Rhein (SH) **119** *706/279*
Steinach (SG) **121** *750/263*
Steinebrunn (TG) **120** *743/266*
Steinegg (AI) **127** *750/243*
Steineloh (TG) **121** *748/265*
Steinen (BE) **124** *621/195*
Steinen (SZ) **126** *689/211*
Steinen (ZH) **120** *710/251*
Steinenbrücke (SG) **127** *721/229*
Steinerberg (SZ) **126** *687/211*
Steinhaus (VS) **134** *656/141*
Steinhausen (ZG) **126** *679/227*
Steinhof (SO) **124** *618/223*
Steinibach (LU) **125** *644/195*
Steinmaur (ZH) **119** *676/261*
Steintal (SG) **127** *728/232*
Sternenberg (ZH) **120** *711/249*
Stetten (AG) **118** *665/250*
Stetten (SH) **119** *691/288*
Stettfurt (TG) **120** *714/264*
Stettlen (BE) **124** *606/200*
Stettli (GR) **136** *757/146*
Stierva (GR) **137** *769/170*
Stilli (AG) **118** *659/263*
Stöckalp (OW) **134** *664/183*
Stöcken (SZ) **126** *703/212*
Stockhütte (NW) **126** *681/199*
Stoos (SZ) **126** *693/204*
Strada im Engadin (GR) **129** *828/194*
Strassberg (GR) **128** *776/190*
Strengelbach (AG) **125** *636/236*
Striegel (AG) **125** *639/240*
Studen (BE) **123** *589/218*
Studen (SZ) **126** *706/214*
Stugl (GR) **137** *775/169*
Stüsslingen (SO) **118** *640/249*
Suberg (BE) **123** *592/212*
Subingen (SO) **124** *613/227*
Suchy (VD) **131** *535/175*
Suen (VS) **142** *599/114*
Sufers (GR) **136** *747/159*
Sugiez (FR) **123** *575/201*
Sugnens (VD) **131** *541/167*
Suhr (AG) **118** *648/247*
Suld (BE) **133** *624/163*
Sulgen (TG) **120** *731/267*
Sullens (VD) **131** *533/160*
Sulz (AG) **118** *666/248*
Sulz (AG) **118** *649/265*
Sulz (LU) **125** *664/230*
Sulz (ZH) **119** *701/266*
Sulzbach (ZH) **126** *698/242*
Sulzboden (GL) **127** *717/214*
Sumiswald (BE) **124** *623/208*
Sumvitg (GR) **135** *714/176*
Sunnbüel (BE) **133** *616/145*
Sur (GR) **137** *768/154*
Sur En (GR) **129** *809/183*
Sur En (GR) **129** *823/189*
Suraua (GR) **136** *735/173*
Surava (GR) **137** *766/170*
Surcasti (GR) **136** *732/173*
Surcuolm (GR) **136** *730/179*
Süri (BE) **123** *587/196*
Surin (GR) **136** *728/169*
Surlej (GR) **137** *782/147*
Surpierre (FR) **131** *555/177*
Surrein (GR) **135** *702/170*
Surrein (GR) **135** *715/175*
Sursee (LU) **125** *650/224*
Susauna (GR) **137** *795/168*
Suscévaz (VD) **131** *534/179*
Susch (GR) **129** *801/181*
Susten (VS) **142** *615/128*
Sutz-Lattrigen (BE) **123** *583/216*
Syens (VD) **131** *549/166*

T
Tablat (ZH) **119** *707/252*
Tafers (FR) **132** *583/185*
Tagelswangen (ZH) **119** *693/253*
Tägerig (AG) **118** *663/250*
Tägerlohn (UR) **135** *694/183*
Tägerschen, Tobel- (TG) **120** *719/263*
Tägertschi (BE) **124** *611/191*
Tägerwilen (TG) **120** *727/279*
Taillères, Les (NE) **122** *534/202*
Tamatten (VS) **143** *638/109*
Tamins (GR) **136** *750/188*
Tanay (VS) **131** *553/132*
Tann (LU) **125** *653/226*
Tannay (VD) **139** *502/129*
Tannen (OW) **134** *667/181*
Tannenbodenalp (SG) **127** *740/217*
Tarasp (GR) **129** *815/185*
Tartar (GR) **136** *751/176*
Tartegnin (VD) **130** *513/146*
Täsch (VS) **142** *626/101*
Täuffelen (BE) **123** *581/212*
Tavanasa (GR) **136** *724/179*
Tavannes (BE) **123** *582/230*
Taverne, Torricella- (TI) **144** *715/102*
Tavernes, Les (VD) **131** *551/156*
Taveyanne (VD) **141** *575/128*
Tecknau (BL) **117** *633/255*
Tegerfelden (AG) **118** *664/267*
Tegna (TI) **144** *700/115*
Tenero-Contra (TI) **144** *709/115*
Tengia (TI) **135** *706/147*
Tenigerbad (GR) **135** *716/172*
Tenna (GR) **136** *745/179*
Tenniken (BL) **117** *628/254*
Tennwil (AG) **125** *659/239*
Tentlingen (FR) **132** *581/179*
Termen (VS) **143** *645/131*
Territet (VD) **131** *560/141*
Tersnaus (GR) **136** *733/172*
Tesserete (TI) **145** *718/102*
Teufen (AR) **121** *747/250*
Teufen, Freienstein- (ZH) **119** *684/267*
Teufenthal (AG) **125** *651/242*
Teuffenthal (BE) **133** *621/179*
Tga (GR) **137** *765/153*
Thal (BE) **124** *625/207*
Thal (SG) **121** *760/259*
Thalheim (AG) **118** *650/254*
Thalheim an der Thur (ZH) **119** *698/270*
Thalkirch (GR) **136** *740/166*
Thalwil (ZH) **126** *685/238*
Thayngen (SH) **119** *695/289*
Theilingen (ZH) **119** *700/253*
Therwil (BL) **117** *608/261*
Thielle-Wavre (NE) **123** *568/207*
Thierachern (BE) **133** *610/177*
Thierrens (VD) **131** *547/172*
Thioleyres, Les (VD) **131** *552/154*
Thônex (GE) **139** *503/115*
Thörigen (BE) **124** *622/224*
Thörishaus (BE) **123** *593/193*
Thun (BE) **133** *613/178*
Thundorf (TG) **120** *714/267*
Thunstetten (BE) **124** *623/227*
Thürnen (BL) **117** *629/256*
Thurwis (SG) **127** *743/232*
Thusis (GR) **136** *752/173*
Thyon (VS) **141** *594/114*
Tiefenbach (UR) **134** *678/160*
Tiefencastel (GR) **137** *763/170*
Tierfed (GL) **127** *717/193*
Tine, La (VD) **132** *570/146*
Tinizong-Rona (GR) **137** *766/161*
Titterten (BL) **117** *621/250*
Tobel-Tägerschen (TG) **120** *720/264*
Toffen (BE) **124** *604/190*
Tolochenaz (VD) **130** *525/150*
Törbel (VS) **142** *631/120*
Torgon (VS) **140** *556/130*
Torny (FR) **131** *563/181*
Torny-le-Grand (FR) **131** *564/180*
Torny-le-Petit (FR) **131** *562/181*
Torre (TI) **135** *716/149*
Torrentalp (VS) **133** *615/134*
Torricella-Taverne (TI) **144** *714/102*
Tortin (VS) **141** *589/107*
Töss (ZH) **119** *695/260*
Tour-de-Peilz, La (VD) **131** *555/144*
Tour-de-Trême, La (FR) **132** *571/161*
Trachselwald (BE) **124** *622/207*
Trachslau (SZ) **136** *607/217*
Tramelan (BE) **123** *574/230*
Trans (GR) **136** *754/181*
Trasadingen (SH) **119** *674/280*
Traselingen (LU) **125** *662/222*
Travers (NE) **122** *541/199*
Treib (UR) **126** *687/204*
Treiten (BE) **123** *578/206*
Trélex (VD) **130** *505/141*
Tremona (TI) **145** *718/082*
Trétien, Le (VS) **141** *566/106*
Trey (VD) **131** *560/180*
Treycovagnes (VD) **131** *536/180*
Treytorrens (Payerne) (VD) **131** *551/180*
Treyvaux (FR) **132** *577/175*
Triboltingen (TG) **120** *725/280*
Triengen (LU) **125** *648/231*
Trient (VS) **141** *564/100*
Triesen (FL) **128** *758/219*
Triesenberg (FL) **128** *759/220*
Triftalp (VS) **143** *639/109*
Trimbach (SO) **118** *634/245*
Trimmis (GR) **128** *761/196*
Trimstein (BE) **124** *610/194*
Trin (GR) **136** *746/188*
Trin Mulin (GR) **136** *745/188*
Trockener Steg (VS) **142** *621/091*
Trogen (AR) **121** *752/252*
Troinex (GE) **139** *500/112*
Troistorrents (VS) **140** *560/119*
Trub (BE) **124** *633/199*
Trübbach (SG) **128** *754/215*
Trubschachen (BE) **124** *631/196*
Trüllikon (ZH) **119** *694/277*
Trun (GR) **135** *718/178*
Truttikon (ZH) **119** *696/276*
Trüttlikon (TG) **119** *703/272*
Tschamut (GR) **135** *697/167*
Tschappina (GR) **136** *748/172*
Tscheppach (SO) **124** *603/221*
Tscherlach (SG) **127** *743/220*
Tschiertschen (GR) **128** *765/187*
Tschierv (GR) **138** *822/167*
Tschlin (GR) **129** *827/195*
Tschugg (BE) **123** *572/208*
Tschuggen (GR) **137** *789/184*
Tsintre, La (FR) **132** *579/162*
Tübach (SG) **121** *751/261*
Tufertschwil (SG) **120** *725/250*
Tuggen (SZ) **127** *714/229*
Tuileries, Les (VD) **131** *538/183*
Tujetsch (GR) **135** *701/170*
Tumegl/Tomils (GR) **136** *753/180*
Turbach (BE) **132** *591/147*
Turbenthal (ZH) **119** *706/254*
Turgi (AG) **118** *661/260*
Turtig (VS) **142** *627/128*
Turtmann (VS) **142** *620/127*
Tüscherz-Alfermée (BE) **123** *581/218*
Tuttwil (TG) **120** *713/260*
Twann (BE) **123** *578/215*

U
Udligenswil (LU) **125** *673/216*
Ueberstorf (FR) **123** *590/190*
Uebeschi (BE) **133** *608/176*
Ueken (AG) **118** *645/259*
Uerikon (ZH) **126** *699/232*
Uerkheim (AG) **125** *644/239*
Uerschhausen (TG) **119** *703/273*
Uerzlikon (ZH) **126** *680/230*

Uessikon (ZH) 126 694/242
Uesslingen-Buch (TG) 119 704/270
Uetendorf (BE) 133 610/180
Uetikon am See (ZH) 126 693/235
Üetliburg (SG) 127 720/233
Uettligen (BE) 123 595/204
Uezwil (AG) 125 663/240
Uffikon (LU) 125 643/229
Ufhusen (LU) 124 634/218
Uhwiesen (ZH) 119 689/280
Uitikon (ZH) 119 676/247
Ulmiz (FR) 123 581/197
Ulrichen (VS) 134 666/150
Umiken (AG) 118 656/259
Undervelier (JU) 123 583/239
Unterägeri (ZG) 126 687/221
Unterbach (BE) 134 651/176
Unterbäch (VS) 142 627/126
Unterbözberg (AG) 118 653/259
Untereggen (SG) 121 751/257
Unterehrendingen (AG) 118 668/261
Unterems (VS) 142 619/126
Unterendingen (AG) 118 664/266
Unterengstringen (ZH) 119 676/251
Unterentfelden (AG) 118 645/246
Unterheid (BE) 134 653/176
Unteriberg (SZ) 126 703/213
Unterkulm (AG) 125 650/239
Unterlangenegg (BE) 133 620/183
Unterlunkhofen (AG) 125 671/241
Unterramsern (SO) 124 603/218
Unterrindal (SG) 120 724/252
Unterschächen (UR) 126 701/191
Unterschlatt (TG) 119 695/279
Unterseen (BE) 133 630/170
Untersiggenthal (AG) 118 661/261
Unterstammheim (ZH) 119 701/277
Untersteckholz (BE) 124 630/228
Unterterzen (SG) 127 737/219
Untervaz (GR) 128 759/199
Unterwasser (SG) 127 741/228
Unterwassern (VS) 134 670/153
Urdorf (ZH) 119 674/248
Urmein (GR) 136 750/173
Urnäsch (AR) 127 739/242
Ursellen (BE) 124 612/192
Ursenbach (BE) 124 625/220
Ursins (VD) 131 541/176
Urswil (LU) 125 664/222
Ursy (FR) 131 553/165
Urtenen-Schönbühl (BE) 124 604/208
Uster (ZH) 126 696/245
Uttigen (BE) 133 610/182
Uttwil (TG) 120 743/272
Utzenstorf (BE) 124 609/219
Utzigen (BE) 124 609/201
Uznach (SG) 127 717/231
Uzwil (SG) 120 727/255

V
Vacallo (TI) 145 724/078
Vacheries, Les (JU) 123 566/228
Vadura (SG) 128 755/202
Vaduz (FL) 128 758/223
Vairano (TI) 144 706/109
Val (GR) 135 715/173
Val d'Illiez (VS) 140 557/117
Valangin (NE) 122 559/207
Valbella (GR) 136 730/140
Valbella (GR) 137 761/179
Valchava (GR) 138 827/165
Valcolla (TI) 145 723/105
Valendas (GR) 136 740/183
Valens (SG) 128 755/204
Valettes, Les (VS) 141 571/102
Valeyres-sous-Montagny (VD) 131 536/183
Valeyres-sous-Rances (VD) 131 530/178
Valeyres-sous-Ursins (VD) 131 540/177
Vallamand (VD) 123 569/197
Vallatscha (GR) 129 814/184
Vallon (FR) 123 563/192
Vallorbe (VD) 130 518/174
Vals (GR) 136 733/164
Valsainte, La (FR) 132 580/166
Valzeina (GR) 128 764/202
Vandœuvres (GE) 139 504/119
Vanescha (GR) 136 725/163
Varen (VS) 142 613/129
Vasön (SG) 128 755/202
Vättis (SG) 127 752/197
Vattiz (GR) 136 731/174
Vaud, Le (VD) 130 507/148
Vauderens (FR) 131 554/163
Vauffelin (BE) 123 589/226
Vaugondry (VD) 131 538/188
Vaulion (VD) 130 519/171
Vaulruz (FR) 131 565/163
Vaumarcus (NE) 122 547/192
Vautenaivre (JU) 123 563/236
Vaux-sur-Morges (VD) 130 525/154
Vaz/Obervaz (GR) 137 760/175
Vechigen (BE) 124 609/199
Vella (GR) 136 732/175
Vellano (TI) 145 725/114
Vellerat (JU) 123 594/240
Veltheim (AG) 118 653/254
Vendlincourt (JU) 116 578/255
Venthône (VS) 142 607/128
Verbier (VS) 141 583/105
Vercorin (VS) 142 607/122
Verdabbio (GR) 145 732/125
Verdasio (TI) 144 692/113
Vergeletto (TI) 144 689/120
Vermala (VS) 142 603/129
Vermes (JU) 124 602/242
Vernamiège (VS) 142 599/117
Vernate (TI) 144 712/094
Vernayaz (VS) 141 569/109
Vernéaz (NE) 122 546/191
Vernier (GE) 139 495/118
Vérossaz (VS) 141 565/117
Verrerie, La (FR) 131 560/159
Verrières, Les (NE) 122 526/195
Vers chez Grosjean (VD) 130 511/164
Vers chez les Blanc (VD) 131 543/156
Vers-chez-Perrin (VD) 131 562/182
Vers-l'Eglise (VD) 132 576/133
Versam (GR) 136 744/184
Verscio (TI) 144 699/115
Versegères (VS) 141 584/101
Versoix (GE) 139 502/126
Versvey (VD) 131 561/132
Vésenaz (GE) 139 504/121
Vesin (FR) 131 556/184
Vétroz (VS) 141 587/119
Veulden (GR) 136 752/184
Vevey (VD) 131 554/145
Vex (VS) 141 596/117
Veyras (VS) 142 607/127
Veyrier (GE) 139 502/113
Veysonnaz (VS) 141 592/116
Veytaux (VD) 131 560/141
Vezia (TI) 145 715/098
Vezio (TI) 144 711/100
Viano (GR) 138 808/126
Vich (VD) 130 508/142
Vichères (VS) 141 578/093
Vico Morcote (TI) 144 714/087
Vicosoprano (GR) 137 767/135
Vicques (JU) 117 597/244
Vielbringen (BE) 124 608/196
Vigana (TI) 145 720/112
Viganello (TI) 145 718/097
Vignogn (GR) 136 731/173
Vilars-Saules, Fenin- (NE) 122 561/209
Villa (VS) 142 605/106
Villa Bedretto (TI) 135 683/151
Villa Luganese (TI) 145 720/101
Villangeaux (FR) 131 551/165
Villaraboud (FR) 131 559/167
Villaranon (FR) 131 557/168
Villarbeney (FR) 132 574/164
Villarepos (FR) 123 572/192
Villarey (FR) 131 563/184
Villargiroud (FR) 131 566/172
Villariaz (FR) 131 561/168
Villarimboud (FR) 131 563/176
Villarlod (FR) 131 568/172
Villars (JU) 116 573/248
Villars, Essert- (VD) 131 534/182
Villars-Bozon (VD) 130 521/162
Villars-Bramard (VD) 131 558/174
Villars-Burquin (VD) 131 537/188
Villars-Epeney (VD) 131 543/181
Villars-le-Comte (VD) 131 551/173
Villars-le-Grand (VD) 123 565/194
Villars-le-Terroir (VD) 131 538/167
Villars, Lussery- (VD) 131 530/165
Villars-Mendraz (VD) 131 545/166
Villars-Ste-Croix (VD) 131 532/157
Villars-sous-Mont (FR) 132 571/154
Villars-sous-Yens (VD) 130 522/151
Villars-sur-Glâne (FR) 132 575/182
Villars-sur-Ollon (VD) 141 570/127
Villars-Tiercelin (VD) 131 543/164
Villarsel-le-Gibloux (FR) 131 567/174
Villarsel-sur-Marly (FR) 132 579/179
Villarsiviriaux (FR) 131 567/172
Villarvolard (FR) 132 574/166
Villarzel (VD) 131 559/177
Villaz-St-Pierre (FR) 131 563/174
Villeneuve (FR) 131 556/177
Villeneuve (VD) 131 560/138
Villeret (BE) 123 568/223
Villetta (VS) 142 602/109
Villette (Lavaux) (VD) 131 543/149
Villiers (NE) 123 564/213
Villigen (AG) 118 658/264
Villmergen (AG) 118 660/244
Villnachern (AG) 118 654/257
Villorsonnens (FR) 131 565/173
Vilters-Wangs (SG) 127 752/210
Vinadi (GR) 129 831/201
Vinelz (BE) 123 575/209
Vingelz (BE) 123 583/220
Vinzel (VD) 130 511/144
Vionnaz (VS) 140 558/128
Vira (Gambarogno) (TI) 144 708/111
Visletto (TI) 144 690/129
Visp (VS) 142 634/126
Visperterminen (VS) 142 635/123
Vissoie (VS) 142 611/118
Vitznau (LU) 126 679/206
Vivy (FR) 123 579/191
Vnà (GR) 129 823/192
Vogelgsang (LU) 125 655/223
Vogelsang (AG) 118 666/265
Vogelsang (BE) 124 598/213
Vogorno (TI) 144 709/120
Volken (ZH) 119 689/269
Volketswil (ZH) 119 694/249
Vollèges (VS) 141 579/104
Vordemwald (AG) 124 634/235
Vorder Rinderbach (BE) 124 619/211
Vorderfultigen (BE) 132 598/187
Vorderthal (SZ) 126 710/219
Vouvry (VS) 131 557/131
Vraconnaz, La (VD) 130 527/188
Vrin (GR) 136 727/168
Vuadens (FR) 132 568/163
Vuarmarens (FR) 131 553/166
Vuarrengel (VD) 131 539/171
Vuarrens (VD) 131 539/170
Vucherens (VD) 131 549/163
Vufflens-la-Ville (VD) 131 531/158
Vufflens-le-Château (VD) 130 525/153
Vugelles-La Mothe (VD) 131 534/186
Vuibroye (VD) 131 551/158
Vuippens (FR) 132 572/167
Vuissens (FR) 131 548/176
Vuisternens-devant-Romont (FR) 131 561/167
Vuisternens-en-Ogoz (FR) 132 570/173
Vuitebœuf (VD) 131 532/184
Vulliens (VD) 131 550/163
Vullierens (VD) 130 526/158
Vulpera (GR) 129 817/185
Vuorz (GR) 136 728/181

W
Waag (SZ) 126 703/211
Wabern (BE) 124 600/197
Wachseldorn (BE) 133 622/185
Wäckerschwend (BE) 124 621/219
Wädenswil (ZH) 126 693/231
Wagen (SG) 126 709/232
Wagenhausen (TG) 119 705/279
Wagerswil (TG) 120 722/274
Wahlen (BL) 117 605/250
Wahlendorf (BE) 123 592/207
Wahlern (BE) 132 593/186
Walchwil (ZG) 126 681/217
Wald (SG) 127 735/243
Wald (AR) 121 754/253
Wald (BE) 124 602/193
Wald (ZH) 126 711/237
Walde (AG) 125 650/234
Walde (SG) 127 719/236
Waldegg (BE) 133 628/172
Waldenburg (BL) 117 623/247
Waldhäusern (AG) 125 666/242
Waldi (LU) 125 655/226
Wäldi (TG) 120 724/277
Waldkirch (SG) 120 739/259
Waldried (BE) 132 598/167
Waldstatt (AR) 120 739/246
Walenstadt (SG) 127 742/220
Walenstadtberg (SG) 127 740/222
Walkringen (BE) 124 613/199
Wallbach (AG) 118 634/267
Wallenbuch (FR) 123 583/197
Wallenried (FR) 123 575/191
Wallenwil (TG) 120 714/257
Wallisellen (ZH) 119 686/252
Walliswil bei Niederbipp (BE) 124 618/231
Walliswil bei Wangen (BE) 124 618/230
Walperswil (BE) 123 583/212
Waltalingen (ZH) 119 700/275
Waltersburg/Vuorz (GR) 136 728/181
Waltenschwil (AG) 125 665/242
Waltenstein (ZH) 119 704/259
Walterswil (BE) 124 625/218
Walterswil (SO) 125 640/242
Waltikon (ZH) 126 688/243
Walzenhausen (AR) 121 763/257
Wangen (SZ) 126 710/227
Wangen an der Aare (BE) 124 616/231
Wangen bei Dübendorf (ZH) 119 691/251
Wangen bei Olten (SO) 124 633/243
Wangenried (BE) 124 616/229
Wängi (TG) 120 714/261
Wangs, Vilters- (SG) 127 751/210
Wanzwil (BE) 124 619/227
Wartau (SG) 128 755/217
Warth-Weiningen (TG) 119 708/271
Wasen im Emmental (BE) 124 627/210
Wassen (UR) 135 688/173
Wasserauen (AI) 127 750/239
Wasserfallen (BL) 117 619/247
Wasserwendi (BE) 134 657/177
Wasterkingen (ZH) 119 677/271
Watt (ZH) 119 678/255
Wattenwil (BE) 132 605/180
Wattenwil bei Worb (BE) 124 611/199
Wattwil (SG) 127 724/240
Wauwil (LU) 125 644/226
Wavre, Thielle- (NE) 123 568/208
Weerswilen (TG) 120 727/270
Weesen (SG) 127 725/221
Wegenstetten (AG) 118 637/261
Weggis (LU) 125 675/209
Weglosen (SZ) 126 704/208
Weiach (ZH) 119 675/267
Weibelsried (FR) 132 589/161
Weier (BE) 124 623/212
Weinfelden (TG) 120 725/269
Weingarten (TG) 120 716/264
Weiningen, Warth- (TG) 119 708/271
Weiningen (ZH) 119 675/252
Weissbad (AI) 127 750/241
Weissenbach (BE) 132 594/161
Weissenburg (BE) 132 603/167
Weisslingen (ZH) 119 700/254
Weisstannen (SG) 127 744/206
Weite (SG) 128 756/217
Wellhausen, Felben- (TG) 120 713/270
Welschenrohr (SO) 124 606/236
Welsikon (ZH) 119 698/267
Wengen (BE) 133 637/161
Wengi bei Büren (BE) 123 596/214

Wengi bei Frutigen (BE) **133** *617/161*
Wengliswil (FR) **132** *587/180*
Wenslingen (BL) **118** *635/254*
Werdenberg (SG) **128** *753/226*
Werdthof (BE) **123** *587/214*
Wergenstein, Casti- (GR) **136** *750/165*
Wermatswil (ZH) **119** *698/246*
Wernetshausen (ZH) **126** *708/239*
Werthenstein (LU) **125** *650/211*
Wettingen (AG) **118** *667/256*
Wettswil am Albis (ZH) **126** *678/243*
Wetzikon (TG) **120** *717/266*
Wetzikon (ZH) **126** *702/242*
Wetzwil (LU) **125** *652/229*
Wetzwil (ZH) **126** *690/238*
Wichtrach (BE) **133** *611/187*
Widen (AG) **118** *669/246*
Widnau (SG) **121** *765/252*
Wiedlisbach (BE) **124** *616/233*
Wienacht (AR) **121** *757/259*
Wierezwil (BE) **123** *596/211*
Wiesen (GR) **137** *774/175*
Wiesendangen (ZH) **119** *701/264*
Wiesholz (SH) **119** *704/285*
Wiesner Alp (GR) **137** *773/176*
Wiezikon (TG) **120** *716/256*
Wiggen (LU) **124** *635/194*
Wiggwil (AG) **125** *668/230*
Wigoltingen (TG) **120** *719/273*
Wikartswil (BE) **124** *612/199*
Wikon (LU) **125** *640/234*
Wil (AG) **118** *653/267*
Wil (SG) **120** *721/258*
Wil (ZH) **119** *680/273*
Wil, Starrkirch- (SO) **118** *636/244*
Wila (ZH) **119** *706/253*
Wilchingen (SH) **119** *677/280*
Wildberg (ZH) **119** *703/253*
Wildegg, Möriken- (AG) **118** *655/252*
Wildensbach (ZH) **119** *693/278*
Wilderswil (BE) **133** *632/168*
Wildhaus (SG) **127** *744/229*
Wilen (OW) **125** *659/192*
Wilen (TG) **120** *711/275*
Wilen (Gottshaus) (TG) **120** *739/261*
Wilen bei Neunforn (TG) **119** *702/273*
Wiler (SO) **117** *602/249*
Wiler (Lötschen) (VS) **133** *626/139*
Wiler bei Buch am Irchel (ZH) **119** *688/268*
Wiler bei Gurtnellen (UR) **135** *690/175*
Wiler bei Innertkirchen (BE) **134** *662/173*
Wiler bei Seedorf (BE) **123** *590/210*
Wiler bei Utzenstorf (BE) **124** *608/222*
Wiler vor Holz (FR) **132** *588/187*
Wileroltigen (BE) **123** *584/202*
Wiliberg (AG) **125** *644/235*
Wilihof (LU) **125** *647/230*
Willadingen (BE) **124** *613/221*
Willerzell (SZ) **126** *702/220*
Willisau (LU) **125** *642/219*
Willisdorf (TG) **119** *697/281*
Wimmis (BE) **133** *615/169*
Windblose (LU) **125** *655/215*
Windisch (AG) **118** *658/258*
Windlach (ZH) **119** *678/266*
Wingreis (BE) **123** *580/216*
Winikon (LU) **125** *646/232*
Winistorf, Heinrichswil- (SO) **124** *616/222*
Winkel bei Bülach (ZH) **119** *684/260*
Winkeln (SG) **120** *740/252*
Winterberg (ZH) **119** *694/256*
Wintersingen (BL) **117** *629/260*
Winterthur (ZH) **119** *697/261*
Winznau (SO) **118** *637/246*
Wisen (SO) **118** *633/249*
Wislikofen (AG) **118** *669/267*
Wissenbach (AG) **125** *665/236*
Witikon (ZH) **119** *687/245*
Wittenbach (SG) **121** *746/258*
Wittenwil (TG) **120** *711/262*
Witterswil (SO) **117** *606/259*
Wittinsburg (BL) **117** *630/252*
Wittnau (AG) **118** *640/258*
Witzwil (BE) **123** *571/204*
Wohlen (AG) **118** *663/244*
Wohlen bei Bern (BE) **123** *594/202*
Wohlenschwil (AG) **118** *662/252*
Wolfenschiessen (NW) **125** *673/195*
Wolfertswil (SG) **120** *731/250*
Wolfgang (GR) **128** *784/189*
Wolfhalden (AR) **121** *759/258*
Wolfhausen (ZH) **126** *702/234*
Wolfikon (SG) **120** *721/253*
Wolfikon (TG) **120** *718/267*
Wolfisberg (BE) **124** *616/235*
Wölflinswil (AG) **118** *642/256*
Wolfwil (SO) **124** *626/235*
Wolhusen (LU) **125** *648/212*
Wollerau (SZ) **126** *697/228*
Wollishofen (ZH) **126** *682/244*
Worb (BE) **124** *609/197*
Worben (BE) **123** *589/216*
Worblaufen (BE) **124** *601/203*
Wöschnau, Eppenberg- (SO) **118** *644/248*
Wülflingen (ZH) **119** *694/263*
Wünnewil, Flamatt- (FR) **123** *587/191*
Wuppenau (TG) **120** *725/261*
Würenlingen (AG) **118** *661/264*
Würenlos (AG) **118** *669/255*
Wynau (BE) **124** *627/234*
Wynigen (BE) **124** *617/217*
Wyssachen (BE) **124** *629/214*

Y
Yens (VD) **130** *521/152*
Yverdon-les-Bains (VD) **131** *539/181*
Yvonand (VD) **131** *547/183*
Yvorne (VD) **141** *563/131*

Z
Zauggenried (BE) **124** *607/231*
Zäziwil (BE) **124** *617/194*
Zeglingen (BL) **118** *635/251*
Zeihen (AG) **118** *648/258*
Zeiningen (AG) **117** *632/265*
Zell (LU) **125** *636/220*
Zell (ZH) **119** *704/256*
Zeneggen (VS) **142** *632/124*
Zermatt (VS) **142** *623/096*
Zernez (GR) **138** *803/175*
Zetzwil (AG) **125** *653/237*
Zezikon (TG) **120** *719/266*
Ziefen (BL) **117** *620/253*
Ziegelbrücke (GL, SG) **127** *723/221*
Ziegelried (BE) **123** *593/209*
Zielebach (BE) **124** *610/223*
Zignau (GR) **136** *719/177*
Zihlschacht-Sitterdorf (TG) **120** *737/265*
Zillis-Reischen (GR) **136** *753/166*
Zilmatt (BE) **124** *627/190*
Zimmerwald (BE) **124** *602/192*
Zinal (VS) **142** *614/109*
Zizers (GR) **128** *761/200*
Zmutt (VS) **142** *621/095*
Zofingen (AG) **125** *638/237*
Zollbrück (BE) **124** *623/202*
Zollhaus (FR) **132** *590/173*
Zollikerberg (ZH) **119** *687/244*
Zollikofen (BE) **124** *601/204*
Zollikon (ZH) **119** *686/243*
Zorten (GR) **137** *760/173*
Zuben (TG) **120** *735/274*
Züberwangen (SG) **120** *724/258*
Zuchwil (SO) **124** *608/227*
Zuckenriet (SG) **120** *729/260*
Zufikon (AG) **125** *669/244*
Zug (ZG) **126** *681/224*
Zullwil (SO) **117** *612/248*
Zumholz (FR) **132** *588/178*
Zumikon (ZH) **126** *689/242*
Zünikon (ZH) **119** *705/263*
Zunzgen (BL) **117** *627/255*
Zuort (GR) **129** *820/195*
Zuoz (GR) **137** *793/164*
Zürchersmühle (AR) **127** *740/243*
Zürich (ZH) **119** *683/246*
Zurzach, Bad (AG) **118** *664/270*
Zuzgen (AG) **118** *634/263*
Zuzwil (BE) **124** *602/211*
Zuzwil (SG) **120** *726/259*
Zweidlen (ZH) **119** *677/268*
Zweilütschinen (BE) **133** *635/164*
Zweisimmen (BE) **132** *595/156*
Zwieselberg (BE) **133** *613/173*
Zwillikon (ZH) **125** *675/237*
Zwingen (BL) **117** *607/254*
Zwischbergen (VS) **143** *652/112*
Zwischenflüh (BE) **132** *605/161*

Impressum

1. Auflage 2007

Schriftliche Bestellungen an: Sekretariat Coop Presse, Postfach 2550, Basel

Idee und Konzept: Toni Kaufmann
Autor: Hansruedi Matscher
Kartografie: Hans Haueter, Adolf Benjes
Fotos: Marius Kaufmann und ViaStoria (Seite 72)
Grafik: Typomania, Franziska Liechti
Redaktion: Sabine Vulić, Coop Presse
Tipps und Hinweise: Sabine Bolliger, Andres Betschart, Martino Froelicher, ViaStoria – Zentrum für Verkehrsgeschichte, Universität Bern, Kulturwege Schweiz: www.kulturwege-schweiz.ch
Herstellung: Fink Medien AG
Druck: Birkhäuser + GBC AG, Reinach – Einband: Schumacher AG, Schmitten

Les Cakes d'été de Sophie

Sophie Dudemaine

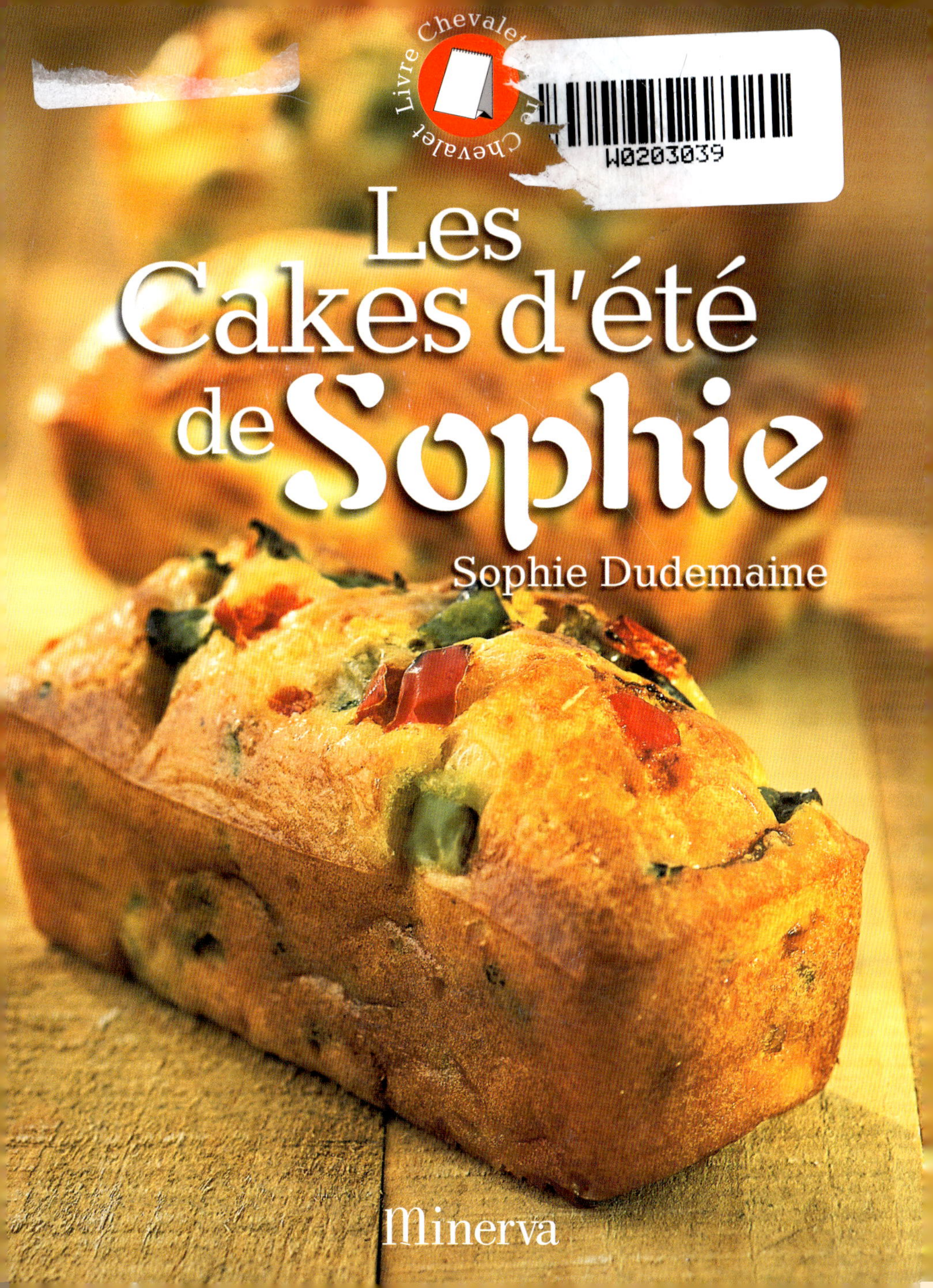

Minerva

Les conseils de Sophie

LES MOULES

Toutes mes recettes de cakes sont prévues pour des moules à cake de 26 centimètres. Utilisez des moules à revêtement antiadhésif ou en silicone. Pour ma part, j'utilise des moules en silicone (disponibles en grandes surfaces), qui ne nécessitent pas d'être beurrés et farinés !
Ce que j'apprécie également avec ces moules, c'est la variété des formes proposées. Sur la base d'un moule à cake de 26 centimètres, vous pourrez réaliser 6 mini-cakes, 24 petits fours, 12 cœurs ou 6 muffins. Pensez à surveiller la cuisson, plus courte pour ces mini-cakes.

UNE FOIS QUE C'EST CUIT...

Démoulez les cakes sucrés dès leur sortie du four. Attendez qu'ils refroidissent avant de les couper. Un cake sucré, préparé à l'avance, est meilleur s'il est réchauffé 5 minutes au four.
Démoulez les cakes salés après complet refroidissement. Coupez-les en tranches et passez-les au four à 180 °C (thermostat 6) pendant 5 minutes, ou sous le gril pendant 1 minute, ou encore dans une poêle à revêtement antiadhésif 1 minute de chaque côté.

LA CONSERVATION

Les cakes sucrés sans fruits frais ajoutés se conservent, emballés dans du papier d'aluminium, pendant 7 jours. Les cakes sucrés avec des fruits pendant 4 jours. Les cakes salés se conservent au réfrigérateur, emballés dans du papier d'aluminium, pendant 5 jours. Tous les cakes se congèlent aussi bien crus que cuits. Cuits, je vous conseille de les couper en tranches avant de les congeler : ainsi vous ne sortirez que les tranches nécessaires.

Cake provençal au poulet

INGRÉDIENTS

Pour 1 cake de 26 cm
• 150 g de blancs de poulet • 2 fonds d'artichaut • 3 tomates • 1 gros oignon • 8 feuilles de basilic • 3 œufs • 150 g de farine + 1 sachet de levure chimique (ou 150 g de farine avec poudre levante incorporée) • 100 g de gruyère râpé • 12,5 cl de lait entier • 8 cl d'huile de tournesol • 2 cuillerées à soupe d'huile d'olive • Sel • Poivre

• Préchauffez le four à 180 °C (thermostat 6).

• Plongez les tomates 3 secondes dans l'eau bouillante. Épluchez-les et épépinez-les. Coupez-les en dés et mettez-les dans une poêle à feu moyen avec l'huile d'olive et l'oignon émincé pendant environ 3 minutes, jusqu'à évaporation totale du jus. Ajoutez les fonds d'artichaut et les blancs de poulet coupés en lamelles. Assaisonnez puis faites rissoler le tout pendant 3 minutes. Ajoutez le basilic ciselé dans la poêle, remuez et réservez.

• Dans un saladier, fouettez les œufs avec la farine et la levure. Ajoutez l'huile de tournesol puis le lait tiède. Incorporez le gruyère et mélangez. Enfin, ajoutez à cette préparation le mélange à base de poulet. Mélangez.

• Versez le tout dans un moule à cake de 26 cm et mettez au four pendant 45 minutes. Laissez refroidir et démoulez.

Servez froid ou chaud avec une salade de tomates.

LE CONSEIL DE SOPHIE

Essayez de trouver du basilic à petites feuilles, plus parfumé, et que vous n'aurez pas à recouper.

Cakes au chèvre et à l'aubergine

INGRÉDIENTS

Pour 6 mini-cakes
• 100 g de chèvre en bûche • 1 petite aubergine • 1 poivron rouge ou vert • 1 gousse d'ail • 2 brins de persil • 3 œufs • 150 g de farine + 1 sachet de levure chimique (ou 150 g de farine avec poudre levante incorporée) • 100 g de gruyère râpé • 12,5 cl de lait entier • 8 cl d'huile de tournesol • 4 cuillerées à soupe d'huile d'olive • Sel • Poivre

• Préchauffez le four à 180 °C (thermostat 6).

• Passez le poivron sous le gril du four jusqu'à ce qu'il noircisse puis épluchez-le, épépinez-le, et coupez-le en dés. Mettez les dés dans une sauteuse avec l'huile d'olive à feu doux pendant 10 minutes. Ajoutez l'aubergine coupée en dés et l'ail pilé. Assaisonnez et laissez dorer 3 minutes. Parsemez de persil haché et réservez.

• Dans un saladier, fouettez les œufs avec la farine et la levure. Ajoutez l'huile de tournesol, puis le lait tiède. Incorporez le gruyère et mélangez. Enfin, ajoutez à cette préparation le mélange à base d'aubergine et le chèvre émietté. Mélangez.

• Versez le tout dans des petits moules à cake et mettez au four pendant 30 minutes. Laissez refroidir et démoulez.

Servez froids ou chauds avec un gaspacho.

LE CONSEIL DE SOPHIE

Il existe dans le commerce des boîtes de poivrons épluchés et épépinés. N'hésitez pas à les utiliser.

Cakes aux crustacés

INGRÉDIENTS

Pour 24 petits fours
• 150 g de chair de crabe émiettée • 10 crevettes roses décortiquées • 1 courgette • 1 gousse d'ail • 2 brins de persil • 3 œufs • 150 g de farine + 1 sachet de levure chimique (ou 150 g de farine avec poudre levante incorporée) • 100 g de gruyère râpé • 12,5 cl de lait entier • 8 cl d'huile de tournesol • 2 cuillerées à soupe d'huile d'olive • Sel • Poivre

• Préchauffez le four à 180 °C (thermostat 6).

• Dans une poêle, versez l'huile d'olive, ajoutez-y l'ail pilé et la courgette préalablement lavée mais non épluchée et coupée en rondelles. Assaisonnez et faites rissoler le tout à feu moyen pendant 10 minutes. Hors du feu, incorporez les miettes de crabe, les crevettes et le persil haché. Rectifiez l'assaisonnement.

• Dans un saladier, fouettez les œufs avec la farine et la levure. Ajoutez l'huile de tournesol, puis le lait tiède. Incorporez le gruyère et mélangez. Enfin, ajoutez à cette préparation le mélange à base de courgette. Mélangez.

• Versez le tout dans des moules à petits fours et mettez au four pendant 20 minutes. Laissez refroidir et démoulez.

Servez froids à l'apéritif avec du guacamole ou du tarama.

LE CONSEIL DE SOPHIE

Vous pouvez remplacer le crabe par du surimi, vous diminuerez ainsi le coût de préparation.

Cake aux asperges

INGRÉDIENTS

Pour 1 moule de 26 cm
• 10 asperges vertes fraîches
• 6 tranches fines de fromage de Hollande
• 2 tranches de jambon blanc • 3 œufs • 150 g de farine + 1 sachet de levure chimique (ou 150 g de farine avec poudre levante incorporée)
• 100 g de gruyère râpé • 12,5 cl de lait entier
• 10 cl d'huile de tournesol • Sel • Poivre

• Préchauffez le four à 180 °C (thermostat 6).

• Pelez les asperges en allant de la pointe au pied à l'aide d'un économe, et faites-les cuire 10 minutes à la vapeur ou dans de l'eau bouillante salée. Égouttez-les.

• Dans un saladier, fouettez les œufs avec la farine et la levure. Ajoutez l'huile puis le lait tiède. Incorporez le gruyère. Salez, poivrez et mélangez.

• Posez cinq asperges au fond d'un moule à cake de 26 cm puis couvrez-les de pâte. Étalez dessus une tranche de jambon et couvrez de pâte. Recouvrez ensuite de trois tranches de fromage de Hollande et couvrez de pâte. Recommencez l'opération en terminant par de la pâte. Mettez au four pendant 45 minutes. Laissez refroidir et démoulez.

Servez froid ou chaud avec de la salade verte et des pointes d'asperge.

LE CONSEIL DE SOPHIE

Si vous utilisez des asperges surgelées, décongelez-les et ne les cuisez pas. Vous pouvez remplacer le jambon par de la coppa ou de la pancetta.

Cake aux olives et au parmesan

INGRÉDIENTS

Pour 1 cake de 26 cm
• 100 g d'olives vertes dénoyautées
• 100 g d'olives noires dénoyautées • 50 g de parmesan frais
• 3 œufs • 150 g de farine + 1 sachet de levure chimique
(ou 150 g de farine avec poudre levante incorporée)
• 100 g de gruyère râpé • 12,5 cl de lait entier
• 5 cl d'huile de tournesol • 5 cl d'huile d'olive • Poivre

• Préchauffez le four à 180 °C (thermostat 6).

• Dans un saladier, fouettez les œufs avec la farine et la levure. Ajoutez les huiles puis le lait tiède. Incorporez le gruyère. Poivrez et mélangez. Ajoutez les olives entières puis le parmesan râpé en copeaux à l'aide d'un économe. Mélangez.

• Versez le tout dans un moule à cake de 26 cm et mettez au four pendant 45 minutes. Laissez refroidir et démoulez.

Servez toasté avec de la tapenade.

LE CONSEIL DE SOPHIE

Je vous déconseille le parmesan déjà râpé, qui est souvent mélangé à d'autres fromages. Achetez-le frais en morceaux.

Cake au lapin et aux légumes

INGRÉDIENTS

Pour 1 cake de 26 cm
• 2 râbles de lapin • 150 g de haricots verts frais • 1 carotte • 1 branche de céleri • 1 cuillerée à soupe d'herbes hachées (coriandre, cerfeuil, romarin…) • 3 œufs • 150 g de farine + 1 sachet de levure chimique (ou 150 g de farine avec poudre levante incorporée) • 100 g de gruyère râpé • 12,5 cl de lait entier • 8 cl d'huile de tournesol • 2 cuillerées à soupe d'huile d'olive • 1 cuillerée à café de beurre • Sel • Poivre

• Préchauffez le four à 180 °C (thermostat 6).

• Dans un saladier, fouettez les œufs avec la farine et la levure. Ajoutez l'huile de tournesol puis le lait tiède. Incorporez le gruyère. Mélangez.

• Équeutez les haricots verts et faites-les cuire 5 minutes à la vapeur ou dans de l'eau bouillante salée. Égouttez-les. Épluchez la carotte et la branche de céleri, coupez-les en julienne et faites-les revenir dans une poêle avec l'huile d'olive et le beurre pendant 10 minutes à feu doux. Hors du feu, ajoutez les haricots verts, les râbles coupés en petits morceaux et les herbes. Assaisonnez, mélangez et réservez. Mélangez le tout à la pâte.

• Versez dans un moule à cake de 26 cm. Mettez au four pendant 45 minutes. Laissez refroidir et démoulez.

Servez froid découpé en dés dans une salade.

LE CONSEIL DE SOPHIE

Achetez plusieurs bottes d'herbes différentes, hachez-les toutes ensemble et congelez-les.

Cake aux fruits rouges et au mascarpone

INGRÉDIENTS

Pour un moule à cake de 26 cm
• 2 œufs • 160 g de sucre semoule • 150 g de farine + 1/3 de sachet de levure chimique (ou 150 g de farine avec poudre levante incorporée) • 10 cl d'huile de tournesol • 80 g de mascarpone • 100 g de framboises • 100 g de cassis

• Préchauffez le four à 180 °C (thermostat 6).

• Dans un saladier, fouettez les œufs avec le sucre jusqu'à ce que le mélange blanchisse. Ajoutez le mascarpone puis la farine et la levure. Mélangez. Incorporez l'huile petit à petit. La pâte doit être lisse et sans grumeaux. Enfin, ajoutez les framboises et les cassis et mélangez délicatement.

• Versez le tout dans un moule à cake de 26 cm et mettez au four pendant 45 minutes. Démoulez et laissez refroidir.

Servez froid accompagné d'un coulis de fruits rouges.

LE CONSEIL DE SOPHIE

Vous pouvez remplacer le mascarpone par du fromage blanc.

Mini-cakes fraisiers

INGRÉDIENTS

Pour 6 mini-cakes
• 3 œufs • 160 g de sucre semoule
• 150 g de farine + 1/3 de sachet de levure chimique
(ou 150 g de farine avec poudre levante incorporée)
• 160 g de beurre demi-sel • 1 bombe de crème chantilly
(à la vanille de préférence) • 12 belles fraises

• Préchauffez le four à 180 °C (thermostat 6).

• Dans un saladier, fouettez les œufs avec le sucre jusqu'à ce que le mélange blanchisse. Ajoutez la farine et la levure puis le beurre légèrement fondu. Mélangez.

• Versez le tout dans des petits moules à cake et mettez au four pendant 30 minutes. Démoulez et laissez refroidir. Coupez les cakes en deux. Posez sur les parties inférieures des cakes deux fraises coupées en deux. Étalez dessus un peu de chantilly et posez l'autre partie du cake par-dessus.

Servez froids accompagnés d'une salade de fraises et de melons.

LE CONSEIL DE SOPHIE

Vous pouvez remplacer les fraises par des framboises et mélanger de la crème pâtissière à la chantilly.

Cake aux cerises et au pain d'épice

INGRÉDIENTS

Pour 1 cake de 26 cm
• 3 œufs • 125 g de sucre glace • 160 g de farine + 1/3 de sachet de levure chimique (ou 160 g de farine avec poudre levante incorporée) • 125 g de beurre demi-sel mou • Le jus de 1 citron • 40 g de pain d'épice (2 tranches) • 200 g de cerises dénoyautées

• Préchauffez le four à 240 °C (thermostat 8).

• Dans un saladier, fouettez le sucre glace avec le beurre. Ajoutez un par un les œufs puis incorporez la farine et la levure. Ajoutez le jus du citron, les cerises et le pain d'épice émietté. Mélangez.

• Versez le tout dans un moule à cake de 26 cm et mettez au four. Commencez la cuisson à 240 °C pendant 5 minutes puis continuez à 180 °C (thermostat 6) pendant 45 minutes. Démoulez aussitôt et laissez refroidir.

Servez froid accompagné d'une glace à la vanille.

LE CONSEIL DE SOPHIE

Vous pouvez remplacer le pain d'épice par 6 macarons à la cerise.

Cœurs de cake à la rhubarbe

INGRÉDIENTS

Pour 12 cœurs

• 3 œufs • 160 g de sucre semoule • 150 g de farine + 1/3 de sachet de levure chimique (ou 150 g de farine avec poudre levante incorporée) • 160 g de beurre demi-sel • Le jus et le zeste de 1/2 orange • 2 pincées de vanille en poudre • 2 tiges de rhubarbe

• Préchauffez le four à 180 °C (thermostat 6).

• Dans un saladier, fouettez les œufs avec le sucre jusqu'à ce que le mélange blanchisse. Ajoutez la farine et la levure puis le beurre légèrement fondu et la vanille. Mélangez.

• Épluchez la rhubarbe à l'aide d'un économe. Coupez les tiges en dés. Ajoutez-les à la pâte avec le jus et le zeste d'orange.

• Mélangez et répartissez la pâte dans des moules en forme de cœur. Mettez au four pendant 20 minutes. Démoulez et laissez refroidir.

Servez froids ou tièdes avec du fromage blanc.

LE CONSEIL DE SOPHIE

Si vous trouvez la rhubarbe trop acide, blanchissez-la 2 minutes à l'eau bouillante.

Cakes savarin aux pêches

INGRÉDIENTS

Pour 6 muffins

• 3 œufs • 150 g de sucre semoule • 120 g de farine + 1/3 de sachet de levure chimique (ou 120 g de farine avec poudre levante incorporée) • 50 g de beurre demi-sel • 2 pêches • 3 cuillerées à soupe de lait entier

Pour le sirop

• 125 g de sucre semoule • 25 cl d'eau • 3 cuillerées à soupe de rhum

• Préchauffez le four à 180 °C (thermostat 6).

• Préparez le sirop. Dans une casserole, versez le sucre, l'eau et le rhum. Portez le tout à ébullition pendant 1 minute. Réservez.

• Cassez les œufs et séparez les blancs des jaunes. Dans un saladier, fouettez les jaunes d'œufs avec le sucre jusqu'à ce que le mélange blanchisse. Ajoutez le lait chaud puis la farine et la levure et enfin le beurre légèrement fondu. Mélangez. Battez les blancs d'œufs en neige et incorporez-les à la pâte.

• Épluchez, dénoyautez et coupez les pêches en petits morceaux. Ajoutez-les à la pâte et mélangez.

• Répartissez le tout dans des moules à muffin et mettez au four pendant 30 minutes. Démoulez, laissez tiédir et imbibez les cakes dans le sirop pendant 30 secondes.

Servez froids avec une crème anglaise.

LE CONSEIL DE SOPHIE

Vous pouvez remplacer le rhum par de la liqueur ou du sirop de pêche.

Cake à la semoule et aux abricots

INGRÉDIENTS

Pour 1 cake de 26 cm
• 4 œufs • 200 g de sucre semoule • 20 g de beurre
• 75 cl de lait entier • 1 gousse de vanille
• 150 g de semoule de blé fine • 300 g d'abricots

• Préchauffez le four à 210 °C (thermostat 7).

• Dans une casserole, plongez dans le lait la gousse de vanille fendue en deux dans le sens de la longueur. Dès que le lait frémit, ôtez la gousse de vanille, jetez alors la semoule en pluie, mélangez et laissez cuire 2 minutes à feu doux. Réservez

• Lavez, dénoyautez et coupez les abricots en petits morceaux. Lorsque la semoule est tiède, incorporez le sucre, les œufs, le beurre puis les abricots. Mélangez.

• Versez le tout dans un moule à cake de 26 cm et mettez au four pendant 40 minutes au bain-marie (dans la plaque creuse du four remplie d'eau chaude). Laissez refroidir et démoulez.

Servez froid, parsemé d'amandes effilées, avec un coulis aux abricots.

LE CONSEIL DE SOPHIE

Vous pouvez remplacer les abricots par des cerises.

Du même auteur,

aux éditions Minerva :

Les Cakes de Sophie

Les Crêpes de Sophie

Les Buffets de Sophie

Confitures et compotes de Sophie

Les Barbecues de Sophie

Les Madeleines de Sophie

Tartes et salades de Sophie

Le Carnet de Sophie

Les Cakes d'été de Sophie

Les Cakes d'hiver de Sophie

L'Agenda de Sophie

Les Terrines de Sophie

Les Desserts d'été de Sophie

Les Desserts d'hiver de Sophie

Le Cake Show de Sophie

Au cœur du pays d'Auge et à dix minutes de Deauville
découvrez La Maison de Sophie. Chambres d'hôtes, tables d'hôtes,
cours de cuisine, pour des séjours de rêve !

La Maison de Sophie
Le presbytère
14950 Saint-Étienne-la-Thillaye
Tél. : 02 31 65 69 97

Sophie Dudemaine
L'Art de Vivre Gourmand

www.lamaisondesophie.com